Annette Lareau

UNEQUAL CHILDHOODS
Class, Race and Family Life

Second Edition

不平等的童年

阶级、种族与家庭生活

第2版

[美] 安妮特·拉鲁 著　宋爽　张旭 译

北京大学出版社
PEKING UNIVERSITY PRESS

著作权合同登记号　图字：01-2017-0764

图书在版编目（CIP）数据

不平等的童年：阶级、种族与家庭生活：第2版/（美）安妮特·拉鲁（Annette Lareau）著；宋爽，张旭译. — 北京：北京大学出版社，2018.5
ISBN 978-7-301-27093-6

Ⅰ.①不… Ⅱ.①安… ②宋… ③张… Ⅲ.①儿童教育－研究－美国 Ⅳ.①G61

中国版本图书馆CIP数据核字(2018)第013119号

Unequal Childhoods: Class, Race, and Family Life, 2e by Annette Lareau
© 2011 The Regents of the University of California
Published by arrangement with University of California Press
Simplified Chinese Edition © 2018 Peking University Press
All Rights Reserved.

书　　　名	不平等的童年：阶级、种族与家庭生活（第2版）
	Bu Pingdeng de Tongnian
著作责任者	[美] 安妮特·拉鲁（Annette Lareau）著　宋爽　张旭　译
责任编辑	徐文宁　于海冰
标准书号	ISBN 978-7-301-27093-6
出版发行	北京大学出版社
地　　　址	北京市海淀区成府路205号　100871
网　　　址	http://www.pup.cn　新浪微博：@北京大学出版社 @培文图书
电子信箱	pkupw@qq.com
电　　　话	邮购部 62752015　发行部 62750672　编辑部 62750112
印　刷　者	天津光之彩印刷有限公司
经　销　者	新华书店
	660毫米×960毫米　16开本　30.75印张　400千字
	2018年6月第1版　2023年6月第11次印刷
定　　　价	79.00元

未经许可，不得以任何方式复制或抄袭本书之部分或全部内容。
版权所有，侵权必究
举报电话：010-62752024　电子信箱：fd@pup.pku.edu.cn
图书如有印装质量问题，请与出版部联系，电话：010-62756370

目　录

第一章　协作培养和成就自然成长　　1
第二章　社会结构和日常生活　　16

第一部分　组织日常生活　　39
第三章　协作培养的忙碌节拍：加勒特·塔林格　　42
第四章　孩子的节拍：泰雷克·泰勒　　76
第五章　孩子的玩耍是孩子的事情：卡蒂·布林德尔　　97

第二部分　语言的运用　　123
第六章　发展孩子的能力：亚历山大·威廉斯　　125
第七章　语言作为社会生活的工具：哈罗德·麦卡利斯特　　158

第三部分　家庭和教育机构　　193
第八章　组织机构内的协作培养：斯泰西·马歇尔　　195
第九章　跑偏了的协作培养：梅勒妮·汉德隆　　216
第十章　让教育工作者带路：温迪·德赖弗　　235
第十一章　遭皮带毒打，又害怕"上学"：小比利·扬内利　　263
第十二章　社会地位的力量和局限性　　278

第四部分　不平等的童年与不平等的成年　　307
第十三章　家长对孩子生活的了解程度及干预情况上的阶级差异　　309
第十四章　对纵向民族志的反思和各个家庭对本书的反应　　362
第十五章　《不平等的童年》的成书背景：定量分析的结果　　386

后　记	394
附录一　研究方法：实地调研中持久的两难境地	396
附录二　理论：理解布迪厄的著作	414
附录三　辅助表格	418
注　释	438
参考文献	480

第一章

协作培养和成就自然成长

一个晚春的下午，四年级白人男孩加勒特·塔林格正在自家后院的游泳池里，笑着喊着，击水嬉戏。他家住在市郊一座有四间卧室的小楼里。和大多数傍晚一样，快速吃过晚饭他的父亲就会开车带他去参加足球训练。踢足球只是加勒特参加的众多活动之一。他的弟弟在另一个地方还有一场棒球赛。这两个男孩的父母在有些傍晚也还是可以放松下来慢慢去品味一杯葡萄酒的，但今晚却不是这样一个夜晚。当他们匆匆换下工作服并帮孩子准备好去训练时，塔林格先生和他的太太显得很忙乱。

离这里开车十分钟之遥，四年级黑人男孩亚历山大·威廉斯刚参加完学校的家庭招待会[1]，正在回家的路上。他的母亲开着一辆米黄色皮革装潢的丰田雷克萨斯。当时是一个星期三的晚上9：00。威廉斯女士下班后已经很累了，而且第二天还有一个日程很满很忙的星期四在等着她。她一早4：45就得起床出差去另一个城市，一直到当晚9：00才能回来。星期六早上8：15她还要开车带亚历山大去上钢琴课；课后去唱诗班排练，跟着再去参加一场足球赛。当他们在黑暗中驱车前行时，威廉斯女士轻声地和她儿子谈着话，问他一些问题，并引他讲出自己的观点。

家长与孩子一起讨论问题是中产阶级家庭抚养孩子的一个重要特征。像很多中产阶级家长一样，威廉斯女士和她的丈夫也认为他们是在"发展"亚历山大的能力，是在以一种协作方式培养他的才干。由父母安排管控的有组织的活动支配着像加勒特和亚历山大这样的中产阶级家庭的孩子。通过确保他们的孩子拥有这些和更多其他经历,中产阶级家长参与了**协作培养**(concerted cultivation)过程。在这个过程中,一种强烈的"优越感"在中产阶级家庭孩子心中生根发芽。这种优越感在制度环境中扮演着尤其重要的角色;中产阶级家庭的孩子在这些制度环境中学习对成年人提出质疑,并以相对平等的身份与成年人讲话。

从这里再往前驱车二十分钟,在一个蓝领工人居民区,以及再稍远一点,在一个由政府为低收入者建造的公租房社区,孩子们的童年看起来有很大不同。一位白人工人阶级父亲扬内利先生开车到课后加时班去接也在上小学四年级的儿子小比利。回到家,小比利先看了会儿电视,然后跑去街上骑车玩耍,与此同时扬内利先生则在喝啤酒。没有课后加时班的晚上,小比利会和他爸爸坐在屋外路边打牌。小比利母亲的工作是帮人打扫房间,她下午5:30左右下班回家。她做好晚饭后,全家一起共进晚餐。大家庭是他们生活中的一个重要部分。扬内利女士每天都会打电话跟"整个一大家子"联络。多数晚上小比利的叔叔都会来串门,有时还会把小比利最小的表弟带来一起玩。春天的时候,小比利在当地一个棒球队打棒球。与每周至少参加四项活动的加勒特和亚历山大不同,对小比利来说,棒球是他整个学年中唯一有组织的课外活动。这条街下边,白人女孩温迪·德赖弗也是工人出身,她也是和她的表姐妹们一起度过傍晚时光,一起挤在起居室的地板上边吃爆米花边看录像。

更远一些地方,在一个夏日的傍晚,四年级黑人男孩哈罗德·麦卡利斯特正在外面玩耍。他住在那个由政府为低收入者建造的社区。那天晚上,他的两个表兄弟也在那里,他们经常来找哈罗德玩。整个下午他们都想找个篮球玩但却没找到,之后他们便干脆坐下来看电视体育节目。现在已是黄昏,他们又跑出去用装满水的气球打闹。哈罗德想把他的邻居拉蒂法小姐给浇湿了。人们坐在这排单元房外的白色塑料草坪座椅上。音乐和电视声在敞开的门窗间飘来荡去。

小比利、温迪和哈罗德身边的成年人都想给他们提供最好的生活。

经济上的艰难困窘使得满足基本生存需求成为这些家长的主要生活任务,他们要挣钱糊口,安排住处,克服住处附近的不安全环境,带孩子去看医生(常要久久地等候那些根本就不会来的公交车),给孩子洗衣服,催孩子按时睡觉,帮孩子第二天一早准备好东西上学。但与中产阶级家长不同,这些家长并不认为协作发展孩子的能力(尤其是通过有组织的业余爱好活动而实现的协作培养)是教育好孩子的必要因素。与塔林格家和威廉斯家不同,这些母亲和父亲并不看重协作培养。对他们来说,为人父母最重要的责任并不在于要引导孩子说出自己的感想、观点和思想。相反,他们认为大人与孩子之间有一条清晰的分界线。这些家长倾向于下达指令:他们会直接告诉自己的孩子应该做什么,而不是给出理由来说服他们去做事情。和与他们对等的中产阶级孩子不同,这些工人阶级出身的孩子和贫困家庭的孩子没有那些固定的由大人为他们安排的活动,他们对自己业余活动的特性有更多控制权。大多数孩子都跟自己的小朋友和亲戚住得很近,都能自由外出并和这些亲戚朋友玩耍。他们的家长和监护人推动了他们**成就自然成长**(accomplishment of natural growth)[2]。然而,这些孩子和他们的家长仍然需要与像学校这样的社会核心机构配合互动;而这些社会核心机构又都坚决果断地推崇以协作培养方式教养孩子的策略。对工人阶级家庭和贫困家庭的父母来说,他们在家中教养孩子的逻辑与教育机构的标准是不同步的。其结果就是,采用协作培养策略的家长,他们的孩子看起来就获得了一种优越感;而像小比利、温迪和哈罗德这样的孩子,看起来就在他们的机构体验中得到了一种形成中的疏远感、不信任感和局促感。

美国也许是一片充满机会的土地,但它也是一片不平等的土地。本书确认了,父母的社会地位会以一种在很大程度上是无形的但又是强有力的方式冲击着孩子的人生经历;而本书就标识出了不平等的社会地位是如何影响教育方式的。通过对中产阶级(包括上层中产阶级)家庭、工人阶级家庭和贫困家庭进行深入的观察和会谈,本书展示了阶级间的不平等已经渗入组成美国文化的方方面面。在前面的章节中，我将汇报一些科研成果；这些成果是通过对十二个家庭在其子女处于9–10岁之间时进行的深入观察研究而得到的。我认为，家庭生活的各个关键要素紧密结合，整合成一套教养孩子的文化逻辑[3]。换言之，各类不同家庭的不同之处，看起来会聚合成各种有意义的模式。在人类历史的这一时刻，中产阶级家庭父母倾向于采用这样一种教养孩子的文化逻辑：他们注重对孩子进行协作培养。相比之下，工人阶级家庭和贫困家庭父母则趋向于采取成就自然成长的文化逻辑。在成就自然成长的逻辑中，孩子们体验到长时间的闲暇时光、自发的嬉戏、大人与孩子之间分明的界限、每天与亲戚之间的交往。尽管承受着巨大的经济压力，工人阶级家庭和贫困家庭的孩子却常常拥有更"像孩子"（该拥有）的生活，没有大人的干预，他们拥有更多的自主权，对自己长长的闲暇时光也拥有更多的控制权。中产阶级家庭的孩子漏失了与亲戚之间的联络和自己的闲暇时间，但他们看起来却（至少是在潜能上）获得了在（教育及其他）机构中重要的优势。从协作培养的经历中，他们学到了各种对将来进入工薪世界可能会大有好处的宝贵技能。在我的研究中，虽然中产阶级家庭的白人孩子与黑人孩子的确显示出一些重大不同之处，但最重要的差距并不是发生在同种社会地位内部，而是像我即将展示的那样，存在于不同社会地位之间。正是这种不同阶级地位之间的差别，以及这些差别如何在家庭生活与抚养孩子中体现出来的，促成了/影响到孩子们在与身外世界发生联系时对他们自己的看法。

文化技能库

以儿童为工作对象的专业人士，像老师、医生和辅导员，通常都能在如何抚养孩子上达成一致看法。当然，有时他们也会就某个孩子或家庭该如何去践行教养孩子的标准而产生分歧。比如，老师们也许会对家长是否要停下来纠正孩子在朗读时不正确的发音而产生分歧。辅导员们也许会对一位母亲是否给了她的孩子过多保护而有不同看法。但在通过正确教育子女来促进孩子身心发展的主要原则上,专业人士之间却极少会有分歧[4]。这些原则包括与孩子交谈、培养孩子的学习兴趣、在孩子的求学过程中发挥积极主动作用的重要性。与此相似,家庭教育的指导方针所强调的主要是同孩子讲道理、教他们通过协商而非武力来解决问题的重要性。由于这些指导方针早已深入人心,又由于这些方针都聚焦在一套家长应该如何养育孩子的行为规范上,它们也就组成了一套关于怎样培养孩子的**占主导地位的文化技能库**(dominant set of cultural repertoires)。我们社会的各个层面都渗透了这种在抚养孩子的主要原则上为专业人士所普遍赞同的文化技能库。如此这般,一小部分专家也就**塑造了众多家长在教育孩子当中的行为方式**。

过去一百年来,专业人员针对教养孩子的最佳方法所给出的建议,发生了很有规律的变化——由从前极力推崇的牛奶喂养、严厉管教、使用体罚(对父母娇惯孩子作出严重警告),到现在同样极力推崇的母乳喂养、对孩子流露温情暖意、使用讲道理和交涉协商的管控机制来教育孩子。中产阶级家庭父母的言行在方方面面都要比工人阶级家庭和贫困家庭父母转变得更快也更彻底[5]。当专业人员的建议从牛奶喂养转向母乳喂养、从严加管教转向温暖怜爱、从责打体罚转向冷静反省,正是中产阶级家庭父母最及时地响应了这些建议[6]。而且,最近几十年,美国中产阶级家庭的孩子还不得不去面对"财富衰减"的前景[7]。中产阶级家庭父母为孩子日后的安身立命感到焦虑,因此他们也就越来越坚决地让孩子抓住机会参加各种有组织的活动,只要这些活动能为孩子日后事业发达带来好处。

那些遵从专业人士提出的标准并参与到协作培养模式中的中产阶级家长,都会有意设法去激励孩子的发展,培养孩子的认知技能和社交技巧。在当前特定的经济挑战和养育孩子的艰辛重压下,工人阶级家庭和贫困家庭则在满足孩子的衣食住行及其他基本生活必需品上不断挣扎。但是，它们在通过让孩子参加有组织的业余活动对孩子进行协作培养这方面却是大有欠缺。在工人阶级家庭和贫困家庭中，支持孩子的自然成长被视为一项成就[8]。

那么，这两种截然不同的教养哲学和方法又带来了什么样的结果呢？简单来说，它们导致父母向孩子**传输差别优势**（transmission of differential advantages）。在本项调研中，中产阶级家庭中的谈话交流远多于工人阶级家庭和贫困家庭；而也正是谈话交流，导致中产阶级家庭的孩子能够更好地发展其敏捷的口头表达能力、拥有更多词汇量、在权威人士面前表现得更为安适自如、对抽象概念更加熟悉。重要的是，不同家庭环境下长大的孩子，在与学校等机构中和家里的权威人士的交流互动中也养成发展了不同的技能。像加勒特和亚历山大这样的中产阶级孩子，当他们还是小男孩时就学会了与成年人握手并在互动中注视着成年人的眼睛。在有关工作面试的调研中，研究人员发现，求职者只有不到一分钟时间来给雇主留下好印象。因此，研究人员都强调眼神对视交流、握手坚定稳健和在面试中表现出对雇主应答自如十分重要。然而，在像哈罗德家这样的贫困家庭中，家庭成员在聊天时并不注视对方眼睛。而且就像伊莱贾·安德森（Elijah Anderson）指出的，在他们住处附近，长时间与人对视还有可能给自身带来危险[9]。哈罗德家代代相传的社交能力是有价值的，但这些躲避危险的能力（例如，在求职面试中）就有可能没有加勒特和亚历山大学到的能力那么有价值。

本项调研中的中产阶级白人孩子和黑人孩子还都表现出一种逐渐生成中的中产阶级所特有的**优越感**（sense of entitlement）。他们的言行显然都透着自己有权追求自己的个人偏好，也有权积极主动地管控自己在各种组织机构场景中参与的互动。他们看起来在这些场合下都舒适自如，他们很坦率地分享信息并要求得到别人的关注。虽然总是会有比较外向的孩子也总是会有比较内向的孩子，但中产阶级孩子都会去做的事情就是转化互动并使其对**他们**有利。亚历山大知道怎样让医生倾听他（对自己用了新除臭剂腋下长出肿块）的担忧。他的母亲明确地训练并鼓励他对医生大胆地讲出自己的想法。中产阶级黑人女孩斯泰西·马歇尔也是如此：她的母亲教导她，体操老师的教学应该配合她的个人学习风格。就这样，中产阶级家庭的孩子在"（社会的）游戏规则"中得到了各种训练，而这些规则都是支配与组织机构的各种代表形式进行交流互动的重要法则。不过，这些孩子对其他很多重要社会技巧却不熟悉，比如，在长周末和暑假自行安排业余时间，在没有大人陪同的情况下发表长篇大论，或是以一种服从的、不过分炫耀的方式与成年人相处，等等。中产阶级家庭的孩子还（在模仿中和直接的训练中）学会了如何让各种规章制度有利于他们并为他们服务。在这方面，中产阶级家庭中大力强调的论证和商谈，也对孩子日后在各类组织机构中的商谈提供了潜在的优势。除此之外，那些有权威的人士也对这样的互动作出了正面回应。甚至是在四年级，中产阶级家庭的孩子就俨然开始代表自身利益来为自己取得优势。他们向老师和医生提出各种特殊要求，让对方调整措施来迎合他们的需求。

相比之下，工人阶级家庭和贫困家庭的孩子在各种组织机构的场合下与他人互动时，则表现出一种逐渐形成中的**局促感**（sense of contraint）。他们很少有可能去改变同他人的互动来为自己所用。与其父母一样，他们只是被动地去接受权威人士的行为（虽然有时他们也会暗中进行反抗）。工人阶级家庭和贫困家庭父母有时并不了解自己孩子的在校情况（比如，有时他们不知道孩子没有写完家庭作业）。而在另一些时候，他们还会因为觉得学校的规定毫无道理而对其置之不理。比如，温迪的妈妈告诉她对纠缠她的男孩要"拳脚相见"；小比利的父母为自己儿子在操场上"殴打"另一个男孩而感到骄傲，尽管小比利因此而被停学。家长们还会在要求"校方"对他们的忧虑作出回应这类事情上遇到各种困难。扬内利女士在发牢骚说她"恨"校方时，她也在无形中教育了儿子在面对一个重要的组织机构时只能表现出无能为力和失意挫败。

而像斯泰西这样来自中产阶级家庭的孩子则学会了向专业人士提出各种要求,当他们成功地将各种规则为自己所用时,他们也就增加了自己未来的"文化资本"(cultural capital,即个体继承下来的各种技能,这些技能可以在他们行走于各种组织机构之时被转化为各种不同形式的价值)[10]。然而,工人阶级家庭和贫困家庭的孩子在面对组织机构时,通常都无法让各种规则为自己服务,进而也就无法为成人后的生活获得资本。由于有这些合法化的模式,依照协作培养逻辑教养出来的孩子就能以一种逐渐生成的优越感的形式获得各种优势,而依照自然成长逻辑教养出来的孩子则倾向于发展出一种逐渐生成的局促感[11]。

社会分层和个人主义

美国的公共舆论大都把一个人一生的成就归因于这个人作为个体所具有的品质。像"我行我素"(I Did It My Way)这样的歌曲、个人传记、电视节目和杂志上的文章都在赞美个人的力量。最具代表性的就是,个人成就与个人的努力和天赋连在一起,如具有好强的"A型"人格、工作努力或是有领导才能。这些文化信念为美国人对不平等的看法提供了一个框架。

实际上,与承认社会地位的力量相比,美国人要更容易承认个人的积极主动性。研究表明,美国人大都相信他们的成就来自他们个人的努力。只有不到20%的人看到"种族、性别、宗教信仰或阶级地位对'出人头地'极其重要"[12]。与欧洲人相比,美国人更相信他们能凭自身力量来提高其生活水平。换言之,美国人相信这样的美国梦:"我们从小到大都相信的这个美国梦,虽然简单但却十分强大——只要你努力工作并按规则办事,你就会得到机会来实现自己,让你的天赋得到充分发挥。"[13] 每个人都要对自己生活的结果负责——绝大多数美国人都抱有这种美国式意识形态的信念,无论穷富,皆是如此。

然而,毋庸置疑,社会的确是有阶级和阶层之分的。就像我在下一章将要展示的，很多非常宝贵的资源，像拥有财富、有一份令人感兴趣又有复杂性的高薪工作、受过良好教育、拥有一座家宅，都不是在全社会范围内均匀分配的。而且，这些资源还是代代相传的：预测一个孩子是否有一天能从高校顺利毕业的最好方法，就是看一看这个孩子的父母是否有大学文凭。当然，诸如此类的关联也非绝对：有三分之二的社会成员会重现他们父母的受教育水平，有三分之一的人则会另谋他路。尽管如此，同样毋庸置疑的一点是：我们生活在一个资源分布极其不均的社会里；换言之，我们生活在一个相当**不平等**的社会里。然而，在下一章中我将向读者展示，很多通情达理之人都不能在如何从这样的社会模式中抽象出最好的理论上达成一致。在不同经济状况下的家庭是否"享有独特的、能界定其生活轨迹的经历"[14]这一点上，他们之间也有分歧。很多人都坚持认为，在社会经济地位上并没有一种清晰连贯、持续恒常的体验模式。我将在书中证明，事实上存在这样一种教养孩子的文化逻辑，它确有因不同家庭所处的社会地位不同而具有不同特征的倾向。我把这些相互交错的各种实例视为是有规律可循的：它们以一种杂乱但仍可辨认的方式集合在一起。与很多人不同，我的看法是，社会地位的确对塑造家庭生活的日常节奏有着强大的影响力。

调研本身

带领孩子度过一天的学习和生活真的是一种很繁重的劳作，尤其是对孩子的父母来说更是如此。当我开始着手进行这项调研时，我就对了解这种劳作的过程十分感兴趣。我选择了观察整个家庭，而不是仅仅观察孩子**或**家长，这是因为我希望能够捕捉到一些孩子与父母之间的相互作用。与此同时，我的研究方法也意味着要走出家宅的四壁来了解父母和孩子是怎样与孩子生活中的其他成年人磋商行事的。

本书基于密集的"自然主义"观察法，对十二个有9–10岁孩子的家庭（六个白人家庭，五个黑人家庭，一个混血家庭）进行了调研。这十二个家庭是一项更大调研的一部分，整个大项目包括从中产阶级家庭、工人阶级家庭和贫困家庭中取样的八十八个孩子[15]。（关于调研方法的细节，参见附录一。）我初次见到这些孩子们还是在探访他们所在的几个三年级班时；当时我一共访问了两所小学，一所是市内的下里士满小学，另一所是郊外的斯旺小学（下一章对这两所学校有详细介绍）。在白人和黑人研究助理的帮助下，我首先访谈了所有孩子的母亲们，而后又对很多孩子的父亲们做了访谈。为了更好地了解专业人员对家长所抱有的期望，我还访谈了孩子们的任课老师和学校其他工作人员。

从这群孩子里，我和我的研究助理们选出十二个家庭来作进一步密切观察[16]。对每一个家庭，我们通常是在一个月的时间内到他们家中及附近地区进行二十次访察。在孩子和他们的父母完成每日例行的琐事时，在他们参加学校活动时，在他们参与教会仪式及活动、有组织的游戏和竞赛、亲戚来访和看病时，我们都跟随他们进行追踪观察。大多数访察都会持续三个小时，有时依据活动自身性质（例如，一次在外市的葬礼，一次所有亲戚都参加的特别活动，或者是一次长时间的购物旅行）我们也会逗留更长时间。大多数情况下我们还会在每个孩子家里安排一次过夜访察。我们经常随身带着录音机，尤其是在这些家庭对我们的在场都习以为常之后。

当我们把自己介绍给每个家庭时，我们告诉他们，就像一项著名研究里所做的那样，我们希望被当成"家里的宠物狗"[17]。我们希望家长们能忽略我们的存在，但同时又允许我们跟着他们。在实际操作中，我们的存在还是有了些许更主动的特性。不过在最初的一些纷扰过后，我们通常都会融入背景，让孩子和他们的父母定下自己的步调。在他们家里，我们和孩子们一起坐在地上；出游时，我们也坚持坐在他们私家车的后排。在室外，我们与孩子们一起打球或是在他们与小伙伴玩耍时也跟他们在一起。中产阶级家庭的孩子往往要花很长时间等待成年人来接他们去参加各种活动。我们也跟着他们一起等待。正如我在附录一中所说，凭经验所得的规则就是，如果小孩子没有在当下就面临危险，就不要批评或干预。我们鼓励他们不要担心没有招待我们；我们告诉孩子们在我们面前要自然放松，如果他们通常会骂脏字，他们就还在我们面前也骂脏字；我们还要他们对我们放下那些在正常情况下对待"客人"的规矩。

当我们坐在客厅里看电视，当我们坐在车后座和他们一起去参加足球赛，当我们看着孩子们换上睡衣或是和他们一起坐在教堂，我们的存在无疑改变了当时那个空间里的互动。但过了一段时间，我们就看到他们已经适应了我们的存在（例如，随着他们对我们变得习以为常，大声吼叫和用脏话骂人的次数开始增多）。尤其是在最初的适应期过后，很多家庭都报告说，如果非要说他们的行为有什么变化的话，这些变化也是很小的。

孩子们都觉得参加这个项目很开心。他们汇报说，这件事让他们感到很"特别"。每每看到实地调研工作人员来到自己家中，他们都显得非常高兴；有时他们还不愿让工作人员离开。有时候，有些家长也会说他们"很开心"。这项调研明显给工人阶级家庭和贫困家庭带来了更多的欣喜，这有可能是因为这些孩子很少与自己的大家庭、邻居和老师以外的成年人打交道。而在中产阶级家庭，孩子们则会定期与家庭成员及学校环境以外的成年人进行互动。

恒久的两难境地

在我近来参加的一个研讨会上，一位黑人人类学家驳斥另一位学者的论述说："你说的没错，但这是从白人视角来看的。"顺着这个思路走下去，其结论就是：一个人是否是某个种族或民族的成员塑造了这个人的知性轨迹。因而，有些人便相信，作为一个白人女性，我不该去研究黑人家庭。反之亦然，他们也反对黑人研究助理去访察中产阶级白人家庭。他们断言，让同性恋者去研究同性恋者、让女性去研究女性才是更理想的，甚至是必须如此的。有些人担心局外人会生出很多误解。还有人声称，让白人研究人员在黑人家中作研究是件不合理的事。

对于这些争议，实在是没有简单的应对之计。这项调研的设计是从当地的环境背景中产生出来的（参见附录一）。但概言之，我与那天晚上研讨会上那位年轻女子哲学观不同。我质疑那一所谓的"白人视角"是否存在[18]。按照她的批判逻辑，就意味着（占优势地位的）种族和民族不该去研究任何涉及劣势群体的社会问题。这种逻辑并不能打动我，也无法让我觉得这就是了解复杂社会问题的最佳方法。（这种逻辑还会造成另一个不公正的后果，就是迫使每一位黑人社会学家都只去研究美国黑人，而不是自由地去研究他们感兴趣的任何人群。）再者说，眼前的"人群"总是纷繁多变。如果是同一个民族中不同性别的人群呢：阻挡我们去理解他们的壁垒是否同样高不可攀？在一系列重叠反射的镜子里，这样的张力是否意味着你唯一真正能"跨越障碍"去研究的人就是你自己呢？本书的观点是，局外人有可能越过人群界限去研究其他群体。我们在本书中向读者报告了一项运用人种学方法研究身处各种社会场所的儿童的调研：其中既有男孩又有女孩，既有中产阶级家庭的孩子，也有工人阶级家庭和贫困家庭的孩子，既有白人孩子也有黑人孩子。此外，调研小组成员也是由各种不同的种族和民族（以及不同的社会地位背景）组成的；这一点，就像附录一所示，也影响到了我们在访察中所获悉的东西。

有些审稿人担心，在当前美国紧张的种族关系下，本书描述的行为模式会巩固人们对某些群体的负面形象所固有的偏见。他们担心调研结果会被人脱离原有环境以滥用自肥，尤其是那些政治上的保守派。初期的一些看稿人还鼓励我不要报出那些有可能会加固人们对劣势群体（如贫困黑人家庭）负面印象的结果。事实上，原稿中就已包括了对贫困白人家庭及黑人家庭的描写，但即使这样也还是不能完全缓解这些担忧。一个关键问题就是，大部分读者都将是中产阶级的读者，或者是正在向中产阶级靠拢的大学生，尽管他们来自工人阶级家庭或贫困家庭。作为读者，他们会以自己的童年和自己作为家长或未来家长的生活为基准来评判什么才是恰当的。这一文化和历史框架可能会成为他们解读调研讨论的基础。事实上，一些（中产阶级的）审稿人在阅读初期的几稿时就感到，一个孩子整天看电视的话，他的生活就会变得很"无聊"而且这样会对孩子"很不好"。但是，这样的解读是深植于某种对童年特有的设想上的——这一设想包含了发展潜力和协作培养。读者在其信念上的这种历史性和文化性，经常只有通过强烈的跨文化或历史对比才能被削弱。[19]

总之，这些担心都围绕着读者是否会把自己的文化信念投射到书中的素材上。这种投射模式会使人很难"看到"其他教养孩子的理念也有其合理性。其结果就是，我花了很大力气去汇报家庭生活的复杂性，但有时在我不得不花更多时间来指出中产阶级儿童教养理念的弊端时，我却不能用同等篇幅来指出工人阶级家庭和贫困家庭教育方法的弊端。尽管如此，这项调研的结果仍有可能会被扭曲或是被用来宣扬那些我嗤之以鼻的政治立场。但是，就因害怕调研结果被歪曲（尤其是担心书中例证会强化社会生活的"缺陷"理论）而不公布真实的发现，这看起来也是错误的。因而，虽然有人力劝我那样做，但我仍然没有因着这条标准而删漏数据。

本书的组织结构

下一章将描述调研中大多数孩子所在的两所小学，以及这一年中我们所访察的所有其他地方。其中还简短地讨论了理解为什么会存在不平等的几种不同方法。接下来，本书为每个家庭都专设了一章，并进而分成三个方面来突出社会地位在孩子生活和家庭生活中的重要作用：日常生活的组织，语言的运用，家庭与社会（教育）机构之间的互动。第一部分，我将通过着眼于作为中产阶级白人家庭的加勒特·塔林格家来揭示中产阶级孩子的生活：他们为了参加各种有组织的业余活动而在忙碌的作息时间下奔波（第三章）。塔林格一家比很多家庭都要富裕，但是其他中产阶级家庭也一次次地不断涌现出相同的生活模式。相比之下，像泰雷克·泰勒（一个工人阶级黑人男孩）这样的孩子却有很多时间在户外与小朋友们玩耍（第四章）。即使在那时，就像贫困家庭白人女孩卡蒂·布林德尔的情况所显示出的那样，这些孩子们的母亲都付出了极大的努力来安排自家孩子度过一天的生活（第五章）。与塔林格家不同，泰雷克·泰勒和卡蒂·布林德尔两家的孩子们是在一个与成年人分离开来的圈子里玩耍。

第二部分，我将展示这些日常生活组织中的差别如何与语言的使用交织在一起：中产阶级家庭强调以理服人，工人阶级家庭和贫困家庭则强调听从指挥。我将以两个孩子为例来阐明这一发现：一个孩子是中产阶级黑人男孩亚历山大·威廉斯（第六章），另一个孩子则是贫困家庭出身的黑人男孩哈罗德·麦卡利斯特（第七章）。[20]

第三部分将会展现不同的家长在监控和干预孩子的学校教育上有怎样的不同。第八章的主人公是中产阶级黑人女孩斯泰西·马歇尔，她妈妈对她在家庭之外的生活不断地仔细检查并加以调解。这种家长频繁干预孩子生活的行为实例同时也出现在中产阶级家庭白人女孩梅勒妮·汉德隆身上（第九章），虽然相形之下她妈妈的监控行为并不那么成功，母女之间发生了很多不愉快和冲突，尤其是在做家庭作业上。与中产阶级家庭父母相比，工人阶级家庭和贫困家庭父母在教育孩子上则有赖专业人士的领导。有时，由于教育工作者期待家长们遵循协作培养的策略，其结果就会出现很多困难；温迪·德赖弗就是这样一个例子，她升到了四年级却在阅读方面仍然跟不上（第十章）。另一些时候，工人阶级家庭父母发现自己无能为力又沮丧失意，因为那些在他们看来是恰当的行为规范（如在操场上自我防御或是为严明纪律而责打孩子）会遭到诋毁贬低，更有甚者，还会被视为虐待儿童之举。小比利的案例阐明了这种紧张的张力（第十一章）。

在第十二章的综述中，我重新回顾了社会地位对日常生活的影响这一宽泛的问题。我将指出，在很多重要方面，社会地位并不会塑造我们的日常生活，例如，在保持整洁、遵守秩序和有幽默感等方面。但总的来说我也相信，在很多重要方面，随着孩子们逐渐步入更广阔的天地，阶级地位的确塑造着家庭教育的逻辑策略，同时也塑造了符合这些策略的价值观。附录一提供了一个"圈内人"的角度，以便读者认识调研中出现的问题和两难境地。

  总之，我认为，在应该怎样教养孩子这个问题上，不假思索地全盘接受占据支配地位的官方教育机构（如学校或社会公益服务中介）提出的观点是错误的。事实上，在组织机构场景之外，两种教养孩子的逻辑各有千秋。比如，协作培养让家长们疲于奔命，让孩子们筋疲力尽，而且强调个性发展有时还会损害家庭群体观念的形成。中产阶级家庭的孩子会与父母争论，对父母的无能大发牢骚，并会蔑视父母作出的决定。在历史上其他时期，一个对医生吆五喝六的 10 岁孩子会因这类无礼和不恰当的行为而受到惩罚。而且也并不是说，表现出逐渐形成中的优越感的孩子在本质上就会比那些表现出逐渐形成中的局促感的孩子更有价值或更令人满意。在不像美国这样崇尚个人主义的社会，人们更强调群体的重要，工人阶级家庭和贫困家庭的孩子所表现出的那种局促感还可能被认为是健康的和恰当的。但在我们这个社会，工人阶级家庭和贫困家庭的教育策略通常都会受到贬低，被视为对孩子毫无帮助甚至是对孩子日后的人生机遇有害。中产阶级家庭孩子自然积累的受益有可能是很重大的，但这些无形的受益并不为他们自己和他人所见。用句俗话来说，中产阶级家庭的孩子"一生下来就处在像棒球第三垒这样好的位置，却认为自己理应享受到难得的三垒安打"。本书通过研究孩子和家长在日常生活中的乐趣、机会与挑战，将会把这些看不见的无形的损益都呈现在大家眼前。

第二章

社会结构和日常生活

> 每个人都在各种组织机构中扮演着自我、演绎着自我;而一个人作为个体的生活,如果不以其所在的组织机构为参照,也就无法被充分地了解。
>
> ——赖特·米尔斯

本书描述的这些家庭都在某一个特定的社会环境中创造了他们的生活。他们并没有去修建自己开车经过的那些道路,没有去解雇自己孩子学校的老师,没有指令说哪些公园需要得到更好的养护,没有决定市政工作人员该以什么样的速度去清扫路上的积雪,没有去定下自己所在街道的房价,也没有去安排自己所在校区和邻里的种族、民族或社会地位的构成成分。他们也没有去决定自己所在地区是否有高薪的好工作,没有去决定全国经济增长的速度,更没有去操纵美国在世界经济中的地位。然而,这些元素却侵入到这些家庭的生活,虽然有些家庭受到的冲击比其他家庭会小一些。对这些背景环境的一种构想就是,作为个体每个人都在一定的**社会结构**(social structure)中开展自己的生活。

社会结构的定义有很多,但是这些定义大都强调固定的互动模式,而这些固定的互动模式又经常以社会团体的形式存在。其中最关键的基本成分是**团体**（groups，它的一个常见定义就是"一群以对彼此共有的期望为基础而进行互动的人"）[1]。每一个个体都在自己所隶属的（多个）团体中拥有多种由社会定义的位置，即地位。个体的行为由各种**规范**（norms，为具体情境所制定的规则或指导方针）来指引。随着时间推移，其中一些规则系统——通过在官僚机构、法律程序和官僚规章中进行编码——接合成组织机构[2]。例如，婚姻、家庭、军队、企业、政党和种族隔离制度都是组织机构。米尔斯在《社会学的想象力》（The Sociological Imagination）中强调组织机构的重要性时说："大部分人类生活都是由在特定的一些组织机构中扮演……不同的角色而组成的。要了解个体的自我演绎，就必须了解他曾经和当前所扮演角色的重要性和意义所在；而要了解这些角色，我们就必须去了解他们身为其中一员的那些组织机构。"[3]个体与任何一种组织机构之间互动的机会并不是随意的：有社会精英背景的家庭趋向于参与到为社会精英服务的组织机构中，贫困家庭则倾向于参与到为穷人服务的组织机构中。有些组织机构设置，像动物园、欢庆游行、某些商店，有时还加上公共交通，则是"强大的均衡器"，能够把各种各样不同的家庭拉到一起。不过，富人与穷人之间诸如此类的混杂极为少见。

简而言之，孩子们是在一个宽泛而分层的社会系统里长大的。本章我将通过描写一些关键方面来勾画出参加本次调研的孩子们及其家庭所在的社会结构环境。我把视野集中在两所目标学校：位于城区的下里士满小学和郊外的斯旺小学；我将分别描述这两个教育机构及其周边社区。我还将讨论社会科学家和其他社科人员是如何解释我们社会中持续存在的不平等的。

下里士满小学及其周边社区

下里士满小学招收学前班至五年级的学生。学校坐落在东北部一座大城市里一条狭窄的街道上，看上去有些让人生畏：教学楼有三层高，并被一道高高的网链状的栅栏团团围住。教学楼很老了，里面的墙壁已经变成一种脏脏的米色，教室里的窗户也很少。墙上斑斑点点尽是油漆，以覆盖住经常出现的涂鸦乱画。学校的两侧和后院是一个沥青操场和一个小篮球场；前院有一些树木和一小片草地，但是课间休息时孩子们不能在这里玩耍。学前班有自己单独的操场，同样是一色的沥青地，但是周围有由孩子们画的壁画，看上去要更愉悦一些。学校大门入口处有一个保安坐在办公桌后面。总的来讲，用一位教师的话来说，下里士满小学是"一个很好的地方"。她特别提到，这个学区的其他小学在校园里会有好多啤酒瓶子和碎玻璃碴子，比起那些学校来，［这里］"很安全；当你走进来的时候会发现前面很漂亮，有草地和树木，还有一个停车场，教学楼也比较干净"。

下里士满小学周边的社区把不同种族的居民隔离了开来。很多学生都来自开车十分钟以外的一个贫困黑人社区。学校本身则坐落在一个主要由白人工人阶级住户组成的社区，这里的大多数住宅都是小型廉价的房子。（描述性的社会和人口分布数据见附录三C2。）这里还有一些公寓楼，其中有一部分是租给符合政府补助标准的（"住房法案第八部分"）低收入家庭的。在这些公寓楼里，不同种族混杂居住。下里士满小学约有一半在校生是黑人孩子，另一半是白人孩子。有不到5%的学生是亚裔或西班牙语族裔。大多数执教人员都是白人，包括校长；但也有黑人教员，其中包括我听课的三年级老师、学校心理顾问、掌管阅读资源的老师和音乐老师。大多数非教职员工均为非裔美国人，如秘书、保安、清洁员和校车司机。大部分学生都符合免费午餐标准。

离学校只有几个街区的地方有一个小购物区，里面有几家加油站、一家比萨饼店、一家冰激凌店（只在天气较暖的月份里营业）、一家从早上7:00开到晚上11:00的便利店和一家五金店。与其他市内街区不同，这里的商业用房和居住用房都租了出去并有人使用；这里并没有什么被遗弃的建筑。这是一个坚实可靠的工人阶级居民区，有狭窄的街道、老旧但保养得很好的红砖二层楼房，还有足够多的商业消费者和雇员，以至于停车位经常短缺。在单调的混凝土路面和建筑之间，也有足够多的树木和鲜花来打破沉闷并标记出四季的更迭。建筑物都密集地挤在一起。大型商厦非常少见：超市只是零星可见，而且也没有像塔吉特（Target）和沃尔玛这样的打折优惠店。居民们必须驾车去郊区才有机会买到便宜的货物。

下里士满小学周围的交通十分忙乱。市内的公交巴士每小时有数次呼啸着在路上往返穿梭，小卧车飞速驶过十字路口。汽车喇叭时时高声作响。与地广人稀的地方相比，密集的住房和稀少的停车场使得邻里之间的接触更加频繁。许多与养车相关的活动都发生在大街上，从洗车、修车到铲去车旁积雪都是如此。和全国大多数市区中心一样，这里的犯罪行为也引人关注，尤其是在公共建筑上涂鸦破坏、入室行窃和小偷小摸。（在大街上或当地的小店里）持枪抢劫则相对比较少见，但它们经常发生的次数也足以破坏掉当地居民的安全感。

多年来，下里士满小学在家长、孩子和教育工作者心目中的形象一直都很不错。伯恩斯坦女士是该校一位四年级老师，她说，与市内其他小学的艰苦环境相比，下里士满小学是一个"柔滑可爱的奶油泡泡"。在校方提供的条件的基础上，下里士满小学为学生提供了各种有价值的资源：一个计算机房和一个专教电脑的老师，还有专门教美术、音乐和体育的老师。学校还有一座图书馆和一个得到专门基金支持的以科技为重点的科教计划。学校主办的课外活动包括一个唱诗班和一个乐队，这两者都会在校内、区里和地方社区进行表演[4]。下里士满小学每年还会组织一场受人欢迎的春季义卖会（school fair）。

尽管如此，这所学校也有自己的问题，从缺乏像纸张和美工原料这样的教学用品，到教师短缺，再到会损害学生教育的繁冗的行政机制。虽然大家公认在市区学校教书要比在郊区教书更具挑战性，但教师的薪水（以及每个学生的花销）却要比在郊区学校少很多。而且也不是总能找到合格的教师。下里士满小学的一些学生就对教师短缺有很切身的体会：例如，三年级的一个班就曾在一整个学年里有过一系列不同的替补老师。根据学区规定，班级名册要到新学年开始好几个星期后才会最终确定下来。因而，像到十月中旬那么晚的时间，一个孩子还有可能会再被分配给一个新的老师（学区为了应对教员安置和预算问题，有时会打破原有班级重新组合）。区里强加给学校的官僚政策还制造了其他很多困难。一位教师解释说，一个看上去很简单的请求，就可能会需要很多笨重耗时的繁文缛节：

> 一个孩子的祖母打电话来说［一个校外课后班］需要孩子的一些信息。而我却没有权力把任何学生的书面信息给任何人，除非我有孩子父母在［需求该信息的机关提供的］正式公函上签字的应允书。而且学校顾问和校长也必须在上面签字。[5]

家长（和教育工作者）也经常对学区的教学指导方针感到迷惑和失望。比如，一个学生要被推荐去参加全天特殊教育，首先需要两次先遣推荐（每一次都要在不求助于全天特殊教育干预的情况下，并在使用普通教育方法努力改善后依然无济于事时才可进行推荐），然后才可以正式审核一个孩子是否需要特殊教育。由于每个阶段都至少需要六十天，而每个学年又只有一百八十天，以至于有时整个一学年都消磨过去了也不见得能等到一个明确的决定。就像我在本书后面所展现的，诸如此类的官僚基础结构带来的结果有时候就是，当孩子们在学习上存在的问题无法得到对症解决时，他们就"被体制给抛弃了"。

进行调研那几年，一些地方政客就曾公开批评这个学区没有做好学校教育。即使在像下里士满小学这样在这个学区很有成就的学校，也有约一半学生没有达到所在年级的阅读水平标准，四年级组约有三分之一学生都比该年级应有的水平低至少两个年级。区里在提高考试成绩上面临很大压力,但财政预算却十分有限,而且每年都不够。与郊区学校不同,市内学校没有富有的家长联合会为它们吃小灶补充资金。在下里士满小学,很少有家长参与家长教师协会(Parent-Teacher Association,PTA),每次开会都只有三四个人参加(通常只有头目们到场)。教师之间的人际关系也潜伏着另一个让人担忧的问题。在通常还算热情的氛围里潜伏着严重的紧张关系。一些黑人教师觉得白人教师对某些黑人孩子不公平。一位三年级黑人老师气愤地控诉道:

> 有些教学人员没有公平对待有些孩子。一些名声不好的黑人孩子做了某些事情后……[被]开除学籍。一些白人孩子会犯很严重的错误,但受到的处罚却只是在放学后被留校、请家长或是停学检查。

虽然白人领导和教师大都不同意这种看法,但其他黑人教师却都表达了同样的担忧和困扰。

有时候,下里士满小学学生之间的关系也很紧张。严重危及安全的行为很少见。[6]但每个星期孩子们在操场上的拳脚相向却是屡见不鲜。老师们估计,至少有一半孩子在生活上有严重问题,通常涉及父母一方缺失或失去正常生活/工作能力。校方心理顾问定期与儿童保护机构合作以帮助那些在她看来受到忽视(例如,那些没穿大衣就来上学的孩子)或虐待孩子的需要。仅仅在一个班上通常就会有好几个孩子存在"严重的问题"。蒂尔先生的四年级班上就有好几个这样的白人孩子:莉萨的妈妈不要她了,她现在"跟她父亲住在一起,而这个当爸爸的总是喜欢过量饮酒";托马斯的妈妈有一天突然就消失了,虽然她最终还是出现了,但却始终没有和自己的儿子取得联系;肖恩的父亲"吸毒……有妄想症,今年已两次被捕"。在这个班上的黑人学生中,坦妮莎甚至连书包这样老师希望每个孩子都有的最基本的学习用具都没有;托娅经常扰乱课堂，她"总是在跟人打架……但她妈妈……［不但不说她，还反过来］向我解释为什么这些都不是托娅的错"；朱利叶斯来自一个"有着很长的吸毒和暴力历史"的家庭。下里士满小学的老师们还注意到，这些学生在生活上遇到的问题，除了在感情上令他们苦恼之外，还扰乱了全班的学习进度。老师们一致希望他们的学生每天都能"干净整洁"地来校上课，"为学习功课做好准备"。用一位四年级老师的话来说就是，他们还希望家长能参与到孩子的教育中，"在家庭作业上签字，帮孩子做课业项目"，并应"抱有积极的态度"。

还是有一些家长可以实现老师们提出的这些期望的。有不少黑人和白人家长都有稳定的工作，还有一些家长正在积极谋求在社会上更好地立足。蒂尔先生班上有三名黑人学生——艾赛亚的妈妈不要他了，但他爸爸却在一心一意地照看他；莫雷尔的妈妈已经"回去读大学以成为一名小学教师"；还有丹尼艾尔，她的妈妈在"乔氏"牛排店（Joe's Steaks，一家有着近七十年历史的老字号牛排店）工作。有很多白人孩子的家长也是如此，包括那些被蒂尔先生称作正在走"上升趋势"的父母。

总之，下里士满小学有很多值得肯定的方面，尤其是和学区里的其他学校比起来。尽管如此，这所学校也与其他市内学校一样，存在很多实质性的局限性，如教师短缺、教师工资偏低、学习用品缺乏和繁冗的官僚制度。家长无论在经济上还是在政治上都不是学校教育的主要力量。学生们来自种族之间互不杂居的社区；在这些社区，历史上遗留下来的土地使用模式和市场压力限制了大型商店存在的可行性，这里的住宅很小而且都挤在一起，交通混乱，犯罪率通常也让人担忧。因此，与像斯旺小学这样的郊区学校相比，下里士满小学就要显得逊色许多。

斯旺小学及其周边环境

与下里士满小学相同，斯旺小学也招收从学前班到五年级的学生。它坐落在东北部某大城市（下里士满小学同在这座城市）边缘的一个郊区小镇。与其他很多郊区学校一样，斯旺小学是平铺而伸展着的。学校里只有单层建筑，都在校园的各处延展开来。每间教室都有一整扇墙排满了大窗户。虽然所有窗户都能打开，但在秋春之季（冷气不开放）教室里仍很闷热。教学楼外面是一片宽阔的草地，缓缓地沿着小山坡舒展开去，面积大到足以让孩子们同时进行好几项运动而互不干扰。与下里士满小学不同，斯旺小学的操场上有一套功能繁多做工精细的秋千和横木，横木下面还有微微发红的碎木屑以便在孩子们不小心掉下来时可以起到保护作用。斯旺小学周围没有篱墙，整个学校看上去显得开阔而有吸引力。

斯旺小学所在的居民区里都是单层的独门独院的中产阶级家宅。每座房子前面都有一大长条绿色的草坪。这里的房价要高出下里士满地区两倍（详细数据参见表C2）[7]。除了有活动时家长们的私家车会挤满校园之外，这里的场地显得十分充足。校园和学校边上的社区都有大片大片美化得很好的绿地。这里有如此多的树木、开花的灌木和各种花卉，以至于每到季节变换，大自然的存在都会让人深深地陶醉其中。秋天的时候，深橘色的落叶铺满大地；春天一来，地上则是黄色水仙花的海洋，抬头望去，粉色的、白色的山茱萸则开满枝头。

斯旺小学及其周边地区没有可以徒步到达的商店。当地的商业区位于一条主干道两侧；商店都很大并位于大型停车场后面，离主路本身还有一段距离。购物的人可以选择很多不同的零售商，包括好几个折扣店。比起市区商店，这里的货品更全，价钱也更低。因为商店太大了，每户人家在从一家商店到几个街区远的另一家商店时经常要开车前往。孩子们参加各种活动都要车接车送，就连去小朋友家玩也不例外（但也有一些孩子能得到家长允许骑车去小朋友家玩）。这里市郊的生活很是依赖私人汽车，但这里却几乎从不堵车；而且比起城里人，这里的居民开车时更加悠然自得。道路状况也明显要比下里士满好得多。市郊公路上坑洼不平的地方极为少有，扫雪也更为及时，经常是暴风雪过后二十四小时内就会统统扫清。因此，一月份时，当下里士满小学的停车场上一连数日都覆盖着危险的冰层时，斯旺小学的停车场上却是丝毫不见冰雪的影子。

在访谈中，市郊的一些成年人提到，他们认为市区非常"危险"，他们会尽量避免进城。尽管家长们都为犯罪行为而焦虑并担心孩子的安全，但家庭成员通常却都会把自行车、棒球手套或球棒这样值钱的物品扔在院子里不管。入室行窃和小偷小摸很少在斯旺小学周围地区出现，在居民区内持枪抢劫更是闻所未闻。总的来说，这里的人并不像城里人那样担心各种犯罪行为。

斯旺小学周围的居民绝大多数都是白人，但也有一些黑人家庭；黑人学生占到在校生总数的近10%（另有不到5%的亚裔和西班牙语裔学生）。"多元文化"主题在校内占支配地位，学校的拼布壁挂、海报、集会活动和课程都致力于这一主题。学校密切注意提倡多元文化，但这里的多元化在很大程度上都是象征性的，因为与下里士满小学不同，这里几乎所有的学生、教员、管理人员和服务人员都是白人。

家长们和学区主管们对斯旺小学及其所在学区都评价极好。返校日的晚上，副主任着重讲述了斯旺小学这种极为显著的"特别好感"，并强调指出，学区十分注重听取家长的心声。他把自己的电话留给了在座的家长，并鼓励他们给他打电话。比起下里士满小学的老师，斯旺小学的老师们有更多的教学用品；他们有复印机，还有充足的纸张和美术用品。推介孩子接受特殊教育并不那么普遍，也没有那么多官僚机构的繁文缛节。家长仍需（通过在许可表上签字来）正式同意让孩子参加学习困难的测试，但书面审核工作通常只需几个星期，而不是几个月，就可以处理好。在斯旺小学，大多数四年级孩子，包括那些成绩差的，都达到了四年级的学习能力标准；在阅读方面，很多学生都超过了四年级标准两到三年。虽然下里士满小学和斯旺小学都开有电脑训练课、美术课、合唱团和体育课，但是斯旺小学在课程性质、教学用品和教育内容方法上都要更精心。比如，在下里士满小学，学生们用冰棒的木棒做美工。而在斯旺小学，孩子们则是用白色的方布和黑色的墨水来做写有日文字的标幅。下里士满小学的合唱团对所有来参加排练的学生开放，孩子们在当地养老院表演。斯旺小学的合唱团则是"选拔"出来的，孩子们必须通过试音才能得到席位。得力于一次大型募捐活动，斯旺小学的合唱团乘专车去中西部地区参赛演出；而且在音乐老师的安排下，孩子们还在该学年内参观了一个录音棚。最后，斯旺小学的家长参与度也远远高于下里士满小学。这两所学校在规模上不相上下，但斯旺小学的家长教师协会却比下里士满小学的参与者多十倍，而且郊区的这个组织在集资（和消费）上都比城里的家长教师协会多得多。比如，斯旺小学的家长教师协会每年都会在额外召开的学校集会上花费三千美元左右。他们赞助了"住校艺术家"及木偶表演、话剧和其他专业表演。他们还为每年一度的学校义卖会提供帮助，斯旺小学的义卖会比下里士满小学的要精致得多。

即便如此，斯旺小学的家长和老师们也有怨言，虽然他们抱怨的问题与下里士满小学面临的困难有所不同。在斯旺小学，经济方面的安全感不是问题。这里的孩子大都生活在父母双方都有正式工作的家庭，很多家长都是像律师、社会工作者、会计师、经理、教师和保险公司主管这样的专业人员。很多孩子的母亲都在外面做专职工作。学校里有些老师担心孩子们在家里会因为父母"太忙了"而得不到足够的关注。内特尔斯女士注意到，在新学年刚刚开始后的前几个星期，她班上二十六名学生中就有十个没有做家庭作业；她评论说：

> 我在这个学校已经七年了，这种现象愈演愈烈。家庭生活出现

了很多变化，很多家庭都成了双职工家庭和单亲家庭。家长回到家，显然会因劳累而不愿再去督促孩子做［家庭作业］。

家长还经常会对孩子的成绩和能力估计过高。比如，他们说自己的孩子觉得功课太容易"太没劲"了，而从老师的角度看，这些孩子并没有熟练掌握课业内容。而且，家长们还会过于仓促地对老师进行批评责备。教三年级的内特尔斯女士汇报说，一位高才生的母亲听说她女儿的成绩被当众大声读出而感到十分愤慨：

一天，她到学校来［抱怨］我把克洛伊的低分86分在班上［大声］念出，她说我让克洛伊很难堪，因为克洛伊不可能得86分。

这位老师觉得孩子的母亲对自己女儿的成绩没有正确的评价：

克洛伊是一个很聪明的孩子，但在加减法的预测中她才得了58分。而她妈妈则告诉我她觉得这些题简单得没意思。"克洛伊早就学过这些了，她已经算得很好了。"当我把那张58分的卷子拿给她看时，她非常震惊。

家长们严密地注视着老师们的教学工作而且总会毫不犹豫地替孩子说话。一位三年级老师报告说："孩子们的母亲受到家长教师协会的影响。［校长］自己也说过，家长教师协会总是会带来很多麻烦。你知道，那个联会是个组织很严密的小团体。"家长们浓厚的优越感在老师们眼里显而易见，正像这位斯旺小学教员在下面所解释的那样：

这些家长中有好多人都好自我中心哦！当然不是所有人都这样，但有些人已经把自己这种自我中心的东西传给了他们的孩子。

简直就像是,"你欠我的,现在你得替我做点儿什么才能补偿我呢?"……或者,"你有什么理由这么做?你得给我个说法。"有时你简直觉得自己不得不为自己辩护。

家长与教师之间不时发生冲突。比如,合唱团老师觉得那些在孩子们表演时还在后排聊天的家长十分无礼。她在节目单上为前来观看演出的家长加入了几条有关观众文明举止的建议,但因家长对此怨声载道,校长就把这些建议都删了。一些起初资格考试成绩并不符合天才班标准(斯旺小学的分数线是智商为125)的孩子,他们的家长还会私下另请他人为孩子再测试一次,这样的事情屡见不鲜;如果孩子在私人测试中得分符合标准,家长就会坚持让孩子进入天才班。为了减少各种矛盾的发生,校长(家长们觉得他有时太护着学校老师了)会事先采取行动,给家长们打预防针,比如给家长去信请他们在下一学年的班级分配问题上尊重教育工作者的职业判断力:

> 校长的确在信中告诉家长,所有因素都会考虑到,但是恳请各位家长在下一年的分班问题上尊重他和他的教员们的判断力。因为那些让孩子进入天才班的要求会把事情闹得不可收拾。真的会是这样的。

斯旺小学的学生家长与下里士满小学的相比,其参与程度之高令人瞩目;可是积极参与学校活动的家长们却抱怨说,为各种活动征募足够的志愿服务者总是会遇到很大困难。学校举办的活动有很多,比如,"和爸爸一起吃多纳圈"、每年一度的三年级学生和妈妈一起吃午餐、家长们组织的谢师宴,以及全校的春季义卖会[8]。

由此可见,斯旺小学的日常生活也不总是一帆风顺。家长埋怨老师,老师也在埋怨家长。为学校的众多活动征募志愿者是一项很辛苦的工作。

尽管如此，总的来说，这个学校享有很多下里士满小学所无法得到的社会结构资源。教师工资更高，不存在教员短缺问题，教学用具十分充足，而且老师们还可以复印教学资料。尽管斯旺小学在自有资源上已经超过了下里士满小学，但家长教师协会还是进一步为学校增加了更充足的资金。该联会集资数千美元，使学校能为孩子们提供专业水平的美术班和音乐班。

总之，这两所被调研的小学在关键的结构资源上存在重大差别，包括物质设施、教学用具、教师薪水，以及家长贡献的额外资助与志愿参与。[9] 如果社会地位不起紧要作用的话，这些差别就会是无规律地随机分布的。然而，事实却并非如此。在全国范围内，家长平均社会地位较高的社区，都拥有声誉要好得多的公立中小学系统。[10]

已确立的职业惯例和教育机构制定的标准

这两所学校之间有很大差别，但它们之间也有很多相似之处。美国的小学有很多一致的成分，比如说，教学日的组织安排都很相近。下里士满小学和斯旺小学的老师们看起来都对什么是恰当理想的童年经历拥有类似的看法。大体上他们都同意，家庭应该在促进孩子的教育发展上担当起恰当的角色。这些前提并不仅仅是教育工作者对自己个人信念的一种表述，而更是他们对一整套得到教育界普遍赞同的文化惯行的一种附和。[11]

总的来说，老师们都支持协作培养的惯行，强调通过参加有组织的活动来发展孩子的能力、通过说理和阅读增大孩子的词汇量，并鼓励家长积极参与学校教育和家庭以外各种文教机构组织的活动。教育工作者每天都会有选择性地对孩子提出表扬，在［教室观察期间］与研究助手和我的闲聊中对他们父母的教育方式或褒或贬，并遵从学校和学区制定的关于教育孩子的方法的特定成规。教师们在教育自己的孩子时也会遵从协作培养这一规范。正如我在下面展示的，在有限的取样里，下里士满小学和斯旺小学的教育工作者在这一点上保持着惊人的一致性。

重视培养孩子

教育工作者都很支持家长们为了培养孩子的技能才干而在课外作出努力。在我们的访谈中，两个学校的老师都汇报说，他们认为孩子参加有组织的活动对其成长很有帮助：

> 他们都需要一些体育活动。我认为参加这些活动是好的，因为体育活动可以刺激心智发展。音乐课则可以帮助孩子集中精力。我认为参加校外活动是件好事。
>
> 这个世界上各种各样的事情真的是太多了。你让他们接触得越多就越好——说不准将来这群孩子里就会出现一个剧作家呢。就算不是为了日后工作着想，他们现在也很喜欢参加这些活动。他们只需去了解并去谈论那些各种各样的才能和职业就可以了。

在与孩子们的互动中，老师们也表达了赞同，就像在下面这个四年级：

> ［感恩节过后的星期一，内特尔斯女士让孩子们描述他们为感恩节做了什么。］加勒特自告奋勇地说："我的棒球队赢了锦标赛。"内特尔斯女士说："你的棒球队这个周末赢了锦标赛？"加勒特点点头。内特尔斯女士说："你一定为此很自豪。"

在这两所学校，学生的校外活动常规性地涌入校内生活中。内特尔斯女士要求她的学生写班级日志。校外活动就是其中一个经常出现的主题，就像 10 月 11 日的实地记录所述：

> 班上五个男孩子写的全是有关足球赛的内容。其中一个写道："比赛结束后我气恼极了，因为我们输了。"另外四个女孩中也有两个写了与足球赛有关的事。

在下里士满小学，正当孩子们排好队准备休息时，温迪·德赖弗向她的三年级老师格林女士骄傲地描述了她的舞蹈表演会。她还带来了自己得的奖杯给格林女士和班上同学看。比起那些像让孩子在院子里玩球或是看电视等的随意玩耍，成年人更重视像体育竞赛和舞蹈表演会这样有组织的活动。当孩子们主动告诉老师他们看了某个电视节目或是和表亲的孩子玩了什么游戏时，老师们并没有对他们表示出那么高的兴趣或赞许；而当孩子们告诉老师他们参加了一个有组织的活动，老师们则会对他们大加赞赏。

老师们也以身作则对自己的孩子进行协作培养，给他们安排了满满当当的日程表来参加各种有组织的活动。下里士满小学老师斯坦顿女士让自己的一个女儿在离斯旺小学很近的一所市郊小学的四年级上学。她女儿要参加的各种活动就与本项调研中其他中产阶级孩子的十分相似：每周常规的活动有美术班，舞蹈班，音乐班，主日学校，教会青年唱诗班，还有马术班。另一位三年级老师说，她让自己所有的孩子都上天主教讲习班（基督教义团会），童子军，少棒联盟，钢琴课和游泳队。老师们通过自己在家庭中的言行，展现了他们对协作培养这一教养逻辑的信奉与投入。

尽管如此，老师们还是会抱怨协作培养削弱了学生在校的学习体验：孩子们的日程安排得太满，而且孩子们由于太累了或是有活动要请假而不能顾及学业。斯旺小学一位老师感叹道：

> 足球经常抢占家庭作业的地位……有时他们周末要外出比赛。孩

子们踢足球，晚睡，然后就很疲惫。我喜欢让他们参加体育运动，但当他们的学习受到影响，我认为我们应该重新审视课外活动的地位。

你没法同家长们作无谓的斗争。孩子是他们的，他们可以让这些活动影响孩子的学习。汤米·丹尼尔斯今年就请假跟着家人度假三次，每次都有足足一个星期。然后她［他的妈妈］居然还为他的数学成绩担心！嘿，让他每天都来上学就对了。

老师们还支持家长努力扩展孩子的词汇量。他们都鼓励家长给孩子读故事，带孩子去图书馆，给孩子买书，确保孩子在家多看课外书。下里士满小学四年级老师伯恩斯坦女士给她的学生留的一项家庭作业就是每晚至少要读十分钟书。斯坦顿女士同样在教四年级，她在给孩子父母列单建议孩子的圣诞礼物时，每次都会在上面列出图书。在斯旺小学，内特尔斯女士有一个公告牌，她会在上面列出学生近期必读的课外书。

相比之下，老师们并未直接对家长强调与孩子讲道理的重要性（他们并没有指定家长必须对孩子采取说理的教育方法）。即便这样，仍有众多迹象表明，下里士满小学和斯旺小学的老师们都强烈建议要用语言来和孩子讲道理，而不是直接对孩子下命令。在课上互动中，这些教师与全国各地所有教育工作者一样，经常对孩子使用讲道理的方法，尤其是在讲课文时更是如此。老师们在以文句的方式回答孩子们的提问时[12]，努力通过常规性的互动来发展孩子们的说理能力。而且，老师们大都（虽然并非一律）支持家长把"叫出去暂停"作为一种惩罚方式。

教育机构中的干预

老师们希望家长参与孩子的在校教育，尤其希望家长能督促孩子写作业。斯旺小学的学生必须每天都让家长在作业上签名。老师们认为，父母不出席家长会就是不重视孩子的学业——尽管下里士满小学的家长会都是临时匆忙通知，也没有在时间安排上征求家长意见。在强调家长要配合学校教育孩子这方面，这些教师的言行反映了教育界的一贯做法。[13] 即便如此，老师们仍会根据自己的偏好去选择孩子父母的参与方式，就像下面这位下里士满小学四年级老师所说：

> 不支持学校工作的家长就会和老师对着干。我就遇到过这种情况。家长的敌对行为让老师几乎无法正常工作。如果你要管教孩子，而孩子的父母则不支持你或者不支持学校的立场，孩子就会和你发生争执，拼命和你作对，从根本上来说就是："我不需要听你的话，我不需要按你说的去做。"

斯旺小学一位三年级老师在表达自己的忧虑时所说的话，和上面那位下里士满小学的老师惊人的相似：

> ［家长们］现在总有这样一种态度，他们怀疑得太多了。孩子们耳濡目染也就把这种态度带到了教室。这样的孩子并不太多，但你的确总能马上感到这种态度的存在。一些孩子的确如此……我认为这在很大程度上是家庭给他们造成的影响。

虽然老师们希望家长能在琐事上给予正面而恭顺的支持，但他们同时尤其希望家长能按他们的要求多多督促孩子的学习。让伯恩斯坦女士感到失望的是，真正给孩子读故事书的家长竟然如此之少：

> ［家长们都］希望自己的孩子在校成绩优异。他们都说希望孩子完成家庭作业。他们总是这么说，但在很多情况下他们却并不知道该如何去实现这些希望……他们就是希望……就是希望。可他们有没有坐下来给孩子读过书？不过，他们的愿望确实是好的。

两所学校的老师都认为，家长应该在解决孩子的教育问题上起到领导作用。他们抱怨说，家长对待孩子的问题不够"严肃认真"，也没有主动就此类问题与老师进行联络。简短来说，老师们希望从家长那里得到自相矛盾的行为：遵从和支持老师的决定，同时又要在孩子出现问题时果断地承担起领导角色。

不仅如此，在法律上，当一个家庭违反了其所在州的儿童教养标准，教育工作者还有义务采取干预措施。一些在历史上较早时期全社会都很普遍的儿童教养惯行（如打孩子），在当今则被认为是不妥当的。无论老师们自己有什么看法，比如说，孩子因被父母责打而带着伤痕来到学校，老师都必须依法把孩子交给有关部门。后面几章我将会向大家展示，这一法律要求把本项调研中的工人阶级家庭和贫困家庭置于一种不利地位：比起中产阶级家庭的父母来，校方官员更容易通过法律手段来干预他们教养孩子的行为。

总之，孩子们和他们的家庭在这些情况下都面临着一种自相矛盾的局面。一方面，各个学校之间的教学质量有很大差别。另一方面，各种教育机构在文化技能库方面则接受并推崇同样的标准。因此，老师们都强调要通过让孩子参加有组织的活动来培养孩子的才能，强调由父母来扩展孩子词汇量的重要性，强调父母积极正面地配合参与学校教育的重要性。后面我们将会看到，这些标准更照顾中产阶级的文化惯行，而对工人阶级家庭和贫困家庭则很不利。这种模式使得中产阶级的孩子和他们的家长能够更安逸地，有时甚至是更容易地实现他们的心愿。

不平等

下里士满小学和斯旺小学在日常教学和生活方面的差别，是在更广大的社会范围内普遍存在的不平等的一部分。整个人口中相对少数的人和像学校这样的组织机构占有比其他人和其他机构要多得多的资产。比如说，各个家庭之间在关键性资源上的分配就是不平等的。孩子家长的收入和财富、受教育程度、工作生活质量都有显著差别。如果说不平等在美国并不是一种强大的力量，那么这些令人垂涎的资源就会以一种更加公平的方式进行分配。

在收入和财富方面，在我们这个社会上仅占10%的富人家庭就占有了近80%的不动产（自住房除外）、超过90%的有价证券、约60%的银行存款。[14]一个得到广泛应用的收入不平等指标就是儿童贫困率（child poverty rate），该指标严重依赖于社会政策。（比起大多数西欧国家，美国有更多的贫困儿童。）[15]美国有20%的儿童生活在贫困线以下，贫困线以下的黑人儿童约是白人贫困儿童的两倍[16]。在20世纪末的几十年里，收入和财富分配更加严重地集中到少数人手中。[17]虽然如此，调研期间仍有七分之一的黑人年收入在五万美元以上[18]。

受教育程度也十分不平衡。美国只有不到25%的成年人读完大学获得学士学位；与其他年龄组相比，20岁年龄组有更多的人持有学士学位。有高于10%的高中生辍学。[19]即使在年轻人中间，虽然现在有越来越多的年轻人接受大学教育，但大多数人（从三分之一到四分之三）显然都毕不了业。[20]有些研究表明，如果把家长的社会地位也考虑在内，黑人青年比白人更愿接受高等教育，但总体来说，黑人孩子的受教育程度还是相差很远。[21]高等教育内部也存在相当大的阶层差别，从社区学院到精英级的综合大学。学生越是从更好的大学毕业，就越会得到更丰厚的报酬。[22]

此外，美国经济和世界经济也一直都在发生深刻变化，高薪的"好工作"越来越少，养老金锐减，医疗保险越来越差，晋级机会非常少，而且工作也缺乏稳定性。[23]在大多数人的生活中，这些看似各不相干的线索——受教育程度、所从事的工作和薪金多少——都十分紧密地交织在了一起。这些因素一起构成了家长们的社会地位和他们在社会结构中所处的位置。

很多学术研究都表明，父母在社会结构中所处的位置，对其子女的人生机会有深远影响。比如说，在上学前班之前，受过高等教育父母的孩子更有可能在学习技能上表现出他们已经做好了"教育准备"，像熟记字母表、认识各种颜色、从一数到二十、会写自己的名字。[24] 学校教育对孩子们的成长很有帮助，在学年当中孩子们学习成绩上的差距会缩小很多（但在寒暑假中又会被拉大）。在他们的整个学业中，受过高等教育母亲的孩子一直比受教育程度不高母亲的孩子成绩好。当这些年轻人为升入大学而参加学术能力评估测试（SAT）时，这一差距也是大得惊人：（相对于 500 分的总平均分来说）高中肄业父母的孩子和有研究生学位父母的孩子之间平均相差 150 分。[25] 依照父母在社会结构中所处的位置，孩子在学校里其他方面的表现也存在差别。[26] 很多研究都论证了教育成功在决定事业成功上所起的紧要作用。父母的社会地位能够预示孩子的在校教育成功与否，进而也能预言他们最终的人生际遇。[27]

如何去理解不平等

很多美国人都认为，美国社会从根本上来说是**开放型（open）**的。他们相信，每个人都可以通过自己的辛勤劳动、自己的努力和自己的才干来为自己开拓生活道路。所有孩子都被视为拥有近乎平等的人生际遇。或者，如果孩子们的人生际遇看上去有不同之处，这种不同也会被视为是天赋、主动性、抱负和勤勉程度上的差别。这种观点直接回绝了本书的主题，即家庭在社会结构中的位置有规律而系统地塑造着孩子的生活体验和人生成就。与本书相反，大多数人都认为，每个人在其一生中所取得的成绩如何只应由其自身来担当。

一些社会学家则持有第二种观点，他们承认社会上存在各种形式重大的不平等。他们很适时地注意到家长在受教育程度、工作经历、收入和其他因素上的种种差别。但这些社会学家，如保罗·金斯顿（Paul

Kingston)就在他的《无阶级社会》(*The Classless Society*)一书中辩论说,这类不平等最好被理解为一连串互不关联的局部社会模式。换言之,这些学者采取了一种**等级渐次**(gradational)法。他们认为把社会差别按程度分层是有帮助的。采用更强硬的说法来表达就是,他们认为旗帜分明地去定义社会地位的类别,在理解家庭中"有界定人生之重大意义的体验"时毫无用处。另外,金斯顿等人还不相信这些渐次出现的差别会聚合成一个跨层次的有序的整体。相反,他们只看到了偶然割裂的局部模式和到处任意出现的结果,而没有看到清晰确定又涵盖全局的整体社会模式。[28] 那些加入金斯顿这一研究方法阵营的人都强调,在某个经济范围内地位相似的人看来,"阶级意识"或"阶级认同感"是不存在的。从历史角度来看,这些学者声称:"阶级共通的方面,即阶级亚文化和阶级圈子,早已消失。"[29] 这些社会学家根本就不相信不同的社会地位之间存在清晰可辨的、明确的差别。

然而,这些主张有一个问题就是,他们援引的调研都是破碎不全的和太过特殊的。社科人员在评估事物间共有的联系时会汇集多项调研并将其整合成一种互不相配、七拼八凑起来的解释。在这里我们需要思路不是那么狭窄的调查研究。具体来说,为了确定社会地位是怎样在儿童的生活中起到重大作用**并且也**为了认可那些生活中根本不受社会地位影响的领域,我们必须有从大处着眼来调查社会生活的学术研究。简而言之,我们需要一幅更具整体性的图景来精确地反映出家庭与阶级之间的各种力量,这些力量之间既有能够相互渗透的,又有不能相互渗透的。而且,这样的学术研究既需要概念理论方向上的指导,又要有切合实际的期望值以允许具体调研有发生偏差的可能性。

在本项调研中,我和我的助理们追踪并深入研究了一小部分家庭,以便了解他们日常生活的节奏。根据收集到的数据,我揭示了如下主张:以本阶级成员资格来定义的在社会中处于同等经济地位的人,他们在教养孩子的文化逻辑上与处于其他经济地位的人存在明显差别,这些差别

儿童教养差别类型

	儿童教养方法	
	协作培养	成就自然成长
关键元素	家长主动培养并评估孩子的天赋、主张和技能	家长照顾孩子并允许他们自己去成长
组织日常生活	成年人互相配合为孩子精心安排多种休闲活动	小朋友"约在一起打发时间",尤其是和亲友家的孩子在一起
语言运用	讲道理/发指令 孩子反驳成年人的话 家长与孩子之间持续不断的协商讨论	发指令 孩子很少对成年人进行质疑或挑战 孩子通常都会接受所给指令
对公共教育机构的干预	代表孩子对教育机构提出批评并采取干预措施 训练孩子也承担起批评和干预的角色	依赖公共(教育)机构 无权力感和挫败感 家里与学校里的儿童教养惯行相冲突
结 果	孩子出现了逐渐生成中的优越感	孩子出现了逐渐生成中的局促感

与社会经济地位紧密相连。遵从一种已很完善的西欧哲学传统,我为本项调研提供了一种范畴分析法,把各个家庭按社会类别分成中产阶级家庭、工人阶级家庭和贫困家庭[30]。(参见附录 C 中表 C1 中是如何对这些分类进行界定的。)我认为这种方法比美国学者通常采用的等级渐次分析要更有价值。[31] 此外,我还将展示,家庭生活中的阶级差别表现在很多截然不同又十分独特的领域之间,而社会学家们通常则并未把这些领域放在一起来分析。

特别值得一提的是,我描述了两种教育模式:中产阶级家庭的协作培养和工人阶级家庭与贫困家庭的成就自然成长。上表提供了一个关于本书主要论点的总纲。它暗示我们,协作培养涉及强调让孩子参加有组织的活动,在家中发展孩子的语言和说理能力,并对孩子的学校教育主动进行干预。与此相对,成就自然成长则描述了一种松弛的儿童教养形式：孩子们经常与亲友家的小孩"约在一起打发时间"和一起玩耍，父母给孩子下达清楚的指令并且没有多少商议余地，在家庭以外的组织机构里，家长给予孩子们更多的自主权来管理自己的事情。这些模式可以帮助我们揭开日常生活中社会地位可以传送优势的机理。在讨论这些重要问题时，我一直深受已故学者皮埃尔·布迪厄及其作品的指引（附录二对其理论思想有简短说明）。[32]

　　孩子们在社会结构中的生活经历存在很多差别，但他们生活中的一些重要方面却**不会**因阶级不同而有区别，这些相同之处包括看最喜欢的电视节目、在像麦当劳这样的快餐店吃快餐、对某个特别的娃娃或玩具人物模型感兴趣，以及急切地盼望万圣节和家中重要节日的到来。正如我在后面章节里所展现的，所有家长（无论其社会地位如何）都要面对很多繁重任务，如叫孩子起床、帮孩子穿衣服、给孩子做饭、送孩子上学，并要在孩子生病时带他们去看医生和照看他们。因此，有些经历是所有家庭在生活中所共有的。然而，社会地位仍然深刻地影响着日常生活的步调和节奏。下一章我将通过审视加勒特的生活来研究中产阶级父母如何通过有组织的闲暇活动来努力发展孩子的才能，进而展现父母的这种努力又是怎样造成一种狂乱的家庭生活的。

第一部分
组织日常生活

在儿童的生活经历中，我们可以在很多生活细节上看到社会地位上的差异。在我们的调研中，与工人阶级家庭和贫困家庭相比，中产阶级家庭的生活节奏十分不同。中产阶级家庭的生活显得紧张而忙乱。家长们在多种不同的活动之间奔忙。有一个以上孩子的家长更是经常要同时安排调整每个孩子的活动，尽量减少时间冲突。在这样的家庭中，衣食住行、孩子的课外活动，以及其他方面花销的财源都很充足。当然，也有一些家长经常**感到**钱不够花。有时他们无法像自己希望的那样去享受高消费的假期。但就像我所说明的那样，这些家庭每年都会常规性地花上数百乃至上千美元来推进孩子参加的各种活动。

由于孩子们要参加很多活动，这些活动又被赋予如此多的重要性，孩子们的活动也就决定了全家的时间安排。一个孩子参加活动，其他兄弟姐妹都要跟着去，有时是出于自愿，有时则并非自愿。成年人的闲暇时间都被孩子的活动所吞噬。孩子们也会花很多时间和大人在一起或是按照大人的吩咐去做事。他们也会有闲散的自由活动时间，但这些时间通常都是夹在有组织活动的缝隙里。在日常生活的组织安排上，孩子们的兴趣爱好和各种活动被视为是很重要的事情。

在工人阶级家庭和贫困家庭中，日常生活的组织安排与中产阶级家庭大为不同。在这些家庭中，我们能体会到很多在中产阶级家庭中体会不到的经济拮据。尤其是在贫困家庭中，单是为了满足一家人的衣食住行就要付出很大的辛劳：母亲们尽量节省以使食物可以坚持到她们有钱买菜的时候；她们长时间地等待着根本就不会来的公共汽车，把孩子们的脏衣服拿到公共洗衣房去洗，叫小孩子起床，让他们吃饭，给他们穿衣并准备好东西去上学；她们还要监督孩子们每天的日常生活。孩子们也明白家里经济拮据。钱的问题是一个经常会被提起的话题。

虽然没有足够的钱，但孩子们却生活得更加闲散，更重要的是，生活节奏也要更加缓慢。孩子们与其他小孩一起在外玩耍。他们经常和自己表亲的孩子一起玩。有些孩子也会参加有组织的活动，但他们这方面的活动远比中产阶级家庭的孩子要少。另一些时候，孩子们很想参加有组织的活动，但因经济拮据加之交通不便，他们无法或很少能去参加。当孩子们想在家长面前露一手（表现自己的才艺）时，当他们想不拘形式地在家中做一些自己喜欢的活动时，成年人却经常并不重视他们的兴趣爱好。而且，由于他们没有坐在车里由家长带着到处去参加各种有组织的活动或是参加大人指导下条理分明的活动，工人阶级家庭和贫困家庭的孩子反而有了更多独立于成年人的自主权。工人阶级家庭和贫困家庭的孩子有很长的自由活动时间来同亲戚及邻居家的小孩一起玩，他们还会创造出好多自娱自乐的方法。在这些自发的活动中，孩子的世界与成人世界之间的界限更加鲜明。

总之，这些家庭在很多方面都因社会地位不同而存在差别：在孩子参加的有组织活动的数量上、在家庭生活的节奏上、在家境方面、在自由玩耍的时间方面、在大人是否对孩子的活动感兴趣方面、在孩子的活动是否支配大人的生活方面，以及在孩子能独立于成年人而自由支配课余时间等各个方面都存在明显差别。当然，除了社会地位，其他一些方面也很重要。性别上的差异尤为突出。男孩子和女孩子喜欢的活动很不一样。女孩子的活动比男孩子的更偏静少动。女孩子也不会跑到离家太远的地方去玩。种族也起到了一定作用，尤其是那些把不同种族隔离开的居民区，孩子们自发形成的小圈子也是按种族来划分（虽然种族并未影响到孩子们会参与多少活动）。

本书第一部分把我们带入三个家庭的生活中来阐述这些问题。首先，我们将仔细审视一个中产阶级家庭来展示白人男孩加勒特·塔林格的生活。（虽然该章选取的是一个白人男孩，但在某种层面上可以说这一选择是任意的。把我们所观察的任何一个中产阶级孩子，包括中产阶级黑人男孩和女孩，放在这一章中都很合适。）然后，我会揭示出中产阶级家庭孩子的生活与工人阶级家庭及贫困家庭儿童的生活之间存在重要差别。我还会讨论工人阶级家庭与贫困家庭之间的差别，并强调男孩子的经历与女孩子的经历之间也存在差别。我尤其会把加勒特的生活与其他两个孩子进行比较：一个是工人阶级黑人男孩泰雷克·泰勒，另一个是贫困白人女孩卡蒂·布林德尔。每一章都提供了每个孩子的基本信息，同时也都尽力突出了社会地位差别中一些特有的维度。具体来说，第四章描绘了（泰雷克·泰勒）闲在少忙的生活，其中的重点就是不拘形式的自发游戏和为数极少的有组织的活动；第五章讨论了经济拮据问题和不重视孩子的活动这个问题（卡蒂·布林德尔）。第四、五两章都突出了孩子相对大人的独立性。这三章提供了对这三个入选家庭的深层写照，附录三中的表格则提供了我们访问的这十二家的活动日程以及我们采访的八十八个孩子的家庭摘要。

第三章

协作培养的忙碌节拍：
加勒特·塔林格

（五月里的一个星期三，塔林格先生从单位回到家。此时已快晚上10：00。）他信步走到电话旁，站在月历前，想看看上面写了些什么。当他发现第二天除了"玛丽"［调研人员］再无别的安排时，他［无声地］紧握双拳把两臂放在胸前，做了一个举重运动员庆祝胜利的姿势。（他在摆出这个姿势时还微微一笑。）

能有一个得闲的晚上就让塔林格先生如此高兴，足见他家的时间安排有多忙乱。他的这种反应突出了协作培养把大人的空余时间控制到了何种程度。他和他太太路易丝都做全职工作并要出公差。他们的三个孩子：加勒特（四年级）、斯宾塞（二年级）和萨姆（学前班）都参加了各种各样的活动。平时任何一个晚上或是周末任意一天都会有活动要参加，有时是一个孩子有活动，有时是两个孩子，有时是三个孩子都有活动，而且这些活动经常是在不同的时间和这个城市的不同地点。对塔林格家来说，最优先考虑的事情就是有组织的体育活动。塔林格家的圣诞贺卡上，三个孩子的照片恰好捕捉到他们给了有组织的体育活动至关重要的地位。照片上是一个秋高气爽的日子，三个孩子都穿着自己的足球制服（闪着光泽的蓝白相配的短裤和运动衫），每个孩子都把一只脚放在自己的足球上。他们都笑得很开怀。

　　本章重点关注中产阶级的塔林格一家如何安排他们的日常生活。这一家忙碌的日程安排并非其所独有；我们发现这种中产阶级家庭日程安排的规律总是一再重复出现，虽然其中也会有些许变通，但这一模式却是不变的。[1]塔林格家以及与他们家境相似的家庭都坚守着自己教养孩子的方法，即要把每个孩子都当成不同的个体来发展教育；这一教育法则有时就会让他们在全家同乐的时间上和整个家庭的需求上作出牺牲。中产阶级家长通过鼓励孩子参加各种课外活动，在足球、棒球和钢琴课上给予了孩子在学校教育中无法取得的东西。这些热衷体育运动的年轻人和崭露头角的音乐家们，得到了很多能帮助他们日后在组织机构中游刃有余的技巧和素质。他们学会了把自己视为是很特别的个体，有权利从大人那里得到某些服务。他们还得到了一套很宝贵的白领工作技能，包括如何按轻重缓急安排日程、如何安排旅行路线、如何与陌生人握手，以及如何在团队中工作。然而，与此同时，他们也为此付出了代价。

　　同工人阶级家庭和贫困家庭的孩子相比，我们所观察的这些中产阶级孩子与其兄弟姐妹的关系更倾向于竞争和敌对，而且他们与自己家族中的亲戚之间也没有那么紧密的联系。具有讽刺意味的是，孩子参加的活动越多，他们与自己家人面对面互动的机会就越少。在塔林格家，除了一起吃饭（一天只有一次），父母和孩子们都很少同时待在一个房间里。由于塔林格夫妇都有工作，为了能把三个孩子送到不同的活动地点，他们需要分担运送孩子的责任。他们俩更有可能是每个人分别开车送一个（或两个）孩子去参加一项活动，而不是全家一起去观看某个孩子的训练或比赛。在活动进行期间，孩子们大都不和父母在一起。他们都在足球场或篮球场上奔跑；而对塔林格家的孩子来说，他们之间的年龄差距更是加大了三兄弟间的距离。他们从未在同一个队里踢过球。

***　　***

塔林格家的房子是一座四十年前建造的白色二层小楼,有四间卧室和三个卫生间。房子坐落在东北部某主要城市的市郊,在一条死胡同的底部,环境十分幽静。周围的房子都保养得很好,其中很多座都价值二十五万美元。房子里有一扇面向街道的大落地窗,窗外是一片宽阔的绿草坪。前院中间有一棵大树,树的一根枝干上用白色的粗绳子吊着一个秋千。通向车库的沥青车道附近有两根杆子,一根撑起一个篮球筐,另一根则支起一个饰有美国职业篮球联赛会标的小黑板。在这两根杆子的正后方,伸展着一张2.1米长的黑色细孔拦网,以防没有投准的球掉入邻居家的灌木丛。一扇木门通向由篱笆隔开的很大的后院和游泳池。总而言之,这是一座很典型的市郊寓所。

房子里面有硬木地板、贴了墙纸的房间和各种各样的宠物(小狗"法利"、乌龟"伊凡"和各种颜色的金鱼)。客厅里铺有厚厚的地毯,上面放着一架小型钢琴,还有与钢琴颜色很搭配的家具(包括古色古香的桌子和一张凹背扶手靠椅)。但最热闹的地方要数厨房、私室(电视所在的地方)、鸟瞰后院和游泳池并用纱窗网罩住的晒台。房子会定时请专人打扫,但孩子们也会帮着整理床铺,给宠物喂食,把报纸和铁罐及瓶子都收好放在每周有人来取的资源回收桶里。塔林格先生掌管户外事务,他每隔一段时间就会给人打电话来修剪草坪。他还负责清洗游泳池及煤气烤架。每逢夫人出差,他就自己一个人管孩子,这也促使他比其他父亲更多参与对孩子的管理和教育。

塔林格夫妇喜欢体育运动,尤其是高尔夫。他们是某精英私人乡间俱乐部的会员并经常去参加活动。他们两个人都40岁了,结婚有十二年。他们自称是"再婚者",他们相识时都曾结过婚又离了婚(当时俩人都没有孩子)。塔林格女士整洁健康,留着时髦的金色短发。她给人一种平静沉着的感觉。

她经常穿得很时髦,就像那天从单位回来,[她]穿着一件黑白间织的人字纹轻质羊毛裙,刚好齐膝,上身则穿着一件樱红色短款羊毛夹克。她还穿着白色的长筒袜和黑色的高跟鞋。

塔林格先生高高的个子(刚刚超过一米八),宽宽的肩膀,头上略带红色的金发已经开始有些稀疏。他喜欢穿昂贵的西装去上班,周末则喜欢穿高尔夫球衣和长款卡其布短裤。他喜欢说带着冷嘲又透着机敏的话,话里还略带几分反语的讥讽。比如当别人问他"最近好吗",他经常会脸上挂着一丝最轻浅的微笑答道:"极好无比。"

塔林格夫妇拥有同一所常春藤大学的学士学位,他俩当时都曾积极参与体育运动。现在他们又都是公司顾问(塔林格先生做筹款,塔林格女士管人事)。他俩的年收入共有17.5万美元;直到调研快结束时,他们仍在同一家公司上班。他们夫妇都有足够多的弹性工时来应对孩子的学校活动,但他们经常会在晚上和周末工作。调研期间,他俩都需要出公差。塔林格先生每周有三天要在公差途中度过,而且每次下班回来经常都已是晚上9:30。塔林格女士则尽量避免在外面干通宵。因此,她每月都有四五天很早就要起床(早上4:30)坐飞机去外州,然后要到晚饭后才能回来。他们安排最小的儿子参加了一个离家有五分钟路程的全托,两个稍微大点的儿子则参加课后辅导班。

塔林格家的三个儿子中,老大加勒特10岁,老二斯宾塞7岁,老三萨姆4岁。萨姆是一个很壮实的金发学前男孩。他一笑起来咯咯的,声音尖细。斯宾塞上二年级,开朗健谈。上四年级的加勒特是调研"对象",他又高又瘦,一头金发,一脸严肃的表情。塔林格先生这样描述自己的大儿子:

他很害羞也很安静,初次见面你会觉得他不是很外向。但他有特别强烈的取悦他人的欲望,所以他特别听话。然而他又十分好强。

他喜欢赢，但又很好管。

与总是说个不停的斯宾塞不同，加勒特讲话多少是有选择性的。他能自己一声不响地玩球，也能在看电视时不对广告或节目作任何评论。但有时，尤其是家长不在跟前时，他就会变得活泼许多。他会编一些小游戏来解闷。比如，有天晚上8：00左右，在一场棒球赛后，他一边等玉米面豆卷一边对着镜子做鬼脸。他还好几次屏住呼吸看自己能坚持多久。他的脸憋得通红，但家里其他人却没有对此作出任何评论。

在观察和面谈中我们发现，加勒特既是一名成绩优异的好学生，又是一位出色的运动员。在一次家长会上，加勒特的老师说他"成绩和能力都不错，正好相当"。在人际互动方面，他泰然自若又成熟老到。与成年人会面时，他会直视着他们的眼睛和他们握手，而且通常都显得十分自如。作为一位运动员，他技艺精湛；就像这则现场记录所展现的他在州际精英队训练足球时的表现：

> 这些小男孩现在分成了两队，他们开始混战起来。加勒特防守很严，谁也休想从他前面过去。冷静地发动攻击是他的球风。他看起来并不会去威胁或是去压倒其他队员，然而他的形象却映射出一种至高的控制力。

加勒特像他父母一样喜欢运动。他卧室的衣橱里塞满了各种奖杯，尤其是足球奖杯。他还有很多从球队交流活动中得来的足球袖章。在学校里，加勒特很受大家欢迎，大家公认他是班上最棒的运动健将。课间休息时，他和其他男孩子（有时也会有个别女孩子）一起抱着足球冲到草地上，相互传踢，一直到课间休息结束为止。

加勒特的朋友都是白人，他所接触到的其他人也都是白人，不管是在家里、学校还是在运动场上。来家里看小孩的十几岁少年都是白人，定期来割草的工人也是白人。加勒特所在学校的两个四年级班里有三名黑人学生和一名亚裔学生，全校学生90%都是白人。加勒特的钢琴教师是白人，参加钢琴汇演的所有孩子都是白人。他的游泳队里所有人都是白人。实际上，陪同塔林格一家去乡间俱乐部（练游泳）的调研人员在游泳池边只看到了白人孩子、白人家长和白人俱乐部职员（除了一名黑人游泳教练）。加勒特的全白人游泳队有时也会与有黑人孩子的队进行比赛。

组织日常生活：发展加勒特的能力

在塔林格一家人中，大儿子的日程安排决定了全家的步调。塔林格夫妇经常只有很有限的时间奔波于工作和孩子的活动之间。他们匆匆忙忙赶回家，风风火火地查看一遍邮件，准备餐点，换下工装，确保孩子穿好符合活动要求的着装并带齐用具，找到车钥匙，把狗放到外面，把孩子和活动器具装到车里，锁上门，然后匆匆开走。除了一些小的变动，这一生活模式日复一日周而复始。加勒特的活动最多。因此，他的活动也就决定了家长什么时候必须要在什么地点，同时也决定了包括萨姆在内的每个人什么时候吃什么样的饭，甚至还决定了一家人如何制定度假计划。

就像下表加勒特五月份的活动安排所示，加勒特要参加棒球队、森林足球队（一个私人足球俱乐部）、州际足球队（一个明星精英队，由从各个足球俱乐部选出的男孩子组成）、游泳队的训练，以及钢琴课和萨克斯管练习。只有萨克斯管课是在学校进行；其他所有活动都是校外活动，所以加勒特的父母需要在他同意后帮他报名。表中并未包括斯宾塞的活动，也未标注家长的事务。5月23日这一周，当加勒特有他一贯参加的棒球队、足球队和游泳队活动时，塔林格先生自己还会在周一晚上为一场比赛作裁判，而且斯宾塞在周二也有棒球赛、周四则有俱乐部童子军会。周末全家开车四个小时去参加一场外州的足球赛。他们要出

加勒特·塔林格的活动日程[1]

周日	周一	周二	周三	周四	周五	周六
[尚未收集数据]	[5月9日，调研开始]	棒球	钢琴课	足球 I[2]		棒球照片筹款
足球 钢琴汇演	5月16日	棒球	足球 I			学校信息市场（在外过夜）
棒球 足球 足球 I	5月23日	棒球 足球	游泳 足球 春季音乐会（有表演）		到外州旅行：足球 I（旅行）	到外州参加足球赛
到外州参加足球赛	5月30日 到外州参加足球赛（旅行）	游泳队 足球预选赛 足球 I 比赛	游泳队 棒球	游泳 足球 I	游泳 棒球	足球 I 锦标赛（旅行）
足球 I 比赛 游泳派对 足球	6月6日 游泳队	游泳 棒球 足球 I 训练	游泳 棒球	游泳 棒球	游泳 足球 I 训练	棒球 夏季棒球

注：1 表中仅有预先安排好的活动，而不是他所参加的所有活动，也不包括其他家庭成员的活动。
　　2 足球 I= 州际足球；足球 = 森林足球

去三整天：周五、周六和周日，然后在周一早上才能回来。加勒特周二有游泳队的训练、足球预选赛，还有州际足球队训练。周三有游泳队训练（他可以自己骑车去），还有棒球比赛。周四，在加勒特有游泳训练和森林足球的同时，斯宾塞下午5:45有场棒球赛。而后，周六斯宾塞还有一场棒球赛（在早上9:15），加勒特有两场足球赛，一场在上午10:15，另一场在下午3:00。当然，并非所有中产阶级家庭都只围着体育活动打转——也不是所有中产阶级家庭都像塔林格家这样忙碌。尽管如此，本项调研中的很多中产阶级孩子都有同样忙乱繁多的活动。中产阶级家庭的孩子还比工人阶级家庭和贫困家庭的孩子有更多的活动。参加活动的种类也有一定的性别差异，男孩子比女孩子有更多的体育活动。

塔林格夫妇在五月份都要到外州出差。在 5 月 9 日这个星期里，塔林格先生被安排到西海岸去办事，乘早班飞机回来。他的飞机定在周三午夜，周四早上到家，睡上几个小时，然后还要去上班。当晚，他带加勒特去参加足球训练。5 月 23 日这周，塔林格女士周二在外面过夜，周三晚上 10：00 前一点点才到家。第二天是 5 月 26 日，塔林格女士要赶早上 6：30 的飞机去外州，晚上 8：00 回到家里。后面一个星期塔林格女士还要如此，周三出差，周四很晚才到家，第二天又要去外州。

光是这些活动的数量就足以增加各项活动之间发生撞车和时间冲突的几率。因此，**所有**活动——包括萨姆要外出——都必须事先预定：

路易丝取回信件。她站在门廊上喊着："萨姆，你的信！"她打开信封，萨姆急忙跑到她身边。她把卡片［一张生日派对的邀请卡］交给萨姆，萨姆看到邀请卡正面那个像恐龙的动物，高兴地笑了。

4 岁的萨姆已经知道家里的日程表有多么重要。他知道，只要他的两个哥哥有活动，他就有可能无法接受这个生日派对的邀请：

［路易丝］说："我知道我们 11 号得去一个什么地方。如果我们早上在家，你就能去这个派对。"……路易丝走到日程表前翻到六月份看了一下。萨姆脸上略带一丝忧虑，充满期待地问："我能去吗？"路易丝说："你运气不错啊，我们那天早上在家。"

但在某种意义上，萨姆要比他的两个哥哥拥有**更多**的自治权；萨姆的生活更少被提前定好的不连贯的活动所占据。加勒特和斯宾塞都没有较长的一段时间可以由自己来安排或确定。预定好的活动在其生活中占有如此中心的地位，以至于他们用自己参加的活动来确定那一天是星期几（包括晚上的时间）。加勒特和斯宾塞还把（像足球、训练、游泳和钢琴这样的活动）时间分成活动前、活动中或活动后。与我们观察的其他中产阶级孩子一样，他们两个还有相当长的时间仅仅是在**等待**下一项活动的到来。他们参加的大多数活动（包括上学）都要由大人来车接车送，其中大部分活动的起止时间也都由大人安排。像加勒特参加的棒球赛等体育活动都是由成年人组织安排的；像我们看到的工人阶级家庭和贫困家庭孩子玩的那种由左邻右舍的孩子们自发形成的垒球或棒球游戏，在加勒特的生活中极其少见，甚至根本就不存在。

当然，也不是每一天的每一分钟都由成年人决定。塔林格家的孩子们有时也会坐校车回家，给自己找点零食，然后在父母回家前看上半小时电视，所有这些都不是在家长看护下做的。加勒特、斯宾塞和萨姆也会在外面自由玩耍。在预先安排好的活动之前和之后的时间里，他们仨经常在院子里（用一个网球拍）玩棒球，或者骑自行车。有时，他们的父母也会到后院与他们一起游戏。但是，塔林格家的孩子们却不会像穷人家的孩子那样整天在外面玩。塔林格一家的左邻右舍本就没有多少小孩子，而且也没有与这些男孩年龄相仿的其他男孩。有时候也会有小朋友骑车来找他们玩，但想互相找着玩的孩子通常都会由父母开车送到"玩伴约会"的地点。

塔林格一家既喜欢运动类的游戏，又喜欢言语机智的问答游戏（有点像脑筋急转弯）。有天晚饭前孩子们玩起了猜谜语，还把调研人员也弄了进来。

> 斯宾塞一边笑着一边缠着我，和我猜了一连串的谜语。他先问我："玛丽，如果一只公鸡在鸡篷的顶上下了一个蛋，你说，这个蛋会从哪边掉下来？"我笑着想了一下，然后用一种假装怀疑的口气说："嗯，让我想想，我觉得公鸡不会下蛋啊。"

一家人还会边吃饭边讲笑话。有一次，斯宾塞提醒他妈妈在参观美术馆的回执表上签字。加勒特为了显示自己有知识，考验了一下斯宾塞到底对凡·高了解多少。而这又给了塔林格先生一个灵感，来插入他自己的机智应答：

加勒特考斯宾塞说："你知道凡·高做了什么（不一般的）事情吗？"斯宾塞说："我知道，他把自己的耳朵割了下来，还把它寄给了一个朋友。"塔林格先生低声咯咯笑了几下，说："所以你可以说，他传送了'耳听邮件'！"每个人都被他的双关语逗笑了。

塔林格女士也喜欢和孩子们玩，就像下面这个实例中所表现出来的：

加勒特在自己的卧室里和妈妈站得很近，互相对视着，胡乱搞笑。他双眼直视着她，然后举起双手，和他妈妈掌心相对。路易丝很配合地陪他玩，没有推开他。他们玩了三次，一边玩一边笑。

这个游戏进而演变成了一个"坚持瞪眼"的游戏：

［加勒特］说："瞪着我。一直瞪下去，看谁先眨眼？"她说："好吧。"他们站在那里，双手相对，使劲儿瞪着对方。路易丝先眨了眼并把目光移开了，他俩都笑了。他说："还想玩吗？"她就又和他玩，这次他们大约对视了十五秒，然后她又把目光移开了。他安静地笑了，但是显得很开心很满足；她也笑了。

恬静的时光也是会出现的。比如一个早晨，加勒特还没完全醒来，他在通往父母卧室的走廊上环抱着他爸爸，紧贴而立。身着蓝白双色浴衣的塔林格先生也把胳膊搭在儿子肩上。他俩就这样安宁地相拥着在那里站了一会儿。

然而，一家人之间自由玩耍和恬静的瞬间通常都很有限也很次要。有组织的活动仍是塔林格家孩子生活的中心。这些活动深入到了家庭生活的核心。钢琴、足球、棒球和篮球成了家庭成员谈话的焦点，孩子们与父母、前来做客的成年人和亲友都会谈论这些话题。对加勒特这样天性并不健谈的孩子来说，与有组织的活动相关的交流可能会很简短。比如说，州际足球队第一次训练结束后，塔林格先生和加勒特在回家途中在车里"讨论"了有关新赛季的情况：

> **塔林格先生**：那个莫尼教练怎么样？好吗？
> **加勒特**：挺好的。
> **塔林格先生**：他和你们谈过［球技］吗？还是只是操练你们？
> **加勒特**：只是操练。
> **塔林格先生**：他说过决定［你们在球队中］位置的事情吗？
> **加勒特**：没有。

除了塔林格先生问的那个没有团队精神的"贪功小猪"（ball hog，篮球术语，意指从不传球的自私鬼）是谁之外，这次回家路上的交流总共十五分钟，全由典型的父子一问一答组成。

加勒特能和他的父母以热诚亲密的方式交流，但这样的对话并不常出现。更多的都是像上面描述的与塔林格先生的对话那样，或是像下面描述的与塔林格女士的对话那样。这里请注意，加勒特与他妈妈的感情联系显然很好，但他们所谈论的话题却是和加勒特参加的活动有关。

（路易丝坐在加勒特床边，她把手放在他的胸前。那天晚上为了给调研人员腾出一间卧室斯宾塞跟他哥哥一起住。屋里熄了灯，很黑，只有走廊上的灯光隐隐照进来。路易丝和加勒特正在讨论当晚早些时候加勒特在春季音乐会上演唱的歌曲。）

妈妈：哎，你知道吗？我把"从远方"（From a Distance）和你今晚唱的"从我的立场来说"（From Where I Stand）给弄混了。我以为你唱的是贝特·米德勒（Better Midler）的"从远方"呢。

加勒特："从远方"是怎么唱的？

妈妈（开始唱）：从远方——（忽然停下来，笑了一笑，又开始唱然后又停了下来）——我记不起来了。你知道老妈记性不好！

斯宾塞（取笑地）：从远方，太遥远了，我记不起来歌词了。

妈妈：这歌儿很好听的呢。

他们随意聊了一会儿哪些老师参加了音乐会、哪些老师则没参加，然后便互道晚安。

协作培养：为爱孩子而加倍付出的努力

孩子们参加的各种活动给父母带来了十分繁重的工作。家长为孩子们填报名表、开支票、安排与其他家庭合用汽车接送孩子、洗制服、开车送孩子去参加活动，还要做点心和饮料给孩子们吃喝。在塔林格家，这些任务都依哪个孩子要做什么而定，而且经常都是双倍的。单是做好参加活动前的准备——带齐所有器具、管好孩子、行李装车——就够累人的。

对成年人来说，除了要花力气准备，还要花力气看孩子们的活动。五月的一天，塔林格先生头天半夜才出差回来，眼睛熬得红红的，转天的早上一直在工作，下午才眯了两小觉。当晚天寒料峭，他又带孩子去练足球。在训练中，塔林格先生起身出去不看了。他解释说，要去旁边小卖部买杯咖啡。

晚上 7:05，塔林格先生说他要去买杯咖啡喝。他问汤姆（另一个孩子的父亲)是否要捎上一杯。汤姆摇了摇头。他又问我想不想要。我问他能不能让我和他一起去(主要是因为我太冷了)。在去小卖部的路上,他说:"我并不是真想喝咖啡。我只是觉得太没劲了。以前他每次训练和比赛我都去看,但现在他参加得太多了,我也不是每次都全看下去。但这是他的第一次训练。"

塔林格先生特别渴望训练早点结束:

> 我们回来时,孩子们正在休息。塔林格先生说:"结束了?我们不会这么幸运吧?"

孩子们参加的众多活动能让家长的耐心和时间都丧失殆尽。例如,在暑假刚刚开始的一个六月的下午,塔林格先生下班回来要带加勒特去参加足球赛。加勒特还没准备好,他那副懒洋洋不想好好准备的样子让他老爸很是心烦:

> 塔林格先生说:"把你的东西准备好——你得去参加比赛了!"加勒特穿着白色的短护腿和长长的绿色球衣进入私室,他是16号。他坐在电视斜对角的扶手椅上,慵懒无力地看着世界杯。他慢慢地心不在焉地穿上护胫,再穿上长袜,眼睛紧盯着电视。塔林格先生走了进来:"快去拿你别的东西。"加勒特说他找不到短裤了。塔林格先生说:"你是不是放抽屉里了?"加勒特点了点头……他起身去找短裤,几分钟后却又回到了私室。我问他:"找到了吗?"他摇摇头。塔林格先生在家里其他地方翻找着,然后又走进来对加勒特说:"哎,加勒特,你是不是也该穿上鞋子了呢?"(塔林格先生出去了一下很快又回来了):"加勒特,我们**必须**得走了!都要迟到了!"他的口气简短而唐突。接着他走了进来看到加勒特正坐在那

里，就一言不发地把那条绿色光面短裤抛到加勒特的大腿上。

类似这种忙乱翻找一条绿色光面短裤的事情在塔林格家很常见。最典型的解决办法就是家长最终找到了不见的东西，同时还要催促孩子动作快点。比起今天狂乱的时间安排，明天的日程压力只高不低，这一点同样是事实：

塔林格先生（描述他们星期六的安排）：明天真会把人忙疯。我们有一场足球赛，接着有一场棒球赛，然后还有一场足球赛。

每隔几天，塔林格一家的活动日程就会出现冲突，这样一来也就更是加重了他们为协作培养而不懈努力所付出的辛苦。比如，加勒特参加了好几个足球队："最好"的巡游赛队即私人森林足球俱乐部，镇区足球队，州际足球队。5月22日星期天，加勒特和球队里的一个小朋友坐在车里等着家长送他们去州际足球队参加第一次训练。塔林格先生和小朋友的爸爸（比尔）则在讨论一次近在咫尺的时间冲突：

塔林格先生又说："我发现足球训练与预选之间有冲突。"比尔说："州际的那个看起来更紧迫，因为他们还没有太多机会一起合作。"塔林格先生说："是呀，可要不去参加预选，就不能加入那个队了。"比尔说："可不是嘛。我得[和预选的教练]谈谈这事。"他停顿了一下，转身走下台阶，然后又回过头说："也许[他戏谑地眨了眨眼]我们能被特免呢。"他哈哈笑了起来，塔林格先生也笑了。

有时，塔林格夫妇会通过调整自己的工作时间表来解决潜在的时间冲突。但他们显然很不情愿进行这样的调整，正像塔林格先生所说："足球总是有种傲慢感。我是说，他们就认定你会有时间，你能随时放下工作，把孩子拖到球场去比赛。可要是你的工作是计工时的，可怎么办呢？"另一些时候，加勒特为了参加一个活动就必须放弃另一个。比如说，学校音乐会那天晚上，他只去参加了游泳训练，而没能参加足球赛。父亲节那天，加勒特不能到乡村俱乐部去参加父子特别高尔夫联赛，因为（他解释说）那天"我有两场足球赛和一场棒球赛"。斯宾塞倒是参加了父子高尔夫球赛。所以说，就连像父亲节这样特别的日子，一家人也要分头行动。

在像塔林格这样的家庭里，知道活动之间的冲突是不可避免的并不能减少这些冲突给他们带来的紧张感和受挫感。最后一刻的变动有时会使全家日程的整体安排功亏一篑，无论这些变动是和孩子们的活动时间有关，还是和学期起始日期的调整有关，或是和塔林格夫妇各自（或二人）仓促而定的工作会议有关。比如，5月18日星期三这天加勒特得到通知，州际足球赛定在即将到来的这个星期天。当时父母都不在家，一个高中生代为看管他们。塔林格先生下班回到家已是晚上9：30，塔林格女士十分钟后才到家，并开始准备送看孩子的高中生回家。当时他们都站在厨房里，塔林格先生把足球赛的时间告诉了他夫人：

> 塔林格先生对路易丝说："他22号有场比赛。"他把足球时间表拿给她看。路易丝说："这个可没写在我们的日程安排上。"塔林格先生听起来一副很烦的样子，"我知道，球赛时间变了。"路易丝走到厨房的综合时间表前，那张表就挂在电话边的墙上，"新时间是在几点？"塔林格先生没有再去看那张纸，"4：00。"路易丝说："那他可以去。"我从未听过塔林格先生如此沮丧烦闷，他对看孩子的高中生说："他在同一天有两场足球赛，一场棒球赛，还有一个毕业派对。"路易丝（看着活动地点）说："离得都太远了啊。"

像这样的时间冲突加剧了家长所承担的"无形的劳动"（invisible

labor），他们要照顾孩子饮食，收拾房间，还要协调时间表上各种不同事务的最后期限。随着职业女性人数不断增长，家长尤其是母亲身上的强大压力也在日趋增加。阿莉·霍克希尔德（Arlie Hochschild）称这一现象为"第二轮班"（the second shift）。她和其他学者还指出，虽然现在男性为家庭和子女所做的贡献有所增加，但他们仍然把自己的力量集中在像割草、刷漆或修房子这样的户外劳作上。塔林格先生是一位很有参与精神的父亲，他经常和孩子们在外面玩球。但和很多家庭一样，当塔林格女士在家时，她在做饭、穿衣和协调孩子生活等方面都起着主导作用。塔林格先生只是她的帮手。

另一方面，女性在家里做的事情仍是在室内而且主要是有时间期限的（如做饭、帮孩子准备好东西去上学、哄孩子上床睡觉）。研究人员记载了"无形的劳动"的很多方面，但现有论文并没有去调查孩子们的活动如何影响那些做"第二轮班"的家长。和孩子们的饮食起居不同，孩子们参加的有组织的活动通常都有严格的起始时间。家长得按时接送孩子们。这些规定都是为了孩子们的安全着想，家长也都会尽量遵守。我们一次又一次地观察到，活动刚一结束，家长们在一两分钟之内就都到了。定期在规定时间内完成所有这些随意制定的最后期限，让人在感情上和身体上都可能会吃不消。

塔林格夫妇对家庭生活步调的处理方式不尽相同。比如说，有天下午5∶40，塔林格先生从外面匆忙地开进了车道。他跳下车，从身上搜出钥匙，打开房子前门，然后立马严厉地告诉孩子们他们应该去做作业。路易丝6∶00左右到家，看上去比她丈夫要放松得多。即使在其自身压力显然很大，并有孩子们向她提出的很多问题和种种迫在眉睫的最后期限之时，路易丝在和孩子们独处时也不像塔林格先生那样紧张。

而且，家庭生活压力在塔林格夫妇身上并非平均分担。塔林格先生很积极地参与孩子的生活，但他每周都要出差两三天。路易丝做全职时，她也还是要在家务方面承担更主导的角色，像看管孩子、给孩子做饭、帮孩子打理日常事务等工作她都要做。尽管如此，塔林格先生仍是一位不可多得的好父亲，他会在路易丝出差时积极地承担起照顾孩子的责任。

面对工作-家庭冲突时，也是路易丝在自己的事业上作出调整。调研快要结束时，塔林格女士决定辞职。她要在离家近的地方找份工作，这样她就可以为了孩子经常在家"坚守阵地"了。最终她选择了做一家极少有出差要求的非营利性机构的高管。她把这一决定描述成"把我的事业暂时搁置起来"。

虽然如此，在家务的某些方面，塔林格先生比起其他中产阶级父亲为家里作的贡献还是要多得多。当他夫人早上开会或出差，他总是会很胜任地把孩子打理好送去学校。有天早上塔林格女士很早就去上班了，他便留下来去送孩子上学并要参加由家长教师协会组织的"和爸爸一起吃多纳圈"活动。当时孩子们正在地下室玩耍。他们把枕垫塞在衣服里，让自己看上去更像冰球守门员：

突然，［塔林格先生］从楼上半带愤怒地冲楼下喊了一嗓子，"斯宾塞——你喂伊凡和法利了吗？加勒特，你喂鱼了吗？"斯宾塞说："我喂伊凡了。"两个孩子都飞快地向楼梯跑去；他们上楼时胸前还塞着枕垫。他们正往上走时，［塔林格先生］往下喊道："给法利喂点食。还有加勒特——别忘了喂鱼。"我跟着他们上了楼。加勒特进入私室去喂鱼。

喂好鱼，加勒特进了厨房（那个鼓鼓的枕垫还塞在他的衣服里），站在桌旁。他爸爸在整理文件，全新的音响系统大声地响着。塔林格先生（并未理会儿子胸前塞的枕垫）开始很严肃地提醒加勒特：

"你要坐校车去上学，对吧？""是呀。""……校车什么时候来？……你有家里钥匙吗？"加勒特一边点头一边检查书包，看自己有没有带钥匙。[塔林格先生]点点头，说："别误了车。"

在这次互动中，塔林格先生在设法提醒孩子们完成各种任务时看上去很匆忙也很不耐烦。萨姆和斯宾塞一边在前门等着去学校，一边抱怨个不停。他们的爸爸穿过走廊，停下来斥责萨姆。他命令道："萨姆！住口！"

在我们所观察的其他家庭中，在照顾孩子上，那些父亲们都没有塔林格先生这样在行，也没有他这么高的参与度。但就连他自己也不认为他在家里照顾孩子有他在单位的工作那么繁重。父母都在家时，大多数家务都由塔林格女士承担。钢琴汇演那天，是她找到并熨好了孩子们的裤子，是她安排好了汇演所需的小吃（草莓和栗子松饼）。是她给孩子们的老师买了圣诞礼物和年末礼物；又是她给老师们写了贺词，感谢老师们一年来付出的辛劳。最重要的是，这种性别分工模式也符合孩子和学校教职人员的期望：学校往往要求母亲而不是父亲在回执许可上签字并帮助孩子完成日常生活中的各种事务。

一个受到悉心培养的童年：加勒特的视角

加勒特并不是一个性格特别外露的孩子，但他显然很喜欢自己参加的各种活动，尤其是和体育运动有关的活动。他认为，没有这些活动，他的生活将会很"没劲"。和下一章中的工人阶级男孩泰雷克不同，加勒特不会为要去训练或比赛而抱怨。如果不得不错过一场比赛，他会显得十分失望。在一次面谈中，加勒特汇报说，他尤其喜欢竞技比赛。比如，像篮球，他说他喜欢"防守……把其他球员推来撞去"。森林足球巡游队和州际足球队在他心里排名很高，因为这两个队的队员技术好，"球场更大，得分更高"。相比之下，体育课上的足球"踢一会儿就很没劲了"。调研人员问他是否会感到很累，加勒特承认，当他一天里有两场足球赛和一场篮球赛还有三项其他活动时的确会"很累",但跟着他就说道:"其实也并不是很多啦。"接着他想了一下又改口道:"对我来说并不算什么,但对我爸来说可能就比较累了,[因为]他得带着我到处跑,还得在大热天里看我比赛……他得接我又得送我。"

对于像去外州参加联赛这样不同寻常的足球活动,加勒特总是充满期待。在周末旅行前的那个星期三晚上,他钻进被窝,他的妈妈和他道晚安,加勒特兴奋地说:"还有两天我们就走了!"同样,加勒特在得到那套印有"精选"字样的州际足球队球衣时也十分兴奋。训练结束后,一回到车里他就开始研究起自己的新球衣。

  塔林格先生和加勒特系好安全带。加勒特马上就翻看起袋子里的东西。他把一件上面印有"精选"字样的绿色尼龙球衣拿了出来,"我想我会穿这件[去比赛]。"塔林格先生说:"这就是比赛时穿的。"加勒特看上去特别喜欢这件夹克。然后他又往袋子(一个棕色的纸袋子)里看了看,说里面还有两件短裤、一条裤子[其实是一条亮绿色的短裤]和两双袜子。加勒特大声报出袋子里的每一样物品,听起来特别兴奋。

一到家,他就马上把这套球衣拿给妈妈和两个弟弟看。像这样直白地表达他对所参加活动的喜爱和热衷是真诚的,但对加勒特来说又是有选择性的。比如说,加勒特进入了明星棒球队,但他却说:"我并不[像]发现自己入选州际和森林巡回赛队那么兴奋。"但他又解释说"棒球就像是我的第四种运动",排在两个足球队和篮球之后。加勒特参加的活动太多了,以至于每项活动本身反而显得并不怎么重要。例如,他在学校春季音乐会上表演萨克斯管三重奏,但这项活动对他来讲却是了无趣味。而在我们所观察的工人阶级家庭中,像音乐会这样的学校活动能让他们谈论好久并充满期待。同样,工人阶级家庭和贫困家庭的孩子认为值得兴奋的事情，像吃比萨和面包店烤的面包，或是和大家族中的亲戚开派对，对加勒特来说也都没有吸引力。

有时加勒特也会很疲累很烦躁：

> 加勒特心情不好……布赖恩的爸爸晚上8：20开车送他回家。他进了家门，却没和任何人打招呼。我评论他的发型时他也没应声。他看上去很安静，并显得和其他人很疏远。整个晚上他几乎什么话都没说。塔林格先生晚上9：30到家。他进屋［对看孩子的弗兰基］说："嗨，弗兰基，很高兴见到你。"弗兰基起身和他握手。塔林格先生然后说："嗨，加勒特。"加勒特没应声。塔林格先生又打了一遍招呼："嗨，加勒特。"加勒特看了老爸一眼，回了一声："嗨。"塔林格先生问："加勒特，你还好吗？"加勒特应道："还行。"塔林格先生转身进了厨房。

我们观察到，其他中产阶级家庭的孩子们也有同样疲累的时候。中产阶级黑人男孩亚历山大·威廉斯，也在从课后辅导班到周五晚间唱诗班的路上显得很疲倦；一个星期六下午，中产阶级黑人女孩斯泰西·马歇尔在电吹风下睡着了。而在工人阶级家庭和贫困家庭的孩子中我们却没有看到类似现象。如果说有什么区别的话，那就是大人们评论说这些小孩子有着无穷无尽的能量。

一个受到悉心培养的童年：斯宾塞和萨姆的视角

中产阶级的家庭生活是以每个孩子的活动为中心而组织起来的，这种组织生活的方式塑造了所有家庭成员的经历，包括并没有参与某项具体活动的兄弟姐妹的安排。斯宾塞和萨姆（尤其是萨姆）要花很长的空闲时间辗转在去加勒特的活动的路上，并要在一旁观看这些活动（或者只是在那里等着活动结束）。萨姆有很多个下午都是跟着他两个哥哥的日程安排团团转。他从幼儿园回到家里待上一小会儿，就要坐车由家长带着去看加勒特的某一项活动。到了活动现场，他通常会到处闲逛，向大人要零食，然后等着比赛或训练结束。不足为奇，在活动还远远没有结束的时候，他的兴趣和耐心就都已被消磨殆尽。萨姆每周抱怨哭闹四五次是常有的事（这种行为在他饿了或累了时会变得更加突出）。

然而，就像他妈妈说的那样，有时他的烦躁会升级到一种让他"崩溃"的程度。他会大声号哭而且经常打断别人，他要是不喜欢周围发生的事情有时还会乱蹬乱踢又哭又叫。比如，加勒特参加学校音乐会那天晚上，萨姆才过了半个小时就坐不住了。一开始他通过拒绝安静地坐着来考验他妈妈的耐心；然后他又伸长双腿把脚放在前排椅子的靠背上，差点就踢到前面的人：

> 他妈妈一把抓住他的小胳膊（看起来很生气）："注意你的脚——你差点儿没踢到她！坐好了！"安静了几秒钟后他又开始动脚。他妈妈又抓住他的胳膊低声说："坐好！"

每个月萨姆都会"崩溃"几次。塔林格先生会直接告诉萨姆"住口"。塔林格女士则通常会对萨姆的爆发采取温和忍让的态度，她还鼓励萨姆的哥哥们多从萨姆的角度感受一下（只是成功率极为有限）。

萨姆才4岁，所以除了幼儿园他没有太多其他活动。斯宾塞则有一个包括钢琴、幼童军和棒球在内的活动日程。尽管如此，他也还是要花更多时间去作一个不情愿的观众。与萨姆不同，斯宾塞不会"崩溃"，但他的确会与父母交流自己的无奈。例如，他爸爸知道"他确实为我们都得去看加勒特的比赛而感到恼火"。实际上，看加勒特参加活动是斯宾塞生活的主要部分。在学校组织的"和爸爸一起吃多纳圈"活动中，斯宾塞领着他父亲到自己的画前看他画了些什么。斯宾塞在讲解自己的画时告诉父亲说，画里有一些孩子在球场上训练，站在一旁观看的就是他和他的家人。这幅画叫"观看足球"。塔林格先生亲切地抚摸着儿子的脑袋，评论说："我们的确老是在看足球。"

与观看相对的，当然就是踢球了。在这方面，斯宾塞还是得适应加勒特定下的标准。斯宾塞也参加了棒球队和足球队，但与哥哥相比，他对体育并不是太感兴趣——也没有那么有天赋。从他父母的角度来看，这一点就很成问题。有好几次，塔林格夫妇都（分别）提到过，他们为斯宾塞对体育运动不怎么感兴趣而担心。

塔林格先生：我们在斯宾塞身上没少费劲，因为他不喜欢运动。他在这方面表现特别一般。路易丝和我都这么想。但是，然后我们又问自己："我们能做点什么？"我主张到外面去玩传球。我通常不会想去外面收集蜘蛛或是做斯宾塞喜欢的那些事情。他喜欢自然科学。我一般不会去想那些东西。

调研人员：这可不容易。

塔林格先生：我们在体育运动方面很有天赋。

调研人员：斯宾塞会和加勒特竞争吗？

塔林格先生：他知道他比不过他哥哥。加勒特要比他强得多。

斯宾塞好像自己也知道他父母为他没有像加勒特那样喜欢运动而担心，就像下面这段笔记所示：

塔林格先生（好像刚刚想到这点似的）以一种疑问（但又很热情）的语气说："斯宾塞，你想进游泳队吗？"斯宾塞看起来有点儿紧张，咬了一下嘴唇，"不想。"小作停顿，他爸爸带着一种接纳的口吻说："好吧。"（话里带着一丝失望。）斯宾塞［到厨房］去找书包，他爸爸又站到了他身边。斯宾塞说："我也想啊——可我不知道怎么划水。"

他爸爸说："那就是他们要教你的啊，他们会教你怎么划水。"

父子之间的整个互动过程不到一分钟，但至少对斯宾塞来说，这是很紧张的一分钟。

兄弟姐妹之间的竞争和冲突

斯宾塞在体育方面稍见逊色，这也影响到他与加勒特之间的关系。有时他会故意去找他哥哥**不擅长**的东西。比如，一天下午加勒特正跟一位调研人员在车道上玩投篮，斯宾塞评论说：

"加勒特篮球打得不怎么好。真的不怎么好。"加勒特很快反驳道："噢，是嘛？我比你打得好。"斯宾塞不理睬加勒特，他看上去并没有被加勒特的话吓倒。斯宾塞继续说："我是说他并不擅长篮球，他不是最好的篮球手。"加勒特像是被斯宾塞的话给惹恼了，他镇定地自卫道："噢，是嘛？因为我打得不好所以才有［X个］篮板球，所以才比体育课上任何人都多。"斯宾塞实事求是地声明说："我是说篮球并不是你最擅长的项目。"

斯宾塞还会定期炫耀自己作为天才班学生的身份。加勒特试考过两次都没达到智商为 125 的分数线（他得了 119 分）。当斯宾塞考入天才班时，加勒特特别伤心，泪流满面。对加勒特来说，他也会抓住机会突出自己高超的技能。比如，在一次钢琴课上，他故意弹起了斯宾塞将要在汇演中弹奏的曲子，而且他知道自己比弟弟弹得好，也知道斯宾塞能听到他在弹：

加勒特：我会弹……

钢琴老师：别弹了。（加勒特继续弹。）别弹这首曲子。他弹不了这么快，你别跟他捣乱了。（加勒特仍在弹，还咧着嘴笑着。）你把他的方寸都搅乱了。（加勒特还在弹。）我不想让你再弹了。（加勒特这才停下来。）

虽然兄弟两个之间存在这样的竞争，但斯宾塞和加勒特之间的关系经常还是很友好的。加勒特也会帮忙的：

加勒特拿出一个练习本，低头看着上面的一道数学题……斯宾塞说："加勒特，我不明白这道题该怎么做。"加特勒轻声说："来，我帮你看看。"这是一道加法题。加勒特说："75＋99等于多少？"斯宾塞翻了一下眼睛："我不知道。我不会心算！"他听起来被加勒特问烦了。好像他简直不能相信加勒特居然还会这样问他。加勒特把作业纸放在桌子的一角，好让斯宾塞能看到，他慢慢地说："没关系，9＋5是多少？"斯宾塞说："9＋5……嗯，是14，我能算出这个。"加勒特把这个数写了下来，"然后你在这里进位，"然后他指了指进位的那个数，"现在1＋7＋9是多少？"斯宾塞停了一下，"17。"加勒特把数字写了下来。塔林格先生在加勒特把作业纸还给斯宾塞时大步走过厨房。塔林格先生满是怀疑地问道："你俩干吗呢？"加勒特镇静地说："我在给他讲题。"

但斯宾塞却不能和萨姆处好关系。他俩经常吵架，有时还吵得很凶。

斯宾塞忽然在客厅里大叫起来，"停！停！躲我远点！"萨姆开始大哭。我听见楼上一声沉重的摔门声，然后路易丝大声跺着脚走了下来。她走进客厅命令道："到底怎么了？说啊！"斯宾塞解释说："他老是跟着我！"路易丝越听越烦，"他跟着你又怎么了!"她还用责备的口气说:"你像萨姆这么大时也总跟着加勒特!你这样对萨姆一点道理都没有。没有道理。"

孩子之间发生这样的口角是常有之事,也经常需要第三方出面才能解决。父母之间总会有一个出面干涉并转移开一个或两个孩子的注意力。塔林格家的孩子和很多中产阶级的同龄人一样,会坦诚地表达他们对自己兄弟姐妹的看法。说"恨"家里某个人是很常见的,而且听到的人也不会有什么特殊反应。比如说,有天傍晚斯宾塞和萨姆跟着来看护他们的弗兰基(还有一位调研人员)在前院玩垒球时,

> 斯宾塞问萨姆他最恨谁。萨姆说是加勒特。斯宾塞让萨姆假装自己在[用球棒]打加勒特的脑袋。弗兰基说:"萨姆,你可是告诉过我你最恨斯宾塞的。"斯宾塞重复说:"假装它[球]就是加勒特的脑袋。"

这种我们在中产阶级家庭孩子身上看到的兄弟姐妹之间公开表现出的敌对行为,在工人阶级家庭和贫困家庭的孩子中却并未出现。工人阶级家庭的孩子之间明显也有相互讨厌对方的时候,但我们从未听过像中产阶级家庭孩子这种毫不掩饰甚至是随随便便就提到憎恨的话。同样,中产阶级家庭孩子之间的大声吵闹和需要大人出面才能解决冲突这一现象,在工人阶级家庭和贫困家庭中也很少见。对后者来说,兄弟姐妹间的冲突既没有这么吵吵闹闹,也不大会在大人在场时发生。

亲戚的重要性相对较小

塔林格家的社会生活都是围绕着孩子的活动,而不是围绕着与大家庭保持联系来进行安排。这种弱化的亲戚关系与我们看到的工人阶级家

庭和贫困家庭中的亲属关系形成强烈反差；在后者中我们经常观察到，他们与自己的直系亲属和大家族之间的联络十分紧密。工人阶级家庭和贫困家庭父母每天都要和自己的父母兄弟姐妹联络。小孩子与堂表亲兄弟姐妹们每周都要在一起玩好几次。塔林格女士的妈妈住的地方离塔林格家只有几分钟之遥，塔林格夫妇每周至少会去看望一次。但塔林格先生妈妈的家离得就远了，开车要一小时四十分钟，所以只有在主要节假日他们才去看望她（塔林格先生看望母亲的次数较多——大约每月一次，当他因公外出到他母亲家附近时）。

即使每年只有几次亲友相聚，加勒特和斯宾塞也都不会因为要和亲戚在一起而被迫放弃参加有组织的活动。塔林格女士解释说，赶上时间冲突，孩子们可以"选择"自己想参加的活动。因而，当塔林格一家为塔林格先生唯一的侄子在户外开大学毕业派对时，塔林格家族所有的人（即，他的妈妈、姐妹、侄女和外甥）都前去参加，但加勒特却并不打算参加。

路易丝解释说："他要去打半小时棒球，然后跟希思一家去踢球。"塔林格先生对此深感失望，"我俩不能跟他去比赛了。"调研人员问："如果棒球和足球有冲突，你们怎么选？"塔林格先生说："首选足球。是吧，加勒特？"加勒特站在厨房正中，点头同意。

对加勒特来说，足球要比和亲戚在一起"更占优先"，但塔林格一家的确也很重视和亲戚保持联络。塔林格女士每星期至少会给妈妈打三次电话，姥姥经常参加孩子们的学校活动，而且她还有塔林格家的钥匙。如前所说，塔林格先生会定期去看望他母亲，他的大家族也会在主要节假日聚会。加勒特有一个表兄弟和他年龄相仿，就住在离他家二十分钟的地方。据塔林格女士说，这两个男孩子在一起玩得"特别好"——但他们只在主要节日才见面。对塔林格一家来说，和大家族在一起的时间并不是不重要，只是没有体育活动那么重要。

钱：永远存在但却从不提及

塔林格家在体育活动上除了要花很多时间，还要花很多钱。加勒特参加的活动收费很昂贵。足球每月十五美元，另外还会有附加的大笔花销。森林足球队的新球衣、袜子和汗衫一共一百美元。钢琴每个孩子每星期二十三美元。网球五十美元，冬季篮球三十美元。开车去外州参加比赛及住宿都要花钱。加勒特的各种夏令营收费不定，有的要两百美元一个星期。当塔林格女士应我们的要求把注册费、制服费、活动器具费、营地费和宾馆住宿费都加总后，她报告说，每年单在加勒特一个人身上花的钱就超过了四千美元；其他中产阶级家庭也报出了同样的数字。[2]

这些花销并不会被加勒特、斯宾塞和萨姆知晓。实际上，塔林格夫妇在家里很少谈钱的事。例如，在帮加勒特签写棒球身份照报表时，塔林格女士问到加勒特的身高体重及他在队里的位置和编号。塔林格先生原本打算预定九张互换纪念卡，但加勒特说："我们去年得了十二张。"于是他（二话没说）就把钱数换成了十一美元，而他也从未提及此事。

调研快要结束时，塔林格家遇上了严重的财政困难。夫妇俩工作的公司出现了资金周转问题，两人都不能按时领到工资。他们在还房贷上开始出现拖欠。塔林格女士在一次面谈中透露说：

> 我是说，我们有七千美元房贷罚款。我们交晚了……因为我们公司没有按时付给我们工资。[3]

他们俩都很为家里的财政问题着急，塔林格先生承认他为这事都快失眠了。尽管如此，他们还是没有在孩子们面前提到这些。塔林格女士还记得她小时候她父亲抛弃了她们母女，只是每月寄来抚养费；如果某个月的抚养费没到或是来晚了，她就会焦虑不堪。所以她不希望自己的孩子也为钱而焦虑。不过，她也让孩子们知道，如果不事先攒钱的话，他们现在就不能去像迪士尼那样昂贵的地方旅游度假。但在像吃快餐、报名参加运动队、看牙或是去外州比赛这样的事情上,他们却从来都不提缺钱的事。通过**不**提钱的问题,塔林格夫妇和其他中产阶级家庭父母向自己的孩子传递了一种很微妙的优越感。加勒特和他的同龄人从不会因收费高而不能参加某个活动。我在后面的几章里会讨论到,在工人阶级家庭和贫困家庭的白人和黑人家庭中,事情正好相反。关于经济问题的讨论经常公开出现,孩子们都很清楚他们的父母付得起什么付不起什么。

自然了,像塔林格家孩子这样的中产阶级家庭儿童也并非感觉不到经济水平上的差别。塔林格女士知道她儿子羡慕足球队里一些孩子住在更阔气的大房子里:

> 我们并不装阔。当他们去别的男孩子家做客时,[那些房子]和我们的很不一样。(笑声)他们特别喜欢那座大房子。他们喜欢詹宁斯家的房子。他们能看出他家面积更大,他家电视更大。我是说,他们也会注意到别人和他们的生活状况不同。但他们也去其他人家,也会看到家境不如我们的人的房子。

还有一点也使加勒特感到,相比较而言自己丧失了一些特权。他在足球队的大部分朋友都念私立学校,他自己也念过一年私立学校。但因家里负担不起送三个孩子去私立学校的费用,加勒特就转学去了当地的公立学校。调研结束时,我们在面谈中问加勒特,如果可以的话,他希望家里出现什么样的变化,他回答说:"有更多的钱,这样我就可以回到以前的学校了。"

因而,虽然他家住在一座二十五万美元的房子里,虽然他经常参加那些花费上千美元的活动,但加勒特却仍然觉得自己不够富有并为此而烦恼。从**他的**角度来看,他父母的经济能力是有限的,因为他特别想要的东西（回到私立学校）无法得到满足。他认为父母能够付得起衣食住行、看病和孩子参加的各种活动都是理所当然。对加勒特来说这样的花销只是自己生活的一部分，实际上这些都是（未经省察的）**优越感**。他无法（也没有）去想象，对工人阶级家庭和贫困家庭的孩子来说，同样是这些理所当然会得到的东西和机会，都被视为是（难以获得的）**特权**。

学习生活技能

中产阶级家庭的孩子可能会认为自己参加各种活动的"权利"是理所当然的。然而，他们的父母却知道参加这些活动能给他们的孩子带来什么样的好处。塔林格夫妇都坚信体育运动能让他们的孩子终身受益，比如，就像塔林格女士在一次面谈中所说，可以学会懂得"什么时候该好好练习，什么时候该好好表现"。塔林格先生特别强调"有竞争精神是件好事"，他补充说：

> 你可以把所有能想到的陈词滥调都用上。但当你是强者时，你就会得到所有的满足感；当你是弱者时，你就会很快发现谁才是你的朋友……我还没有发现有什么别的活动能让你这么直接地体验到所有这些。

小运动健将们在心理上也会比其他孩子成熟得早：

> 我认为体育运动能让人意志坚定。这样在你遇到困难时你就会更用心或用力地去做，不管做什么事都会更加努力，都不会为做不好去找借口。

他们还学到了团队精神：

> 这样你就学会了作为球队一员来比赛……他的足球教练特别棒，给他们讲道理。如果你的队得分了，这一分属于全队，如果对方得分了，那就全队都有责任，而不只是一个人的问题。他们像是都听懂了这个道理并都坚守着这种态度。

最后，九、十岁的孩子参加有组织的运动队还能发展他们在公开场合面对成年人时的表现能力，也包括在生人面前的表现。[4]当孩子们和自己的队友一次又一次地面对胜败时，这种**基于表现的评估**（performance-based assessment）也就逐渐成为常规。另外，暴露在公众的审阅下这个过程本身也是分级渐进的。训练中的观众经常是一边看球一边聊天的妈妈们，没有多少人会在一旁发表评论。然而到了比赛中，家长们的行为就会发生变化。他们会对孩子公开强调取得好成绩的重要性。助威喝彩声中也会夹杂着直率的建议——和批评——就像下面这段州际足球赛录音剪辑所示（里面说话的人有塔林格先生和另外两个孩子的父亲）：

> ——加勒特，控住球！
> ——就是这样的，汤姆！
> ——加勒特！注意你后面！
> ——加勒特，快点！跑回来。
> ——继续下去，加勒特！
> ——对，就这样，就这样，跑过去加勒特，跑过去！
> ——看着脚下，看着脚下！
> ——保罗，你要想休息就说一声！
> ——不错啊，吉姆！

像加勒特参加的足球队这样有组织的体育运动都有必经的预选赛和公开赛，也能帮助队员为学校里的基于表现的评估做好准备。比如说，在塔林格家孩子上的小学里，孩子们要通过试听才有资格加入"一流合唱团"。同样，孩子们在操场上学到的"竞技规则"也能运用在学习上。在一次面谈中，塔林格先生回忆说，他对加勒特强调了这样一个道理：

> 不是上个星期就是上上个星期，他有点眼泪汪汪地下楼［说］作业太难了。我们就说："你知道吗，这就像足球赛一样。你赛球时会怎样做？你会哭着说你踢不了吗？不会的，你知道赛球是件苦差事，所以你只能更加努力。"就这样他又回到楼上把作业做完了。

尽管家长和孩子都没有明显地感觉到，但是孩子们在有组织的活动中学到的技能技巧，却会在他们十几岁时或是青年期，在这些年轻人初次工作时，继续发挥良好作用。很多中产阶级孩子经常参加的活动，在组织风格上都复制了工作场所的关键方面。像加勒特这样的孩子在参加每一项活动时都会见到一批新的成年人并学习怎样与他们共事，这样他们就学到了一项基本的工作技能——与相识的人顺利共事的能力。[5] 相比之下，工人阶级家庭和贫困家庭的孩子就没有类似机会去接受就业前训练。他们在校外接触的大部分成年人都是自己的家人或是自己大家族的成员。有些工人阶级家庭和贫困家庭的儿童经常和邻居来往，但却很少会在有组织的情境下与自己认识的成年人互动。

加勒特还学到了塔林格先生提到的那种团队参与技能，这种技能在很多很广泛的工作环境中都能直接应用，从快餐服务到高科技设计项目。此外，依然是中产阶级家庭的孩子，而不是工人阶级家庭或贫困家庭的孩子，始终能得到这些在正式场合下联合协作的训练。同样，一个人参加很多活动在中产阶级家庭的孩子中也是很普遍的。因此，他们经常要为选择去参加某个活动而放弃另一个活动。[6] 知道怎样去按主次优先来安排活动是一项重要的工作技能，雇主都会主动在候选雇员身上寻找这种技能。

其他能真正在社会上得到运用的优势也值得一提。与我们所观察的工人阶级家庭和贫困家庭的孩子不同，加勒特和他的同学们拥有宽阔的视野，他们接触到了典型的成年人的经历，比如说，得到一张有自己照片的证件。这张证件卡片还要有持卡人的亲笔签名，这也给了这些孩子更多的兴奋感和有权力的感觉：

> 加勒特是第四个签名的孩子。那个［掌管照片证件的］人把他叫了过来，"加勒特！"然后用手指着证件说："在这儿签，这儿写着'球员签名'。"其他孩子都围在一旁。一个孩子说："签上唐纳德。"［加勒特的全名为唐纳德·加勒特·塔林格，遵从父名。］但加勒特没有理睬那个男孩。他签上了"加勒特·塔林格"。

州际足球队要去外州参加锦标赛，球员们要在旅店住宿并在餐馆进餐；在比赛中，他们要和自己从未见过的孩子赛球。加勒特的朋友和熟人也总在不断的流动中。学校的精选合唱团在中西部表演，中学的艺术团去欧洲交流，而且同学们还会一起乘飞机去参加专题夏令营。总的来说，10岁的加勒特和他的同学们，比大多数工人阶级家庭和贫困家庭的成年人走的地方都要更多更远。

加勒特和其他小孩子从各种活动中获得的经验和技能又因他们父母所采取的家教策略而得到强化。加勒特的父母教他和弟弟们在有人介绍他们时怎样和成年人握手。他们明确训练萨姆和人握手时要"看着对方眼睛"。塔林格夫妇在和儿子们说话时通常都会有眼神交流，并要求每个孩子都要有同样的眼神交流。他们还强化了对他人负责的概念。当加勒特对吹萨克斯管稍有退意时，塔林格女士就激励他要考虑到他对其他乐队成员应尽的职责。于是加勒特就决定不走了。

塔林格夫妇还都很以身作则——他们都喜欢读书。他们经常读报

（报纸就放在饭桌上），尤其是塔林格女士，还经常读小说。他们把讲道理作为管教孩子的主要方式。[7] 他们经常用提问的方式来回答问题，并且只要有可能就会领着孩子们一步步地解决问题，而不是直接给出指令。

正如孩子们参加的有组织的活动一样，这些家庭训练也为发展能适应职业要求和其他社会机构需求的技能作出了贡献。因而，在他们的日常生活中，中产阶级家庭的孩子不仅学到了重要的生活技能，还得到了反复练习这些技能的机会。而在另一方面，工人阶级家庭和贫困家庭的孩子却通常既不参加有组织的活动，也没有生活在一个与中产阶级类似的家庭环境中；他们的家长首选的教养方式与社会上主导机构的价值观并没有天衣无缝地吻合在一起。

狂乱之家

19世纪时一家人都是在壁炉前聚会。而在当今社会，中产阶级家庭的中心则是月历日程——我们探访的中产阶级家庭一般都会有一个很大的白纸月历，挂在厨房里电话旁的墙上。孩子们预定要参加的有组织的付费活动（有时会用不同颜色的笔加以标注）都要写入某月某日下面两英寸大的小空格里。月复一月，孩子们忙着参加各种体育活动、音乐活动、童子军和游戏小组。他们的父母则在上班前和下班后都在忙着接送他们去各个活动场所。有时，中产阶级人家的房子简直就只是一个在众多活动之间的短暂间隙滞留之地。

我们发现，像塔林格家这样的中产阶级家庭都会让孩子参加很多活动并调整家庭生活来适应那些活动的需要，而这种模式并不完全符合社会学的研究套路。对塑造儿童生活之主要因素感兴趣的社会科学家经常只专注于寻找一个单一的决定因素——比如说，他们都希望这个决定因素能指向收入或受教育水平具有压倒一切的重要性。我们也曾很勤勉地去寻找关键性的因果关系元素，但从我们密切观察的十二个家庭中，我们却发现了一个以各种形式附着在中产阶级文化上的惯行或策略模式。在中产阶级家庭，孩子活动造成的忙乱日程安排并不是由他们生活的某个单一层面引起的：像家庭收入、家长的受教育程度或工作状况、邻近区域类型、有几个孩子或孩子性别构成、家长的业余爱好等方面中任何一个因素都无法起到压倒多数的决定作用。而且，至少是对塔林格家这一案例来说，他们对有组织活动的重视并不是父母努力重演自己童年经历的结果。塔林格先生从4岁起就由母亲独自抚养。他小时候就是自己在外面玩上很久，经常加入那些"随便想出来的"游戏并和邻居小孩一起玩。塔林格女士也是在单亲家庭中长大。她小时候有很长的自由活动时间，直到她比较大了，有组织的活动才开始占用她的闲暇时光。

此外，家长们好像也并不完全明白，这个被我称为"协作培养"的策略会给他们带来什么好处、会让他们付出什么代价。比如说，他们并未意识到孩子们在足球赛上或是在钢琴汇演上学到的技能，与白领工作或技术工作所需要的技能是如此匹配。同样，他们大都也未意识到，采取协作培养策略会付出如下代价：中产阶级家庭的孩子不会安排自由时间，也不会和自己的兄弟姐妹建立起深厚正面的关系。类似没有得到充分认识的代价还有一个孩子的时间安排支配着全家的时间，尤其是这种时间支配是建立在牺牲年龄小的孩子的利益之上。当然，家长有时也会抱怨日程安排太过狂乱。家长们还说他们当年并没有让自己的父母如此辛苦。但是，中产阶级家庭父母又认为自己理所当然有责任用包括有组织的活动在内的各种方法来培养孩子的能力。

关于中产阶级教养孩子的方法是如何与我们社会的主流意识形态相互交织在一起的，我们还知之甚少，这也使得我们根本无法去想象，中产阶级采用的方法也许并不是最理想的教育方法。但就像下一章中解释的，工人阶级首选的教养方法**的确**也对孩子有很真实的益处。

第四章

孩子的节拍：泰雷克·泰勒

> 他会跑着进来，因为他要么刚想起自己有［橄榄球］训练，要么……就是我们两个中的一个人找到他，告诉他该回家了。［他的朋友们］也都会和他一起跑进来。接下来让他不要再和他们玩了并去告诉他们他要去训练了就会有点难办……我只好说："快点儿，泰雷克，我们要迟到了！"他就会说："好的，我来了。"但他还是会接着在外面聊天。
>
> —— 访谈泰勒女士的笔录

对9岁的泰雷克来说，有组织的活动打断了他的生活。与加勒特不同，泰雷克的生活是以不拘形式的游戏为中心，他总是和邻居家的工人阶级黑人小孩一起玩。除了上学和暑期日托夏令营，泰雷克只参加了两项有组织的活动：他整个学年都定时参加主日学校，暑假里还会参加圣经讲习会。四年级时他从一个朋友那里听说了一个社区橄榄球队，于是又央求妈妈允许他参加。最终泰勒女士作出了让步，同意他参加。决定一旦作出，泰勒女士在时间和费用上都非常尽职尽责。但就像上面那段访谈引文中所说的那样，泰勒女士觉得参加球队特别累人，她"［曾经］祈祷，希望我们以后再也不要参加了"。

本章通过聚焦泰雷克所在的工人阶级家庭如何组织日常生活，来突出被我定名为**成就自然成长**这一儿童教养方式中的一些方面。工人阶级家庭和贫困家庭经济资源有限，这就使得照顾孩子的衣食住行成为一项艰苦的劳作。家长们倾向于把精力投入到保证孩子的安全、强化纪律中，在他们认为有必要时在一定范围内控制孩子的行为。在这些界限内，工人阶级家庭和贫困家庭的孩子可以自由成长和发展。家长允许他们自己选择各种活动，自己选择玩伴，自己决定参与这些活动时的积极程度。因此，中产阶级家庭的孩子经常被当成有待开发的项目，而工人阶级家庭和贫困家庭的孩子则能在由家长划定的界限内自由成长。

工人阶级家庭和贫困家庭更注重与亲戚之间的关系，这就意味着孩子们比起他们的中产阶级同伴与家族成员之间有更多互动，并给自己的亲戚带来了更重要的物品和服务。虽然兄弟姐妹之间也会有吵架，但和我们观察的中产阶级家庭的孩子比起来，他们更多是给予对方友谊和支持。成就自然成长的文化逻辑给予孩子们一个独立于成年人的世界，在这个自治空间，孩子们可以自由地去尝试新的体验并发展重要的社会能力。泰雷克与其他工人阶级家庭和贫困家庭的孩子都学到了怎样做一名非正式的同龄群体的成员。他们学会了如何安排自己的时间。他们学会了自己制订行动计划。孩子们（尤其是男孩子）学会了怎样在游戏里的公开冲突中进行商榷，包括怎样用武力来保护自己。和女孩子相比，男孩子还拥有更多的自由，可以到离家较远的地方去玩。

这些社会能力与中产阶级家庭孩子学会的社会能力一样真实不虚。然而，这两套能力却又截然不同；它们在社会组织机构中也没有得到同等重视——但**所有**孩子却都必须与这些组织机构（如学校、医院、商店、工作场所）打交道。与加勒特不同，泰雷克和他的小伙伴们没有机会去开发那些能在组织机构场景下收获最大利益的技能。比如，工人阶级家庭和贫困家庭的孩子一般不会学到怎样在有组织的活动发生冲突时作出选择,不会学到怎样读懂旅行路线,不会学到怎样签写证件卡片,不会去外州旅行,也不会学到怎样在成年人带领的有正式明确规定的团队里工作。他们也不会像加勒特及其伙伴们那样,认为自己有权利在组织机构场景下得到成年人为他们"量身定做"的关注。事实上,工人阶级家庭和贫困家庭的孩子经常会被教导,要听大人的话。[1]

一方面,这些中产阶级家庭的孩子与工人阶级家庭及贫困家庭的孩子之间存在重大阶级差别;另一方面,工人阶级家庭的孩子与贫困家庭的孩子之间也在生活上有重要差别。与贫困家庭的孩子相比,工人阶级家庭孩子的生活有更大的稳定性;他们的生活不像贫困儿童那样没有着落,尤其是在饮食、交通、买小吃的零用钱和其他经济资源等方面。他们在种族和性别上也存在差别。虽然工人阶级家庭和贫困家庭的孩子都参加相同或相似的活动,虽然他们组织生活的方式也大体相同,但他们通常都是在各个种族相互隔离的群组里进行自己的活动。就连住处只隔几个街区的孩子也是如此,而且他们还在同一所学校上学、在同一个班里念书。就像其他研究所示,我们还发现性别差异在塑造日常生活的组织形式上也具有很强大的力量。虽然女孩子也有活跃的时候,但她们更多的时候是好静少动的,她们会在离家更近的地方玩;和男孩子比起来,会有更多的人评论她们的体形外貌,这些评头品足也会更多地影响到她们对自身的看法。不过,据我们观察,这些孩子之间最重大的差别就是那个现有文献尚未完全承认的差别:一个以阶级为根源的在日常生活组织方式上的差异——中产阶级和上层中产阶级家庭的孩子追从着一个由成年人组织的忙乱至极的活动日程,工人阶级家庭和贫困家庭的孩子则遵循着一个并没有多少成年人管控的可以自由支配的议程。我们可以从泰雷克参加橄榄球队这件事如何影响其家庭成员的生活上看出这一差别的一些重要方面。

泰雷克一家

泰雷克、他的妈妈西莉斯特、他13岁的姐姐阿妮莎和他18岁的同父异母哥哥马尔科姆租住在一个睦邻友好的小型工人阶级黑人社区中一所有四间卧室的房子里，附近是一条主要的公交干线街。这里的房子卖到五万美元左右。据泰勒女士说，这边的邻里"还蛮安静的"，但她紧跟着就补充说："到处都有犯罪行为，所以我还是不得不很小心。"泰勒家周围的邻居都是黑人，但离这里不远有一个更大的白人社区，可以走路过去。泰雷克和他的朋友们有零花钱时就会去那个白人社区买冰激凌或饮料。因此，与住在黑人公租房社区的住户相比，泰雷克会在生活中见到更多白人。

泰雷克家的房子有三层，楼梯又窄又陡。卧室都在楼上；有一个卫生间，顶上挂着带有异国情调的暗色吊扇，旁边挂着折纸蝴蝶。第一层有客厅、用餐区和一间厨房。厨房很大，有金属橱柜、日光灯和一个做饭用的矮桌。客厅总是收拾得很整洁，地板上铺着一块色彩斑斓的粗毛地毯，上面摆着一张印有碎花蓝色天鹅绒的长沙发，对面的一角里侧放着一台大屏幕电视，旁边是一个书架，上面摆着一只木雕长颈鹿、一座时钟，以及几张孩子们婴儿期的照片。桌子中央放着一个盛满装饰用鹅卵石的圆形玻璃碗，里面插着几朵大大的粉色布艺花。整个房子布置得很精心。然而，泰勒女士却抱怨说房子早已年久失修；事实上，有些地方真的需要修一修了：纱门上有了裂缝，房门油漆剥落，露出了里面的木头。

泰雷克父母分居。他们在一起十五年，结婚九年，两年前分居。老泰雷克住在市中心一套单元房里，离他妻子和孩子的住处约有十五分钟的路。泰勒女士不喜欢她丈夫住的地方，管那里叫"黑人贫民区"。虽然几乎全是黑人，但是泰勒先生所在的工人阶级社区也有很多生意兴隆的店铺、小花园、有人居住的老房子和住家户。通常，这片地区比城里其他很多贫困黑人社区都令人满意。老泰雷克身材瘦长而结实，总给人一种不苟言笑的感觉。他每周都会有很多天和孩子们通电话并会去看他们一次。他曾有过吸毒问题，现在他为自己能戒掉毒瘾而感到十分骄傲。他年轻时就辍学了，读书识字对他来说好像很难。他对很多事情（包括世界局势）都有自己的看法，他还很乐意对任何想听的人发表他的见地。当孩子们抗议说他们做不了某件事时，他会坚持说他们能行。他还会在与孩子们有关的问题上参与意见；比如，他因担心安全问题而反对泰雷克去踢橄榄球（他的意见并没有被采纳）。他目前正在待业；过去他曾做过社会福利方面的工作，包括有关戒毒问题的咨询。

泰勒女士有高中学历，她是一位秘书。她的责任包括管理公司的车队，在正式的接话员吃午饭的休息时间代接电话。她中等身材，头发打着有弹性的螺旋形小卷儿披散在脸颊周围。她经常面带微笑却又经常显得很匆忙。她只有一点点超重，但她却很为自己的身材担心。当我说她穿了一件"可人的外衣"时，她回答说："啊，谢谢，只是我太胖了，没法儿穿可人的衣服。"调研人员这样形容泰勒女士：

> 西莉斯特在 6∶45 分走了进来。她是一位有一点点超重的女性……有一张很可爱的脸。她经常面带微笑，后来在客厅里我们坐在饭桌前，她边说话边不时朝桌旁镜子里张望（不时还会摸一下头发）。她的嘴唇上残留了一些口红，指甲上涂了（鲜）红色的指甲油，卷发里隐隐现出一双大大的耳环，手上戴着一副很厚重的银镯子。她嗖的一下就进来了；看上去慌里慌张的，但是很高兴回到了家里。

车好的时候，泰勒女士就开车上班；车坏的时候（经常坏），她就坐公交车上班。她的工作确实有医疗保险，但她这个职位的年收入（约两万美元）却很难满足全家所有的需要。房租六百五十美元，（经常每周都要）吃快餐，还有（每月）到像"时时乐"（Sizzler）这样的老牌连锁餐馆吃一次晚餐，花完这些开销就没钱去修车了。全家通常都会去海边度假一周，但泰勒女士需要预先计划好开支并要加班才能省下钱（平日里她都不会加班）。在泰雷克家，讨论钱的问题是常有之事。孩子们的生活受限于资金短缺。泰勒先生会给泰雷克和他姐姐阿妮莎买衣服（例如去年他给他们买了四双运动鞋，每双七十美元），但他并不给他们抚养费。泰雷克想要很多电子游戏，但他妈妈说："我买不起这么多。"他只有在生日时才会得到像电子游戏这样的"大礼"，这通常都是姥姥送给他的。而在另一方面，泰勒女士却愿为泰雷克出那五十美元的橄榄球队报名费，以及钉鞋、防护罩和防护带的费用。她觉得，权衡起来，她儿子参加这项有组织的活动"并没有花很多钱"。相反，她深感"这项活动更是比什么都花时间"。

泰雷克的姐姐阿妮莎13岁。泰勒女士上班时，阿妮莎经常会作她弟弟的"妈妈"，比如，她会提醒泰雷克饭后要收拾碗筷。她喜欢和其他孩子玩，尤其是暑假中，她盼着每天至少要和附近邻居的孩子们玩上一会儿。18岁的马尔科姆马上就要高中毕业了，同时也在做全职。他还没有定下自己下一步要做什么，也许秋季时他会在社区大学选几门课。

泰雷克已快10岁；他身材瘦小，是个小调皮鬼，长得很像他爸爸。他在下里士满小学上学，成绩不错，总是按时交作业，大部分时候都能得B和C。他在学校里很听话很顺从，但在自己的地盘上面对同龄人他却能特别果敢厉害。就像一位调研人员记载的：

> 泰雷克的同伴们对他来说真的很重要。[跟和妈妈在一起相比]和朋友在一起时他显得更滑稽有趣也更镇定（而不磨叨抱怨）。他和自己的同龄人能说上很多知心话，能在一起做游戏，在自家附近跑来跑去，[并]拥有这样一个环境来发展一种自治感。

有时泰雷克面对成年人（包括他妈妈在内）也会很厉害。比如，有个星期天下午在汉堡王，他把自己的白色飞盘和（没喝完的）大杯饮料放在一张空桌上。一个穿着破衣服的白人老头走进店里，径直朝泰雷克放东西的那张桌子走去。泰雷克大叫一声："嗨！那是我的桌子！"那个老头改变了路线，躲开了那张桌子。泰勒女士咯咯地笑了起来，阿妮莎和我也都笑了。

泰勒女士有很多规矩来指导孩子们在家里和在外面的行为。她会把自己对孩子的很多期望明确说出。她鼓励孩子们尊重成年人。所有的成年人，无论他们是否是泰雷克的亲戚，孩子们都要自动地尊重和遵从。他们无须母亲或任何其他大人提示，就会在所有女性成年人的名前都加上"小姐"这个称呼，如"乔小姐"（我们在其他贫困家庭和中产阶级家庭的黑人孩子中也观察到了这种现象）。[2] 泰勒女士不许孩子骂人。她要求泰雷克，如果有人叫他回家，他就必须回家。她给泰雷克规定了他最远能到哪里去玩，以及他能做什么（例如，步行去公共泳池游泳，由于路上车不多，他还可以在街上玩球）、不能做什么（例如，不能去城市的另一头，不能晚回家好几个小时，不能喝酒吸毒）。想要出去玩，必须先写好作业。泰雷克时不时也会有些小犯规——比如说，一次又一次晚回家。有天晚上他因表现差而被禁止参加圣经讲习会。在家里遇到不如意的事情时，他经常会用看起来很烦、发牢骚或哭闹的方式来表达自己的感受。泰勒女士最常用的惩罚方法就是撤销特权和不许孩子（尤其是泰雷克）出去玩。有时她也会对泰雷克睁只眼闭只眼（就像有时泰雷克会在被禁止出门时还在外面和小朋友们玩）。她说，她认为泰雷克之所以定期表现不好，就是因为他最近没挨打。在她看来，那样的惩罚有可能会奏效的。

泰勒女士抱怨说，泰雷克经常"精力过剩"。但她对儿子的喜爱之情却是溢于言表，而且常会对儿子表露出来。实际上，泰雷克的父母都经常以身体接触的方式对他表达感情，抚摸他的头或是拥抱他。比如，有天晚上泰雷克在看李小龙主演的《死亡游戏》（*The Game of Death*），他把录像带快进到一处武打场面。

　　大约11∶15,［泰勒先生］回来了。泰雷克起身去厨房找他爸妈。泰勒先生一把抓住儿子,从后面抱住他,前后摇晃了约三十秒,"你又在看那个傻片子了吧?"泰雷克说:"那不是傻片子!"泰勒先生说:"就是。你被灌输了很多东西。"

我们在很多工人阶级黑人和白人的父子之间都观察到过这种用挑衅来表达感情的方式。

泰雷克的父母为了再次挽救他们的婚姻[3]近来开始"约会"。他俩都想破镜重圆,但他们一到一起却又总是吵架。很普通的家庭生活琐事都会让他们吵得很凶。有个星期天,在圣经讲习会课后,他俩又闹起了别扭:

　　泰勒女士说:"泰雷克,问你爸爸愿不愿带我们去吃麦当劳午餐。"泰勒先生(尽量克制但也是很恼火地盯着她的眼睛)说:"不要逼我。"泰勒女士瞪着(低头站在那里的)泰勒先生,泰勒先生说:"别用孩子来逼我。"她什么也没说,径直走进了厨房。

泰勒先生带着全家人到离自己公寓较近的汉堡王吃饭。总会有人不赞成他的这一选择,尤其是泰勒女士。她更愿去米尔威尔购物中心,米尔威尔坐落在一个以白人为主的地区,但有很多不同种族的人都会去那里购物。

　　［泰勒女士］"他非要去那个黑人贫民区……那里的炸薯条都是干瘪的……"［泰勒先生］"我不喜欢去那边。我在这边觉得很舒服,我喜欢这里。"［泰勒女士］(在同去的另一辆车里对调研人员说)

"我们想去米尔威尔，他则想来这儿。"

这样公开的唇枪舌剑在泰勒先生和泰勒女士之间经常发生。他俩有时也有友善的对话和舒服的沉默，但他们很少一起欢笑，他们的关系通常都很紧张。

日常生活的组织：闲在无事的时间

工人阶级家庭和贫困家庭与中产阶级家庭安排时间的方式不同。他们的生活节奏并不由孩子参加的有组织的活动来支配。塔林格家周末若是只有一两项活动，就算是很安静的一个周末，而泰雷克家若是有一项主要活动就算是忙的了。任何计划好的活动对泰雷克家来说都显得不同寻常，日程月历也不是他们家庭的中心。孩子们的课余时间相对没有什么组织结构，而且和加勒特不同，他们的课外生活与成年人的世界是截然分开的。泰雷克和阿妮莎小的时候，泰勒女士的祖母会到他们家来照看他们，直到泰勒女士下班回家。现在他们不用大人照看独自在家。他们可以自由选择自己的日程安排和活动。

有时候，泰雷克就只是待在家里。比如，七月的一个下午，他从日间夏令营（day camp）回来后，就和他的朋友克莱顿还有我一起躺在客厅地板上消磨时光。

> 泰雷克仰面躺在地板上看卡通片（我躺在泰雷克旁边）……克莱顿在沙发上伸长身体想劝泰雷克出去［到离家几个街区远的公共泳池］游泳。克莱顿一边说着话，一边把手指头一前一后地掰来掰去。他看上去一副慵懒无比的样子。他们说话声很低。克莱顿没有听清泰雷克说的话。他慢慢地滑下沙发，仰面躺在沙发与咖啡桌之间的空隙里。我们三个人都躺在地板上，都有一部分身体伸到咖啡

桌下面。（一切看上去都是那么无比的正常，没有人拿我们的样子来开玩笑。我们只是在那里待着。）

每项具体活动用时不定。看电视和玩电子游戏是主要娱乐方式，但在户外玩耍可以把上面两个都给挤掉。自发的游戏活动没有事先计划，没有电话提醒，没有必要和妈妈商量玩什么，也不需要车接车送——一切全不费力气。例如，一天下午，阿妮莎和泰雷克走出自家前廊，来到门前狭小街道的路边。阿妮莎开始玩球，她很快就有了玩伴：

（两个住在附近的男孩子走过来。）阿妮莎正把小球往前面一排房子侧面的墙上抛着。泰雷克加入进来。他们一边往墙上磕球，一边说他们必须拿球做的事情。游戏是这样的：约翰尼·克劳想知道……（往墙上扔球），摸膝盖（扔球），摸脚趾头（扔球），摸地面（扔球）。阿妮莎和泰雷克玩了四个回合。

意外事件也会带来很多欢闹嬉戏：

有一次阿妮莎不小心把球扔到了泰雷克头上。所有的孩子都笑了；然后泰雷克拿到了球，他就在后面追赶阿妮莎。那是一个很亲密很开心的瞬间——很多的欢笑，很多目光的交流，咯咯地笑闹，还有相互追逐。

很快又演变出了另一个游戏。泰雷克正在被管束中，全天都不得离家半步。因而，当他以为自己瞥见了妈妈下班回来，他就飞快地冲入家里。当他发现看错了，便又跑了出来。附近的小孩就开始玩一个引逗他的游戏：

孩子们一直在逗泰雷克说他妈妈回来了——他一听就飞跑回

家，从纱门后向外窥测。这个游戏反复了六次。泰雷克也在街上到处追阿妮莎，想把球抢过来。阿妮莎多次告诉泰雷克他最好"回家"，他都不理睬。然后，[下午] 6：30，肯（泰雷克的一个朋友）说："你妈妈来啦！"泰雷克疾速回到家里，"好家伙，这次可是当真的。"

不拘一格自由发挥的户外游戏在泰雷克家附近十分常见。一群和他年龄相仿的男孩子经常在一起玩，通常有四五个人，有时能有十人之多。他们一起在街上玩球，步行去商店买零食，轮流上某个小朋友家看电视，通常总会在一起。[4]一天下午，这群男孩子站在街上，旁边停着一辆车。他们头碰头挤在一起，泰雷克和他的朋友们正谈得尽兴：

> 第一个话题是怪异的手指把戏。肖恩讲的故事是，一个女孩可以把中指向后弯到手背，然后再把她的小拇指钻到中指下面……不知何故，话头转到了健康和婴儿。肯对其他男孩子说："你吃什么，你拿什么喂他们，他们的身体就会是什么样的。所以要想孩子健康，你就得喂他们健康食品。"泰雷克说："我要给我的孩子吃比萨。"（笑声）肯："我才不呢，我要给我的孩子吃水果那样健康的东西。"……肖恩："胡萝卜？"肯大声说："不是，是**水果**。"肯又接着说："就连你老婆怀孕时你也要给她吃健康的东西。"……接着他们又谈起健康与体育运动的关系……然后，他们又说起了某个人的姐姐跟另一个人约会……这些交谈过后，肯要去商店。肖恩说他也去。肖恩问泰雷克去不。泰雷克说他得先问一下他妈妈。他进了家门，我也跟了进来。

在泰雷克和他的朋友们所做的活动中，性别也起到很重要的作用。与本项调研中的女孩子相比，他的体力要更加充沛，并有更多自由可以跑得更远、在外面也可以玩得更晚。另外，他们做的很多游戏都有更多传统上更男性化的元素，要展现速度、威力、运动能力、体力和勇气。有时他们会互相测试看谁扔得最猛最远，或是轮流用力试着掰碎某件物品。假装打架、互相追逐并威胁要打架和真动手，都是很普遍的活动。

（泰雷克和阿妮莎一直在边吃蓝色的冰棒边看电视；吃完后他们就跑到外面去玩。）有一个六七岁的小男孩威胁泰雷克："我要打你！我要揍你！"泰雷克到处追他，问他敢不敢打一架。泰雷克："喂，你先来！"那个孩子围着泰雷克乱跳，引逗泰雷克，直到他鼓起勇气打了泰雷克胳膊一拳。泰雷克立马一圈一圈地在后面追他。小男孩笑着，玩得很欢。泰雷克并没有那么激动，但还是在满腔热情地自卫反击。

一辆卖冰激凌的小卡车驶过街道，暂时打断了他们的打闹。车一开走，游戏继续进行：

泰雷克捡起一根细棍儿，威胁说要扔过去。那个男孩笑着，绕着圈跑，直到泰雷克真的把小棍儿朝他扔过去。阿妮莎停下和朋友的交谈，喊道："泰雷克！别扔那个东西！"泰雷克没有理会。小男孩捡起那根棍儿朝泰雷克追来。他们一圈一圈地越跑越远。

阿妮莎这时大声对泰雷克说，要他去告诉他们的妈妈说她正在街上和她的朋友们在一起。泰雷克听到了她说的话，但却并没有应答。

一个稍大的男孩坐在一位邻居的车盖上，和那个小男孩开玩笑："你要是再扔那根棍儿的话，我就把你扔到篱笆那边去（用手比画着）。"小男孩朝泰雷克吐了口吐沫，泰雷克有点生气了，朝他追过去（泰雷克皱起了眉头，没有了笑容），直到抓住他为止。

他们跑到了街道的另一头儿，所以现在他们离在那边说话的阿妮莎和她的女伴们更近了。

泰雷克朝那个男孩吐了一大口吐沫——后来我发现那个男孩的衣服上有一大块蓝色的痕迹，是泰雷克嘴里留下的冰棒颜色。阿妮莎注意到了这一切，回过头来对泰雷克大声吼叫，泰雷克为了逃开那个男孩已经跑到了街区对面。在和泰雷克的理论中，她说："泰雷克！你干吗吐唾沫啊？太恶心了！等咱妈回来我要告诉她，你听到了吗？"

这些例子很清楚地告诉我们，泰雷克不像中产阶级孩子那样只和与自己同岁的孩子玩（有组织的活动往往都是按年龄划分），他经常和各种年龄的孩子一起玩。他对加入较大的孩子中玩也感到很是轻松自如：

泰雷克消失在街角……我走过去想看一下他在做什么。[人行]道边的台阶和长椅上一共坐着九个人。有三个人看起来足有十几岁或者[甚至]更大。

总之，与中上层中产阶级家庭的孩子相比，工人阶级家庭和贫困家庭孩子的日常生活节奏更慢，压力更小，也较少得到精心安排。由于成年人极少把时间花在监管孩子的活动上，对孩子的实际表现也没有那么重视，因而孩子们也就有了更多的自由去做自己想做的事情。孩子们有独立于成年人的自身世界。当然，泰雷克和他朋友们的自治也是有限度的。家长加给他们各种规矩来确保他们的安全；而且有些活动的时间也是家长决定的，比如跑腿做事和吃饭时间。什么时候去亲戚家做客也由家长来定。与大多数工人阶级家庭和贫困家庭的孩子一样，对泰雷克来说，和亲戚联络（从大家族在周末安排的活动到平时的随便走访）是他生活的组成部分。他的曾祖母、几个姑姑、表兄弟姐妹和他的奶奶、姥姥都住在附近（他的三个表兄弟就住在"下个街区的街角"）。另两个和他年龄相仿的表亲孩子经常来他家过夜。周末他经常去帮曾祖母做家务；当曾祖母需要他帮忙时，泰雷克必须**先**帮曾祖母做好事情才能和朋友们去玩。

当然，工人阶级家庭和贫困家庭孩子的日常生活也并非田园诗般那样自由自在。我们所观察的这些孩子知道家里经济不稳定，也知道没有钱就会受到很多限制。他们会听到并在孩子圈里重复谈及物品的价格，谈及缺钱和需要更多钱的话题。

兄弟姐妹：可以依靠的人

泰雷克的姐姐以及（在较小程度上）他的哥哥都是他生活的重要部分。阿妮莎有时会有点蛮横，但她和泰雷克是很亲近的同伴。他们互相帮助，比如在他们的妈妈心情不好时相互给予支持。他们在家里家外有很多时间共处。他们经常一起看电视或玩电子游戏。有时他们坐在客厅看电视时会一起捧腹大笑。不过，有时他们也会争吵：

> 泰雷克在地板上坐好……继续看《考斯比一家》。阿妮莎刚好在节目快要演完时走了进来，扑通一声坐在了沙发上，我正坐在沙发的另一头。阿妮莎说："泰雷克，把这个碗拿走，不然一会儿会掉到地上。把它拿到厨房去。"泰雷克拒绝服从；我猜他是在心里抱怨，并没有去拿碗。他开始拿沙发靠垫闹着玩，躺在那里把靠垫抛到空中又接住。他玩了有一分半钟，然后阿妮莎说："泰雷克，别玩了，把垫子扔给我。"泰雷克把两个靠垫一个一个地抛向阿妮莎，阿妮莎接住垫子并把它们整齐地放回沙发上，她脸上写满了厌烦，好像在说："我是你姐姐却还得这样像妈妈一样管你，我好烦啊。"但她只说了句："你这个痴呆症！"然后他们又回到原处，接着看《考斯比一家》的下一集。

第一部分　组织日常生活

阿妮莎经常惩罚泰雷克，但他们之间的关系却比我们看到的中产阶级兄弟姐妹之间那种尖刻的关系要热情友好得多。这一点不论在黑人家庭还是在白人家庭中都是如此。

我有一个梦想：尝试正式的体育活动

中产阶级家庭的母亲经常会率先向孩子建议可以参加的活动。而在工人阶级家庭和贫困家庭，除非小孩子明确要求，否则他们不可能加入任何有组织的活动。具体到泰雷克身上，他特别热衷于橄榄球，所以就求他妈妈让他加入一个球队。当时儿子正上三年级，她拒绝了他的要求并给出了很多理由，包括泰勒先生担心孩子的安全。可是，在四年级开始前那个暑假的一个傍晚，当她听到泰雷克的恳求时，儿子如此强烈的渴望给泰勒女士留下了很深的印象：

> 去年他想参加我们没让。我们觉得他太小了，他很不乐意……然后我想他大概是和近处的谁去了一次训练，可能是他的一个朋友，然后他就想加入了。他跟我说他想踢橄榄球，我说："不行，我不想让你参加。"他说他太想参加了，连做梦都想。他梦见自己抱着橄榄球跑着穿过球场。

她终于松口了。

可是，泰雷克很快又改变了主意。参加橄榄球训练意味着他不得不减少放学后和附近朋友们玩的时间。面对抉择，他不想再参加的却是有组织的活动：

> 刚加入不久，也就训练过三次他就不想去了……他的问题出在去训练就不能和朋友们一起玩。我可不让他这样——他说服了我给

他报名，我现在决不能让他半途而废。[尽管]参加这个活动很是有些费力不讨好，但既然开始了我们就得坚持到底，并且祈祷再也没有下次了。

作为一位全职单身母亲而且每天都要6：00后才能回家，泰勒女士发现，泰雷克参加橄榄球队非常累人，要达到那些球队的要求真的很难。她重新安排了吃饭时间，而且她还得花时间帮泰雷克准备好，花时间送他去球队，花时间看他训练：

> 一开始因为还没开学，他每周有四天晚上要去练橄榄球。训练是八月份开始的……我得在下午4：00从单位[给家里]打电话。[我告诉他]"收拾好东西"。[但]他从来就没准备好过……所以我得回到家抓到他，赶紧弄点吃的。[有时]夏天……我们会等训练完后再吃饭。

泰雷克的妈妈还要花时间筹款。她带头卖奶酪蛋糕给同事、亲戚和邻居，十美元一块。她卖了二十多块。

虽然训练的节奏在十一月份慢了下来，但这仍是一项十分累人的任务。星期六早上8：30或9：00有比赛。泰雷克和妈妈7：00起床才能准时到达。他们通常会在赛后去吃饭，并要到下午3：00甚至是5：00后才能到家。经常变换的日程安排，像训练提前结束、比赛时间改变，以及其他最后一分钟的变更，更使泰勒女士疲惫不堪。赛季还未过半，她就已筋疲力尽：

> 那时候我真的很累了。我是说，这个训练变成一个很重的负担。开学后训练从每周四次变成两次，这让我喘了口气。但是天冷之后——我是说，他们给我们半小时时间，因为训练6：30开始，所

以你就只能——回家赶紧吃点东西然后又得赶紧跑出去。训练之后还得再做作业。

虽然有这么多困难,泰雷克的妈妈还是继续到场观看他进行训练。她觉得自己在那里陪着孩子很重要。

我得支持他,这就是为什么我去看他训练。我不想让他觉得我不关心他……我错过了几次。但我不会为此而感觉不好,因为我去的次数比错过的要多。通常我都会去的。

泰勒女士认为她儿子参加橄榄球队是件好事。她说泰雷克"特别喜欢",她还强调这项运动帮助她儿子发展了他的男子汉气概,尤其是在运动技能方面。

泰雷克男孩子气十足。他的运动技巧特别好……动作非常协调,所以他样样都行……他知道自己能行,我觉得他想证明这一点给自己看。我觉得他真的喜欢橄榄球。他让这边的每个孩子每天都和他玩橄榄球(笑声)……就在这条街上。

我们问她为什么喜欢泰雷克参加橄榄球队,她说,她认为这次经历让她儿子有了"一点独立性,也表现出了一些[独立性]"。我们追问她"独立性"怎么讲,泰雷克的妈妈详细描述说:

他有足够的勇气去面对生人——而且加入一个体育队要与队员们搞好关系。我很高兴他能做到这些。我想我小时候就不会这么顺利过关。我那时不会和别人相处。

但与中产阶级家长不同，泰勒女士并不认为泰雷克参加橄榄球队对他的全面发展会起任何至关重要的作用。"我不知道参加这个对他有什么帮助"是她对"你觉得参加橄榄球队对他生活的其他方面有帮助吗……哪怕是很小的帮助？"这一问题的回答。泰勒女士最鲜明的观点就是，她不认为橄榄球对泰雷克的人生会有任何帮助。当我们问她"在他生活的其他方面，有没有什么你没有预期到的溢出效应（spillover effects）？"时，她给出了如下回答：

> 嗯，就是责任心那部分吧，知道我必须做这件事，我就要去做这件事。这项活动给他自己定下了一条常规：我必须做这件事，然后我必须做作业，然后我必须吃饭。所以我觉得这一点是好的。

这个赛季结束后，泰雷克也就离开了橄榄球队。[5]他五年级时并没有在队里打橄榄球。泰勒女士看起来的确为儿子喜欢参加橄榄球队而感到高兴，但她觉得没必要再重复这一经历。她爱泰雷克，关心照顾他并希望他快乐。既然他出门就有邻居的孩子和他玩，而不拘形式的玩耍又会让他十分快乐，他的妈妈也就不觉得让他参加一项让家长耗时费力的活动有什么必要。对她来说，就像对其他工人阶级家庭和贫困家庭的母亲一样，做一个好妈妈并不包括培养孩子养成多种兴趣这一义务，尤其是如果这样做会让她从根本上重组自己生活的话。

学习生活技能

泰雷克一次次地和人员比较稳定的一群孩子玩。由于这群孩子没有成年人管控，他学会了由自己来建立并保持友谊，也学会了怎样自我组织和与人商谈。相比之下，加勒特的玩伴经常变化，随着每个新赛季和新的有组织的活动而组成并解散。每个场景中的唯一常量就是成年人，这些成年人也许并不在意孩子们是否知道对方的名字，但他们定然会让孩子们知道活动规则。

泰雷克和他的朋友们参加的大多数非正式活动都在户外，时间和地点都由他们自己选。孩子们经常在一起玩他们自己设计的游戏，这些游戏都很完整，有各种规则，还有执行规则的系统。因此，泰雷克日常生活的组织方式给了他很多机会来发展与同龄人之间的调解能力、管理冲突的技巧、个人责任感和战略技能。下面这段现场记录可以让我们感受到这种不断进行中的社会能力的获得，其中描述了泰雷克和朋友们之间的一个游戏，肖恩、肯、雷吉和克莱顿都在场：

> 游戏有点像排球但又比排球复杂得多。做游戏的人大致围成一个圆圈，相互传球。每个人都必须仔细看把球传给他的那个人在传球之前有没有跳起来。如果你出手之前没有跳起来，你就出局了。如果你让一个人出局了，你就"赢了一条命"。

他们经常争论某个人是否跳了起来：

> "嘿，不对，那可不是［跳起来］。你就这样了一下。"（肖恩跳了一下，但他的脚几乎没有离开地面。）"我指的不是那个。"肯并未提出抗议。他只说："好吧，重来一次吧。"游戏重新开始了两分钟，他们又争了起来。

当争论演变成长时间的争吵时，孩子们一般都会采取某种非正式的解决冲突办法。在这种情况下，他们会上一个街区去找一个朋友来裁决：

> 肖恩建议大家去找雷吉问问。雷吉住在泰雷克家的下一个街区。他们放下球走到雷吉家那个街区的尽头，［朝屋里］喊……"嘿！

雷吉——雷吉。""出来呀。""雷吉在家吗?"雷吉走下楼……每个人都在同时试图讲出自己的理来。雷吉大声说:"等等,一个一个来。肯,你先说。"肯把自己的看法讲了出来,然后泰雷克讲了他的,肖恩最后讲。结果,肖恩是对的。肯被判出局。肯并未提出抗议。他接受了雷吉的裁判。他坐在停在一旁的一辆车的车盖上看他们玩。雷吉和克莱顿也加入了游戏中。

现在有了新人参加,游戏又开始了,中间偶尔有一些争吵,倒也坚持了三十分钟。而后他们提出要赛跑,跑到三个街区外的某个地方,那里有座公共建筑,楼外有一小片草地。在那里他们又玩起一个新游戏("滚球"),孩子们在这个炎热的夏夜一直玩到很晚。

在玩这些游戏时,泰雷克和他的朋友们经常显出真的很兴奋很开心的样子,有时也会显得很躁动。与中产阶级家庭的孩子不同,工人阶级家庭和贫困家庭的孩子很少抱怨说自己"无聊"。我们听到泰雷克对很多事情都发牢骚(例如,只能在家玩),但和中产阶级家庭的孩子不同,我们从未听到他抱怨说自己没事可做。尽管没有多少有组织的活动,但他却能毫不费力地填满自己的时间。他有主意,有计划,有各种活动来和小朋友一起玩。与他的中产阶级同龄人不同,泰雷克的大多数计划都无需大人帮助。他不需要催他妈妈开车带他去朋友家玩,为他组织过夜派对,或是带他去商店。

总之,在他的日常生活中,泰雷克学到了加勒特无法接触到的重要生活技能。他和他的朋友们发现了很多自娱自乐的方法,展现了他们的创造性和独立性。这样的经历极有价值,但也与加勒特生活中有组织的活动所带来的官僚机构经历有明显差别。泰雷克和他的同伴们没有机会去演练**机构**规范,也没有得到这方面的训练。在本书后面我还会揭示,工人阶级家庭和贫困家庭的孩子更没有像我们在中产阶级家庭中观察到的那样,在怎样通过给一个机构施压而促使其响应孩子的个别需要这方面得到训练。简短来说，比起与成就自然成长相关的自发的游戏玩耍，与协作培养相关的业余活动更有潜力让孩子在组织机构世界中受益。

泰雷克和他的朋友们并未体会到他们的业余时间**缺少**什么重要成分。尤其是，他们看起来也并不想要或期望成年人参与他们的游戏。另一方面，中产阶级家庭的孩子则习惯了家长和其他成年人监控他们的活动，从而感到他们有**权利**在游戏中也得到成年人的注意和干预。下一章，我们将会通过对生活在白人贫困家庭的卡蒂·布林德尔和她的家人如何对待游戏活动，来进一步阐明这一与社会地位相关的差别。

第五章

孩子的玩耍是孩子的事情：
卡蒂·布林德尔

卡蒂在电话中兴奋地对我说："我正在做一个娃娃屋！我奶奶带来了一些盒子，我正做一个娃娃屋呢！"我走进[她家的单元房]，问她娃娃屋做得怎样了。她耸了耸肩，失望地说："我不知道该怎么做。"

卡蒂从富美家（Formica）塑料贴面的[厨房]柜台上把盒子高高举起，拿到客厅，扑通一声放在小地毯上。她说："妈妈，你能帮我吗？"西西说："不行。"卡蒂没有说话，但却很失望。

在中产阶级家庭，成年人对待孩子的活动十分认真。孩子要求帮助时，也不会置之不理。由于中产阶级家庭父母对孩子的生活十分关注，对孩子来说重要的事情很容易成为家长的要事。这也给孩子带来了压力，让他们觉得自己必须成功（想想塔林格先生怎样在足球赛中为加勒特呐喊"助威"的）。中产阶级家庭父母不仅会通过让孩子报名参加各种活动来持续支持孩子的爱好，还会观看孩子即兴表演的幽默小品或是加入其中一起在后院玩球或是在饭后和孩子一起玩文字游戏。父母们通常很喜欢这样的参与，但他们也把这些视为是自己对孩子应尽的责任之一。对孩子进行协作培养的一个关键组成部分就是家长的参与。因而，中产阶级家庭的孩子就获得了一种优越感，认为自己事无巨细都有权利得到成年人的关注。

我们观察到的工人阶级家庭和贫困家庭的孩子大多是9-10岁的儿童，他们年纪尚小，仍喜欢得到父母关注。有时他们也会要求大人关注他们或是帮他们做某些事情。本章我们将会揭示，工人阶级家庭和贫困家庭的大人常常（但并不总是）会拒绝孩子的这些要求。孩子们则往往会默默地接受这样的决定，就像卡蒂在做娃娃屋一事中所经历的那样。他们不会催促大人去满足他们的愿望。工人阶级家庭和贫困家庭父母认为孩子的社会生活并不怎么重要，他们的孩子往往也会接受父母的这种观点；由此导致的后果就是，孩子们没有受到训练，没有感到自己很特别，也没有觉得自己值得在生活中得到特殊照顾。在应对更大的世界时，孩子们看起来得到了一种局促感，而不是优越感。

然而，局促感并不是唯一的结果。成就自然成长在监护方面对孩子管控严密，但却在休闲娱乐方面给孩子以自主权；当家长遵从成就自然成长的儿童教养策略时，孩子看起来的确在玩耍中得到了真正的快乐。孩子的活动既不受大人关注也没有大人参与，这就使得工人阶级家庭和贫困家庭的孩子可以自由地去做让自己高兴的事情。与中产阶级孩子在参加有组织活动时的表现相比，我们观察的这些孩子在他们的休闲娱乐中都展示出了更多的创造性、自发性、快乐和积极性。

工人阶级家庭和贫困家庭父母不太关注孩子的业余活动，并不意味着他们不喜欢看到自己的孩子玩得开心。但就像我们从泰雷克那里看到的，喜欢孩子开心并不会让家长觉得自己就应经常给予孩子类似的经历。工人阶级家庭和贫困家庭父母也不觉得自己有义务去关注或是跟踪培养孩子所表现出的创造性。总之，孩子的业余活动被视为是令人愉快的，但又是无足轻重的，并且是与成人世界割裂开来的。对他们来说，更重要的是那些照顾孩子饮食起居的繁杂步骤：叫他们起床，冲澡，吃饭，穿戴整齐，穿暖冬装，按时出门上学，然后在这一天结束时则要确保他们安全到家，吃晚饭，做好作业，按时睡觉。

与中产阶级家庭父母在这方面的负担相比，这些任务要耗费工人阶级家庭和贫困家庭父母更多的时间和更多的辛劳，并会给他们造成更多的挫败感。想通过公共援助来把日子过下去，就得一次又一次地面对繁冗的官僚机构。由于没有私家车或只有很破旧经常抛锚的私家车，使得他们连完成像买菜这样例行的任务也不得不坐公交车；按时赶赴与医生的预约也会包含同样复杂的后勤过程。而且在长期缺乏资源的情况下，很小的问题（例如，洗衣机坏了，或是退款没有如约到位）都可能会造成很严重深远的后果。贫困家庭和工人阶级家庭的孩子都了解他们生活中的这些局限，但对贫困家庭的孩子来说，资源匮乏的后果则更加紧迫也更加难以抵御。

重要的是，我们还要记住，即使在经济状况相同或是近乎相同的地方，每个个体也有可能作出不同的反应。而且无论他们的经济地位如何，每个家庭（和家里的每个人）都会在他们面对的很多其他方面的限制上有所不同。正如赖特·米尔斯所指出，社会结构与个人经历之间存在一种交互作用。[1]本章将要展开的故事证实了米尔斯这一论断的强大力量。布林德尔一家面临着的很多问题并非只局限于某个阶级，而是那些不论经济地位稳定与否任何一个人都有可能面临的挑战，包括性虐待、重度抑郁症和艾滋病感染。然而，如果这一家但凡有那么一点点经济来源——如果他们所依据的社会公益服务机构但凡能为他们提供最基本的支援，让他们的基本生活得到保证——他们也许还可能有更多的选择余地，而那些选择所造成的后果也许也不会那么悲惨。换言之，一个家庭在社会上的地位如何，会给其家庭成员带来不同的资源储备去应对生活中类似的问题，但即使在社会地位相似的家庭中，人们使用手头各种资源的方法也会有所不同。

第一部分　组织日常生活

布林德尔一家

卡蒂是一个 9 岁的白人女孩，她和妈妈西西、18 个月大的同母异父弟弟梅尔文（绰号"梅尔梅尔"）一起住在一个有三间卧室的小单元房里。和卡蒂同母异父的 18 岁姐姐詹纳有时也会来住，并会把她六周大的美洲叭喇狗"罗迪欧"也带来。布林德尔家的单元房在一座破旧的楼房里，楼房坐落在一个绝大部分居民都是白人的工人阶级社区，这里大都是低矮的小房子。离楼房步行约五分钟有一些小店，包括一家冰激凌店、一家二十四小时营业的便利店、一家五金店和一个加油站。卡蒂在下里士满小学上学，学校离她家只隔着几个街区。[2] 然而，距此最近的杂货店却离这里很远，要坐二十分钟公交车。

布林德尔家的单元房保养得很不好。客厅天花板漏水，布林德尔女士必须定期移动家具以防天花板上漏下来的水滴到家具上。厕所马桶也总是漏水。进门处那块芥末色的碎布垫子上有很显眼的黑色污渍。蟑螂经常出没，就是大白天它们也会爬到墙上。晚上，卫生间里的灯一开，蟑螂就会在白色的瓷砖上四散奔逃。这些无时不在的害虫很是让布林德尔女士烦恼，她把这个单元房称作"蟑螂的汽车旅馆"。由于几乎没有任何装饰，布林德尔家住房的破旧失修更是一目了然。所有墙上都空空如也，厨房的案台上什么也没有，客厅的咖啡桌上也是空无一物。屋子里看起来没有一点儿乱堆的东西。布林德尔女士坚持要卡蒂把所有东西都物归原处，书包大衣等东西都不可以乱丢。她一回家就必须马上把自己的东西放到该放的地方。房间里的一切总是特别干净整齐。空气中总是飘着漂白剂的味道。唯一一件引人注意又有装饰意味的物品放在厨柜上。那是布林德尔女士的普通高中学历证书（普高证书）。她为自己取得普高证书而自豪。圣诞节时家里也会有些许节日气氛，会有一棵真正的圣诞树（这是布林德尔女士省吃俭用才买来的），厨房里挂着一串灯，门上有一张圣诞老人的金属画。

布林德尔女士37岁,看上去很是憔悴疲累。她以前酗酒吸毒,但现在都戒掉了。她16岁时曾有过一段短暂的婚姻,但现在是单身。她的三个孩子是由三位不同的父亲所生,而她则并未嫁给那些男人中的任何一个。她的第一个孩子"彭妮"(系与詹纳的父亲所生)因婴儿猝死症而不幸夭折;彭妮已经去世近二十年,但她还是经常会在谈话中提起。詹纳是布林德尔女士19岁时所生。詹纳的父亲一直不定期地(但只是很肤浅地)参与着他女儿的生活。现在他住在佛罗里达,离这里有千里之遥。布林德尔女士与卡蒂的父亲只有过很短暂的交往。一开始他死不承认自己是孩子的父亲,后来验血结果证实他就是卡蒂的父亲。他交钱给美国卫生及公共服务部以弥补一家人在官方经济援助后还存在的亏空。美国卫生及公共服务部把这笔钱中的一小部分交给布林德尔女士。卡蒂的父亲拒绝探访女儿。有时在布林德尔女士反复给男方父母打电话后,他也会让人送来一些礼物。卡蒂特别珍视他几年前在圣诞节时送来的两部录像片。不过我们做调研这年,他并未在节假日或卡蒂的生日送来任何礼物。最小的孩子梅尔梅尔的父亲是这三个男人中出现频率最高最活跃的一个。他定期来看儿子,每月都会来好几次。布林德尔女士现在没有工作。全家靠公共经济援助、食品券和医疗援助卡过活。为了能给孩子们买些圣诞礼物,尤其是给卡蒂买一件大衣和一个娃娃,布林德尔女士说她"[把]一些账单"拖延到了过完节后。

卡蒂是一个矮小活泼的四年级孩子。她的头发很直很薄,刚刚齐肩,金色中略带一点淡棕色,长得很结实。她担心自己太胖了,其实她并不胖;事实上,她连敦实都算不上。家里人经常谈论她的身材。比如,她妈妈会很沮丧地对詹纳说,卡蒂的"屁股简直能把人雷死"。当卡蒂和她的亲戚一起看电视时,他们经常谈论头发颜色、头发长度、发型、指甲、如何修指甲、穿着和体重。所有这些都会吸引卡蒂的注意力(也会吸引很多其他女孩的注意力)。她喜欢把自己想象成一个15岁的少女。在圣诞节那天照的一张照片里,她穿了件新的白色长袖衬衣、黑色发亮的长裙、白色的尼龙袜和帆布平底鞋,想要让自己显得妖艳迷人。她把头发扎成法式竖盘(一种一般只有成年女性才会用的精致发型),还抹了口红。

在某些方面,卡蒂的行为和她的打扮一样成人化。比如,当她从学校回来,她会给自己准备点零食,如一碗金宝罐装番茄汤。她打开罐头盒,把汤倒进一个铝箔小罐,放在火上加热,俨然一副很胜任很家常便饭的样子。她既不需要也不会得到成年人的帮助。但在和同伴在一起时,尤其是和她的表姐妹艾米一起玩时,卡蒂看上去更符合一个9岁孩子的本然状态。和我们观察的其他孩子一样,在外面(不和妈妈在一起时)她更加精力充沛,更能大声笑闹,也更有霸气。每个周末她都会在祖母家与艾米一起玩很长时间。卡蒂有种戏剧性表现的才能,"天生"就是个演员。她和艾米一起设计演出了很多小品,玩得特别开心。与泰雷克和调研中的其他男孩子相比,她玩的东西明显受到性别的影响。她不能像男孩子那样跑得那么远。卡蒂在布林德尔家单元房旁的大停车场跟附近孩子一起玩。她在那里骑自行车,玩逮人,还到其他孩子家里去玩,但她不会像泰雷克和我们观察的其他男孩子那样结伴到几个街区外的地方乱跑。和男孩子的好动相比,她玩的东西大都是少动多静,还很强调女性特质。她在家里喜欢玩芭比娃娃(她有十五个)。在与邻家一个女孩玩的时候,她花很长时间来练习把自己培养成一个耐人赏味的美女(这一点我们从未在男孩子身上看到)。卡蒂和她的朋友会练习打扮芭比娃娃,玩互相梳头。卡蒂还看电视并玩任天堂电子游戏。在她(而不是她妈妈)的主动要求下,卡蒂参加了两项有组织的活动:她参加的合唱团每周一次在课后排练一小时。有些周五晚上,她会和附近孩子乘面包车到一个基督教青少年组织去唱基督教歌曲,学圣经,并一起做游戏。

然而,卡蒂也出了很多问题,有时她会主动讲出一些她觉得自己寂寞和被抛弃的故事。她的妈妈(在深入的访谈中)倾诉说,卡蒂在一年级[3]时遭到性骚扰。去年她上三年级时有很长时间没去上学,部分原因就是她因自残行为而住院接受治疗。

布林德尔女士的家庭成员——她的妈妈塔米，两个已成年的兄弟约翰和赖安，还有艾米——都住在附近。[4] 赖安与艾米的妈妈离婚了；艾米平时和她母亲一起住，周末来她父亲和祖母这里。卡蒂可以自己坐公交车去她"阿婆"家；只有十分钟，仅隔一条路。她几乎每周都去。艾米也几乎每次都在那里，因为她周末总来找她爸爸（布林德尔女士的兄弟赖安）。虽然布林德尔毫不羞愧地把她的亲戚形容成"功能失常者"，但却恰恰是她的大家族为她和孩子们提供了一个赖以组织生活的结构。阿婆在周末照看卡蒂，她和赖安有时都会开车接送布林德尔女士及其孩子们（布林德尔家没有车）。卡蒂最要好的朋友就是她的表姐妹艾米，布林德尔女士最好的朋友则是她的前姗娌玛丽（约翰的前妻，约翰患有精神分裂症）。布林德尔女士与玛丽每天都通电话，每周还会见好几次面。玛丽的几个女儿都十多岁了，她们也常到布林德尔家来。

卡蒂的世界里存在着不同程度的种族交融。她家附近商店里的店员和顾客几乎全是白人。单元楼里也住着几家非裔房客，但这个社区内的住户绝大多数都是白人。布林德尔家受益于城市住宅供给中存在的种族隔离现象。[5] 与住在公租房社区里的贫困家庭不同，由于种族隔离，他们住在一个所有家庭都来自同一个种族的地方（在这个事例中，所有人都是白人），但这里的居民有着不同的经济地位。尽管如此，卡蒂生活中的一些关键方面还是有种族融合的。比如，她的同学中黑人和白人各占一半。课间休息，她有时也会和黑人女孩一起玩。她在自家附近一起玩的小朋友中也有一些是黑人，有时她还会把自己的自行车借给她们骑一小会儿。她也在一些社交场合看到过其他黑人成年人，包括和她妈妈约会过的那个黑人男子。

对布林德尔一家来说，经济资源匮乏使其日常生活中的方方面面都比中产阶级（甚至是工人阶级）家庭所面临的境遇要复杂得多，也紧张得多。凑出一顿饭来就有可能是一个挑战。食品券每十四或十九天发一次。在下一次领食品券之前，全家经常已经没有吃的了。领食品券也是一个很折磨人的过程，需要坐很长时间的公交车，并要在分发处等上更长时间。公交车很慢而且经常迟来。夏天的时候，布林德尔女士就步行一小时去领。她尽量不带梅尔梅尔去领食品券，但却会在去其他地方时带上他。她抱他到车站，并在长时间的坐车途中把他放在腿上抱着。

在家里的日常劳作：照顾孩子

在我们探访的所有家庭中，无论社会地位如何，家长的角色都是照顾孩子。是家长，而不是孩子，承担着照顾家人的责任：确保家里有吃的，确保孩子有澡洗、有干净衣服穿，确保孩子着装整齐搭配，并确保他们按时睡觉以保证充足的睡眠。孩子生病时家长会照顾他们，送他们上学并参加各种其他活动，还带他们去看牙和看医生。每个家庭都会面对这些日常琐事，每个成年人都觉得这些劳作十分繁重，即使中产阶级家庭也不例外。孩子虽然很可爱，但也会很难对付。他们会偷懒，丢东西，拒绝吃不喜欢的东西，不听话，有时还会反抗、叛逆，并测试家长到底会对自己有多宽容。每个社会阶层的家长都会和这样的孩子摸爬滚打。

布林德尔家所有照顾孩子的重任都压到了卡蒂妈妈肩上。布林德尔女士是一个超常有条理的人。她认为报纸、玩具、衣服等都应放在指定的地方摆放整齐。卡蒂的衣橱里用衣架挂着整套的套装。比如，运动长裤、配套的T恤和厚运动衫都挂在同一个衣架上。其他衣架上也用同样的排列方式挂着衣服。每次洗完衣服，布林德尔女士都要重新归类。她还喜欢让卡蒂及时完成手头事，尤其是不能把作业拖到最后一分钟再做。她认为女儿放学回家第一件事就是应该写作业。卡蒂有时也会反抗，"忘了"写作业。所有睡觉前没有完成的功课都必须在第二天早上上学前完成，都要在客厅或餐厅写，因为卧室里没有桌子。就像下面的调研记录所示，这就意味着母女俩都得少睡觉多做事：

（卡蒂和西西在 7：00 之前就起床了。妈妈给卡蒂冲了一杯热巧克力。）卡蒂伸直双腿横坐在双人沙发上……她穿着粉色的睡裙，头发不整齐地龇着毛。她把蓝色笔记本摊在腿上，眼睛看着一列单词，嘴里叼着铅笔。

布置的作业是要把一列单词的拼写改成缩略式，然后再把它们按字母顺序排序。一共有十六个单词……7：10 分左右，卡蒂宣布说：" 我做了十个，还差六个。" 她妈妈说：" 还有这么多没做啊。"

遇到不会做的题，卡蒂就会去问她妈妈。卡蒂的妈妈则会给卡蒂发出一个直截了当的指令，而不是像中产阶级父母那样一步步提示孩子进而引导他们自己得出答案。在卡蒂对某些单词的排序有问题时，她会告诉卡蒂具体的排序数字：

卡蒂……把那列单词递给妈妈："我该怎么办？"卡蒂在睡裙下抬起一条腿，另一条腿在沙发边上摆来摆去……［西西］看着那列单词，一脸疑惑……卡蒂安静地坐着，一边等一边打了几个哈欠。然后，西西把那张纸还给卡蒂："把那个词放到第十位，然后原来在第十位的挪到第十一，原来的第十一变成十二，原来的十二变成十三。"卡蒂把先前的排序擦掉了。

约有二十分钟时间，卡蒂都在做这个单词的作业，她妈妈则隔一会儿就提醒她一次，让她吃早饭并准备上学。卡蒂并没有忽略妈妈的提醒。她很听话，但她的动作却像蜗牛一样慢：

她妈妈说她应该吃一个多纳圈。卡蒂拿起一个多纳圈，慢慢地吃起来……她妈妈说:"你得穿好衣服了。""你想穿什么?这儿只有你几套衣服,大多数衣服都在姥姥家。""你想穿那套粉色的运动服吗?"卡蒂说:"不想,那套衣服让我看起来很胖。"她妈妈回答说:"你不胖。"卡蒂没有回答。

卡蒂做完了那列单词,但是声明说她要重抄一份。布林德尔女士没有检查卡蒂做得是否正确,也没有再提这列单词的事。由于卡蒂并没有去换衣服,她妈妈又平静地提醒她该准备好上学了。然后,她打开了"美国你早"节目。很快卡蒂就放下了手里的翻抄,开始看起电视。布林德尔女士并没有反对,因为家里对孩子看电视没有限制规定。

  卡蒂继续哈欠连天。她把单词原稿放在小地毯上,把笔记本靠在膝盖上开始慢慢地写。她倦意十足地做着。她妈妈说:"我要买一个转笔刀,用刀片削铅笔让我好烦啊。"……卡蒂边看电视边写作业。进展真的很慢,她看起来就是在磨蹭时间……7:44分,卡蒂说:"我写完了。"她伸了个懒腰,向后仰成拱形,打了个哈欠。她妈妈说:"你该去穿好衣服了。"卡蒂没有动窝。她妈妈等了一分钟……[然后]走到衣橱前拿出两套衣服……一手一套,[她]对卡蒂说:"你想穿这套(举起一套)还是这套(举起另一套)?"卡蒂指着其中一套说:"这套。"

卡蒂接着很专注地看"美国你早"。在她妈妈又一次更严肃地要求她换衣服后,她穿上了衣服,但还是在看电视。她妈妈坐在沙发上抽烟。8:00了。卡蒂穿好了衣服,但还没有梳头。给她梳头是布林德尔女士的事情。她给卡蒂把头发梳通,然后在和女儿低声商量过之后给女儿扎了一个马尾巴,并解释说:"她不喜欢扎头发,可我喜欢她这样。"

  快到该走的时候了。卡蒂离开电视,环视了一下餐厅,然后到她的卧室里去了几秒钟。当她回来时：

> 她径直站在妈妈面前（挡住妈妈前面的电视）："妈妈，我的书包呢？"她妈妈看上去很沮丧。她妈妈皱起眉毛，深深地叹了一口气，然后提高嗓门儿说："这句话问得很关键，你的书包呢？"

布林德尔女士也来帮忙找书包。她站在卡蒂房门前，往里指着，看上去很不耐烦。卡蒂笑了，轻轻从妈妈身边滑过，从房间里拿出书包。最后，终于到说再见的时间了，而她还要穿暖，因为外面只有8°：

> 西西［给卡蒂］拉好大衣的拉锁，但没有戴上后面的兜帽。卡蒂也没有戴手套……西西起身走到门边把门打开。卡蒂先走出门外。她妈妈弯下腰在她唇上吻了一下，慈爱地说："回见，小怪兽。"

整个过程一步一步总共花了九十分钟。每天上学和大部分周末都是如此（虽然周末会小有变化），卡蒂和她妈妈每天都会例行一遍这个过程，真的是很累人。这一天，梅尔梅尔还在睡觉，而布林德尔女士经常还要同时照顾儿子：给他换尿布、穿衣服、喝牛奶或"高VC"果汁，然后在她督促卡蒂时还要抱着儿子到处走。和其他有婴幼儿的单亲家长一样，布林德尔女士肩负着很多没有商量余地的责任；每天没有她的协助，她的孩子就无法应付生活。

贫困家庭：爱的操劳倍加繁重

所有家长每天都会面临着教养孩子的多重任务。但在贫困家庭中，执行这些任务所遇到的困难远比中产阶级家庭和工人阶级家庭要大得多。贫困造成的更多负担与个人能力并没有关联（虽然个人在社会技能上确有差异)。倒不如说,这些困难都是社会资源分配不均造成的。在西欧国家,所有有孩子的家庭每月都会得到国家的津贴,而在美国,经济来源的稳定性被视为是个人自己的责任。公共援助并不能涵盖抚养孩子的最低消费。而且穷人能够得到的社会资源还不仅仅是不够,其申请过程往往还很官僚、缓慢并受他人轻贱。

布林德尔女士目前没有工作,但她过去有过工作并为此感到自豪(例如,在说到她曾在麦当劳工作时,她补充说:"我做得很好呢。")。她希望等到梅尔梅尔开始上学后她能回去工作。同时,布林德尔一家也试图靠公共援助过活。每月两次,布林德尔女士不得不亲自去领食品券和现金补贴。通常由于没人看孩子,她要带着梅尔梅尔一起去。不过,这一天梅尔梅尔有姐姐詹纳照看。去领取食品券是一件她"痛恨"的杂事。要坐很长时间的公交车,分发处很冷,而且发食品券那天里面十分拥挤,队伍走得很慢,随处可见带小孩子的形容疲倦的妇女(男人极为少见)。分发处还没开门楼外就已排起长队。我们去的那天,在外面一寸一寸地挪了十五分钟才进到楼里。一进楼,我们就加入到一个有七十五人的长队,在一间狭小、布满灰尘又肮脏的屋子里又等了好久。那里没有公共卫生间,也没有自动饮水机。我们又等了三十分钟。出纳员动作很慢,他们显得很无聊很是漠不关心。9:05,我们的事情终于办完了,但我们都被长时间的等待弄得疲惫不堪。

> 排队时布林德尔女士带着焦虑和些许绝望的口吻说:"我什么都没有了。牛奶、鸡蛋、面包都没了。"我们一拿到食品券就马上去杂货店买吃的。卡蒂的妈妈买了四盒早餐麦片,一条白面包,一加仑牛奶,一个大腊肠,一块美国奶酪,一打鸡蛋,一盒预先配好的蛋糕粉加糖霜。那天是卡蒂生日。蛋糕粉得用植物油来调揉。这一项是通常没有的额外开支。布林德尔女士盯着那个放着黄色植物油的亮闪闪的塑料瓶子,显得很紧张。她深深地叹了口气:"我希望

吃的东西都是免费的。"[6]

然后我们就回家了，整个"远征"花了约两个小时。

在每一元饭钱都很要紧的情况下，意想不到的损失是很严重的问题。一天下午当布林德尔女士领了食品券回到家后（她独自去领的），她很沮丧。她觉得自己被骗了：

> 西西在餐桌旁坐下。她叹了口气，脱下大衣放在一旁的椅子上。她看着詹纳说："我觉得他们骗了我四十美元。后面排队的一堆人都在喊快点快点，我想把钱数清楚，但却没法集中精力。"西西听起来很难过。她开始数第一本［食品券］的页数，然后再数第二本……西西数着的时候卡蒂出了点儿声———点儿哼哼声（声音并不大）。西西生气地说："安静点儿。排队的时候就是这样子，我没办法集中精力。所有的人都在大喊大叫。"……西西看着詹纳说："他们不应该这样做。他们给我的这些券本［钱］数都很低。"妈妈朝她嚷过一句之后，卡蒂就再也没说什么，只是很安静地坐在沙发上。

詹纳安慰妈妈说："别着急。你不用给我吃的。"9岁的卡蒂很清楚家里物资缺乏。她反驳詹纳说："那毕竟是四十美元啊。"

洗衣服对中产阶级家庭来说是件枯燥却也没有什么难度的事情，但对布林德尔女士来说却很麻烦，很昂贵，也很令人沮丧。她发现自己手头很难常有足够的0.25美分硬币。银行常常不愿把卷好的一柱硬币卖给不在该银行存钱的人；她没有银行账号（有必要时她就用汇票）。杂货店里倒是有硬币，但要坐二十分钟公交车才能到。然而，更要命的是，单元楼里的三个洗衣机和两个烘干机还总爱出故障：

西西说:"我真希望有辆车。我都快没干净衣服穿了。"(她看着双人沙发旁那堆脏衣服说。)我问:"洗衣机坏了吗?"她回答说:"我第一次去洗衣房吓了一大跳。我下去后看到洗衣机里的水直往外冒。今天洗衣机里还是灌满了水。然后我就到那边[另一座单元楼]去了。他们的洗衣房上着锁,所以我想他们的也坏了……[洗衣房里]没开暖气。简直是荒唐……这就是为什么水管子都裂了。都零下 22° 了。"

对卡蒂来说,有时洗衣机坏了她就无法上学。个别时候她彻底没有干净衣服穿,也就不得不待在家里,直到衣服能洗为止。

不得不依赖公交系统也使生活变得更加艰难,尤其是带着很小的孩子时。如果你同时抱着一个刚开始学走路的孩子、拿着一个放纸尿裤的袋子、还背着几个包,那么像交钱买票这样的小事情都有可能很困难。与此类似,一旦上了车,即使有座,在长途坐车时抱着或看着幼儿也是一件很累人的事。公交车还经常晚点,有时则是根本就没车,而且坐公交车总是比开车要慢得多。最后,坐公交车还很危险。母亲和孩子夏天出门要在炎炎烈日下站上很久,冬天则得顶着寒风,一年中还有好几个月要站在暴风雨中等车。公交车都会经过交通繁华地段,家长必须一边等车一边严密监护自己的孩子,不让他们走近往来穿梭的车流。梅尔梅尔喜欢公交车,看上去他很喜欢车子开动的感觉。布林德尔女士有时趁坐车机会和儿子一对一地单独在一起。比如,在坐车去参加一个市立听证会(去为她收到住房驱逐令申辩)的路上,她对梅尔梅尔笑着,很亲切地说:"梅尔梅尔,我爱你!"[7]有私家车搭始终都是一个更好的选择,如果能安排成的话。但对布林德尔女士来说,要做到这一点却十分困难,因为她兄弟的车有时会抛锚,而且就算车没坏,他们之间的时间安排也很难达成一致。她妈妈的车也是如此。而且,法律还规定婴幼儿必须有专用的安全座,但是安全座很贵、很重,也很不容易从一辆车搬到另一辆车上。梅尔梅尔坐外祖母的车时，车里没有安全座，她就总得小心翼翼地盯着外面看有没有警察。如果看到警察，她就会赶忙把外孙子按住，让他低于车窗，好不被警察看到。她说她觉得自己"像个罪犯"。她付不起被警察抓住后的罚金："罚单有一千美元！"

和交通一样，贫困家庭也没有多少余地来选择住所。因此，卡蒂和家人还要设法应付单元房的各种问题：与蟑螂共处，整个楼保养得很差，冬天台阶上满是积雪和冰面，永远也修不好的电器，还有常爱漏水的管道。到目前为止，他们很"庆幸"邻居都还好，也就是说，楼里还没有出现严重危及人身安全的事件。布林德尔女士的前弟妹也是她的密友玛丽就没有这么幸运。她住的楼里搬进了一些毒贩。

尽管有这么多问题，布林德尔一家的单元房最起码还是给他们提供了一块属于自己的独立空间。然而，调研进行到一半时，就连这一点也受到了威胁。布林德尔女士开始无法及时交纳房租。她刚搬进来时，原指望和詹纳一起分担每月六百美元的房租。詹纳生了病，而后又被诊断为感染上了艾滋病病毒。因此她没有办法交自己那一半房租，她妈妈也无法自己负担所有租金。等待搬入公共援助房的大排队特别长。和卡蒂的外祖母住到一起去也是一个选择，但只能是在无计可施时才能考虑。那座房子本身就已够挤的了：布林德尔女士的兄弟约翰（有精神分裂症的那个）和赖恩都住在那里。真到那一步布林德尔一家也只能住在地下室。而且，她妈妈用来取暖的烧木柴的壁炉和煤油加热器也会加重詹纳的过敏症。但最重要的是，詹纳与她外祖母关系不好。她们之间有着积怨很深的长期冲突，包括詹纳10岁时处于低落期时她外祖母骂她是"娼妓"。

这一打击让布林德尔女士无所适从，她只能坐以待毙，先是用光了上个月的房租，然后就是等着突如其来的搬迁令。但是随着时间一天天艰难地过去，她的房东决定提出诉讼驱逐他们。在一个寒冷的二月天，布林德尔女士、梅尔梅尔和一名调研人员一起去市政厅听审。等过好几个小时后,他们终于被叫到了法官面前。在那段简短的交流中,法庭官员告诉布林德尔女士说,她必须在三十天内搬出去。可是,再转一个星期,她却从法院得到了一封"未出席"的通知。根据法院记录,布林德尔女士并未出席上次传讯,因此她的房东有权力立即把他们锁在门外。和法院取得联系是一场充满挫败感的演习:

> 西西说:"我给他们给我的那个号码打了好多次电话,他们一直告诉我过会儿再打。我烦透了回他们电话。我问他们我该找谁说话。我烦透了回他们电话。然后我就在邮件里收到了这张通知,我真是气坏了。"

与此同时,詹纳决定搬到佛罗里达去和她的父亲住在一起,这样也可以避免东北部寒冷的冬天。但到那边之后,事情却并不像她计划的那样。詹纳的父亲并未如她期望的那样帮助她,其他安排也没有成功,她的健康状况开始恶化,她在医院里住了一小段时间。布林德尔女士急得心乱如麻,在詹纳请她过去时决定去佛罗里达陪她的女儿。为了筹钱买机票,布林德尔女士把客厅和卧室的两套家具都卖了。可是买卧室家具的人付款又付晚了。这种耽搁真的很折磨人。布林德尔担心交易做不成,担心得不到那笔急需买票的钱:

> 她说:"我需要卖掉这套卧室家具。要不是这场雪让他们没法来取,现在本该已经卖出去了。他们当时有钱买,可谁知道他们现在还有没有这笔钱了?我需要这笔钱来买机票,而且我应该明天就去交钱买票。(她因焦虑而提高了嗓门。)我正等着一张四十美元的支票。有了这四十美元我就有钱买票了,剩下的钱还可以在路上用。"

布林德尔女士不顾一切地想去佛罗里达。她已经失去了一个孩子，詹纳的病更是让她无可言表地方寸大乱。秋天的时候，刚一听到詹纳被确诊，布林德尔女士曾想自杀。她当时在极度的忧郁和窘迫下就着烈酒吞下了一大堆药（在家里，孩子们在其他屋里）。她被紧急送入医院，洗了胃，活了下来。她坚决要照顾詹纳，但是所有这些要做的事情把她淹没了。她并不是很认真地考虑着把卡蒂留下上完这个学期。一开始她建议卡蒂和阿婆住到六月份，但卡蒂说："不用，我跟你一起去。"后来，卡蒂甚至更坚决地拒绝在妈妈去佛罗里达时和舅妈玛丽住在一起：

西西说："你可以留下来。"一分钟过去了，西西又说："你可以住在玛丽这儿。"

玛丽这时正朝厨房走来，她说："不行，她要住我这儿，我会揍她的。"玛丽看着卡蒂说："你妈不打你是因为她怕伤着你。我可是会打你的，这样你就不会再调皮捣蛋了。"西西屏住气说："这倒是。"卡蒂什么也没说。

舅妈玛丽主动说"我要像我爸当初打我那样打她"，然后她又讲起她爸怎样打她打到流血的事，但是她也因此改好了。

卡蒂对西西说："你的确有一次出拳打了我的脸。"西西说："我只是扇了你一个嘴巴，别夸大其词。"卡蒂说："我是带着眼睛周围的瘀血上学的。"

下午的时光慢慢地过去了；大多数时候，每个人都在看肥皂剧和奥普拉的节目。卡蒂就在离她妈妈和舅妈几英尺远的地方开始自己打自己。她们绝对看到了她的举动，但却没有作出任何反应：

卡蒂开始用拳头打自己的前额。她坐在床上,在打到自己前额时向后倒了下去。她是用右手打的。她就这样连续打了三分钟,但在我看来这一时间却是无比漫长。

梅尔梅尔也开始学她:

梅尔梅尔爬上床坐在我和她之间,开始学卡蒂。他就这样打了一分钟。西西和玛丽看着他们,什么也没说。卡蒂对我说:"这就是为什么我那时住院了。""为什么?""因为我自残。""他们怎么治疗你的?""他们把我关了起来。""然后他们做了什么?""他们教我要有自尊心,还告诉我不要再自残了。"我朝那边看了一眼,西西和玛丽正在看奥普拉主持的节目。

显然,卡蒂并不想一个人留下,不管是姥姥家还是舅妈家她都不想住。知晓自己的女儿经常小题大做,布林德尔女士可能是觉得卡蒂在成心夸大自己的感受才对其不予理睬。或许,她只是无法承认自己最小的女儿有情感上的问题,不管女儿的反应是否正当。布林德尔女士有忧郁症病史,第一个孩子的不幸夭折使她一直深受折磨。她觉得自己**必须**去佛罗里达帮助詹纳。让别人暂时照管卡蒂会在很多方面简化她的旅行。(不过最后走的时候,布林德尔女士还是带上了梅尔梅尔和卡蒂。)

调研中的所有家庭(世界各地的所有家庭)都面临着各种问题。不同的是,他们面临的困难种类和数量不同,每个人的性情也影响着他们面对挑战所作出的反应,每个家庭拥有的社会结构资源也不尽相同。布林德尔一家比我们访察的其他贫困家庭有更多也是更深层的心理问题。他们面临的其他很多问题与其他贫困家庭一样,都起因于同一个基本的两难境地:没有足够的物资来供给孩子的每日所需,无法满足孩子的需求。我们观察到,布林德尔女士尽力应付的那种种困难:去领食品券、找到能用的洗衣机、对付房东和滋事的邻居，以及纠正强大的官僚机构所犯的错误，都是贫困线下家庭经常要面对的问题。

这些日常的两难境地符合社会结构问题的定义：它们是由社会结构系统的组织形式造成的。家庭成员的个人经历又和这些社会结构问题混合在一起。因此，通过观察真实生活中的家庭每天如何生活，我们就可以观察到社会结构与个人经历之间持续进行的**互动**。在工人阶级家庭和贫困家庭，结构问题是结构—经历混合物中最具有压迫性的一方。物资缺乏决定了全家住在哪里、家长是否有工作、如何出行，以及家长能给幼儿多少及何种照顾。

在这样的条件下，家长不优先考虑孩子的业余生活也就不足为奇了。他们较少参与孩子的游戏，也不会通过给孩子报名参加有组织的活动来持续支持孩子在音乐、美术、戏剧或体育方面展露的兴趣。不过，在下一小节中我们将会展示，日常生活压力并非贫困家庭（和工人阶级家庭）父母不支持孩子业余爱好的唯一原因。中产阶级家庭父母中显著存在的协作培养的责任感，在工人阶级家庭和贫困家庭父母中并不普遍。同样，中产阶级家庭孩子那种有权享有成年人关注的优越感，在工人阶级家庭和贫困家庭的孩子中也不流行。

让孩子掌管自己的游戏

中产阶级家庭父母经常会很忙，甚至在家里也很忙。他们当然不会每次都停下来看孩子在做什么活动，不管是弹钢琴、表演小品还是跳舞。尽管如此，这些家长看起来都觉得培养孩子的天赋是他们的义务。他们经常会通过观看、评论和鼓励孩子在家里做的活动来履行这一义务。[8] 有时家长也会自愿参与孩子的活动，和他们下棋，玩猜字，在后院进行体育活动，指点他们完成各项作业。

工人阶级家庭和贫困家庭父母有时也会和孩子们一起玩。比如，在以小比利为观察对象的那个工人阶级白人家庭（参见第十一章），小比利的爸爸会坐在自家门前道边一边抽烟一边和孩子打牌。在卡蒂家也是一样，成年人有时也会参与其中。布林德尔女士同意观看卡蒂和艾米演小品，有时还会和卡蒂一起玩"大富翁"。

在我们观察的所有家庭中，成年人看起来都愿意偶尔观看孩子的活动或是加入孩子的游戏中，但工人阶级家庭和贫困家庭父母较少会去干预孩子的业余生活，尤其是和中产阶级家庭父母参与的水平相比。大多数工人阶级家庭和贫困家庭的父母都认为孩子的活动并不重要，或者，更具体地说，他们并不认为孩子的活动应该牵扯大人的时间和精力。在他们看来，孩子的活动是孩子互相之间的事情，不用和家长一起做。因此，孩子的世界和成年人的世界是分隔开的。当工人阶级家庭和贫困家庭的孩子要求家长参加他们的活动时，他们的要求会被视为是没必要的，并有可能是烦人的：

艾米忽然说："卡蒂最擅长演垂死挣扎了。她最擅长死戏和哭戏。"卡蒂回过头对我们说："给我一枪。"……阿婆面无表情也毫无激情地用手指比画成一杆枪，对准卡蒂的胸膛（以一种单调的声音）说："砰。"……卡蒂向后踉跄了一下……［她］开始了一场缓慢而有戏剧性的死亡表演，双手抓住心脏，然后双手双臂都完全朝外伸开，［接着］向后倾倒在长椅上。她慢慢地从长椅上滑下，落到地上，然后——作为最后一笔——把头垂下，歪到左肩。她躺在那里不动了。

艾米激动得上下雀跃……我笑着说："太棒了。"阿婆什么也没说，她看上去觉得很无趣。卡蒂爬起来说："再毙我一次。"这一次我用右手比画成枪打了她。她又重复了一遍这一表演。阿婆在看电视［并未关注卡蒂］。

卡蒂第三次要求被"击毙"时，阿婆看起来已经很烦了，但却什么也没说。卡蒂没有再提出同样的要求，因为和典型的小孩子不拘形式的玩耍一样，她和艾米忽然开始玩起别的了。她们到厨房去筹划一个圣诞节小品，然后到客厅来表演。在中产阶级家庭，家长经常赞扬孩子表现出的创造性。在阿婆家，这些小品却无一例外地被成年人所忽略：

> 艾米对我们说："我是圣诞老人，你［卡蒂］是一个被惯坏的臭小孩。"艾米戴上帽子，卡蒂也戴上顶帽子，然后艾米说："看我们！看我们！我是圣诞老人，你是小孩。一开始你是个被惯坏的臭小孩，但是后来你不是了。"
>
> 只有我在看她们，没有别人看她们表演。阿婆在看电视。（她眼睛直盯着前方；艾米的爸爸也在，但他并不理睬她们的表演；约翰叔叔也在，他坐在沙发上，显然对周围的一切都了无知觉。）[9]

当孩子们进一步要求得到大人的关注时，阿婆顺从了她们但却明显没有什么热情：

> 卡蒂假装是一个来找圣诞老人的孩子。艾米［圣诞老人］坐在椅子上接见了她……阿婆并没有看她们表演，而是在看电视剧《罗姗妮》。艾米生气了，她走过来关上电视，说："阿婆！你根本没在看！"阿婆什么也没说，把注意力放在艾米身上了一小会儿。[10] 卡蒂站在艾米旁边，微微跳了几下。艾米重新演了一遍：她手里拿着一只鲜红的毛茸茸的圣诞长袜说："这个小精灵的长袜里有几块石头，因为有人给了她煤炭。"（她把石头拿出来，从一只手倒到另一只手。）艾米和卡蒂突然离开了，到［另一个］房间里互相拥抱。阿婆看上去对这个小品一点也不感兴趣。

孩子们回到客厅，高声用舞台腔宣布说："这是第一幕。"接着，她们又把圣诞长袜戴在头上，开始演下一幕。这时卡蒂解释说她是一个孤儿，（停顿）"我父母双亡。"孤儿走了进来，殷切地恳求能见到圣诞老人［艾米］。小品演得正起劲儿时，艾米的父亲走了进来。

［赖安］并没有先看看孩子们在做什么。他拿起一台旧的立式吸尘器，插上电门……开始吸圣诞树下的金丝流苏护裙，艾米和卡蒂正站在上面。他看也不看她们，很稳当地吸着……艾米不得不退到楼梯上，躲开她爸爸。她和卡蒂并未对这次干扰提出异议。

艾米转向观众（现在只有我在看），坚定地宣布说："第一幕结束。"我笑着说："很棒啊！"她们开始重编，策划第二幕，回到客厅，然后表演这一部分。同样，她们的外祖母只给了她们极其微小的认可，赖安则继续对他的侄女和女儿不予理睬。

吸尘器的声音越来越响，赖安说："这个吸尘器听起来不对劲儿。"他拿起吸尘器，在进门的地方（正是两个孩子表演的地方）把机器放倒，蹲下来查看底座。阿婆也对两个女孩不予理睬，过来跪在地上看吸尘器。

孩子们一起谢幕，接着去准备第三幕。我也过去看吸尘器。滚筒的毛刷上缠满了流苏。我和阿婆一起把流苏择了出来。与此同时，孩子们已经准备好了第三幕。她们返回来，就站在阿婆身旁开始表演。由于我正坐在地上忙着修吸尘器，根本没人在看小剧的这一段。

孩子们并没有停下来或是要求任何人观看，艾米大声宣布："第三幕。"这次她们跳了一小段舞……她们上下跳着，把腿摆来摆去，并唱着圣诞老人和他的精灵们要来了的饶舌说唱。

阿婆看起来很烦。孩子们几乎要踩到她了，她们的腿离她很近；她们唱歌的声音也很大很热烈。她苦着脸但并未让她们不要玩了，只是更加专注于修吸尘器。[11]

也不是所有卡蒂的活动都会被忽略。比如，卡蒂因在秋季学期开始时连续三个月全勤而受到嘉奖，她妈妈看了她在家里重演学校的颁奖仪式，脸上有时还泛起微笑。布林德尔女士还赞成卡蒂参加唱诗班，唱诗班在放学后有一小时活动，是卡蒂自己报的名（免费，每周步行去学校参加）。在深入的访谈中，布林德尔女士解释说，她认为参加唱诗班很好，有如下几个原因：

这样她就会有事情做，还可以和其他孩子在一起，这比待在家里闲得发慌让她感觉好多了……你知道，唱诗班给她带来了很多快乐，让她有事做。我没什么好抱怨的。

布林德尔女士不只是给予卡蒂口头支持。她还特地跑到商店给卡蒂买了一件唱诗班在节假日表演时穿的黑裙子，虽然她原可以用这些钱来买很多其他生活必需品。[12]布林德尔女士没有做的，是她没有像中产阶级母亲那样把女儿喜欢唱歌的爱好看成一种可以培养成正式才能的信号。布林德尔女士不去谈论卡蒂对戏剧表演的兴趣，也不为自己没钱培养女儿的天分而表示遗憾。相反，她把卡蒂的才能和兴趣看成一种性格特征——唱歌和表演就是卡蒂与众不同的个性。她把卡蒂表演的节目视为是"聪明伶俐的"，并认为卡蒂这样做是想"引起别人注意"。她认为别人对卡蒂说她演得很好可能会给卡蒂更多自信，但她并不认为自己作为母亲的责任还包括开发卡蒂崭露的才华。

家里并不强调给卡蒂提供能让她进一步开发创造力的材料。由于家境困难的孩子拥有的东西相对较少，临时找东西代替当道具是常有的现象。比如，卡蒂喜欢玩的那些临时道具都堆在阿婆家，她自己家里什么也没有。中产阶级家庭常常有几乎用不完的纸张、彩铅笔、水笔和各式各样小孩子用的手工工具。布林德尔家却根本就没有这些东西，连一根尺子或一杆水笔都没有。任何种类的纸张都很紧缺。卡蒂用从单元楼附近垃圾桶里捡来的干净硬纸壳做了一片雪花。她把雪花送给妈妈时，她妈妈只说："冬天就快过去了。"她并没有赞扬卡蒂，也没有对卡蒂的聪明才干和创造力给以任何评价。布林德尔女士把卡蒂的创作成果视为是卡蒂的功课，与她本人无关。因此，当卡蒂请她帮助用厚纸板建造娃娃屋时，她随随便便地就拒绝了，并未感到一丝内疚。

同样，布林德尔女士也不认为梅尔梅尔需要任何特别的帮助或玩具。她看着梅尔梅尔敲咖啡桌、在地上打滚或戳詹纳的小狗来自娱自乐，却不觉得这些和让孩子玩"适合儿童身心发展阶段"的玩具有什么差别。梅尔梅尔的这类玩具都整齐地堆放在一个壁橱里，只有遇上特殊时节才可以拿出来玩。

当然，布林德尔女士生活中的很多重担都使得她无法去细微地关注卡蒂的业余爱好。经济负担实在太重，她大女儿的身体状况更是雪上加霜。这些问题都很严重，但它们只是布林德尔女士所采取的儿童教养方式的部分原因。即使没有受到这些问题的困扰，卡蒂的妈妈很可能也不会太多地改变自己对女儿天赋的看法，也不会改变她对卡蒂努力得到大人关注所作出的反应。她尽力去满足孩子们的基本需求。为了照顾她的大女儿，她愿意卖掉自己的财产，搬到千里之外的加州。她喜欢看卡蒂和艾米还有梅尔梅尔开心地随着公交车的节奏摆动。但她并不认为培养孩子的创造力属于她的职责范围。总之，她认为孩子的玩耍是孩子的事情。

讨论

在观察中我们发现，对经济资源最有限的家庭来说，完成生活中简单的事务都要比其他家庭更困难。所以贫困家庭的母亲比工人阶级家庭的母亲面临更多经济压力。这两个社会阶层中的孩子们都十分敏锐地意识到了家中经济资源的限制。当别人少给了妈妈食品券时，卡蒂看起来很担心；她在阿婆家也尽量不要吃的，即使饿了也不说出来。在布林德尔家，冰箱里每个月有一两次空空如也是常有之事。贫困家庭和工人阶级家庭都面临着强大的经济约束，但贫困家庭受到的打击则要更大。在贫困家庭，像布林德尔家这样的一些人家，在生活上比其他贫困家庭有更多困难。同样，像卡蒂这样的孩子，和其他孩子相比，因为受到过性虐待也要面对更多的人生困苦。[13] 因此，在大的社会地位类别里，个体之间在个人经历上也存在差异。

  开始做这项调研时，我曾预期贫困家庭与工人阶级家庭之间在教养孩子的策略上会有显著差别。然而，事实却并非如此。就像泰雷克一样，卡蒂的大部分时间都是在不拘形式的玩耍中度过的，两个孩子都到外面跟邻居家的孩子玩，都会在单元楼外的停车场上做游戏，也都会和自己表亲的孩子一起玩。在工人阶级家庭和贫困家庭里，家长们看起来都把注意力放在了孩子的衣食住行和经济资源匮乏带来的影响上。从另一个稍有不同的思路来讲，与亲戚之间丰富而深厚的纽带既带来了快乐又带来了责任，也需要成年人投入精力去关注。这些因素都让家长们深刻地意识到了自身的局限性，同时也界定了孩子生活的局限性。然而，在这些界限之内，孩子们却又得到了很多自由（尤其是和中产阶级家庭的孩子相比）。家长似乎相信孩子会自然而然地茁壮成长，而不需要特殊的玩具和课程——这些东西可能会让孩子很高兴，但在这些家长眼里，它们并不是孩子健康成长的关键因素。因此，孩子和大人各有各的圈子，互不相干。

  这种教养孩子的文化逻辑也有它的优势。对家长来说，这样的生活比中产阶级的麻烦更少，步调也更闲散。孩子的活动不会控制家长的时间。平时的傍晚和周末也没有安排，不会急匆匆地赶到孩子的活动地点又急匆匆地赶回家。家长们也不会把本就有限的资金花在给孩子交课外活动报名费上。孩子们看上去更放松也更有活力。他们不会那么疲劳，也不会那么沉闷或感觉无聊。他们玩起来很投入，看起来真的很开心。由于他们通常都是自己掌握自己的游戏，孩子们想换一个游戏玩的话马上就可以换——这也是常有的事。孩子们在家里也不会有还像在学校里一样的经历：他们的父母毫不留情地逼着他们不停地学习，就像下一章中在亚历山大·威廉斯身上发生的那样。

第二部分
语言的运用

词语是人类体验不可缺少的一部分。但是，各种社会言语模式（各个社会阶层在言谈中所使用的词汇和句法）之间却有重要差异。一些研究人员，特别是雪莉·希思（Shirley Heath）发现，不同的父母在是否把（还不会说话的）婴幼儿当成潜在的交谈同伴上存在着不同之处。有些母亲和婴儿交流时就像是在和他们对话："好了，好了，这样感觉就舒服多了是吧？"（停顿）"你现在想小睡一会儿了吗？"（停顿）小孩在生命的这个阶段还无法回答母亲的问题，但等他们慢慢学会说话，他们就会把自己视为是与成年人交流的同伴。不过，在其他家庭，希思发现，家长们虽然会谈论自己的孩子，但却不把婴幼儿看成可以与之交流的聊天伙伴。希思认为，这些社会语言学风格策略上的差别，与孩子的在校表现有重大关联。[1]

  在这一部分我将展示，调研中的孩子们也在父母的教养下学会了使用不同的语言。有些家庭甚至就是为了培养语言能力而使用语言——特别是亚历山大·威廉斯的中产阶级黑人家庭（虽然他们很富有，但仍属于中产阶级）。他们由内在本然的愉悦感使然，就是喜欢语言本身。他们讨论词语的众多含义。父母用语言作为管教孩子的关键性机制。这种方式常常导致日常家庭生活中大量的谈判磋商、讨价还价和牢骚抱怨。但这种方式也让亚历山大获得了巨大的词汇量和娴熟的语言交流能力。对其他家庭来说，特别是像哈罗德·麦卡利斯特这样的贫困黑人家庭，语言的使用则更具实用性。家庭成员会明确表明自己的偏好，就像哈罗德在与父亲一起购物时坚决拒绝买一条桃红色的毛巾那样，但他们却只用了很少的言词来达到目的。这些家长在与孩子交流时会使用指令性语言，而不是进行大量磋商；必要时，他们还会用体罚来进行威胁。这种做法的一个后果就是，孩子们很少（甚至根本不会）和家长犟嘴。中产阶级家庭中普遍存在的牢骚抱怨，在工人阶级家庭和贫困家庭却很少见。尽管如此，由于语言交流经常会增大词汇量和强化其他重要的阅读技能，在家中使用语言的方式不同，也就造成了孩子们从学校教育中受益程度的不平等。工人阶级家庭和贫困家庭的孩子们在与成年人的商谈上获得的经验也比较少，而这一技能很有可能会在他们日后与组织机构打交道时派上用场。

第六章

发展孩子的能力：
亚历山大·威廉斯

车子驶入帕克巷，[威廉斯女士]低声对亚历克斯[亚历山大的昵称]说："亚历山大，你得想想要问医生什么问题了。你什么都可以问他的。别不好意思，你真的什么都能问。"亚历克斯想了一分钟，"我用了除臭剂腋下就长了几个肿块。""真的吗？你是说用了新的除臭剂后？""是呀。""那你是该问问医生。"

在东北部一座主要城市里，有一片安静的以黑人住户为主的中产阶级居民区，小区里坐落着很多宽敞而古雅的石砌房子，房子前后有敞亮的门廊和宽阔的绿地。亚历山大家就住在这样一所有六间卧室的房子里。他是一对非裔夫妇唯一的孩子。他的父母克里斯蒂娜·奈尔和特里·威廉斯，当年是在南方一所以白人为主的小型教会学校相识的。他们结婚十年才有了亚历山大。亚历山大的母亲在单位用她的娘家姓奈尔，但在教会里大家都叫她威廉斯太太。威廉斯女士高高的个子，蜜铜色的皮肤上有一些小雀斑，黑黑的头发打着波浪，是个积极快乐、充满活力的人。她从一所精英高校取得了文科硕士学位，并在一家大公司做高层管理人员。她的办公室在写字楼的一角，有窗子可以看到外面的景色，还有一名私人秘书，她的工作职责包括监管公司在全美范围内的办事处。她发现自己很难在6：00准时下班，因为"那时西海岸那边的工作才刚刚热好身"。她知道如果没有孩子的话，她会更投入地工作。她尽可能地把出差时间限制在白天，但她每个月至少还是会有一次必须在外面过夜。

亚历山大的父亲威廉斯先生又高又瘦，身材笔挺，做派严肃。工作日中，他经常身着正式的深色西服套装，里面是一件熨烫工整的白衬衫和一条稳健保守的领带。在全家出游或是等待亚历山大的活动开始时，他经常会聚精会神地读报纸，但他也会偶尔聊上几句，讲几句带有讽刺意味的笑话。他常说亚历克斯很"英俊"，还很亲热地拨拢他儿子的头发。威廉斯先生从一所名声很好的私立大学拿到法律博士学位。他现在一家小型事务所作出庭辩护律师，每天工作很长时间，（主要）处理医疗界玩忽职守的案件。他每个月有两个星期要从早上5：00工作到午夜。另两个星期他则要工作到晚上6：00才能下班。

就像威廉斯先生说的，他家里根本不缺"物质享受"。他们夫妇俩的年收入加起来有二十万美元。他们很少和孩子提钱的事，我们从未听到这对父母说过有什么东西"太贵了"。他家宽敞舒适的房子在1995年时值十五万美元；他们开的车是一辆新的米色雷克萨斯（凌志）；他们的儿子上的是私立学校。威廉斯家布置完美，纤尘不染，家具都很昂贵。在正式的餐厅里，地上铺着厚厚的东方地毯，地毯上摆着一张长长的木餐桌和高高的直靠背椅。旁边摆着一款配套的餐具柜。正式的客厅总是整洁优雅，虽然除了练钢琴就很少会用到。全家人的大部分时间都是在敞亮的厨房里度过的。有时他们也会在楼上一间装点成"乡村"风格的家庭活动室里坐一坐。那里有几张蓝白格子的凹背扶手靠椅和一张双人沙发，花环，几只木雕猫，一个大衣柜风格的电视柜，还有以非洲和非裔美国人为主题的油画。屋里还有电视。威廉斯先生偶尔会在这儿看上一场篮球赛；有时全家人也会一起在这里看《考斯比一家》或《星际迷航》。

亚历山大是个又高又瘦的男孩子（是比他爸爸小一号的翻版），脸上带着迷人的微笑，风度翩翩。他活泼好动，充满好奇心。比如，一个星期六下午，在大人说话时，他就在厨房里一圈圈地跑，一边跑还一边把手伸到足球队服里，从腹部拱出一个包来。又有一次，他妈妈先让他下车，然后再把车停好，亚历克斯跳着上了台阶，又跳到半空中，想从玻璃窗外往屋里看。他的语言也很调皮，常会主动开玩笑或是善意地和父母开玩笑。他妈妈经常强调让小孩子"接触"各种经历的重要性，她对亚历山大对生活的态度深感欣慰：

> 我得承认亚历山大是个让人快乐的孩子。他是老天赐给我的礼物。他这人特别有活力，特别有好奇心，有爱心，关心别人……他很外向，而且真的很合群，他喜爱探险，喜欢读书……喜欢做很多有趣的事。

亚历克斯参加了他所在私立学校办的课后班，学校离他妈妈的单位很近。[1]他妈妈常和他爸爸一起在傍晚6:00去接他回家。亚历克斯在学校很受同学欢迎，是个"和谁都合得来的孩子"。他轻而易举地就能带着其他小朋友玩起来。他也是在校内和校外都很忙。有些在校日的晚上，尤其是临近期末，他要到9:00后才能回家。在一个具有代表性的星期中，亚历山大要参加钢琴课、大学唱诗班排练、主日学校，以及棒球和足球训练或比赛。他还经常参加与学校的话剧和音乐会相关的排练。冬天他会参加篮球和室内网球，夏天他则要参加专门的体育夏令营。

协作培养

亚历克斯的父母完全支持他参加课外活动。和其他中产阶级家庭父母一样，他们也是调整自己的日程安排以配合儿子的需要。威廉斯夫妇把协作培养奉为他们的儿童教养策略。他们把亚历山大需要参加的活动视为他全面发展的重要组成部分。除了影响到他们的日常生活，协作培养还塑造了他们对语言的使用。事实上，商量事情时大量使用语言，是我们观察的所有中产阶级家庭中普遍存在的一个模式，也是本章关注的焦点。培养孩子的天赋和才能，是中产阶级家庭父母所付出努力的重要组成部分。在亚历山大家，就像在其他中产阶级家庭中一样，总是可以听到泉涌不息的说话声，静默只是打断话流的小插曲（这与工人阶级家庭和贫困家庭的氛围截然不同，在那些家庭中言语是不时打断静默的小插曲）。说话在知识和见地上培养了孩子的发展。中产阶级孩子从中学会了表达自己的观点，就像本章开头威廉斯女士鼓励亚历克斯提前准备问医生问题时那样。讲道理也是中产阶级家庭严明纪律引导孩子的核心办法。最后，在家里注重使用说理还能带来广泛的受益。家长和孩子之间的对话能提升孩子的词汇量，预习或深化在学校里学到的知识，并能帮助孩子熟悉在课堂上及其他与成年人打交道的组织机构中经常会碰到的语言交流方式。[2]

然而，协作培养在这方面的益处又超出了丰富学习内容。学校要求孩子们懂得如何以理服人；医生更愿意病人能够见多识广，对自己的健康负起责任。[3] 由于中产阶级的孩子与成年人在面对面时把自己摆在了同等或平等的地位，他们经常会对周围的成年人作出评判。我们观察的大多数中产阶级家庭父母，包括威廉斯夫妇，都对这些评判报以讽刺性的幽默而不是愤怒。总的来说，中产阶级家庭的孩子都觉得自己很特别，觉得自己的意见很重要，觉得成年人依照惯例就应该调整各种境遇来满足他们的愿望。因此，中产阶级社会地位的一个利益所在就是传承超常的语言能力，让孩子能够向掌权者提出特定的要求。本章提供了一些实例，描述了亚历山大运用自己的说理技能库向成年人（家长和医生）提出要求从而获得了量身定做的收益。[4] 然而，同样是这些技能，也可能会造成各个年龄段的孩子都要跟家长据理力争，让家庭生活疲惫不堪。这些被家长大肆鼓励的技能，既能够也肯定会导致孩子挑战或拒绝父母的权威。

在他们所有的日常商讨中，威廉斯女士在把握教育机会方面眼光很是敏锐。比如，就像我下面要表述的，虽然她在寻找丈夫的车时有点心烦，但她还是挤进了一次短小的数学课。其结果就是，亚历山大通过学习有了很强的语言能力。他能在说理和磋商时运用丰富的词汇，从而达到具体目标。这种以语言为工具的能力是一种以社会地位为基础的重要利益。包括亚历山大在内的中产阶级孩子，练习自己初生的语言技巧来**定制**（customize）某些境遇，并以此得到利益。

发展亚历山大的能力

威廉斯家的生活步调和节奏都是围绕着亚历山大的日程安排建立的。亚历山大和他的父母都不认为他参加各种活动有什么问题。威廉斯夫妇把儿子的活动视为是培养他才干和技能的方法。亚历山大认为这些活动很好玩，可以让他的生活不再单调乏味。他自己要求参加某些活动，还主动邀请朋友们到家里来玩。他参加了很多各种各样的活动，但这些活动并未占据亚历山大的全部空闲时间。然而，就像本章表明的，他的日程安排是由一系列的最后期限来确定的，这些日程表相互交织，充满了一系列有组织的活动；而所有这些都是由成年人来掌控，孩子并不能做主。

日常生活的组织安排

亚历山大在工作日和周末都有很多活动。例如，周六一早亚历山大就要到离家开车有二十分钟的地方去上钢琴课。

［钢琴课］8：15就开始。但对我来说，这是个不错的选择。我

坚决反对周六早上看电视。我也不知道为什么。所以……在我看来，要么周六早上留在家里为看哪个频道而争论不休（笑），要么就出去做点有意义的事……这样 8：15 我们就能开始这一天，完成一些事情……现在周六早上都排满了。你知道，钢琴课，然后直接到唱诗班练两个小时。他的日程安排得很紧。

威廉斯女士之所以坚决反对看电视，是因为她把自己的观点建立在了亚历山大茁壮成长所需要的教育上。她反对看电视的被动性，认为"周六早上大多数电视节目都对智力发展没有任何好处"。她觉得自己有义务把儿子带出家门去培养他的才能。

有时亚历山大也会抱怨："我妈妈让我参加所有这些活动！"但总的来说，他还是喜欢这些活动的。他说参加这些活动让他觉得很"特别"，要是没有这些活动，生活就会变得很"没劲"。他的时间感完全和这些活动交织在了一起，如果他的日程没有排满，他就会茫然无措。这种无所适从感可以从下面一段在全家从返校夜回来时的实地笔录中清楚地反映出来。威廉斯女士第二天不得不因公出差（往返各要坐两个小时的火车），直到深夜才能回到家里。亚历山大因为第二天没有安排任何活动而一脸不高兴。他想叫一个朋友来玩，但他妈妈回绝了他的要求。他一边抱怨一边大声问他还有什么事可做。他妈妈简单明了地说：

"你有钢琴和吉他。你会有一些空闲时间。（停顿）我想你明晚可以自娱自乐。"亚历山大没有回应，但是看起来一副很生气的样子。后面一路上他都很安静。

亚历山大的父母都相信，亚历山大参加的活动对他的发展很重要。他们认为这些活动有很多方面的好处。在讨论亚历山大的钢琴课时，威廉斯先生提示说，由于学习了铃木教学法[5]，亚历山大已会识别五线谱。

他认为音乐训练很有益：

> 我不懂巴洛克古典音乐，他却懂得。这在他今后的人生中怎会没有好处呢？我坚信这种丰富的经历能让他成为一个更好的人，一个更好的公民，更好的丈夫和更好的父亲——肯定也会是一个更好的学生。

威廉斯女士认为音乐帮她儿子建立了"自信心"和"镇定自若的能力"。在访谈和闲谈中，她经常强调"耳濡目染"这一观念；她解释说，她认为拓宽亚历山大的人生视野是自己的责任，就像塔林格夫妇尽力拓宽加勒特的视野一样。威廉斯女士把童年时代的活动视为孩子学习人生中重要技能的所在：

> 体育运动提供了学习如何竞争的大好机会。学习如何接受挫折。学习如何以高尚的姿态接受胜利。体育运动还给了他学习领导技能和团队精神的机会。那些……体育运动的确提供了很多真实的很好的机会。

亚历山大的活动经常变换；随着新赛季开始，一些活动逐渐结束，另一些活动则又开始了。由于体育训练和比赛的日程安排要到赛季初才公布，提前作计划基本上不可能。仅就活动数量而言，有些活动就会不可避免地与其他活动有时间冲突。有些活动虽然是短期的，但每次却要花费极多的时间。比如，亚历山大学校的剧团要求在演出前一个星期排练三个晚上。最后，由于他父母再也无法调整自己的工作日程，时间方面的限制还会让亚历山大不得不退出一些活动。例如，威廉斯先生解释说，亚历山大的足球踢得很好，足以获得加入巡回赛队的资格，但他们却无法给他报名，因为威廉斯先生无法太早提前下班送他去外州参加比赛。

参加有组织的体育运动远远不止给了中产阶级家庭孩子一个宣泄剩余精力的途径或是发展体能的机会。亚历克斯所在的地区有很多足球队，虽然队员是三四年级的小学生，却是根据能力排名的。有"甲级"队，"乙级"队，还有明星队。孩子们的运动技巧经常在公开场合按两项水准接受测试——他们在任意一次比赛中的表现，和他们在某个特定球队的影响力。与调研中的其他中产阶级家庭孩子一样，亚历山大并不为在公共场合展现自己的才能而感到不自在——无论是踢球还是演奏莫扎特的名曲。实际上，他似乎很喜欢表演。根据一条实地笔录，在一次有二百多位观众的音乐汇报演出上表演了独奏之后，他看上去"泰然自若，甚是得意，意识到自己引起了大家的注意"。

社会关系

威廉斯夫妇都认为自己和自己的大家庭联系十分紧密。威廉斯女士的父亲是牧师，母亲是家庭主妇。她在南部一座中型城市长大。八兄妹都是大学毕业。威廉斯女士说，她住得离家很远，但却感觉很近。她每天都和母亲通电话，每年看望父母三到四次。其中有两次她会带上亚历山大，让他看看姥姥姥爷。威廉斯先生是家中九个孩子里的老大，他在南部一座小城市长大。他母亲曾先后做过家政和厨师，现已退休。他父亲和他的继父（两人均已过世）都在文法学校受过（高中）教育并干过体力活。威廉斯先生和他母亲每周通话一次，每年看望她两次。他每月都会寄给她五百美元，并帮一个侄女付大学学费。

由于方圆几百英里内亚历山大都没有表兄弟姐妹，通常他每日的休闲并不包括与表亲家的孩子一起玩。他也不常和邻居家的孩子一起玩。和他住在同一条街上的这些大房子的主人大都是没有孩子的夫妇。亚历山大的大多数玩伴都是自己的同学或是在参加有组织的活动时认识的同伴。他参加的绝大多数活动，像校内活动、教堂活动、足球赛、唱诗班、钢琴课、棒球赛和其他活动，都是按年龄（有时也按性别）组织的，因此，亚历山大基本上完全是在跟与自己一样大小的孩子（多是男孩子）相互交流。

对家庭生活的影响

亚历山大众多的活动让他本就很忙的父母变得更加忙碌。他妈妈总是以一种优雅得体又亲切和蔼的方式应对这些需求。威廉斯先生则有时会抱怨孩子的活动太耗时间了。他通常会带张报纸，在学校汇演开始前边等边读报；他在去观看活动的路上在车后座上读报（亚历山大坐在副驾上）；有时在足球训练中他还在分类处理邮件。夫妻间这种不同在我们所观察的家长中十分典型，妈妈对孩子的活动看起来总是比爸爸显得更投入。通常妈妈们还会在辅助活动中比爸爸们更积极，比如，亚历山大的少年教会唱诗班有个"家长组"，就只有母亲们去参加。

威廉斯先生的工作时间很长，所以一到周末他经常显得很疲惫。从一个预定的活动跑到另一个预定的活动让他很是厌倦。有一个星期天，在全家匆匆忙忙地由教堂跑到棒球训练场再跑到学校剧团时，他反思着这种在所谓休息日还要颠簸往返的嘲弄意味，说道："周日下午的休闲日程，是吧，哈？"

除了让人疲惫不堪，亚历山大的活动还让他父母之间在劳动分工上产生了紧张感。他们两人分别在不同的访谈中谈及此事。威廉斯先生觉得在照顾亚历山大这方面他均等地分担了（50%的）劳动。他的夫人则报告说，在体力劳动上两人是六四开，而在劳心费神这方面则是85%：15%。威廉斯先生不认为亚历山大的活动给他夫人的事业带来了什么影响。对此她表示不同意。威廉斯女士说，她有意自觉地选择把儿子摆在"优先"地位。她很坚定地承认自己这个决定给了她无尽的回报，但她也不太情愿地报告说，她的这个选择也要求自己在事业上作出"一些牺牲"。此外，在亚历山大的喜好应该在全家的社会空间里占多大比例这个问题上，威廉斯夫妇有时也有分歧。比如，七月的一个下午，一家人出去跑一些杂事。他们要带亚历山大去理发，给车加油，去食品杂货店购买一周的所需，然后晚餐叫中餐外卖。亚历山大有盘磁带（"在美国钓蛙鱼"），上面都是他喜欢听的歌。其中有一首叫"煮沸的秋葵和菠菜"，歌手唱道，他宁愿吃"鼻涕狙"。亚历克斯跟着磁带一起唱，亚历克斯、他妈妈和调研人员听到歌词都笑了。威廉斯先生却没笑，虽然他有一次也参与了对一首歌名的讨论。后来他明确表示他听烦了，想把它关掉。他夫人则坚持要听并说"你会越听越喜欢的"。他没有再说什么，只是躲到一旁去看报纸。

威廉斯夫妇还会定期在亚历山大的日程安排上产生分歧。在最后一次访谈中，威廉斯先生表达了他对亚历山大参加两个唱诗班的不悦。他似乎担心参加两个唱诗班会妨碍儿子正在发育中的阳刚之气。最终，亚历山大的确退出了一个唱诗班（但又马上注册了一个周五晚上的篮球队）。大体上，威廉斯先生比威廉斯女士要显得更劳累更疲惫。和他夫人相比，他似乎从亚历山大的每项活动中都得到了更少的愉悦感。尽管如此，他俩都十分热衷于让亚历山大广泛接触各种活动。威廉斯夫妇都意识到他们把大部分时间都花在带亚历山大参加活动上了。然而，他们却强调自己也保留了很多时间。他们评论说，全家也选择了不去参加某些活动（如巡回足球队）。事实上，与调研中其他中产阶级孩子参加的活动相比，亚历山大的活动确实没有多少要求他们外出旅行的。例如，像加勒特，全家经常要开（往返）九十分钟的车去参加足球赛。

说呀说呀说：中产阶级家庭中语言运用的重要性

威廉斯一家人很轻松自如地分享欢笑、言谈和关爱。我们听到过父母很严厉地和亚历山大说话，但却从未听到他们对他大吼大叫，也从未见过他们使用体罚。相反，我们观察到，他们重复不断地、系统又果断地使用口头协商来指导亚历山大应对他生活中出现的挑战。就像巴兹尔·伯恩斯坦（Basil Bernstein）注意到的那样，中产阶级家庭的父母并不使用基于家庭地位（如作为家长的地位）的权威力，而是更愿对孩子使用更人性化的商讨的交流方式。[6] 他们使用讲道理的方式来促成期望从孩子身上看到的行为，并经常会对孩子解释为什么要他们这么做。

概而言之，威廉斯夫妇经常和亚历山大交谈，促进他发展说理和谈判的技巧。下面的摘录描述了亚历山大在从夏令营回家的路上与妈妈的一段对话。这段摘录捕捉到了威廉斯女士经常问儿子的那些有的放矢的问题。

> 她一边开车一边问亚历克斯："哎，你今天过得怎么样？""还行。我们今天吃了热狗，但里面都烤焦了！都黑了！""嘀，老天，你根本不该吃那些热狗的。""倒也没那么焦，只有一半是焦的，另一半还是好的。""噢，那还凑合。你们今天早上玩的是什么游戏呀？""是个叫'你干吗呢？'的游戏。""怎么玩呢？"

在这次交谈中，威廉斯女士并不仅仅是在引导亚历克斯讲出一些信息。她还给了他发展练习口头表达能力的机会，包括如何进行总结、突出重要细节、澄清事实，以及展开信息。

这种对孩子活动所表现出的关注，经常导致在细小的家居琐事上也要反复商量。例如，同样是在那次回家的路上，亚历山大的妈妈试图调整晚饭的菜单以更适合儿子的口味。不是所有中产阶级母亲都像威廉斯女士这样照顾自己的孩子，也没有一个母亲总想和孩子商量。但是，说理和通融的模式通常都很普遍。与此相仿，主动提出想吃什么食物或想要决定全家晚餐吃什么在工人阶级家庭和贫困家庭的孩子中很少见，但对中产阶级家庭的孩子来说却是经常如此。

有时，以民主形式养育孩子看起来在威廉斯家占据主导地位。比如，威廉斯先生在是否参加本次调研这件事上就没有在票数上胜出（2∶1）。又有一次，威廉斯先生提议大家投票选择绕开塞车的最佳路线。但尤其是在健康和安全问题上，威廉斯夫妇更趋向于用指令取代讨论和说理。在这些时候，他们会告诉亚历克斯他们想要他怎么做，正如下面这段实地笔录描述的：

> 威廉斯女士给亚历克斯盛好饭并把沙拉放进每个人的盘子里。她和亚历克斯争论着要不要吃青豆。"妈妈，我不想要那些东西。太难吃了！"威廉斯女士用一种锐利又生气的声音说道："亚历山大，我不会给你很多的，但是你得吃青豆。"威廉斯先生在往自己的盘子里盛菜，并没有看他们。亚历克斯吭唧着说："嗯，只能给我四根，太难吃了。"威廉斯女士没有回答。她往他的盘子里放了六根青豆。

对威廉斯先生来说，做一个称职的运动员似乎与健康和安全同等重要。因此，在冬季篮球赛上，他一次又一次地对亚历克斯喊：

> "亚历山大，盯住你的对手。""把手举高点儿，亚历克斯！""投篮！别站在那儿！""亚历克斯，放手上篮！"亚历山大是个水平中等偏下的球员。看到父亲朝他喊话，他变得更加紧张，动作也更不协调。亚历克斯投球得了四分，挡了对方两个球。最终比分是34∶8。[7]

赛后他们一起捎另一个孩子回家，威廉斯先生给他们上了一课：

> 他一边说，一边不时扫视着后视镜。"丹尼，你和亚历山大一

定得多上篮。我都数不清你们有多少次把球带到篮下却又丢给了别人。感觉就像你们不敢投篮一样。"

亚历克斯加入到谈话中，想要表明自己的观点。但他爸爸并不接受他的观点。

> 亚历克斯自夸地打断他爸爸说："我投了两个篮板球。"他爸爸说："要是你每次有机会上篮都出手的话，你的篮板球会比这次多得多。"亚历克斯看上去很是失落，一路上坐在那里没再讲话。"像你老爸当初，我们的问题跟你们正好相反：所有人都想成为球星，都想投球，你根本就拦不住。你们几个却害怕投篮。"

然而，与工人阶级家庭和贫困家庭的父母截然不同的是，即使在威廉斯夫妇下达指令时，他们也常常会解释为什么会要求孩子这样做。在下面这个例子里，威廉斯女士正在提醒儿子要注意听老师讲课：

> 你们冲洗胶片时，我要求你对斯科特太太讲的话要听得格外仔细。那些化学试剂都很危险。不要在教室里玩耍打闹。不然有可能把那些东西溅到眼睛里。如果吞下去的话，会死人的。

亚历克斯却认为妈妈得到的信息是错的，他决定忽略妈妈的指示并教给她正确的东西：

> 亚历克斯纠正道："斯科特太太告诉我们，我们不小心吞下去也不会死。但我们会生很重的病，还要洗胃。"威廉斯女士并没有继续和儿子争论下去。她只是重申自己的要求，让儿子一定小心。

很可能因为此处涉及安全问题,所以威廉斯女士没有鼓励亚历克斯多讲话,如果话题没有这么紧要的话,她是会给儿子商量的余地的。相反,她重申了自己的指令,并要求亚历克斯一定照指令去做。

又有一次,当威廉斯一家有不同意见时,每个人都对(反对)意见提出了一个理由:

威廉斯先生低头看着亚历克斯边笑边说:"你不吃青菜,怎么能打得过弗里茨呢?"亚历克斯用叉子叉起一根青豆,摇摇头:"我才不和他打呢!"威廉斯先生得意地笑道:"你要像其他小朋友那样任他欺负吗?"亚历克斯看看他的父亲又看看自己的盘子:"除非没辙了我才会和他打架,但我首先会告诉老师让他停学。"

威廉斯女士面带微笑地看着亚历克斯:"这就对啦,宝贝儿。你不用动武。解决冲突有很多更好的办法。如果有人骚扰你,你就告诉老师。"

威廉斯先生看着亚历克斯,坚决地说:"总会有那么几次你来不及跑掉的,那时候你就不得不跟他打一架。到时候你就不得不站出来保护自己。"

总之,威廉斯夫妇和其他中产阶级家长都会经常用语言来愉悦心情,用语言来谋求利益。他们的孩子也是如此。比如,一月的一个傍晚,亚历山大被一项作业难倒了,这项作业要求写出五个谜语。他和妈妈及一位调研人员一起坐在餐桌旁。威廉斯先生背对大家在一旁洗碗。他头也不回地对亚历克斯说:"你干吗不去三楼从那些书里翻出一本,看看有没有谜语呢?"

亚历克斯笑道:"对呀,这可真是个好主意!我要去楼上从那些书里抄一条。"威廉斯先生手里拿着一个盘子,转过身,"那只是个玩笑——并不是一个正当建议。不能从书上抄。"他笑着转回身面对洗碗池。威廉斯女士看着亚历克斯说:"你知道吗,有个词专门形容这种行为,叫剽窃。"威廉斯先生(没有转身)说:"人家有可能会以剽窃罪控告你呢,你知道吗?"亚历克斯:"那只是在抄袭的内容是有版权的时候。"他们不约而同地开始谈论起来。[8]

在这里我们看到亚历克斯假装误解了他父亲的口授,把参考图书从而受到启发扭曲成了抄袭剽窃,高高兴兴地(也是很温柔地)引父亲上钩。威廉斯先生老老实实地钻入了他的圈套。威廉斯女士通过向亚历山大引介一个新词而重新塑造了这一轻松时刻。威廉斯先生又进一步把这个新词与一种法律后果联系起来。亚历克斯把他们两个的戏都给抢了。他展示出自己已经熟悉"剽窃"这个概念,而且他还了解"版权"概念。

威廉斯一家人还经常很轻易地把科技术语和医学术语混杂在日常闲谈中。当一名调研人员陪亚历克斯一起去足球场并提到孩子的咳嗽声很低沉时,亚历克斯评论说"我对青草过敏",然后他又用一个很专业的词汇补充说:"对,还有叶霉病菌。"两位家长还认为发展孩子初生的政治意识也十分重要。他们每周日参加的非裔浸信教会包括有关社会和政治问题的布道,如国债、福利政策和扶贫项目。他们还在晚饭时和他讨论政治问题,包括国内新闻动态,例如,南部非裔美国人教堂发生的破坏性火灾。

最后,我们观察到,亚历克斯和他的父母以及其他中产阶级家庭都运用说理和商讨的方式达到具体目的。比如,中产阶级家长不会给孩子下达命令或指示,而是会给孩子一些"选择"的余地来作出决定。不过,这些家长会不加张扬地引导孩子到他们觉得更好的选择上。例如,在选择快餐或暑假书目时,威廉斯女士会先问亚历山大他想要什么,然后会给出一两个自己认为最适合的选项。亚历山大经常觉得是自己在作出自己的决定,而实际上他已接受了妈妈的建议。

总之，采纳协作培养这一策略有时会让家长身心俱疲，但这并未削减这种儿童教养方式对中产阶级家庭父母的吸引力。对威廉斯夫妇来说，他们最优先考虑的就是，有准备有意识地作出努力，用他们相信能最大限度发展儿子人生潜力的方法来养育他。在这方面，他们和我们调研中的其他中产阶级家长一样，包括塔林格夫妇。然而，作为中产阶级黑人家长，他们认为自己还有一项同等重要的职责，那就是为亚历山大准备好那些有助于他成长为一名美国黑人男子所需的众多经历。下面我们就来看看家庭教育的这个方面。

种族的角色

威廉斯夫妇都十分关注种族给亚历山大带来的影响。他们严密地监控他的经历。他们的行为与调研中其他非裔中产阶级家长十分相似。[9] 威廉斯先生解释了他和他的夫人是如何指导儿子的：

> 我们试图做到的就是教给亚历山大这个很令人遗憾的事实：种族是我国人民生活的一个重要部分。我是说，人们看到别人时总是最先看到他的肤色。但这并不能定义他是谁……亚历山大会成功的，尽管有种族歧视存在。我认为他在生活中也会成功。我是说，他是那样一个让人惊叹、令人耳目一新的个体。嗯，他不断吸引着别人……他能轻松地与人交上朋友，我真为他高兴。

然而，威廉斯夫妇都坚决认为种族问题并不是人生失败的"借口"：

> 我们一起讨论种族如何影响我作为一名律师的生活，我们还一起讨论种族会如何影响他的生活。他从这些讨论中学到的道理就是，他永远不能用种族歧视作借口来为自己没有尽全力而开脱。

威廉斯女士评论说，有时种族问题会影响到他们对让亚历克斯参加哪项活动的讨论。在给儿子报名前，她会监控每项活动的种族比例。

> 我们一直都很谨慎，不让他去参加那些只有他自己一个黑人孩子的活动。那样会对他不公平，而且我们也一直都很小心，让他能够和一个小组的人都合得来……就说那些白人孩子的家长吧……嗯，我永远也不会想到自己会这么说——但我爸爸曾经说过——那些家长必须得有涵养。你知道，他们必须接触各种各样的人，还得以一种积极正面的方式接受人与人之间的差异。

注意，这里威廉斯女士关心的重点反映了两个不同的目标。她不愿让亚历山大在任何一项活动中是唯一的一个黑人孩子。在这方面她做得很成功。我们观察到亚历山大参加的所有活动都是如此，钢琴、足球、吉他、唱诗班、棒球、篮球和学校话剧团——其中他是仅有的几个黑人孩子中的一个，但却从来都不是唯一的一个。在学校里，他所在的年级约有10%的黑人。他的朋友里既有黑人孩子也有白人孩子。他家参加的浸会教堂中的所有成员都是中产阶级黑人。威廉斯女士的第二个目标是，同他儿子交往的白人都是有"涵养"的人，这一点比较难以评估。然而对威廉斯女士来说，这并不能减少其重要性。在一次访谈中，她讲述了几年前发生的一件令人痛心的事。

亚历山大参加了一个孩子的生日派对，威廉斯夫妇与那个孩子的家人并不熟。他因临时看管他的人罗斯而受到邀请。有时在罗斯看管其他人家的小孩时，亚历山大也会和她在一起。这些人家中一个很小的孩子特别喜欢亚历克斯：

> 那个孩子真的特喜欢亚历克斯……亚历山大被邀请参加，我想，肯定是他的两岁或三岁生日派对……我们都去了……那孩子的

祖父母也在场……［在派对进行当中］他祖父母一直在说："那个孩子好黑啊。"（笑）［他祖父问］"那是谁家的孩子啊？"我还没必要开口，因为罗斯已经先替我们鸣不平了。（笑）

这件事更加强化了威廉斯女士的信念，她在监控亚历山大参加的活动时"需要特别谨慎"：

> 我们从来都没有过，嗯，像其他家长那样把孩子随便放在一个什么地方就走人。我们总是和他一起参与，直到现在我们早上也是要进到学校里……去看看……当然不是每天都这样，但你知道，就是时常进去看看情况到底怎样。

威廉斯夫妇对儿子在学校的经历大体上还是满意的，但这个学年开始时他们反对过班里（缺乏）种族平衡这一现象。[10] 威廉斯先生汇报说：

> 不知出于什么原因，这一年亚历山大是班上唯一的黑人孩子——这可是个很糟糕的计划，因为五年级总共就两个班……其中一个班有五个（轻声发笑）黑人孩子，而这个班却只有一个。真是滑天下之大稽。我对此提出了极其强烈的反对。

威廉斯夫妇拥有能代表亚历克斯迅速采取行动的优势，因为他们两人都见多识广。他们很赞同学校重视多元文化，但他们仍然继续很警觉地密切注视着学校的课程和儿子的在校经历。这种管控和威廉斯女士小时候她父母对她的管控十分相似。她在南部一座中型城市长大，她上的小学是一所黑人专署学校。她父母的顾虑都集中在教学标准上：

> 他们经常去学校。他们凡事都在场……在教育方面，他们十分

担心我们没有学到该学到的东西。我们的老师很出色。我只记得这些了。

九年级时，威廉斯女士进入一所多族裔合校，她父母的忧虑开始发生转移并逐步增加：

当学校都改成合校时，种族歧视是个更大的忧虑。他们不得不到学校去查看，确定没人拿刀子捅我们，或者揪我们头发；你知道，那些事那时经常发生。很多那种低劣的事情都发生过。

与此相比，在亚历山大的生活中，公然的种族歧视事件很少见，正如他妈妈承认的这样：

那种状况一直很少很少。我是说，我都能屈指可数。我记得……亚历山大上一年级时……学校里有个白人小孩对亚历山大和其他黑人小孩说："你们这些人长大后都只能当收垃圾的。"（她笑了笑）……亚历山大站在那里说："我不明白你在说什么，我爸爸是律师。"（笑）所以，那个孩子话里暗含的意思并没有让他烦扰。

威廉斯夫妇对种族问题的重要性都很敏感，但在教给儿子关于多元文化的最好方法和最佳时间上他们却不总是意见一致。威廉斯先生认为她太太采取的是"保护"方式，并对此略感失望。他更喜欢公开谈论种族问题。他努力"提醒"儿子，但他更希望能以一种不像现在那么"肤浅"的方式去做。威廉斯夫妇似乎还对改进种族关系和种族间社会变革的可能性持有不同观点。威廉斯女士是二人中怀抱希望更大的一个。

与其他人相比，威廉斯女士更少用种族去"解读"特定场景[11]。下面一段对一个事件的描述就展示了这一点。在一家小型个体五金店，面对一次潜在的羞辱性经历，威廉斯女士处理得平心静气，毫无困窘不平之状，与我们派去的年轻非裔男性调研员的反应截然不同：

> （店里人很多，有十多人在排队）……威廉斯女士俯身在柜台旁，手里拿着一支笔，这时［一位比她年长的女］收银员拦住了她。"我们已经不收个人支票了。你有信用卡吗？"我们后面有排队的人，还有更多的人从门外进来。（我以为威廉斯女士会"发火"——搁我我一定会的。）
>
> 威廉斯女士仍然显得很平静……她看着那个女人的眼睛，用一种很自然的声音说："我有信用卡，可我上次来这里买东西时我就是用个人支票付的。"那个女人也用很自然的声音说："是呀，因为是节假日，所以我们想尽量限制收到支票的数量。"
>
> 我们能听到后面有人在清嗓子。威廉斯女士并未在意。（亚历克斯摇摇头说）"妈妈你不能用，你保证过不用信用卡的。"威廉斯女士已经收好了支票本，正在掏着钱包，她从里面拿出一张信用卡。亚历克斯说："咱们去找爸爸吧。"威廉斯女士看着亚历克斯，笑了。她把信用卡放回钱包，对售货员说："你能帮我留一下这个雪橇吗？"……等我们朝门口走去时，柜台后面的女人问道："你马上就回来吗？"威廉斯女士指着外面停的车说："我只是到车里把我先生的信用卡拿来。"威廉斯女士微笑着走了出去……（我都有点生威廉斯女士的气了。那个女人对她如此傲慢，她却没有反应。）

出门时，威廉斯女士与调研人员讨论了种族歧视的可能性，但却从未明确使用"种族歧视"一词：

> 我们走出店门。我问威廉斯女士："你觉得刚才那是怎么回事？

他们为什么不收支票？"威廉斯女士看着街对面威廉斯先生刚刚停车的地方，淡然地说："我不那么想……我能理解她为什么不想收个人支票。我有个朋友［告诉我］有人写了一万五千美元的空头支票给他。"亚历克斯问道："多少？一千五？"威廉斯女士环视四周，目光搜寻着威廉斯先生，"是一万五，比一千五多十倍。"[12]

（在谈话中，威廉斯先生把车停到了店门口。亚历克斯拿到了父亲的一张信用卡。他、他妈妈和调研人员一起回到店里，把钱付了。）[13]

正如调研人员明确提到的，其他人很可能会把收银员的行为视为一种带有种族歧视性质的凌辱。[14]但威廉斯女士却没有。同等重要的是，她还提供了另一种解释来转移儿子的注意力。因此，亚历克斯就认为五金店里发生的事情不过是他在买雪橇的过程中暂时耽误了一下。就像下面一节所示，威廉斯女士在儿子生活的其他方面也像她对种族互动那样倾注了同样谨慎的关注。同样，威廉斯先生也在"发展亚历山大"中扮演了积极主动的角色，虽然他并未给予那么持续不变的保护。

形成中的优越信号

威廉斯夫妇与调研中的一些其他中产阶级家长一样，在与专业人员的互动中显得轻松又健谈。他们希望亚历克斯也能有同样的感觉，因此他们教他如何成为一名见多识广自信果断的"客户"。夏日一个炎热的午后，威廉斯女士把看医生当成一次机会来指导儿子。在开车去医生办公室的路上，调研人员听到威廉斯女士教亚历山大如何在常规检查中自信地面对医生：

车子驶入帕克巷，［威廉斯女士］低声对亚历克斯说："亚历山大，你得想想要问医生什么问题了。你什么都可以问他的。别不好意思，你真的什么都能问。"亚历克斯想了一分钟，"我用了除臭剂腋下就长了几个肿块。""真的吗？你是说用了新的除臭剂后？""是呀。""那你是该问问医生。"

亚历克斯的母亲正在教导儿子，他有权利说出自己的想法（如"别不好意思""你真的什么都能问"）。最重要的是，她在为他示范如何通过提前理清思路做好准备去面对一个处于权威地位的人。在诊所看医生时，母亲和儿子都有机会去激活他们在车中谈话时明确的这些社会地位资源。

医生约莫40岁上下，是个快活的白人男子。他走进检查室，宣布他将从"一些常规问题"开始。当他说到亚历山大的身高在第九十五个百分点时，亚历克斯打断了他。

> 亚历克斯：我在什么？
>
> 医生：这个的意思是说，在包括你在内的一百个男孩子中，你比九十五个小男子汉在10岁时都要高。
>
> 亚历克斯：我还不到10岁。
>
> 医生：他们作图时把你算成了10岁。你有9岁零10个月。他们通常会选最接近的年龄来作图。

中断一个人的权威是优越感的表现。同时也显示了中产阶级教养孩子的优先事宜：打断别人讲话这一缺乏礼貌的行为被忽略了，父母更愿鼓励孩子感到自己作为个体的重要，并肯定他们有权利对大人说出自己的想法和主意。亚历山大更正医生时（"我还不到10岁"）的轻松随意，更进一步表明他很自然地认为自己有权利这样做。最后一个信号是亚历克斯听到医生在电话里教怎样对因眼伤而入院治疗的患儿进行急救后对医生发出的一个明确指令。"可别动我眼皮！"亚历克斯半开玩笑地命令道。

当话锋转到亚历山大的饮食上时，与专业人士交流中这种自如感的价值得到了进一步的强化。威廉斯女士欣然承认，他们并不总是遵从营养方略：

医生：你吃水果和蔬菜吗？

亚历克斯：吃呀。

威廉斯女士（尖声地）：噢……？

医生：我看到不同意见了哦。（笑）

亚历克斯（提高了嗓门）：你每天午餐都给我吃香蕉什么的。昨晚我吃了卷心菜。

医生：你每天都至少会吃一到两种水果和一到两种蔬菜吗？

亚历克斯：是呀。

医生：将将够，是吧？

威廉斯女士：大多数时候他吃得都还算不错。

医生：好吧，我觉得还凑合。

这种诚实是一种资本形式，因为这样他们就给了医生确切的（而非模棱两可、不完整或不正确）的信息。[15] 当威廉斯女士透漏自己对一种药物"停用了"时，社会地位资源再次被激活。医生很和蔼愉快但又清楚明了地建议她要再坚持服用此药一段时间。医生在给威廉斯女士指出一个不同的方向时，把他的回答设计成自己在"赞成这个观点"，而没有直接命令她去执行一个必要的医学举措，从而承认了威廉斯女士拥有相对的权利。反过来，威廉斯女士也接受了他对药效的解释，并表示愿意让儿子坚持服药到建议的时间段结束为止。

亚历克斯和他妈妈一样也在与医生的谈话间进行着这种交换互让。

而且像妈妈一样，亚历山大也在努力"定制"自己和医生在一起的时间。当他提出了事先准备好的问题，问医生自己腋下的那个肿块时，他得到了医生全心的关注，进而也就得到了暗含的承认；这说明他的身体状况是个正当话题，值得在检查中考虑到：

医生：好了，现在我们进入最重要的环节。在做检查前你有什么问题要问吗？

亚历克斯：嗯……只有一个问题。我腋下长了一些肿块，就在这儿［指着腋下］。

医生：下面？

亚历克斯：对。

医生：好的，我需要在做进一步检查时仔细看看。我会看看它们到底是什么，再看看我能怎么治疗。那些肿块是疼还是痒？

亚历克斯：不疼也不痒，只是有这样的肿块。

医生：好的，我会给你治好的。

在结束时，医生转向亚历克斯的妈妈，"您有什么问题或疑虑吗？"威廉斯女士回答说："没有……他表现不错，很有进步。"[16]这句话简洁地捕捉到了她对儿子的看法：儿子是一个进行得很好的项目。这段对话还强调了威廉斯女士与医生之间相对平等的地位——谈话的语调暗示他们是同等的（有孩子作为合理合法的参与者），而不是一段权威人士与下属之间的交流。

在这次与医生的会面中，亚历克斯一次又一次地使用了自己众多的语言技能。在他记得问自己事先准备的问题时，他得到了医生的全面关注，从而把他选择的问题作为了焦点。这样他就成功地转换了权力平衡，把权力从医生那里转到了自己一边。这一转换进行得很平稳。亚历克斯习惯了被人尊重。他被视为是个很特别的人，一个值得得到成年人注意和关心的人。这些都是协作培养策略的关键特征。在检查中亚历山大并没有"炫耀"自己。他的表现和在自己父母面前大致是一样的——他同样轻松自如地说理、磋商、开玩笑。不过就像下一节所解释的,教孩子为自己"定制"情境也有一定的缺点(至少对家长来说是这样)。中产阶级孩子有时会利用他们获得的技能技巧,去为自己设定父母的惩戒方略。

用语言来惩戒

我们发现,中产阶级家庭的孩子经常会利用他们的语言技能跟父母争论。他们不会像工人阶级家庭和贫困家庭的孩子那样默默地听从家长的指令,相反,中产阶级家庭的孩子往往会讨价还价,会用说理来占小便宜。比如,棒球赛结束后威廉斯一家直接去参加学校汇演——亚历克斯要去表演独白。半路上,一家人讨论起了演员在表演前不建议食用的食品。亚历克斯同意演完话剧再吃三明治。当他妈妈让他别再吃炸薯片时,他和妈妈做了个协定,让她允许自己再吃一点儿:

> 亚历克斯拿出一包薯片。威廉斯女士说:"我敢打赌你决不会只吃一片。"亚历克斯一口吃下一片,然后拧上口袋。但他还是改变了主意,又把口袋拧开。他又吃了五片,"你说对了,我没法只吃一片。"威廉斯女士说:"行了,亚历山大,你吃得差不多了。把口袋放到一边吧。"亚历克斯:"再吃最后一片?"威廉斯女士:"好吧,只一片。"于是他又吃了一片,然后合上了口袋。

当亚历克斯不同意父母的说法时,他经常会有条理地反驳他们。有时他还会取胜:

> 亚历山大看着车窗外一片略显贫困的城市社区评论说,过去的

年代更有安全感。他妈妈开玩笑说,有恐龙的时代更危险。亚历山大被惹烦了,他说人和恐龙并不生活在同一个地质年代,并进一步强调说以前更安全。他妈妈喉咙里发出模棱两可的声音。因而亚历克斯又坚持强调说:"过去就是更安全,在发明手枪之前!"他妈妈同意了他的观点。

当他们不愿做父母要他们做的事情时,中产阶级家庭的孩子会用多种战略战术去违抗。在亚历山大打开了所有的生日礼物后,他答应妈妈要求的方式就是这样一个例子:

他打开了最后一份礼物,走到屋子另一头,站在妈妈身旁。他妈妈提醒他:"你该说什么呀?"亚历克斯带着怨气冲着屋子里的每个人大喊道:"谢谢你们!"从他的声音里可以察觉到一丝疏远和厌倦(就像是在说,我妈妈非让我这么做)。

有时,亚历山大只需让自己不在现场就能和他的父母唱反调:

他妈妈把胳膊绕在他的脖子上,然后在他耳边低声说:"去谢谢大家来参加你的生日派对。"她放开了他。但即使有的孩子和家长已经开始道别了,亚历山大却上了楼。

一位[黑人]母亲悄悄和儿子咬了一下耳朵,一手搭在儿子肩上把他带到威廉斯女士面前。男孩看着威廉斯女士的眼睛,以一种单调又严肃的语气说:"谢谢您。"他妈妈在后面也说了句"谢谢"。威廉斯女士说:"哎呀,多谢你们来参加派对哦!我这就把亚历山大叫下来。"她站在走廊里大声朝楼上喊"亚历山大!"亚历山大没有下来。她又喊道:"亚历山大!下来说再见。人家都要走了。"亚历山大还是没有下来。她再一次喊道:"亚历山大!"与此同时，有两家人已经走了。

参加生日派对的有六个男孩（两个黑人，一个亚裔，三个白人）和一个（白人）女孩；他们下午开始在一条有拱廊的商业街玩电子游戏，晚餐是比萨饼，然后有蛋糕和冰激凌，回到家里后还赠送了礼物。时间拖得有点晚了。家长们都在那里等着派对结束，所以当最后一份礼物被打开后，派对很快就结束了。在九十秒内，七个孩子中已有六个跟着父母走了。在很多人道别时，亚历山大仍在楼上没下来。即便如此，他妈妈朝他喊的时候也只是为了提高嗓门让他听到，并不是因为她被激怒或生气。事实上，我们观察到所有的中产阶级父母都会在某个时候因失望而对孩子大声叫喊，但我们并未在威廉斯家看到类似的爆发。我们也从未听到过夫妇俩有谁威胁说要打亚历克斯。相反，他们全都把语言作为对孩子行为的管控机制。

另外，在其他家庭有可能会造成困难或要受到惩罚的问题，在威廉斯家都不会成为问题。比如，在工人阶级家庭和贫困家庭，把图书馆借的书弄丢了就是一个很重大的问题。学年结束时，亚历山大丢了一本图书馆的书。深夜时分（从书店回来后），威廉斯女士、调研人员和亚历山大一起去找那本不知去向的书。亚历山大在别人找书时在一旁转圈玩，甚至有时还趴到他妈妈背上。找过五分钟，威廉斯女士说："我看我还是去买一本吧。"然后就作罢了。她没有责骂亚历山大。同样，不尊重成年人的表现会在其他家庭遭到责罚，而在威廉斯家则只会引得亚历山大的父母发笑。威廉斯夫妇都完全忠实于协作培养这一教育策略。他们看上去对亚历山大的综合发展十分欣喜，他们面对亚历山大用从他们那里学来的技能来挑战他们的权威也感到泰然自若。对他们来说，"发展"亚历山大的收益远远大于代价。总体来讲，在中产阶级家庭，强调用语言惩戒孩子的优-劣平衡看起来并不稳定。在下一节中，我们将会察看其中一些缺陷。

代价与收益

在一个儿童必须接受学校教育的社会，在一个学校优先重视词汇量、知识量和说理能力的社会，像亚历山大这样中产阶级家庭的孩子会积累很多收益，甚至会从他们在日常生活中的语言训练里增益各种形式的"资本"。比如，当威廉斯女士把儿子的注意力转移到一篇杂志文章上时，他就会学到——然后再去分享——新的信息。

在去参加篮球赛的路上，威廉斯女士从车座后的口袋里拿出一本《时代》杂志。她快速浏览了一遍，然后开始细读一篇关于恐龙绝迹理论的文章。她惊呼道："亚历山大——看！一篇关于恐龙的文章。你［可以］写篇关于这篇文章的读书报告。"她把文章递给了他，他开始读起来。大约十分钟后，亚历山大把文章还给了她，并发起了一场关于地球有多大年龄的对话。然后他又开始谈论说，现在人们相信有一些恐龙是哺乳动物。

嵌入这种随意的信息收集和分享是一种重要的额外津贴。这种交流的一部分好处就是，孩子发现自己的看法会受到他人的尊重，他们的思想会被认为是有趣的和重要的。成年人往往会在分享信息时对孩子用心倾听。

中产阶级家庭的孩子还会在放学后得到语法指导：

威廉斯女士问他："你的老师对你说过要练习吗？要知道，你可没怎么练习过。"亚历克斯："我知道。他告诉我要一直练习。我听起来很糟糕。我［此处亚历克斯用了不正规的宾格，Me］和汤姆在写作业的时间里一起练习来的。"威廉斯女士一边开车一边纠正亚历克斯。她并没有责骂他，只是很坚决地说："是汤姆和**我**［主格，

I]，亚历山大。"亚历山大接着就重复了妈妈的话："汤姆和我在写作业的时间里一起练习来的。"

在中产阶级家长教给孩子的全部技能中，汇集证据来支持某种观点是一个重要部分。作为一位律师的儿子，尤其是在和他父亲说话时，亚历克斯就得用证据支持自己的观点，即使在琐碎小事上也是如此，就像下面这段从教堂回家路上的对话所示：

> 亚历克斯和威廉斯先生热烈地讨论着究竟是哪一个变种特工（庞大的绿脸卡通人物）更强大。威廉斯先生激励亚历克斯为自己的观点辩护，他提议其中某个变种特工比另一个更强大。威廉斯先生经常提问说："你的意思是什么？那件事发生在哪一集？你在哪里读到的？"他们强调组织论点和查阅文字资料。亚历克斯用［拿出来读］《奇侠变种特工的秘密》（*Secrets of the Marvel X-Men*）向他爸爸证明，金刚狼的利爪是他身上唯一用"钛合金"制成的部分。

亚历山大放声读书时，他的父母都在倾听。他们像课堂上辛勤工作的老师，记录并评论了他发音上出现的一个错误：

> 威廉斯女士说："再从头读一遍，我觉得你读错了一个音。"亚历克斯重读了一遍，又把那个词读错了。威廉斯女士："那个词读'领'［li:d］就像是在'领导'一词中那样。"威廉斯先生："这是个很有欺骗性的词。你得从上下文中才能看出它究竟怎么读。"

又有一次，也是在一种无伤大雅的情形下，威廉斯先生仍然激励亚历克斯为自己的观点辩护。他注意到儿子这次喜欢的汽车跟上次喜欢的不一样，就让亚历克斯给出理由来解释这一变化：

> 威廉斯先生："这可和你上次说的不一样。你上次说喜欢米埃塔、奔驰、布加迪。你到底喜欢哪一款？"[17]亚历克斯（提高了嗓门）："我没那么说，那三款一直是我最喜欢的。"威廉斯女士（抚慰道）："不用担心，宝贝儿。如果你愿意，你可以改变主意。这是你天赋的权利。"亚历克斯看了一眼他爸爸，高兴地说："这儿可是美国。只要我愿意，我就有权改变主意，这是上天赋予我的权利。"

在我们的实地记录中，中产阶级家庭里孩子与成年人之间的这种唇枪舌剑十分常见。亚历山大和其他同龄同等社会地位的孩子显然还会很自如地给成年人提供信息和建议。比如，一名调研人员汇报了一件亚历克斯哄她滑旱冰的事："你要会滑冰，你就能滑旱冰，"亚历克斯自信地向这个成年人保证。而且与其他中产阶级孩子一样，亚历克斯有时也会开玩笑地去命令父母做事。威廉斯先生叙述了某个傍晚发生的一件事，这天，他本人、威廉斯女士和一位调研人员一起去参加一场学校汇演。在看过一场由亚历山大从头到尾主唱的音乐剧后，（一向认为音乐剧是种"荒谬至极"的娱乐形式的）威廉斯先生说，这场剧冗长无聊，看下来就像四季都更迭轮回了一遍。他笑着告诉调研人员，在头天晚上的表演中，他想"偷偷溜走"，但是恰巧亚历山大在门廊里，把他截了回去。在大家都离开教学楼时，威廉斯先生指着门口附近的那块地方说，他儿子就是在那里逮到他的。

> 威廉斯先生（咯咯地笑着）："我出来后就是想从这里偷偷溜走，亚历山大看到了我，[指着观众席]说：'回到那边去。'"

威廉斯先生说，他后来真的回到了观众席上并看完了整场表演。

在这种情况下，威廉斯先生明显觉得儿子的行为很好玩。然而，中产阶级家长强调使用语言和说理的方法有时也会带来无法让人接受的行为。例如，当父母让孩子遵守规定而自己却不能以身作则时，孩子就会公开指出父母的自相矛盾之处。一天下午，威廉斯女士、亚历克斯和一名调研人员正在一起做杂事，他们偏离了便道，踩到了种花的泥土上，穿过停车场往商店走去。原路拐回时，亚历山大在妈妈阻止他的时候和她争论了起来：

> 亚历克斯跳过花丛上了车。我和他妈妈走台阶。威廉斯女士说："亚历克斯，别从花上跳过去。"他说："为什么不行？我们来的时候就是从泥土上走过去的。"妈妈口气软弱地说："是的，但你从花上跳了过去。这两者是不同的。"

而且，协作培养还会带来家庭角色混乱，尤其是在孩子在家里有多大权力这个问题上。比如，在很短的时间内，亚历山大的父母就可能会把给予他的权力进行剧烈的转换。有时亚历山大被当成成年人对待：他们征求他的意见，让他在家庭决策中拥有"选举权"，他甚至还会命令家长做事。而在另一些时候，他又会被当成一个很小的孩子。下面全家人在教堂等待礼拜时的一幕就是一个例子：

> 亚历山大靠着他爸爸。威廉斯先生拥抱了一下亚历克斯。亚历克斯紧紧地抱着爸爸。[然后]威廉斯先生把亚历克斯藏在了他的夹克衫里，一边哼唱着一边抱着他。[然后]威廉斯女士用……一种母性语言的声调问："亚历山大在哪儿呢？"威廉斯女士去捅仍然躲在爸爸夹克里的亚历克斯。（她问）"我的宝宝在哪里？亚历山大在哪里？"威廉斯女士……叫道："他在这儿呢！我看到我的宝

宝了。"亚历山大在妈妈捅他的时候笑出了声。当祈祷声从圣殿的门里传出来时，亚历山大也从他父母的游戏中解放了出来。[18]

亚历山大显然很喜欢这一刻的嬉戏。而在其他场合，亚历山大及其他中产阶级家庭的孩子都会对家长把他们当小孩子看待作出反抗。他们也会利用自己的语言表达能力来宣称自己应该得到特权，当他们的要求被回绝后，他们还会缠着父母答应他们的要求。[19]

小结

中产阶级家庭的孩子所占据的语言世界，既为他们提供了强大的优势，也让他们付出了某些重大代价。与我们观察的工人阶级家庭和贫困家庭的孩子相比，亚历山大在更有效地参与社会活动，尤其是有成年人参与的社会活动这方面得到了很好的训练。威廉斯夫妇教养孩子的方式给了儿子巨大的词汇量（如"**天赋特权**"和"**抄袭剽窃**"）；给了他各种手段，用以在家里家外为自己"定制"各种情境，来得到最佳利益；给他展现了更广阔的知识天地，让他能对自己喜欢的题目有进一步的了解（如恐龙和摄影试剂）；帮助他学会了用证据来为自己的观点辩护（如为什么他选的变种特工最强大）；还给他提供了更多的技能技巧来捍卫自己的个人偏好（如再多吃一片薯片）。

但是，协作培养很费时间——特别多的时间。亚历克斯的父母为了儿子的各种活动，都把自己的业余时间按照活动的需求来加以分配。威廉斯夫妇还把很多时间和注意力都投入到与亚历克斯的讲话上。他们教他新单词，浏览杂志上的文章以便发现儿子可能会感兴趣的话题，引导他说出自己的观点，向他挑战并要他用事实来支持自己的主张，指出他在自己知性立场上的矛盾之处。从亚历克斯的角度（他看上去似乎很乐意）来说，他也放弃了很多自己的空余时间来参加成年人组织的活动。

亚历山大是个很机敏的小学生，能够吸收父母教给他的所有知识。然而，他的社会地位给他带来的好处却远远不止来源于他父母的言行。亚历山大自己也开始贯彻刚刚学来的那些与社会地位挂钩的利益，从而拓展了自己的机会。具体来说，他已经内化了下面这种观念，认为让别人调整行为来配合他的偏好是正当而合理的；这种观念为他提供了尝试为自己量身定做社会互动的基础，包括那些有成年人参与的互动。

亚历山大是个非裔男孩子这一事实也对他的生活有重要影响。他参加的教会全由黑人组成，并常有机会与其他黑人孩子成为朋友。他父母对他所处的社会环境明察秋毫，正如威廉斯女士所说，他们尽力让儿子与"有教养的"人为伴。

威廉斯夫妇就如何在种族关系上训练孩子有不同意见，但他们都承认种族和民族认同感深刻地影响着他们和儿子的日常生活经历。他们都清楚地意识到亚历山大有可能会因为自己的种族而受到不公正待遇，他们竭尽全力保护儿子远离种族凌辱和其他形式的歧视。但是，种族并未影响到亚历山大家和调研中其他家庭教养孩子的文化逻辑。所有的中产阶级家庭都会同孩子进行广泛的说理、提问、探究观点和倾听回答。

这样的训练帮助亚历山大和其他中产阶级家庭的孩子发展出一种优越感。他们认为自己有权利参与意见，提出特别要求，对他人进行评判，并给成年人提供建议。他们认为自己应该得到注意并受到重视。承认这些优势和权利具有历史的特定性是十分重要的。比如，在美国历史上的殖民时期，孩子的行为受到高度限制；因此，与协作培养有关的策略在那时就不会给人带来任何社会地位上的好处。这种教育策略之所以会在当今美国极其有效，其原因正好在于我们的社会格外褒奖的就是具有说理和协商技能的人所作出的果断自信又有个性的行为。

第七章

语言作为社会生活的工具：
哈罗德·麦卡利斯特

> 我问哈罗德："你的［五年级］老师怎么样啊？"哈罗德言辞激烈地说："她特别坏，还撒谎。"麦卡利斯特女士正在洗碗，她先是静静地听着，而后问道："那个男老师叫什么名字？"哈罗德说："是林赛先生吗？""不是，我说的是另一个。""特里恩先生。"麦卡利斯特女士笑道："就是他，我喜欢他。"

远离喧嚣的街道，在距一个小商业区有几个街区之遥的地方，坐落着下里士满公租房社区。由于通往公租房的路是条死胡同，加之住在这里的大多数人都没有车，这里的往来车辆十分稀少。不小心误入这里的人也很少。这里所有的住户都是非裔美国人，近处的居民也大多如此（公租房与城市有很长的一段接壤，那里住的也全是黑人）。不过，旁边还有一个白人工人阶级社区，步行就可走到。这片公租房区域被视为是一个危险地带，当地的商家，包括比萨饼店，都拒绝给这里送货。

麦卡利斯特一家就住在这里，他们的住所由一排一排两三层高的砖石单元楼组成。在他们的那一边，这座方块形的棕色单元楼共有五个复式单元。楼里每个房间只有一扇很小的窗户，所以里面很黑。有时住户白天还得开灯。外面，每户都有一个用水泥和木栅栏围起的小院子。麦卡利斯特一家的单元前面有一棵高大的落叶树；一到炎热的夏天，就会带来好客的荫凉。楼与楼之间有宽阔的水泥人行道；晚上的时候，每个单元的一角都有泛光灯倾泻下耀眼的灯光。地上很多地方都没有草，光秃秃的，上面散乱着废纸、包装袋和玻璃碴子。

住户们经常一起坐在草地长椅或前面的门阶上，喝着啤酒，聊着天，看着孩子们嬉戏。窗户在夏天通常都是敞着的，以便楼内通风，同时也可以提供一个视角，让居民们俯瞰邻近的地方。

麦卡利斯特一家的两层单元房中，第一层有一个开放型的会客区和一间厨房。客厅家具很简朴，两张青绿色的沙发，一张安乐椅，一个木支架上放着一本打开的圣经。厨房里有一张桌子，桌子不远处有一台洗衣机（没有烘干机）。蟑螂是恒久不变的难题（虽也用过多次杀虫剂），所以食物通常都不会放在外面。冰箱坏了。麦卡利斯特女士向房东抱怨过这事，房东也答应给她换台新的，但在我们调研的三周内新冰箱却是迟迟未到。麦卡利斯特女士只好先凑合着把一部分食物放在隔壁朋友拉蒂法家，另一些则放在装有冰块的冷却箱里。

楼上有四间卧室。有两间可以放下一张双人床，另两间则只能放下单人床。每间屋子都有一张床和一个梳妆台；为了在修建时减少成本，房间里的壁橱都没有门。墙上没有任何装饰。一个房间的窗户上有一台窗式空调；炎热的夏天，楼里也会很热。家里有一个卫生间，三台电视，其中一台在麦卡利斯特女士卧室里。与亚历山大的妈妈不同，麦卡利斯特女士对看电视丝毫不加限制。事实上，她觉得电视很有用。就像她自己所说，"电视成宿地开着，因为我总是整晚开着电视。我就靠它伴我入睡。"麦卡利斯特家以前也装过电话，但因预算有限，哈罗德上四年级的大部分时间家里都没有电话。麦卡利斯特女士从她妹妹拉维娜那里接学校电话，她的邻居拉蒂法也帮她接收消息。

家庭

简·麦卡利斯特女士是一家之主。她33岁，高高的个子，声音洪亮，非常有幽默感。在我们的家访中，她通常都穿着当年在高中当运动员时的T恤和毛边超短裤。她现在靠公共救济生活，但很希望再次找到工作。麦卡利斯特女士有四个孩子。哈罗德（10岁）和他妹妹亚历克西斯（9岁）一直和她住在一起。他们的哥哥伦尼（17岁）和姐姐洛里（16岁）主要住在麦卡利斯特女士的母亲家，坐车到那里只要几分钟。伦尼和洛里平时经常过来，有时候，尤其是周末，他们还会留下来过夜。

麦卡利斯特女士是位很有爱心的姨妈。她让两个侄子朗纳阔（11岁）和盖恩（9岁）住在自己家里。两个孩子的妈妈戴拉是麦卡利斯特女士的姐姐，她最近刚刚失去了自己的寓所，寄住在这里的一位朋友查梅恩家。麦卡利斯特女士得知两个孩子不喜欢他们妈妈的朋友而查梅恩也不欢迎他们后就邀请他们住在她家。他们每周至少要来四天，在这里吃饭，洗澡，跟哈罗德合睡一张床。他们的到来给本就紧张的食品预算带来了更大的压力。

另一个客人是麦卡利斯特女士的双胞胎妹妹吉尔，她吸可卡因上了瘾。她并没有房门钥匙，但有时会偷着翻窗进来，睡在沙发上。吉尔有两个女儿：哈利玛（3岁）和莫尼克（十个月）。去年，在哈罗德上三年级时，吉尔和她的孩子住在麦卡利斯特女士家。后来，吉尔被指控犯有疏忽照顾子女罪，并被剥夺了照顾两个女儿的资格。简和吉尔的妹妹拉维娜（她住在离这里乘车约有十五分钟的一个小单元房里）收养了哈利玛和莫尼克。拉维娜严重残疾，但在与她同宿的男友帮助下，她仍能设法抚养吉尔的孩子。麦卡利斯特女士经常去看望她妹妹拉维娜和她的两个侄女。吉尔只有在他人在场监管的情况下才能去看望她的两个女儿，但她并不常去看她们（例如，她错过了哈利玛的3岁生日派对）。

除了麦卡利斯特女士、孩子们和吉尔，麦卡利斯特家还包括麦卡利斯特女士的同居丈夫基思。基思是位长途卡车司机，经常一出车就好几天不回家。他会在出车间歇回到家里。他会和孩子们（尤其是哈罗德）打篮球，但却并未担起家长的角色。最后，还有哈罗德和亚历克西斯的父亲汉克。汉克与哈罗德的妈妈恋情已逝（他们从未结婚），但他还是经常来看他们。他57岁，比麦卡利斯特女士要年长很多（他的女儿都要比麦卡利斯特女士大）。汉克是个机修工。他下班后会随便来看看，往床上一躺就睡着了。麦卡利斯特女士笑着解释说："汉克会躺在床上。我会前前后后地忙，而他只是躺着。"

有些周末，哈罗德会乘车去城市另一头看汉克。汉克和母亲及两个兄弟住在同一所房子里。晚上留宿通常并不是预先计划好的，哈罗德"就这么过来了"[1]。亚历克西斯不会和哈罗德一起去。但有时汉克的女

麦卡利斯特一家人员概览

成员	年龄	与孩子的关系	住所
简	33	母亲	麦卡利斯特家
伦尼	17	哥哥	祖母家，但经常在麦卡利斯特家留宿
洛	16	姐姐	祖母家，但经常在麦卡利斯特家留宿
哈罗德	10	调研对象	麦卡利斯特家
亚历克西斯	8	妹妹	麦卡利斯特家
戴拉（朗纳阔和盖恩之母）	30多	哈罗德的姨母／简的姐姐	住在同一公租房区域的一位朋友家
朗纳阔	11	表哥	麦卡利斯特家，有时和妈妈住在一起
盖恩	9	表弟	麦卡利斯特家，有时和妈妈住在一起
吉尔（哈利玛和莫尼克之母，被剥夺监护权）	33	哈罗德的姨母／简的双胞胎妹妹	在被逐出之前住在麦卡利斯特家
汉克	57	父亲	在城市的另一头住（和母亲及兄弟一起），但是常来麦卡利斯特家
基思	30多	与简合法同居的丈夫	麦卡利斯特家，但经常跑长途运输而不在家

儿（与亚历克西斯同父异母）会过来带她出去玩。汉克定期贴济一家人，比如，周五晚上给大家买比萨饼。有时为了孩子他还给麦卡利斯特女士钱，尤其是买衣服钱。儿子取得的每个成绩都让他感到骄傲，他还会去参加哈罗德生活中的一些活动（例如，五年级毕业典礼）。但他并不照顾哈罗德每天的生活起居，也不管教他。

上页表中列出了所有住在麦卡利斯特家的人和经常来探访的人。通常都会有七个人在这里留宿，当基思和吉尔都在家时则会有九个人。[2]孩子们在不同的晚上会睡在不同的床上。有时小孩子要靠大人帮忙才能得到一席睡觉的地方：

朗纳阔：嘿，简，我上不到床上。哈罗德正伸开了躺在那儿呢。

简：让哈罗德的屁股往一边挪挪。他都躺横了。把他往那边推推就行了。

与中产阶级家庭不同，在麦卡利斯特家的单元里，不存在清楚而明确的私人空间观念。

家里的经济十分困难。麦卡利斯特女士为哈罗德和亚历克西斯领取"儿童抚养家庭补助"（Aid to Families with Dependent Children），她还有一张供一家人看病的医疗抚恤卡。[3]虽有食品券，但家中食品却时常短缺。孩子们吃东西前都要先得到许可，我们从来没有看到他们自己拿起东西就随便吃。食物一旦拿出来很快就会消失，因为有很多张嘴都在等着吃它们。比如，一个下午，哈罗德和亚历克西斯、朗纳阔和盖恩、邻居家3岁的孙子、我自己和麦卡利斯特女士一边聊天一边吃点心时，一大整盒撒盐饼干和一些果酱在三十分钟内就通通被狼吞虎咽般一扫而光。

遇上特殊日子，有可能有足够的食品。在吉尔女儿哈利玛的生日派对上就有很多热狗、芥末酱、添加人造香料的果汁和奶酪。然而，大多数时候食物都会很缺乏。比如，一个星期五晚上只有两个烤比萨饼，但却必须由麦卡利斯特女士、哈罗德、亚历克西斯、洛里、汉克和吉尔这六个人来分享。当哈罗德想要第二块时，家人就让他去喝苏打水。又一天晚上，每个孩子晚餐都只能吃一个肉丸子、山药罐头和菠菜罐头，都不够再盛第二碗的了。

钱也总是不够。全家人都放弃了像看牙医、买时尚服装和做头发这样的事情，并共同分担其他东西，像交通费用。[4]家里其他人出行时，麦卡利斯特女士的姐姐戴拉会把自己的汽车月票借给他们，有时朋友也会开车送他们出去。在孩子中间，对钱的希求及对钱能带来的物质资源的渴求都很明显。一天早上，伦尼过来时手里拿着几张一美元纸钞，在其他孩子眼前晃着，他们都叫闹起来。他们许愿时的那种渴望也是显而易见。在回答"如果你有一百万你会做什么"时，亚历克西斯说：

> 呵，好家伙！我会给我的哥哥、妹妹、叔叔、姨妈、侄女、侄子，还有我姥爷、姥姥、妈妈、爸爸，还有我的朋友，不是一般朋友，是我最好的朋友——我会给他们所有人买衣服……和运动鞋……我还会买吃的东西，我会给妈妈买吃的，还会给我的哥哥们和妹妹们买生日礼物。

不过，哈罗德和亚历克西斯却不会非要妈妈或爸爸给他们买东西：

> 我们在［一家服装店］前停下来，汉克很仔细［地看着］那里的衣服和价格……哈罗德也看着……哈罗德一副很不想讲话的样子，几乎是有点儿警觉。他让爸爸决定到底要怎样。一路上我从未听到他说"我能买X吗""我能要Y吗"这样的话。我们走过了糖果、录像带、书籍杂志、运动衣、运动书包，他却从未讲过要任何东西。

就像这则实地笔录中所暗示的，在看过那么多工人阶级和中产阶级家庭的孩子时常要父母给他们买东西后，哈罗德对自己的压抑让人十分不安。

但哈罗德也并非就是过着一穷二白的生活。麦卡利斯特女士坚定地履行着满足孩子基本需求的责任，同时，只要有可能，她都会给他们"额外的"东西。例如，调研人员注意到，有时她会给孩子钱去住处附近的商店买一杯苏打水或是一包土豆片。麦卡利斯特女士认为自己是一位很有能力的母亲。与亚历山大的母亲一样，她也希望自己的孩子成功和快乐。她努力在生活中为孩子们提供一种强大积极的影响（与这里其他吸毒成瘾的那些母亲不同），但她眼中父母的角色职责与威廉斯女士的却又截然不同。在麦卡利斯特家，就像在其他工人阶级家庭和贫困家庭中一样，家长的关键职责就是在物质上照顾孩子、给孩子提供衣服和住所、教他们辨别善恶对错、给他们以安慰。在所有这一切中，语言扮演着重要又实用的角色。与威廉斯女士不同，麦卡利斯特女士并不会不断地试图丰富哈罗德的词汇量，不会去培养他的语言（或体育）天赋，也不会力图说服他如何如何去做。当哈罗德抱怨的时候，就像本章开头他抱怨老师"撒谎"，他妈妈只是静静地听着，然后提醒说他也有自己的确喜欢的老师；但与威廉斯女士不同，她并没有让儿子把话题展开。麦卡利斯特女士经常给出简短而清晰的指令，同时她也要求得到快速而尊敬的顺从。哈罗德很少向大人给出的指令提出挑战，他也不会试图同父母理论或磋商。麦卡利斯特女士在孩子与成年人之间划出了分明的界限，但她并未因此而对哈罗德的活动严密管控。他和其他孩子都可以不经她批准就去自由地做游戏，看电视，跟朋友一起玩。在中产阶级家庭孩子的世界里，各种活动常常会代替与亲戚来往的时间，相比之下，对麦卡利斯特一家来说，大家庭的网络联系则起着重要作用。

这种养育子女方式上的不同，尤其是在语言运用上的不同，在家庭内外都影响着孩子的生活。例如，亚历山大在看医生时表现出形成中的优越感，就是通过他运用语言控制医生对他的看法来塑造发展的。亚历山大在成年人面前应对特别自如（以至于他会去随便打断医生）；他去看过足够多次的医生，因而对常规检查十分熟悉；由于他习惯了别人问他问题，也习惯了别人专注地倾听他的回答，他能很流畅地为他人提供信息。哈罗德为了参加圣经营地而到诊所里做体格检查时，情形却是大不相同。对医生和其他专业人员的不信任，对医疗职业及其专用术语的不熟悉，这两点合在一起，让他妈妈一时语塞，也让他感到十分拘束。亚历山大认为是理所当然的语言技能和对话技巧，哈罗德却都没有。他对别人的提问和深究都不熟悉，他也没有向有权威的人提出特殊要求的经验。其结果，就是一种**形成中的局促感**。哈罗德所受到的教养也有很多积极的方面——在同伴面前的轻松自如、在创造游戏和安排自己时间方面的足智多谋、他对待成年人抱有的尊敬态度、他和家人之间深深的亲情——但在社会机构的"真实世界"里，它们几乎都被视为毫无价值。教育工作者、医疗保健专业人员、雇员们和其他人士都接受（并帮助再现）同一种意识形态；在很多其他的能力中，这种意识形态重视说理和协商的技巧、巨大的词汇量、与陌生人交谈和合作时的应对自如，以及时间管理能力——这些都是像亚历山大这样的孩子在日常生活中发展起来的品质。通过仔细审阅哈罗德生活的一些部分，尤其是语言的作用，本章揭示了，在**不同之处**（differences）渐渐被定义为**不足之处**（deficits）时，这些机构制度上的偏好如何演变成为**制度化的不平等**（institutionalized inequality）。

让哈罗德做"朴实的老好哈罗德"：成就自然成长

哈罗德是调研的目标儿童，他在下里士满小学读四年级。他宽宽的肩膀，结实的体格，看上去很有派头，像个崭露头角的橄榄球运动员。下面是亚历克西斯对她哥哥的描述：

哈罗德就是朴实的老好哈罗德。他从来都不会改变。他总是一次又一次地做同样的事。他听广播。他打篮球。他听广播。他看电视。他睡觉。他看电视。他听广播，他看电视，打篮球。他就是朴实的老好哈罗德。他从来不做任何有趣的事情。

在哈罗德看来，"一次又一次地做同样的事"很有趣。他喜欢体育运动，不管是哪一天，他都会很高兴地去打篮球（他尤其喜欢篮球）或是玩橄榄球。他密切关注专业体育比赛。大多数下午，他都要么是在看电视，要么更有可能做的就是在外面打球。和他一起玩的小孩有时多有时少，但与亚历山大不同，哈罗德总能找到玩伴。麦卡利斯特家周围一排排的单元楼里住着四十个上小学的孩子。有这么多孩子住在附近，哈罗德选择了只跟和自己同龄的孩子玩。事实上，他既和比自己大也和比自己小的孩子玩，还和自己的表兄弟一起玩（他们都年龄相仿）。

家庭纽带

与亚历山大和加勒特不同，哈罗德很容易就能和自己的大家庭聚在一起。他的表兄弟朗纳阔和盖恩基本就住在他家，他的几位姨母都住得很近。但是，家庭纽带并不仅仅是相聚方便。那个把哈罗德与他的表兄弟姐妹、他的几位姨母、他的祖母、他的父亲，以及他父亲的亲戚连接起来的纽带，对哈罗德来说至关重要——他们构成了他生活的环境。任何一天他都很可能会和朗纳阔睡一张床，和盖恩玩一个篮球。他会为他的姨母跑腿做事，他会自己坐车去找祖母或父亲的亲戚。

像生日这样特别的日子，哈罗德都是和他的亲戚一起度过的。与中产阶级家庭不同，在麦卡利斯特家，派对所邀请的人并不是学校或课外活动中的朋友。大家庭成员把他们的资源和能量汇总起来，充满热情地庆祝生日。到时候会有生日蛋糕和特别的食品，但礼物却不是生日派对的一部分。与此相似，圣诞节时会有圣诞树和圣诞食品，但却没有圣诞礼物。在这些和其他家庭活动中，当成年人一起娱乐聊天时，年长一些的孩子会主动与较小的孩子一起玩耍并照顾他们。

日常生活的组织安排

有组织的活动是亚历山大和加勒特闲暇时间的支柱，而这些活动在哈罗德的生活中却是根本就不存在。[5] 闲暇时他可以按自己的喜好安排时间。他喜欢同小朋友和亲戚家的孩子一起抛橄榄球；他还组织篮球赛，篮筐就是小区街边电话竿上那个锈迹斑斑、没有球网的铁环。他们享受体育活动的一大障碍就是缺少器械。到处找球是哈罗德闲暇时间的一个常见部分。例如，六月一个湿热的下午，哈罗德、他表弟盖恩和一名调研人员在小区里转了约有一个小时，四处寻找篮球。下午晚些时候，听完音乐和看过棒球卡（baseball cards），哈罗德加入到盖恩和其他孩子当中，打起了由盖恩挑起的水仗。游戏十分热烈，充满了欢笑，孩子们还试图把隔壁的成年人也浇湿了（虽然大人并不愿意）。

哈罗德每天的活动让他有事可做，但与亚历山大和加勒特不同，他从不会因这些活动而感到疲惫。缺乏成年人组织的活动让他可以自由地创造自己的消遣方式，自由地为自己定下步调。他在体育运动上磨炼自己的技能，他在寻找器械和玩伴上足智多谋。他很擅长与比自己大得多或小得多的孩子打交道。但是，哈罗德并未获得那些得到大人认可从而可以为他生成优越感的技能；他也没有获得对与工作相关事务的熟悉感知，而中产阶级家庭的孩子通过参与多项有组织的活动对那些与工作相关的事务则十分熟悉。

哈罗德在外面玩的时候，他的举止与在家中截然不同。在家里，他安静得近于沉闷。他从不大声说话，从不到处乱蹦乱跳，只是偶尔说上几句简短的话，也不爱争论。在外面，尤其是在他运动时，那种在成年人面前常常表现出的恭敬和屈从，就会让位给一个更加活泼、果断自信的自我。（在本章后面描述的篮球赛中，这种变化可以看得十分清楚。）有时若是情绪异常激动或气愤，哈罗德就会有些口吃。他妈妈解释说：

> 他上了三年会话训练课，可他就是说话时不放慢速度。如果他肯放慢速度，然后再讲话——但是如果他在笑或哭的时候，你得等他平静下来才能听懂他究竟要说什么。

哈罗德经常笑而不怎么会哭。麦卡利斯特一家都非常喜欢嬉戏，笑声和玩笑时常萦绕耳边。甚至在我们的研究开始后，他们的幽默感也是显而易见。调研人员问哈罗德周六几点起床。哈罗德说早上7：00，调研人员回答说她会来得比7：00早一点儿，大概6：30过来。朗纳阔最直接的反应就是，"倒霉，他们比耶和华见证会的人还要糟糕！"他的话让所有在场的人都开怀大笑。哈罗德的妈妈尤其滑稽风趣。她经常面无表情（即，不带感情色彩）地说出最可笑的话。比如，在团员野餐上，我到的时候已经来了有两百人。麦卡利斯特女士提醒一位调研人员都有谁已经到了：

> **简**：安妮特在这儿呢。
> **调研人员**（环顾四周）：在哪儿呢？
> **简**：这儿就她一个白人，你还找不到她吗？（笑）

种族的角色

一天晚上我留宿麦卡利斯特女士家，10：00左右我和她走到另一个单元，把戴拉的汽车月票还给戴拉。从人们看到我的表现可以看出，白人出现在这里有多么少见。半路上，麦卡利斯特女士停下来和两个朋友聊天，他们都坐在一辆白色的旧卡车上喝酒。麦卡利斯特女士介绍我说："这是我的朋友安妮特，她要把我儿子写进她的书里。"后来，她对我解释了为什么要这样介绍我：

> **简**：他们看到一个白人和一个黑人一起走，他们会认为你吸毒。（我俩都笑了。）
> **简**：我是当真的。他们会说："要吗？"[要买毒品吗？]
> **调研人员**：我白天四处走动时，他们以为我是公共事业部的人呢。
> **简**：我跟你说了嘛。[6]

在小区外面，哈罗德的世界只多了那么一星半点的白人。周围城区的种族隔离程度"超高"，就像很多美国城市一样。[7]离哈罗德家仅有几分钟的商业区中，店主来自各个不同的种族。哈罗德常到玛丽亚上班的便利店给大人跑腿买东西（有时也会给自己买点零食），店里员工包括白人、亚裔和一些非裔美国人。小区旁边有一个可以步行到达的白人工人阶级居民区，但哈罗德并不会去那里玩。麦卡利斯特女士汇报说，万圣节晚上她和一个朋友带着孩子越过种族界限去那边"要糖果"。他们每年都去同一些人家，"那几家人都认得我们"。有时也会出现各种问题，包括人们看到黑人孩子来了就把灯关掉表示不欢迎。麦卡利斯特女士强压住自己对这种行为的厌恶，只说了句"那些家长都好愚蠢啊"。

在学校里，种族的平衡发生了转变。如前所述，作为一个大型市区的一部分，下里士满区的各个种族都杂居在一起：约有一半学生是白人，大多数老师也是白人。大多数行政管理人员，比如监督学生在校内玩耍的老师和自助餐厅的服务员，也都是白人。有些助理教员是黑人，大多数校车司机都是黑人。哈罗德三年级时的老师是位黑人女教师，今年则是一位白人男教师。

麦卡利斯特女士告诉那位研究开始时与她做访谈的非裔调研人员，她没有见过哈罗德的学校里有任何一个黑人孩子或白人孩子因为种族而受到不公正待遇。麦卡利斯特女士清楚地意识到有些人"表现得很愚蠢"，但与威廉斯女士不同，她没有对种族给孩子人生带来的影响表达自己的忧虑。相反，她大体上强调了正确照顾孩子的重要性，尤其是对"什么都不为孩子做"的成年人表示了不满。

指导自然成长

与威廉斯女士一样，麦卡利斯特女士也坚信家长应该照顾好孩子。但与威廉斯女士不同，她是根据自然成长来定义对孩子的照管。也就是说，她强调父母为孩子提供食物、住所、衣服和良好监督的重要性。麦卡利斯特女士是她所在小区所住单元楼的楼长。在她负责的众多事务中，夏天她要负责管理附近一个消防栓的"喷水帽"；炎炎夏日，小区居民可以用它来喷水降温。只要不摘掉喷水帽，消防栓喷出的水就不会给嬉戏的孩子造成危险。她对小区里其他家长如何使用消防栓十分不满，对那些家长处理其他与孩子有关的活动也很有意见：

> 他们在那边拿着五个消防栓玩。又吵又闹。昨天他们打开了三个喷水帽，水特别冲……这些人什么都不为自己孩子做。他们［孩子们］上午9：00就走了，下午4：00才回来，也不告诉家长他们

上哪儿去了。(摇着头，很厌恶的样子。)

麦卡利斯特女士并不主动干预孩子们的日常生活，但她确实会完成她给自己确定的作为家长应承担的义务。因此，虽然去开家长会要坐公交车，她还是会去的。同样，虽然她自己在医疗工作者面前不很自在，她仍会带哈罗德去医生那里体检，让他能够参加圣经营地。在资金很有限的情况下，她设法给自己的侄子和孩子买到足够的食品。她做晚饭。当孩子参加营地活动需要新衣服时，她安排哈罗德的父亲带他去买衣服。有时她也会和孩子们"一起待着"，看他们打篮球或者和他们开玩笑。

麦卡利斯特女士还强调说，她会和孩子们一起做些特别的事情："夏天我会带他们去野餐，把吃的东西放在小毯子上。"

> 我们总是在情人节那天去［动物园］，因为那天孩子们可以免费进去。我们每年会去四五次，都是在夏天。我喜欢周三晚上去，那时里面的孩子比较少，还不错。

麦卡利斯特女士对照顾好孩子的承诺还体现在一个她不得不做的艰难决定上。她的双胞胎妹妹吉尔因吸毒而妨碍了自己照顾哈利玛和莫尼克的能力，在（调研开始前）和吉尔经过长期的苦苦挣扎之后，麦卡利斯特女士给公共事业部打了电话，举报她妹妹疏忽照管儿童。对此她做了如下解释：

调研人员：谁给公共事业部打的电话？
简：我打的。我对这事烦透了。哈利玛的哮喘犯了，她却连续四个小时都没回来。我真是烦透了。那天我给公共事业部打了六七次电话。我厌烦了让我的孩子们看着他们。伦尼和洛里和哈罗德，还有亚历克西斯和朗纳阔。他们应该有自己的［犹豫了一下］应该有自己的童年。她却甩手一走了之。

孩子们身体上的健康安全对麦卡利斯特女士来说也是至关重要。比如，万圣节她带孩子们到各家去"不给糖就捣蛋"，她限定他们只能吃一小袋糖；他们也不许吃"玉米形糖……蘸了糖的饼干、橘子和苹果"。而且就像本章后面提到的，她还教年龄较小的孩子要远离小区中那些"有问题的"成年人，并责骂十几岁的洛里不该和一些"不三不四"的人来往。对几位调研人员她也同样抱着保护姿态。她曾在偶然间对我说：

我对那个毒贩说："那个人［调研人员］要来研究我儿子。你可别给他添乱，否则我跟你没完。"[8]

麦卡利斯特女士为自己获得高中毕业文凭而骄傲，她把自己的期望传达给孩子们，要求他们每一年级都要升上去，不许留级。亚历克西斯说：

她说，谁要留级谁整个夏天都得挨罚。我惊得眼睛都瞪大了，就像这样［示范了一下］。我怕给她看成绩单。我那次自己没有看就给了她——她说："你没及格。"我吓了一大跳，"给我看看！"然后我看了自己的成绩单，我说："我及格了。"

亚历克西斯还强调了她妈妈的品质：

我们家一点儿也不脏不乱。因为我妈妈，我是说，那次有个男的把酒瓶子扔到了马路上，那个瓶子滚呀滚呀，差点儿把一辆车的轮胎都扎破了。我妈妈让我把碎玻璃踢到马路牙子上。那个男的说："你看她，她正打扫呢，她把碎玻璃都给打扫了。"因为我妈妈就是这么爱干净。

同样，哈罗德也为妈妈掌管消防栓的喷头而骄傲。总的来说，麦卡利斯特女士被家人和邻居视为是一位称职的母亲和好公民。

日常生活中的语言：言词简短朴素

与我们观察的其他贫困家庭和工人阶级家庭一样，麦卡利斯特家的生活并不会围绕着长篇大论的讨论而进行。这些家庭的谈话时间会有差异，但总的来讲，要比中产阶级家庭少得多。[9]句子更简短，用词更朴素，一起商量的次数很少，任何一种像我们在塔林格家和威廉斯家看到的那种文字游戏几乎都不存在。[10]这并不是说贫困家庭和工人阶级家庭认为交谈不重要。麦卡利斯特一家也会谈论他们的亲友，讲笑话，评论电视节目——但他们只是断断续续地说起这些。简短的话插入到令人舒服的沉默中。有时他们会完全绕过言词交流而使用肢体语言：点头、微笑和眼神交流。麦卡利斯特女士讲话时通常都是简单明了、直截了当，她并不试图引导孩子们说话或表达自己的观点。大多数场合，孩子们都可以自由地讲出自己的想法，但她并不明确鼓励他们这样做。总的效果就是，语言成为日常生活中一条实用的渠道，而不是一种培养说理能力的工具，或是一种探究表达思想感情的方式。[11]

在家里，孩子们经常讨论钱的问题。他们浏览报纸上的广告，评论各种物品的价格。他们谈论谁会给他们钱（比如，一个邻居在朗纳阔陪她去银行取款机上取出钱后给了他五美元）。麦卡利斯特一家要对付严重的经济困难，这就让家里所有人对物品的确切价格和哪里能买到便宜货都十分敏感：

> 简递给哈罗德和亚历克西斯每人一袋焦糖玉米，他们很快就打开了。她责怪道："你们干吗把袋子打开？"他们没有回答。不知怎的，他们又说起焦糖玉米的价格来。简说，她是在坡上的加油站买的，那里正在降价——一美元两袋，平时都卖九十美分一袋。[12]

这种断断续续的谈话仅仅是穿插在成年人的指令性话语之间。成年人告诉孩子要去做某些事（例如，洗澡、倒垃圾），而不要去做另一些事（例如，骂人、顶嘴）。麦卡利斯特女士用只有一个单词的指令来协调全家人使用唯一的一个卫生间。单元房里总是至少有四个孩子，平时常常会有七个，再加上麦卡利斯特女士和其他成年人。麦卡利斯特女士指着孩子说"卫生间"并把毛巾递给他/她，她就是这样来安排孩子们洗澡的。被指定的孩子无言地站起身，上卫生间去冲澡。

孩子们通常都会照大人指令行事。即使成年人给了他们很费时间的任务，我们也没有看到过抱怨或抗议，比如，洛里被指定去给戴拉姨妈的朋友查梅恩4岁的女儿编辫子，她花了一个小时才把辫子辫好：

> 有人对洛里说："去［给泰内莎］梳个头，她要去野营。"洛里什么也没说，起身带着小女孩进了里面。她们走到电视边的沙发旁，洛里坐在沙发上，小姑娘坐在地上。［泰内莎］静静地坐了约有一个小时，歪着脑袋，洛里很仔细地给她辫了满头的小辫。

洛里无言的服从十分具有典型性。大体上，孩子们都是毫无意见地去做大人要他们做的事情。例如，一天吃晚饭时，哈罗德抱怨不爱吃菠菜，他妈妈叫他还是要吃完：

> 妈妈（大声）吼他，"吃！把菠菜都吃光！"（没有回音，哈罗德在桌子边磨蹭着。）盖恩和朗纳阔还有亚历克西斯都吃完走了。我和哈罗德一起吃完，他把菠菜吃掉了，但把芋头都剩下了。

也许是因为他们都觉得孩子应该令行禁止，所以成年人常常并不解释他们为什么要求孩子那么做；但是，对指令的解释经常也与指令本身交织在一起：

> 简和朗纳阔在我前面一点走着。我走在他俩中间，但朗纳阔一直不时偏到我这边，挡在我前面。简责备道："朗纳阔！走直了！别挡她路！"他笑了笑，往边上挪了挪，然后说，他的朋友们经常因为他走路不直而揍他。没过一会儿，他又偏到我前面。这一次简生气了，"朗纳阔！别再走偏了！"他看起来吓了一跳（他的眉毛随着瞪大的眼睛扬得老高，脸上露出一个不好意思的微笑）。

朗纳阔并不是有意不服从他的姨母——他只是注意力不集中。而有时违反成年人的指令则是比较故意的抉择。哈罗德态度坚决时就会大声讲出来。他会很简约但很清楚地提出反对意见。在威廉斯家要展开到几分钟或更长时间的讨论，在这里会被很快提出并迅速得到解决，就如下面这个例子所示。在这个例子里，哈罗德、他的爸爸和我一起去为哈罗德购买参加圣经营地所需的物品。

> 哈罗德从最底下的架子上拿起一条普通的蓝色［沙滩毛巾］。他举起毛巾。他爸爸说："你想要一条普通的？"哈罗德点点头。

他爸爸接过毛巾，放进购物篮。接着他爸爸又沿着一条货架间道逛了下去……然后拿起一套桃红色［毛巾］看着，毛巾上有一只白缎的鸭子贴画。他说："这些都有［一套］，但是缺条大毛巾。"（麦卡利斯特先生似乎觉得这套更值。）

哈罗德很坚决地拒绝了那套桃红色毛巾：

> 哈罗德走过去看了一眼［那套毛巾］，坚决地摇了摇头。他说："都是女孩子的颜色。"他爸爸把桃红色毛巾举了起来，暗示哈罗德没有看对，而且应该买这套。他爸爸看了看毛巾又看了看哈罗德，像是在（无声地）温和地抗议，但也在微笑着。哈罗德可是一点也没觉得很搞笑。他又摇了摇头，果断地说："女孩子的颜色。"他爸爸笑了……［但是］看上去不知道下一步该怎样做。他在各处转了转，朝购物篮里看了看，然后又拿起了那条蓝毛巾。［他］打开蓝毛巾，我伸出胳膊，表示要帮他；我们把蓝毛巾全打开了，约有1.5米长。哈罗德摇摇头："太大了。

整个交流过程中，哈罗德说了不到十个词。他爸爸说得稍多一点，但是比起威廉斯夫妇引导亚历山大说出自己观点时会说的话要远远少得多。

哈罗德反对买那套桃红色毛巾，但他实际上并没有跟父亲争论。他只是重申了自己的观点。我们在这个家庭里只看到过一次孩子主动与大人争论的情况。引发争论的话题是食品，这也对当时孩子的坚持和成年人的忍耐起了决定性作用。

> 我们出门坐公交车去拉维娜家给3岁的小表妹过生日时，麦卡利斯特女士一边带着我们过马路一边对所有人嚷道："你们都得在拉维娜家吃得饱饱的，回来后就不会再做饭了。"

晚上10：00全家人都回来了，坐在一起看电视上的篮球季后赛，并准备睡觉。在简的房间里，亚历克西斯背对着门坐在床的正中央，朗纳阔坐在床的一个边上，背靠着墙，两腿平伸。天很热。空调没开。

麦卡利斯特女士宣布都要在拉维娜家吃饱时，朗纳阔并未跟他们那拨人在一起，现在他来要吃的了。请注意，在他姨母认定他听到了去之前的忠告时，他并没有去纠正麦卡利斯特女士。相反，他只是声称自己不喜欢热狗——因此也不吃热狗：

朗纳阔：我能吃点东西吗？

简（吃惊地大声说）：一点吃的？难道我没说过要在拉维娜家吃得越饱越好吗？

朗纳阔：我是吃了可［我不喜欢那些吃的］。

简：这儿没有吃的。我告诉你们了……

朗纳阔：我才不吃热狗呢！

简（生气地说）：你说什么？

朗纳阔：我不喜欢热狗。（高声地替自己辩护）我不吃热狗。你问我妈妈，我不吃热狗。

简（十分生气地大声说）：那你妈妈应该在我们做那些该死的热狗前就告诉我们。我现在告诉你，我是不会给你做饭的，知道了吗？[13]

朗纳阔暂时被亚历克西斯打断了。他俩都（和麦卡利斯特女士一起）坐在单人床上：

朗纳阔（对亚历克西斯）：别挤我！我发誓，你一点儿地方都不给别人留。

麦卡利斯特女士相信她听到亚历克西斯骂脏字了。

简（用报纸猛打了女儿腿一下）：我要打你屁股了，听到没有？

亚历克西斯：妈妈，我没那么说！

简：别跟我耍[滑头]。你能区分对错。现在我要在上边儿这儿[打]你这混蛋的头！

然后，哈罗德的妈妈做了件很少见的事，她问朗纳阔有什么烦心事。由于派对之后她（还有我和哈罗德）是坐公交车回家的，而朗纳阔和亚历克西斯还有其他人都是有人开车送回来的，她想知道是不是车上发生了什么不愉快事：

简：朗纳阔，车上发生什么事儿了？车上到底怎么了？在拉维娜家有什么事儿吗？

朗纳阔：（咕哝着）没事儿。

简：那你干吗这种态度？

朗纳阔：她[亚历克西斯]总烦我。

简：朗纳阔，你让每个人都心烦，可是从未有人对你这么说过。

（短暂的沉默，电视上的篮球赛还在继续。）

简[对在场每个人说]：我是不是在出门前就跟你们说来着[要吃饱]？

亚历克西斯：对。

按麦卡利斯特家的标准，这段交流有好几处都很不寻常。对话很长，又包括孩子向大人挑战（虽然是间接的），而且还记录下了哈罗德的妈妈有意从一个小孩那里寻求信息。

在麦卡利斯特女士使用指令来保护和训练孩子时，依照中产阶级的标准来看，她的方式可谓粗简无礼。比如，在她警告亚历克西斯和朗纳阔不要搭理小区里那些有问题的人时，她的言辞简短直接，但却并非不友善：

简：谁？里普？里普是个酒鬼。我告诉过［你们］里普的事。（过了一会儿）他今天3：00前就喝醉了。

亚历克西斯：他开吉普车。他开车把杰罗姆送来了。

朗纳阔：他怎么你了？

亚历克西斯：他冲我说脏话。

简：我来告诉你们里普是怎么回事吧。（嚷道）不要搭理他，好吗！他就是有问题。

无论是我们观察到的相对有限的言谈，还是麦卡利斯特女士总会嚷嚷或出语生硬，都不能说明家庭成员之间的情感联络变得紧张了或是受到了妨碍。如果说有什么区别的话，在我们看来，麦卡利斯特家大人和孩子之间未曾说出的感情常常比像塔林格家这样话多的家庭更显而易见。下面的例子可以让我们感受到麦卡利斯特一家是多么擅长——又是多么习惯——无言的交流：

哈罗德左手拿着一个盛着热狗和薯片的纸盘，右手拿着一听苏打水。他想用右手打开那听水。突然，他的手滑了一下，苏打水从罐里跳出来，［洒］到了他的手上和凳子上。他妈妈就站在几尺外，捕捉到了他的眼神。他们都笑了，笑他在打苏打水时手不协调地滑到了一边。那是一种友善温暖的笑，是在和气地取笑他的手扭成那样。然后他妈妈就把东西拿到了烤架上，哈罗德也把手上的水甩掉了。

麦卡利斯特一家人都喜欢开玩笑，尤其是麦卡利斯特女士，她似乎更是对任何有可能幽默一把的场合都很敏感。然而，成年人与孩子之间的界限依然界定得十分清晰并保持得十分严谨。尊重长者比什么都重要。孩子们自觉地用尊称来称呼成年人，尤其是成年女性，说拉法蒂小姐或简小姐。此外，麦卡利斯特女士还不许孩子们骂脏话。[14]

讲圈内话：同龄人之间使用的语言

跟贫困（及工人阶级）家庭成年人与孩子间充满指令的互动不同，同龄人之间使用的语言大都自由畅快。很多情况下，当孩子们自己玩耍时，他们会互相用善意的玩笑来叫板；尤其是男孩子，都喜欢对人吹牛。在篮球场上，哈罗德会一扫平时沉静的气质。他整个人（包括他的语言）看上去都变了。哈罗德是个有才华的球员，他既有惊人的速度（对他这么一个大块头来说），又有惊人的攻击性（相对于他在家里的表现而言）。

哈罗德判定贾拉德"二运"［二次运球］了。贾拉德一边把球抛给哈罗德一边抗议。（如果你判定对方二次运球，你就能得到球。）贾拉德（生气地说）："你这家伙，我没有二——小气鬼，你这瞎了眼的臭大粪！"哈罗德停住拍球，走到贾拉德面前（嚷道）："你就是二次了，嘿！就像这样。"（哈罗德开始运球；他旋转了一下，做了个假动作，然后做了一个很夸张的二次运球。）"我看到你这样了！"他也没有问其他孩子对此有什么看法，他们也什么都没说。哈罗德得到了球，然后又跑到场内开始玩了。（通常一有人犯规，他们就会从头玩起。这一次却不同，哈罗德得到了球。）哈罗德被判犯规,"走步。"(他由于带球走步而犯了规。)哈罗德(抗议道):"我走步?小气鬼,你疯了吗!看你能不能拿到球——我要再来一次。我可没用骗术。"哈罗德把球留下了。没有人提出抗议。

与中产阶级家庭的孩子相比,哈罗德和他的朋友们有更多自由,不受成年人限制。大人经常不在身边,当他们在场时,他们通常也不会干预孩子们之间的互动。比如,这一点在调研人员描述哈罗德和他的(法定)继父时表现得十分清楚;一天下午,基思和哈罗德一起玩投篮:

> 哈罗德和基思都很放松。他俩都不是非得抢下篮板不可,也不是特别想表现自己运球的技巧。哈罗德投中不少球。基思就没这么老练。

在这种随意的投篮继续进行时,约有十个少年加入进来,他们的年龄从 7 岁到 15 岁不等。

> 其他这些人一来(他们好像都是一起到的),球赛的步调就变了,变得更加炫耀技巧也更有竞争性。这并不是真正的比赛(没人计分),但却执行了明确的攻防策略。比如,哈罗德多次叫他的朋友们"来抢球啊",这就起到了一个邀请竞争的作用……他们都[试图]阻止哈罗德投球入篮。哈罗德打篮球极有才华。

哈罗德通过引入第二个挑战来提高游戏的竞争性:

> 哈罗德提出挑战:"过来呀,好让我打断你们的脚踝。"[15] 这个挑战是对所有敢应战的人发出的,不论老小。那个[之前加入进来

的］上了年纪的人，为了帮哈罗德找到接受挑战的人，大声叫着："贾拉德——出来给我们显显身手。别让他把你的勇气都扫光了。"（注意这句话里的文化潜台词，他在暗示，一个人要想被大家接受就必须强悍或是有男子气。）贾拉德回击说（同时对哈罗德摇旗示威——就是，挥起胳膊做击打状，这通常会被理解为一个贬损的手势）："哈罗德对我一点威胁都没有。"他走到哈罗德跟前堵住了他（摆出一副防御架势——直对着哈罗德，伸着胳膊蹲伏下来）。他的眼睛从哈罗德的眼睛上移到了球上。

随着逗秀的展开，球场上另一拨打篮球的人们也都逐渐停了下来，走过来看他俩打球。

所有的目光都集中在哈罗德和贾拉德身上。哈罗德兴奋起来，（用力地拍着球）企图威慑贾拉德，"你准备好让我打断你的脚踝了吗？看这个，你们都看着。"（每个人已经都在看着了。）

哈罗德一点预警都没有就径直冲向球篮。贾拉德朝球猛击。哈罗德逗惹他说："你想让我把球给你送上门儿来吗，小牛犊儿？"[16]……贾拉德无论在哪里击球，球都已经不在那里了……显然，贾拉德根本不是哈罗德的对手。基思和另外那个年长的男子相视而笑。现在哈罗德在离球篮有 1.2 米的地方。他在两腿之间运着球，然后［驱球］在自己脖子上绕了一圈，身体又旋转了一圈，带球跑了两步，然后发力投球。他没有投中。

虽然球没投中，但哈罗德仍然得到了各种赞扬和赏识。[17]这些赞誉都洋溢在他们的微笑中，他们庆功的击掌上和各种评论上，比如说，"妈的——你看他有多棒！""贾拉德这个废物——这小子就不会打球。"……哈罗德炫耀道："就是！怎么样吧？你们这帮人都不是我的个儿！我把那小子给揍了——年轻人技术就是好！"

哈罗德技术的确是好——除了运球、传球和投篮都很棒，他还很擅长战略部署；他足智多谋又有创造力；他对比赛规则十分熟悉；他还知道什么时候去挑战、什么时候去嘲弄。总之，在球场上他很淡定很自信。在这里，他讲的话都很多很详细，加了很多华丽的润色。但在与老师和家长互动时，他的言谈交流却是另一种不同的形式。再有，他的这些才华在这个环境中十分重要，但却不像中产阶级家庭孩子在有组织的活动中学到的技能那样，那么容易转化到教职人员、雇主或医护专业人士的世界中去。在球场外，在成年人面前，哈罗德又变回到"朴实的老好哈罗德"，不大强悍有力，更恭顺，也更安静。

管教用语：指令和威胁

不管大人的指令是去洗澡、倒垃圾、给另一个孩子辫小辫还是吃青菜，贫困家庭和工人阶级家庭中的孩子大都会及时而沉默地去执行。这种沉默和执行也常常是他们对口头管教的反应，甚至是在言词管教中夹带着体罚的威胁时也是如此。在下面这个例子里，亚历克西斯受到姨母拉维娜的责骂。她并没有为自己辩驳。事实上，她只作出了一次直接回答——一个无言的点头——当她姨母看起来是要求她回答时。在这一场景中，亚历克西斯就站在拉维娜厨房里的桌子旁，双手放在一把木椅上。拉维娜则站在同一张桌子的另一端，她没有和亚历克西斯的妈妈商量就训斥孩子并下达了最后通牒。显然她很生气，亚历克西斯则感到很羞愧：

　　拉维娜：嘿，孩子，听说你今天在学校表现不好。
　　（朗纳阔说了点什么，嘲笑亚历克西斯犯了错。）
　　拉维娜：闭嘴，朗纳阔。
　　拉维娜（又转向亚历克西斯）：到底怎么了？你显然有问题；

你在课堂上蹦蹦跳跳，耍来耍去，是吧？

（亚历克西斯既没抬头也没回答。）

拉维娜：我们是不是早就讲过这个问题？

（亚历克西斯没有回答。）

拉维娜：你知道，亚历克西斯，行为表现很重要。如果你在校表现不好，在小学就不好，那你长大后表现会怎样？参加工作后表现又会怎样？嗯？

（亚历克西斯没有回答。）

拉维娜（对着朗纳阔，然后又转向亚历克西斯）：我都和你们说了两个月了……你们总给我同样的老借口。你为什么不好好表现呢？

（房间里一片沉默。拉维娜盯着亚历克西斯。亚历克西斯盯着椅子出神。）

拉维娜（重复自己的话）：我真的真的不耐烦了。你为什么不好好表现呢？

（亚历克西斯还是没说话。朗纳阔进来在他的人工香料果汁里放了点糖又出去了。）

拉维娜：再有几天这个学年就结束了。别再让我听到你表现不好了，好吗？

（亚历克西斯点了点头。）

拉维娜：我真的不想打你屁股，那可是我最后一招儿。

在斥责中，就像在其他大人和孩子之间的交流中一样，大人讲话、孩子听着。和中产阶级孩子不同，这些孩子不会用探查口风、争辩和质问成年人这些手段来考验大人的极限。这种管教方式一个意料之外的后果就是，工人阶级家庭和贫困家庭的孩子往往没有发展出与中产阶级家庭孩子同样多的语言技能。他们没有机会练习与成年人协商事务，没有人让他们作总结或提出自己的想法、观点和借口。不对成年人提出质疑的习惯也意味着这些家庭的孩子们不太能学到新的词汇。

体罚

当拉维娜用威胁要"打"亚历克西斯的屁股来支持自己的指令时，她使用了在我们看到的工人阶级家庭和贫困家庭成年人中常见的策略。麦卡利斯特女士也使用类似的行动方针，尤其是在孩子们做的坏事让她生气时。就连16岁的洛里也不能幸免：

> 简生气了。（简走到洛里跟前，径直站在她面前大声嚷道）："你最好别再让我看到那些坏孩子的车停在坡下面，不然的话，我就朝上一拳［猛击］正中你的脑袋瓜，我说话算话。"

和她的妹妹拉维娜一样，麦卡利斯特女士也把体罚视为对任何在她照料下的孩子采取的一种有益又恰当的方法。在适当的情况下，她会毫不犹豫地去管教她的侄子，就像这次团圆野餐上发生的一样：

> 盖恩坐在长凳上哭着。（音乐声太响了）我就站在他旁边却没听到他的哭声。但我看到眼泪从他脸上一条条地流过。简走过的时候，她探身（到）朗纳阔坐的地方，给了朗纳阔胸脯一拳，对他嚷道（我能听到她嚷）："不要打盖恩！"

事实上，体罚在家中用得很勤，以至于孩子们对哪个大人更严厉会展开生动的讨论。一天吃晚饭的时候，孩子们围坐在桌边，麦卡利斯特女士在客厅里转悠着。一开始孩子们讨论的焦点是一位姨妈身着喇叭裤和木底鞋的照片，后来就演变成了对各种体罚的比较：

简说她不喜欢木底鞋,因为姥姥以前经常用鞋底"敲"她脑瓜门儿,总会在上边留下个印儿。盖恩问姥姥和姥爷谁更[凶]。这个问题引出了一场生动的讨论,描述了祖父母使用的各种打孩子的方法。盖恩和朗纳阔还有哈罗德和亚历克西斯都在交换意见并相互争论。简大部分时间都在听。(她从来不反对孩子或者为大人辩解。)孩子们谈到额头上和其他身体部位留下被打的痕迹。

就像这个关于隔辈人如何责罚孩子的讨论所暗示的,体罚是孩子们日常生活中一个常见的特征。麦卡利斯特女士也用武力对峙和以武力对峙来威胁的方法作为解决自己个人生活中各种严峻冲突的机制。一天傍晚(哈罗德离家去营地的头天晚上),她再也不能忍受自己的双胞胎妹妹吉尔了。她发现她妹妹把汉克给哈罗德买的衣服成包地卖掉。吉尔还剪断了空调的插线,所以空调现在也不制冷了。麦卡利斯特女士愤怒到了极点,公开指责了她妹妹。洛里、哈罗德、亚历克西斯和调研人员自始至终都在现场;伦尼在半道才过来。实地笔录捕捉到了当时不断升级的紧张局面和缺乏克制的暴力:

(简和吉尔在楼下大吵大闹了约有十分钟):

简:你这个臭婊子!你偷了哈罗德的衣服,是吧?

吉尔:你闭嘴,简。

简:在这儿除了你没人偷我孩子衣服!我要揍扁你这蠢蛋的脑袋瓜!

吉尔:我他妈才没偷你的东西呢!别他妈指责我!

简:……我讨厌死你他妈玩这种花招儿了。我要去找一根棍子,你最好给我滚远点儿,别等我把你揍扁了!

吉尔:没人敢他妈的赶我出门!

在这当中，亚历克西斯在卫生间喊道她要卫生纸。麦卡利斯特女士上邻居家借了一卷卫生纸。她回来时手里拿着一根大木棒。

简：我现在就找到了一根木棒！你他妈听见没有？！
（吉尔没有回答。）
简（嚷道）：你他妈给我滚！……

简在找［哈罗德的衣服］时出现了短暂的平静。洛里回头对我（我听到洛里房间里的叫嚷声就慢慢从楼上走下来，现在正背靠着客厅里的扶栏站着）说："她［吉尔］真一点理都没有。"她低着头说，看上去很难过，一副要哭的样子。亚历克西斯站在楼梯第二个台阶上对我说："她们老这样。就是有一点，她们让我很害怕。"[18]她看上去很伤心。

小区住户十分密集，邻居们都听到了她们在吵架，一小群人在外面聚集起来。基思回到家后冲突更加激化。他和吉尔扭打在一起，发出很大的声响，但这时调研人员和孩子们都已避到了篮球场。他们过了一会儿才回去，按照麦卡利斯特女士的指令清扫了碎玻璃，并把损坏的家具挪到了街上。[19]

这一系列事件对身陷其中的每个人来说都很痛苦。麦卡利斯特女士为调研人员看到这一幕而感到很尴尬。她知道这是一次令人恐惧的经历，并希望事情原本是可以避免的。[20]但在几天后她向我解释说她觉得自己别无选择。如果她想给孩子们一个"家"，而不只是一个"房子"，她就不能允许她妹妹留在这里。

我问她："她会搬走吗？"她坚决地说："她得搬走。""你鼓了很大的勇气才做的这个决定。""这是一处房子，但它必须得是一个家。"

我说："她会到哪里去住呢？"她摇摇头（表示自己不知道）。

她说:"她在家的时候,孩子们都不愿回家。"她问我:"你注意到这个了吗?"我慢慢地点了点头。她说:"我得让这里成为一个家,而不只是一个住处。"

形成中的局促感

麦卡利斯特一家与其他贫困家庭和工人阶级家庭一样,对在统治机构中处于权威地位的人表现出警觉有时则是不信任的态度。这种处理方式造成了其家庭成员与组织机构代表人之间的互动,跟中产阶级家庭所经历的截然不同。

比如,在一次家长会上,麦卡利斯特女士(她高中毕业)显得很屈从柔顺。她在家里那种合群又外向的天性在这种场合下都隐没了。她弓着背坐在椅子上,夹克衫的拉锁拉得严严实实。她很安静。当老师说哈罗德没交作业时,麦卡利斯特女士大吃一惊,但她却只说了句"他在家里做作业了"。她既没有追问老师这究竟是怎么回事,也没有替哈罗德说话。在她看来,管教她的儿子是老师的责任范畴。那是他们的工作职责,而不是她的。因此,当孩子抱怨老师时,她并不询问详情。哈罗德形容他的新(五年级)老师"很坏",引得他妈妈想起了另一个更招人喜欢的老师——但却并没有引出她任何其他反应。

同样,麦卡利斯特女士为了让儿子参加圣经营地而带他去诊所体检,他们在诊所的经历也和威廉斯一家的经历形成了鲜明对比。在这里,通常很喧闹的麦卡利斯特女士也十分安静,说话声音很小,有时都很难听清她在讲什么。她回答医生的问题都很困难。有时她还不太明白医生说的意思(例如,她问:"破伤风针是什么?");另一些时候,她的言辞又很含糊:

医生:他每天都吃些什么——鱼,肉,还是鸡蛋?

简（她的回答声音很低又很微弱）：是。

医生（试图进行眼神交流但没成功，因为简正盯着检查表）：黄色的蔬菜？

简（仍然没有眼神交流，朝下看着）：对。

医生：绿色的蔬菜？

简（看着医生）：不总吃。[21]

医生：不常吃。那水果和果汁呢？

简（声音很低，没有眼神交流，眼睛盯着医生在体检表上填写的潦草字迹）：嗯，嗯。

医生：他每天喝牛奶吗？

简（很唐突地忽然用很大的声音）：喝。

医生：麦片粥，面包，大米，土豆，或者类似的东西？

简（摇摇头，看着医生）：有，当然也吃。

哈罗德也很缄默。医生问他："你上几年级了？"他用很安静很低的声音说："四年级。"但当话题转到体育运动上时，他的声音就会变得大一些。他变得自信又热情。哈罗德宣布说他在橄榄球赛中能打**所有**位置，当医生对此表现出惊讶和难以置信之态时，哈罗德坚持说他可以。当医生想通过列举位置（"后卫？前锋？"）来澄清时，他打断了医生，重复道："所有位置。"

在诊所里麦卡利斯特女士也并不总是被动屈从的。比如，医生到候诊室来喊他们的名字时，她招呼朗纳阔一起过来，但只是在招呼之后才想起来问医生能否让她侄子也一起跟着。麦卡利斯特女士还要求医生检查哈罗德的听力和体重。她并不满足于单纯地去信任医生，遂让朗纳阔到走廊那边去看看他们有没有给哈罗德量体重并回来向她汇报测量结果。

麦卡利斯特女士跟医生的互动，与威廉斯女士跟医生的互动有着重要的区别。哈罗德和他妈妈都没有亚历山大那么自在,亚历山大在家里就习惯了长篇大论的对话。和他们两个不同,亚历山大在回答问题和提出问题两方面都很轻松自如。哈罗德在家里习惯了听令行事,所以他回答了医生提出的问题,但自己却没有问任何问题。与威廉斯女士不同,麦卡利斯特女士既没有训练儿子在权威人士面前表现出自信,也没有帮儿子准备见到医生后要说什么。最后,这两家人对医生怀有的信任度也不同。由于信任度不同,加上他们透露给医生的信息在数量和质量上也有区别,就有可能给其中的一家带来不平等的受益;在当前这一历史时刻,专业人士确定的恰当的教子方法就包括培养孩子的果敢自信,被动服从则遭到唾弃,被认为是不恰当的。[22]

讨论

哈罗德及其他贫困家庭和工人阶级家庭孩子的语言世界,既为他们提供了一些重要优势,也让他们付出了一些代价。与我们观察的中产阶级家庭的孩子相比,哈罗德对家里的成年人更加尊重。在这种环境下,大人与孩子之间界限分明。成年人觉得自己可以轻松自如地给孩子下达指令,孩子也会马上遵从照办。成年人下达的一些指令是以孩子对家中其他人的义务为中心("别打盖恩"或者"给她辫野营去的小辫")。[23]这样做的一个结果就是,比起我们在中产阶级家庭观察到的手足关系来,哈罗德对他妹妹(和他的表兄弟姐妹)要好得多。全家聚会时他会主动照顾自己16个月大的侄女。总之,大人跟孩子讲话时间不多;但就像在为去夏令营买毛巾那次一样,讲出来的字数虽然不多("女孩子的颜色"),却并不影响个人清楚地传达自己的愿望。在哈罗德的生活中,指令的使用和默默遵从指令的模式也并非一成不变。在和同龄人互动时,比如在篮球场上,哈罗德讲话的方式就和在家里时截然不同,他的语言复杂详尽又丰富多彩。然而,与我们在亚历山大家的语言互动相比,贫困家庭和工人阶级家庭中成年人与孩子之间的语言互动有着显著的差别。麦卡利斯特女士拥有孩子没有的优势,她无须每次都去证明自己的决定是正当的就可以对孩子下达指令。这就使得教养孩子不再那么累人。

另一个优势则是,对自己在日常生活中的很多重要决定,哈罗德比中产阶级家庭的孩子更有自治权。作为一个孩子,他掌控着自己闲暇时间的日程安排。他的篮球比赛都是即兴的,这让他从中发展了重要的技能和才干。他很足智多谋,看上去也没有10岁的亚历山大那样疲累。他还有重要的社会能力,包括他能巧妙自如地应付"在街上混的规矩"[24]。在他妈妈让孩子们一定要牢记"别搭理"那些人时,他也在自己从小受到的训练中强化了这些技能。而那些"不要去搭理"的人也包括哈罗德和亚历克西斯要应对的一些住在附近的酒鬼和毒贩。

尽管如此,在学校、医院和其他组织机构场景的世界里,这些宝贵技能却无法像亚历山大和其他中产阶级孩子家中强调的说理能力那样被转化为同样的优势。和亚历山大相比,哈罗德并没有积累起巨大的词汇量,没有与日俱增的科学知识和政治见识,没有一套可以帮他去"定制"家庭以外各种境遇的工具来让他最大限度地获利,也没有人教他如何找寻证据来为自己的论点辩护。他对词汇的了解会在学术能力评估测试(SAT)这样的考试中显示出不足,说明语言能力没有在家中得到着重强调。他在学校里试图(用打架来)保护自己表兄弟的做法给他带来了停学的危险。他家中人与人之间有着很紧密的纽带,但他们在讲话时却不像塔林格家那样注视对方眼睛。在日后求职的场景中,哈罗德一家的密切关系就有可能无法像训练孩子保持眼神交流的家庭那样,帮他把学到的技能转化成同等价值的优势。在这些方面,麦卡利斯特一家生活的内在价值观或者在家里使用指令性语言,**并不**与这些优势的缺乏相关联。事实上,我们可以论证,养育恭敬有礼、不抱怨、不激怒或纠缠父母的孩子,是一个非常值得赞美的儿童教养目标。我们也可以进一步论证,与亲戚之间维持深长而持久的纽带关系也十分重要。[25]更确切地说，是组织机构运转的具体方式，造成了把优势传送给中产阶级家庭孩子这一结果。在其自身标准中，这些组织机构允许甚至是要求家长积极地参与到协作培养中来。与此同时，通过这种方法，中产阶级家庭的孩子经常会获得一种优势，就像我们在下一章中将要看到的斯泰西·马歇尔的经历那样。

第三部分
家庭和教育机构

孩子们不会只生活在家庭中。他们还会走出家门进入社会。法律规定他们必须上学,学校是他们生活中一个强大的机构。正如我在前面展示的那样,很多孩子的生活都是有组织的,充斥着成年人组办的各种活动;另一些孩子的生活节奏则比较缓慢,他们和表兄弟姐妹在一起,看电视,或者在外面玩。当孩子们从家庭环境的雷达屏幕上移开时,家长对他们的爱和关注并不会因社会地位的不同而有任何区别。就像接下来几章中将要描述的,工人阶级家庭和贫困家庭的母亲经常会焦虑地注视着孩子的状况,因为从一年级到四年级温迪·德赖弗都在学习阅读上有困难。同样,马歇尔女士也把自己的注意力集中在了女儿对校车司机"阿特"的抱怨上。

尽管如此，社会地位还是造成了父母（主要是母亲）在如何处理孩子对组织机构的抱怨上有所不同。中产阶级家庭的母亲往往都会采取干涉主义方式，果断自信地对一些状况进行干涉。家长的干涉有时会成功，有时则不会。但在这一过程中，他们直接教会了孩子怎样"不因被拒绝就轻易放弃"，也教会了他们怎样给组织机构中掌权的人施加压力以敦促他们照顾到自己的需求。相比之下，工人阶级家庭和贫困家庭父母往往会期待教育工作者及其他教职员工承担起领导的角色。其实，这种顺从并不是他们对自己生活中其他关键性服务人员所抱有的态度。比如，德赖弗女士认为自己是"急脾气"，并会对房东不合乎常理的规定火冒三丈，但在学校这一场景下她却要被动得多。由于学校是围绕着协作培养的系统而设计的，老师们也期待家长在孩子的学业中担负起领导角色，因此像德赖弗女士这样顺从的家长，在培养孩子在学校教育中获得成功这方面就很有问题。

虽然如此，但文化资源却并不会自动带来益处。中产阶级白人母亲汉德隆女士在学业上尽力帮助女儿梅勒妮，但在家里她的干预却很困难，在学校的效果也很值得怀疑。此外，超越个体的性格，放眼审视社会模式和社会结构也十分重要。学校可谓是友善之地，但若校方怀疑家长虐待孩子或是疏于照顾，就必须依法把家长交给有关部门处理。在这个角色中，学校又是政府的武器。就像我展示过的那样，工人阶级家庭和贫困家庭父母很少会把言词说理作为责罚孩子的方式。相反，很多人都会使用体罚。正如我将要在小比利·扬内利的个案中所展示的，在家中用皮带责罚孩子明显与学校采取的责罚模式有冲突。加之小比利的父母相信小比利一定要在操场上用武力来自卫，这也与校方规定相冲突。结果，小比利的家长时而对抗挑衅，时而恐惧害怕，时而又感到无能为力。当他们觉得有必要时，他们就鼓励小比利去打架，而且他们在觉得有必要时还会在家里用皮带抽小比利。但在他们的生活中，他们与其他工人阶级家庭和贫困家庭都潜存着一种焦虑："校方"会突然告发他们虐待孩子并"来把我的孩子带走"。通过与学校官员的标准达成一致，协作培养作为教养孩子的文化逻辑为中产阶级家庭父母及其子女提供了重要的大多数时候都是无形的受益；这些受益是工人阶级家庭和贫困家庭父母及其子女所无法获得的。

第八章

组织机构内的协作培养：斯泰西·马歇尔

> 体操课的第一天，斯泰西以前做的每一个动作[忽然都不对了]，就连她做一个技巧动作，那个老师都会说"把你的脚转到这一边"……"你的手姿要这样摆。"没有一个动作是很棒很棒的，或者说没有一个动作是对的。她[体操老师蒂娜]非得改变所有[斯泰西做的]动作不可。于是我就走到她跟前问……"出了什么问题吗？"
> —— 与马歇尔女士面谈的摘录

每个家庭都会与很多不同的组织机构发生互动。对中产阶级家庭的母亲来说，家庭与组织机构之间的界限是流动的；母亲们在这条界限的两边来回穿越，从中调解孩子们的生活。当一位非裔中产阶级家庭的母亲马歇尔女士看到她10岁的女儿斯泰西在某个私立体操班上了第一堂课后有多么不愉快时，她毫不犹豫地站出来进行了干预。几乎是天衣无缝般，女儿的问题就成了妈妈的问题。马歇尔女士坚信她作为母亲的职责就是确保女儿的活动能为女儿提供契机以拥有积极正面、能实现自我价值的经历。和我们观察到的其他中产阶级家庭的母亲一样，马歇尔女士扮演着守护天使的角色，悬浮在孩子之上，密切监测着他们的生活，永远都做好了飞扑下去在组织机构场景下进行干预的准备，不论是教室、医务室还是日托营地。有时候，她的行为也会让她的孩子们感到难为情；但在其他时候，她的孩子们则非常欢迎母亲作出的努力。

中产阶级家庭的父母代表孩子对组织机构进行干预，可以给自己带来双重受益。孩子与老师、医务人员及营地顾问之间的互动更加个人化，更符合他们的具体需求。同样重要的是，孩子们也开始指望得到这种个人化的待遇，并开始获得一套与组织机构互动的词汇和对组织机构的认识取向，这套词汇和取向都会在他们日后维护自身利益时对他们有益。在马歇尔家，孩子们有很多机会去学习如何成功地应对家庭外面的世界，而且她们的妈妈也是一位超常强劲的楷模，能帮助她们学到日后与组织机构有效互动的技巧。这种模式并非马歇尔家所独有。调研中其他中产阶级家庭的母亲也都扮演了这种"守护天使"角色。例如，调研中的中产阶级家庭父母比其他家庭父母更有可能要求某些老师来教自己的孩子。[1]

马歇尔一家

马歇尔夫妇都已40多岁，是12岁的弗恩和10岁的斯泰西（调研对象）的父母亲。两人相识前都曾结过一次婚，但那时他们都没有孩子。马歇尔女士又高又瘦又有魅力，显得比实际年龄要小好几岁。她的一头棕头被拉得直直的，只在下面边缘打着卷儿；她的肤色是淡棕色的。在家里，她经常穿着一件熨平的开祁纽扣上衣、短裤和拖鞋。她说话声音不大，很恬静。在谈话中，当马歇尔女士试图想起某件事情时，她会先闭上眼睛想上几秒钟。她有大学文凭，同时还有数学方面的硕士学位。她大学时加入的（黑人）女生联谊会，现在仍在她的生活中占有重要地位。她在电脑行业做全职，每周有一天在家办公，其余几天她都要（来回)开车八十公里去上班。

马歇尔先生也是又高又瘦。他是家中的喜剧演员,经常开玩笑,让家里的气氛更加轻松。比如,和我见面五分钟后,他一边读着我简历上发表的文章,一边惊叹道:"哎呀呀,我们真为你感到骄傲!"斯泰西和弗恩都特别喜欢他。和他夫人一样,马歇尔先生也有大学文凭,并在大学期间的男生联谊会里表现十分活跃。他现在是位公务员,晚上工作,每周经常要工作六天,但是不用出差。他凌晨2:30去上班,下午回来较早。通常回到家他都要先补上一觉;有时他也会在傍晚才睡。马歇尔先生是位坚定的体育爱好者,傍晚时分他大多数时候都是在看电视上转播的体育赛事。他是弗恩所在篮球队的教练并会带球员一起去外州参加比赛。斯泰西对篮球不感兴趣让他很是失望。

马歇尔夫妇都在南部长大。马歇尔女士父母的家离这里约有四个小时车程。她每年会去看望他们"三四次",但是每周都和他们通话。她有两个姐妹,每月通话一次。姐妹仨尽量同时去父母家探望。马歇尔先生的父亲二十年前就已过世。他母亲曾是位老师,她每年上儿子家两趟;她儿子每年也会去看望她两到三次。在弗恩和斯泰西的生活中,两边的祖父母看起来都没有那么重要。[2]

马歇尔家的两个女孩年龄相差十五个月。她们和父母一样都是又高又瘦。弗恩热衷于打篮球。斯泰西更喜欢体操。调研人员这样描述斯泰西:

> 她有中度棕色的皮肤,戴着一副金丝眼镜。前额留有短短的刘海,其余头发都向后束起一个扎紧的马尾辫。她上身穿一件白T恤,上面印着一只雌性的卡通袋獾,下身穿一条白短裤。她一笑脸上就会有两个小酒窝。

就像马歇尔女士说的,她小女儿是个"有亲和力的人",更像她能说的爸爸，而不像娴静的妈妈。斯泰西很有体操天赋，舞也跳得很好。在家里，她经常一个人待在自己的房间里看电视，但和朋友在一起时她也会很活泼。在她参加的夏令营里，她有一群一群的朋友经常和她一起聊天嬉笑。

在家里，斯泰西没有那么兴高采烈。她和弗恩都很烦对方。她俩经常吵架，一天总要吵上好几次。比如，一天下午，斯泰西用她房间里的分机接了电话。她对弗恩嚷道："电话是找你的。"然后，斯泰西并没有挂上分机，而是在房间里偷听她姐姐的电话内容。弗恩愤怒极了，大步走进斯泰西的房间。她一句话也没说，只是气急败坏地一把把电话线从墙上拔掉。斯泰西等了一会儿，然后又插上分机线开始偷听。这些紧张场面经常重复出现。在一次九十分钟的车程中，斯泰西和弗恩又为一点小事就吵了起来，一开始俩人还是逗着玩的，但后来就真的生气了，又动手又吐唾沫又互揪头发。一般情况下，马歇尔夫妇都会把两个女孩之间的这些交锋视为是姐妹间正常的对阵叫板。他们经常说些话来帮姐妹俩停战。他们也经常对孩子的行为只是相视而叹，或者在出现上面的情况下让她俩分坐不同的座位。然而，姐妹俩之间也有很甜美可爱的瞬间：斯泰西用她过生日的钱给姐姐买巧克力，或者是向弗恩寻求时装方面的建议，她对调研人员解释说："弗恩通常都知道什么看上去对劲。"

两个孩子和她们的父母（还有两只豚鼠"抓抓"和"小小"）住在一条静谧的环形街道上，道路两旁各有一排大房子，都是新建的两层郊外住宅，每座房子的市价都在二十万美元左右。马歇尔家的邻居们包括中产阶级的黑人及白人。他们的房子是米色的，前院有一小片草坪还有各种花卉，后院是一片大草坪（孩子们正在央求父母给她们装一个游泳池）。除了家中的两辆轿车（一辆豪华沃尔沃和一辆黑豹旅行轿车），车道上还有一个篮球架。弗恩经常和她的朋友们一起在那儿打篮球；有时马歇尔先生也会加入进来。房子里有四间卧室，两个半卫生间（两个有淋浴设备一个没有），一间陈放着钢琴挂着非洲艺术品的正式客厅，以及一间融合了餐饮区和厨房的"综合大厅"。这个家庭活动区明亮而轻快,让人感觉十分舒服,里面有电视、导演椅和一张舒适的茶色灯芯绒长沙发。孩子们经常把图书或随身听落在沙发上。一根体操平衡木静静地躺在地板上,人们穿过家庭活动室时都会跨过它。

两个女孩都有自己的卧室,每间卧室都有一台电视和一部电话,还有每个女孩收集的光碟、随身听、收音机和其他电动玩具。一部分也是由于马歇尔女士的工作,家里有一台电脑。马歇尔一家年收入约为十万美金,但家里面(尤其是马歇尔女士)仍然经常为钱而担心。我们听到了很多关于物价和电脑行业缺乏工作保障的谈话。马歇尔女士工作的公司近几年规模逐步缩减。她没有失去工作,但她认识一些已经失去了工作的人。

马歇尔一家住在一个富裕的市郊,这里有各个种族居民,是一个过渡地区。这里临近市中心的边缘,一端与一大片全部住着中产阶级黑人的地区相连,另一端则与一个主要为白人的社区接壤。斯泰西和弗恩在一所公立学校上学,该校所在的学区是公认的好学区;学区里的大多数家庭都是白人,但有25%的黑人,并零星点缀着一些亚裔和西班牙语裔的家庭。两个女孩(以及她们父母)日常生活中的种族平衡随着不同的场合而变化。在很多的互动中,所有的关键人物都是黑人。马歇尔女士解释说,孩子们很小的时候有很多特别亲密的朋友都是白人孩子,但是随着年龄增长,种族间的屏障开始变得越来越突出。对弗恩来说,这个转折点发生在她念初中时,而对斯泰西来说变化才刚刚开始。现在她们的社交生活就只包括住在小区里或开车几分钟远的非裔女孩。女孩们很多个周六都要去的美容小店里也都是黑人。全家都去的教堂也都是黑人。一家人还经常和马歇尔先生的一位密友交往,这位朋友就住在城市的黑人社区。但是,全家生活中一些重要而耗时的部分却又都是在以白人为主的场合中进行的,包括在零售店购物、参加有组织的活动、参加夏令营、在学校里的天才班上课。

一家人都很忙。他们忙碌的生活节奏与塔林格家和威廉斯家有些相似。性别对孩子决定参加**何种**有组织的活动起到了重要作用。但在中产阶级家庭，此类活动的绝对**数量**并不会因性别而改变。斯泰西在体操方面很活跃。弗恩在篮球方面很活跃。两个孩子都参加主日学校；斯泰西在教会青年唱诗班里，每周五排练，每隔两周演出一次。两个孩子在教会里都是"少年引领员"。在学年中，弗恩要上钢琴课；斯泰西最近也开始上钢琴课。暑假里，两个孩子都会参加一个又一个精心安排的夏令营（体操、篮球、马术）。妈妈则是所有这些活动的协调人。

与威廉斯夫妇一样，马歇尔夫妇也更愿意对孩子讲道理而不是下命令。有时我们也会观察到他们在动作表情上表现出的失望，但我们从未听到他们对孩子叫嚷，也从未看到他们打孩子或威胁要出手打人。相反，他们坚定地要帮助自己的孩子成长为独一无二又有独特才能的个体。即使孩子们的行为有可能会让人觉得她们对大人没礼貌，马歇尔夫妇也不愿压制斯泰西和弗恩的思想和行动。下面的例子描述了在密友家的一个片段，马歇尔女士和调研人员开车把两个孩子送到了朋友家。朋友家20岁的儿子马克（在辈分上就像是斯泰西和弗恩的表兄）从加利福尼亚来小住，当天正在为他举行生日派对。

> 马克问大家教会活动如何。两个女孩的回答并不怎么热情。汤姆（马克的爸爸）说："那我们吃点儿冰激凌蛋糕吧，你们想吃吗？"我和斯泰西女士想就此撤离。[斯泰西正]坐在椅子上玩一种戏水用的可以喷出一股气流的玩具，其目的就是把所有圆环都套在一根棒子上。斯泰西看起来好像很希望我们赶快走，因为她说："妈妈再见。"
>
> 主人鼓励斯泰西女士和调研人员留下来参加派对时，大家又闲聊着逗留了一会儿：
>
> 然后，斯泰西说："妈妈你赶紧走吧——我真的不想让你再多

待了。"就连弗恩都有点被她妹妹的话惊呆了——她让斯泰西闭嘴。汤姆一边跑去接正在响起的电话,一边很不赞同地看了一眼斯泰西。马歇尔女士并没有替自己说话,她只是叹了口气,看着马克说:"马克,你能把她们带回加州吗?"每个人都笑了,斯泰西说:"我要去加州——我能去迪士尼乐园吗?"[3]

即便斯泰西的妈妈为她女儿的话感到难堪或沮丧,那她也没有表现出来。与工人阶级家庭和贫困家庭父母不同,马歇尔夫妇都不愿对孩子下达命令,他俩都不会只因其他成年人会感到不悦就不让两个孩子表达自己的感想。而且,在其他一些场合,马歇尔女士还会直接把与成年人互动的策略教给孩子们。后面我们将会看到,她还会努力改变其他成年人与斯泰西和弗恩互动的方式。

选择并量身定做孩子的业余活动

大多数中产阶级家庭父母都致力于根据他们孩子的特殊爱好为其安排固定的有组织的活动。这些活动经常都只持续几个星期,很多都会随(赛)季而变。而且一到暑假,可供选择的活动和参加活动的时间都会陡然上升。了解活动内容安排、评估活动是否适合、在最后期限前报名并协调接送孩子是件非常耗时的劳作。大多数家庭都是母亲(而不是父亲)去做这项工作。即使母亲有全职工作也仍然如此。比如,马歇尔女士给两个女儿在**很多不同**的夏令营都报了名,并做了所有的协调工作和时间安排。弗恩和斯泰西的营地在市郊不同的地方有不同的报名时间、不同的报名表,入营前有不同的(体检)要求、不同的专长要求和不同的主管人士。真要让马歇尔先生分担接送孩子的话他也会去做,但夫妇俩一致同意主要由马歇尔女士来照顾孩子们的生活和活动,以及弗恩或斯泰西对组织机构表达的任何不满。

马歇尔女士代表她女儿所做的努力并不罕见。面对组织机构,大多数中产阶级家庭的母亲都会承担起类似工作。例如,斯泰西是因为妈妈的努力才开始参加体操项目的,这一点就很有代表性。

她上三年级时我找不到一个女童子军让她参加。她参加了四年巧克力糕队。弗恩在一个女童子军团队。斯泰西岁数还不够。所以我们就去了这个免费晚餐活动［笑］。所以,斯泰西……我想让她参加点什么,不至于没事做……我不想让她总是坐在电视前。

通过打听,她发现了一个镇区的体操班,斯泰西真的很喜欢去,而且很快就表现出了自己的天赋。当体操老师建议斯泰西进一步发展天赋时,马歇尔女士就开始寻找能提供更高一级训练的场所。斯泰西的妈妈并不满足于仅仅依赖于老师推荐的体操班,她还通过自己的关系网多方打探。

我打听了一些家长。我开始听到他们之间流传的内线秘诀,我听到很多人都说:"如果孩子真的喜欢体操,那就要送他们去赖特体操学校。"

在这个例子里,马歇尔女士还只是为一个业余班收集信息,而在其他一些场合,她则确实在寻求解决孩子教育方面出现的问题(像斯泰西没有通过学校里的天才班资格考试)。与调研中其他中产阶级家长一样,马歇尔女士"内线"的亲朋好友中有不少都是教育工作者、心理学家、律师、甚至是医生。因此,与工人阶级家庭和贫困家庭父母相比,中产阶级家庭父母更容易通过非正式渠道从专业人员和专家那里得到有价值的信息和建议。

然而,找到一个好的体操班、证实斯泰西的兴趣并帮她报名,并非马歇尔女士职责的终点。在工人阶级家庭和贫困家庭中，家长会给孩子自主权去在组织机构中摸爬滚打，而在马歇尔家，孩子生活中的大多数方面都要受到妈妈连续不断的仔细审查。

当马歇尔女士意识到出了问题时，她就会利用自己在工作中和职业上的经验技能迅速采取行动。在迫使组织机构承认她女儿的个性化需求这方面，她表现出了极大的果敢与顽强，并在一些事情上获得了成效。斯泰西母亲这种先发制人的立场反映出了她的信念，她认为，在感到女儿的需求没有得到满足时，她有义务出面干预。她所感到的这种责任在孩子生活的方方面面都能体现出来。无论是斯泰西和弗恩的业余活动，还是她们在学校或教会或诊所里的经历，她都一样勤勉地履行着自己的职责。在她处理斯泰西从镇区体操班过渡到赖特体操学校时的方法中，这一点表现得十分清楚。

马歇尔女士描述说，斯泰西在体操俱乐部里的第一堂课困难重重：

> 那些女孩子并不热情。她们还只是些八、九岁的小孩子。你知道，第一天晚上我们去上课时她们并不欢迎她。她们看起来有点像是在互相眉来眼去地，要看看她，你知道，"你能做这个动作吗？你会做那个动作吗？"

更重要的是，马歇尔女士说，那个老师简单粗暴又求全挑剔，对斯泰西一点都不友好。马歇尔女士听不到里面在说些什么，但她可以透过窗户看到她们的互动。一个关键问题就是她原来的老师并没有教她那些形容体操动作的行话，斯泰西不知道这些术语。这堂课结束后走出教室的斯泰西显得很沮丧。她妈妈作出的反应在中产阶级家长中很常见：她并没有提醒女儿必须让自己去适应生活，没有提醒女儿要更加努力，也没有说妈妈帮不上什么忙。相反，马歇尔女士把注意力集中在了老师蒂娜身上，认为后者才是问题的根源。

> 我们在车里坐了一分钟，我说："你看，斯泰西。"她说"我，我"然后就哭了起来。我说："你在这儿等着。"那个老师，蒂娜，已经走到了门口。所以我就走过去对她说："你看，课上出了什么问题吗？"她说："噢……她会没事的。她只需要在某些方面再多努努力。"什么什么的。我说："她现在真的很难过。她说你——你——你几乎［在］纠正她所有的动作。"［蒂娜］说："嗯，她得——她得学会那些术语。"

马歇尔女士承认斯泰西对体操的专业术语和技术术语不熟悉。但她仍然继续为自己的女儿进行辩护。

> 我的确记得，我对她说："你瞧，有可能也并不都是学生的错。"你知道，我就这样点到为止。对我来说，有时候教学，教与学，是一件双向的事情。而且有时老师必须学会怎样去满足学生的需要。她的风格，她直接使用的风格并没有去适应斯泰西的需要。

这里马歇尔女士是在维护因材施教的合理性。她把自己的开场白设定为一个问题（"课上出了什么问题吗？"）。然而她的目的却是提醒老师给斯泰西带来了很多负面影响（"她现在真的很难过"）。她的批评间接含蓄（"有可能也并不都是学生的错"），但是斯泰西女士清楚地表明了她的意愿：她期望以后她女儿会得到与这次不同的待遇。在这一次的经历中，斯泰西并没有听到她妈妈说了些什么，但她知道自己的愿望和感受已经通过一种她凭自身力量无法达到的方式传达给了老师。

不仅如此，作为马歇尔家通常会执行的程序，斯泰西的妈妈还进一步追踪解决了这个问题。就在第二天早上，她给体操学校打了电话并与学校的主人通了话。（在和斯泰西商量过后）她要求把女儿转入高级初学班。但是那个班已经满员了。在这种情况下，在很多学校斯泰西就不得不留在中级班了。但是这一次,学校的主人给这母女俩行了方便,给高级初学班又配了一个老师,这样斯泰西就能参加这个班了。因此,这一系列与组织机构发生的互动给斯泰西带来了重要收益:她到了一个与她的技能和经验水平更相称的体操班;而且她通过观察母亲的言行学到了,她有理由要求组织机构照顾她个人的特殊需求。正如下一节所展现的,随着新体操课的不断展开,斯泰西也在不断学习与组织机构进行有效互动的艺术。

技能技巧的传输

马歇尔女士不断地为斯泰西作出榜样,并有意识地教给女儿管控与组织机构打交道时相关事务的策略。虽然斯泰西是否很好地吸收了妈妈的教导,是否学会了在组织机构中有效地应对处于当权地位的人,或者她以后能从这些教导中用到多少,我们不得而知,但在童年时就接触到这样的言传身教,有可能会成为一种巨大的终身财富。[4]

重要的是要记住,仅仅因为协作培养策略能带来如此多的收益,并不意味着这种教养孩子的形式就是"最好"的。每种养育孩子的方法都有其具体历史条件,并会随着时代不同而有所变化。协作培养既不是"唯一的"也不是"唯一正确的"养育孩子的方法。但它却是当代有权力的专业人士(如儿童教育发展专家)所断言的最恰当最有益的儿童教养方式。很大程度上正是因为这样的认可,它也就成了中产阶级赞成的方法。马歇尔女士继续和斯泰西的老师"保持联系",不仅了解到了蒂娜对女儿的看法,还为老师提供了斯泰西对她在班上经历作出的评估:

> 我已跟蒂娜讲过了……我在那儿就问过她:"斯泰西现在怎么样?"她说:"啊,挺好,挺好。"我说:"嗯,她有点担心,觉得她没有得到……她有点儿泄气了。"然后她[蒂娜]说:"噢,那她

可不应该。"她说："她会，她会明白的。"可听斯泰西说，肯定是蒂娜在一次课后对她说的："你——你肯定开始感觉不好了，因为，真的，你是唯一一个到现在还不明白的人。"（带有讽刺意味的笑。）

同样，在和斯泰西的谈话中，马歇尔女士也告诉女儿蒂娜都说了些什么，而且什么是老师应有的和不该有的言行。她认为蒂娜对斯泰西说的"你是唯一一个到现在还不明白的人"这句话"完全有失职业标准"。她还清楚地表明，对这句话要作出主动回应才是恰当的：

  我对斯泰西说："你想让我替你说几句话吗？"你知道……我的孩子知道（短促的笑）我会打电话的。她们知道我会出现的……但是我要让她自己决定她是否要我替她说话。然后她说："算了，别说了，那样她就会在班里对我说'你妈妈说了什么什么的'。"

最后这致命的一击很快就发生了。一天她爸爸接她从练操房回来，斯泰西一到家就宣布说："她［蒂娜］说我懒。"这促使马歇尔女士和斯泰西决定拒绝接受该俱乐部之精英体操队发出的入队邀请。通过这件事，马歇尔女士教给了斯泰西她有权利拒绝这样的邀请。而且，她还明确地训练斯泰西怎样去应对这一选择。马歇尔女士从自己的职业背景中汲取经验，建议斯泰西提前准备一个回答来向她的老师和同学解释她为什么不打算进精英队。

  斯泰西去上下一次课之前，我说："要是问你为什么，你打算怎么回答她们呢？"她说："我说——"我说："你最好坐下来好好想一想，她们很可能会问你。"当然了，她们真的问了。嗯……因为我们讨论过了。我说："一个可行的办法就是说你认为自己还没做好准备。"你知道。而且就点到这一层为止。

对斯泰西预先准备好的答复，老师的反应更是增加了马歇尔女士的敌对情绪：

> 我记得斯泰西那天晚上下课出来，她哭着上了车，说："你说对了，她的确问我了。"我说："那你怎么说的？"她说："我说我只是觉得自己还没准备好。"我说："那她们说什么？"她说："蒂娜只哼了一声'嗯'（用一种轻蔑傲慢的声音）。"你知道，就像那样。当时我心里就想，"嘀，我可真的觉得那种行为一点儿都不得体。"

马歇尔女士对蒂娜的非难十分恼火，因为她认为这些话对斯泰西有害。而且，她还觉得这个老师的话给她制造了更多的麻烦。

> 斯泰西是那种需要很多温暖柔情的孩子。她很容易把事情往坏处想。（叹气。）她会从班里出来，说："唉，蒂娜说了这个。"我会对自己说："这有可能是个有点添油加醋的转述。"但事实就是事实，她的确说了些东西。那些话显然都是不该对孩子说的。还有一部分可能比较自私的原因，我［认为］，"啊，上帝啊，又有更多的事要做了。"你知道，做些提高孩子士气的事。

一部分原因是这些持续不断的问题，另一部分原因是从她家到赖特学校要开很长时间的车，斯泰西的妈妈决定换一个体操班。我们开始观察她家的时候，她就正在寻找新体操班。她给县里各种体操班打了很多电话，开车去了两个班进行调查，参加了一个班的两次家长会，然后给斯泰西在那个她去开过会的班报了名之后又退了出来（马歇尔女士和其他家长都十分愤怒，因为场地在开班之后开始维修，这不仅减小了训练场地，同时在家长们眼里也对孩子们的安全造成了威胁），并给其中一个班的主管打电话提意见。整个过程她都十分焦虑。比起家里其他任何

第三部分　家庭和教育机构

人，上体操班的决策问题在马歇尔女士心里似乎都更重。尽管她有一份全职工作，要照顾一家人的生活，要开车接送孩子，并要协调各种各样的复杂任务，她仍然继续调查各种可能性，坚决要为斯泰西在体操方面找到最好的选择。

很多时候斯泰西都会陪着妈妈去寻找合适的体操班。因此，她学到了用什么标准去评估一个体操班，并发展出一套用来表达自己观点的特定词汇。比如，当斯泰西、她妈妈和调研人员带着一名基督教青年会的会员参观一个体操班时，斯泰西就参与到了一个有关跑道长度的谈话中。她只有 10 岁，但她说话却很有权威感：

> 斯泰西说："这样我们就可以比现在省下 1.8 米……这样他们就可以把剩下的地板拆掉……之后我们跳马时就会有一个更长的助跑跑道……"

几天后，在和体操班教练见面时，斯泰西就可以很流利地描述自己的技能水平，而且是她，而不是她妈妈，对自己的技能进行的描述。因此，当教练和斯泰西的妈妈讨论适合她水平的班级时，斯泰西仍然作为一个重要的组成部分参加了两个成年人之间的讨论。走出校门，她已经准备好给出自己的想法了：

> 我们一进到车里马歇尔女士就问斯泰西有什么想法。斯泰西说："挺好的。"停了几秒钟，她又说："如果我们周六来上课的话，我们可以看看能否使用整个场馆。"

马歇尔女士会给斯泰西在哪里报名作出最后决定，但她显然很珍视斯泰西自己的意见。她鼓励斯泰西给出自己的评价，当斯泰西说出自己的想法时，她把女儿的意见看得很重要，如果不是起决定性作用的话。

提早并经常对学校进行干预

工人阶级家庭和贫困家庭父母可能会与房东据理力争,但却会默默地接受任课教师作出的决断。与工人阶级家庭和贫困家庭父母不同,马歇尔女士对许多组织机构中的所有代表人都采取同样从容果断的方式,只要这些组织机构影响到了她女儿的生活。例如,斯泰西和弗恩所在的学校有一个天才班,专招精英尖子生,并为其提供丰富多彩又具有挑战性的课程。马歇尔女士认为把女儿送到天才班会给她们带来明显的优势;因此,当两个孩子刚好因两分之差而没有达到智商测验的分数线时(斯泰西得了 128 分,分数线是 130 分),她们的妈妈就及时采取了行动。[5] 利用学校老师非正式的建议、家中丰富的经济资源和她自己强大的决心,马歇尔女士了解到了请求改变决定的方针路线并根据这些方针采取了行动。她安排两个女儿参加了一次私人测验(每个孩子两百美元),从而把两个孩子都送入了天才班。

就像把斯泰西送入私立体操学校只是一系列长期干预中的第一步,把斯泰西送入天才班同样如此。马歇尔女士仍然与天才班的顾问保持紧密联系,监督校方为她女儿挑选的教师,并在数学老师没有(依照天才班的政策)通知她一次要使用计算器的重要考试正迫在眉睫时提起申诉。此外,她还时常提醒老师们要注意她女儿那种慢热、仔细又井然有序的学习风格。这些习惯经常使得斯泰西无法在分配给她的时间内完成所有的功课(例如,考试时她可能只能做完大约一半数学题)。斯泰西在正式的限时考试中就没有在不计时的时候考得好。马歇尔女士并没有催她女儿动作快点,也没有坚持让她学些新策略来提高速度。相反,这位母亲想方设法让所有关键人士都了解到她女儿的特殊情况。她对他们的期望很明了,那就是,一旦被告知斯泰西的学习风格,老师们就会调整他们对斯泰西的要求。

马歇尔女士相信她有权利也有责任对课堂教学进行干涉;很多中产

阶级家长，尤其是母亲，都和她观点一致。我和我的助手们听课调研的斯旺小学是所以白人为主的中产阶级学校。这里的老师说，家长们经常闯进学校来抱怨一些无关紧要的事情。例如，三年级一个班的学生要在另一个班表演小品，在这当中时间安排起了冲突，所以有些孩子没能在同学们面前进行表演。这使得三位母亲第二天一早就跑到学校说她们的孩子如何如何失望，并质问校方为什么有的孩子能表演有的孩子却没得到机会。更广泛地说，斯旺小学的学生家长会毫不犹豫地批评老师选择的作业项目、读书笔记、家庭作业的难易程度，或是教室里的座位安排。有些母亲比马歇尔女士的风格要大刀阔斧得多。比如说，卡普兰夫妇就掀起了一项（成功率比较有限的）请愿活动，要求学校把"就让我们鞠躬来崇拜神的恩德"这句歌词从多元文化假日节目中去掉。之后，卡普兰夫妇又给负责人写信，指控这首歌"违反了政教分离的法律规定"（唱诗班老师的反对被驳回，这首歌最终也被去掉；学区里还就此事重新学习了有关政策）。然而，尽管家长们的行事风格有所不同，他们使用的方法却是相同的：这些中产阶级家庭都使用了协作培养模式，对孩子在组织机构中的经历进行密切监控。

种族：恒常的忧虑，间歇性的干预

作为一位黑人母亲，马歇尔女士是在一座连游泳池都依种族而隔离开的小镇上长大的，她从自己的经历中了解到，微妙的种族歧视总是无所不在。当她自己的孩子在组织机构中遇到困难时，孩子们有可能是遇到了缺乏种族敏感度或是种族歧视的人这种可能性，就会自然而然地隐隐浮现在马歇尔女士眼前：

> 这个总在我身上发生。部分原因是我在那里[南方]长大。我知道被歧视的感觉……我知道那种微妙至极的歧视仍然存在。任何

时候有什么事情发生在我孩子身上,你知道……在某个运动队或者什么的,或是在教室里,我不得不生出几分困惑……到底这里有没有种族问题?我心里有一部分总认为是有的……有时真的就是种族问题——在贴标签方面——或是看人下菜式的分类上。你知道……当斯泰西[从赖特学校的教室里]出来时,她说:"哼,蒂娜都说了这些。"我不得不仔细倾听。我不得不怀疑,"她为什么会说那些话呢?"

那么"仔细倾听"是否足够呢?某些情形是否需要更积极的干预呢?决定何去何从并不是件易事。因为种族歧视的可能性总是存在,在某个具体情况下把种族单独作为一个关键因素提出来会很困难。马歇尔女士对斯泰西在赖特学校的经历作出的回应十分复杂,夹杂着很多矛盾心理、事后对自己决定的怀疑和不安全感:

[我觉得]……那是一种种族主义态度……她那样[蒂娜对斯泰西说了那些话]是因为这是个黑人小孩。你知道……她说斯泰西不会有什么前途[不会成为明星队员]。但……从我看到的其他资料里,剪报什么的,他们也有少数族裔的孩子是尖子生。所以,也并非他们整个体操队都是白人[或是]我的孩子永远都进不了那个精英队。事实并非如此。如果我的孩子有足够好——我觉得她们会的——我敢肯定他们会要她的。主要是因为他们的目标就是要赢得比赛。不论你是黑人、红人、黄人、绿人,只要你好,他们都会要你的,因为他们想要赢。

当弗恩感到篮球营的孩子们都排斥她、对她不友好时(她是将近一百个女孩子中唯一的一个黑人),马歇尔女士又一次犹豫了,思考着怎样回应会更好。

有一天，弗恩回到家正和斯泰西谈论这事。……我问她："篮球营怎么样啊？"她说："还好，就是午饭时候不好。"我说："你和谁一起吃的？""我自己一个人吃的。"（马歇尔女士深深地叹了口气。）

弗恩认为这事和种族有关：

弗恩说："**你知道**。"我说："那你跟她们讲过话吗？"她说："是，我跟她们搭过话。"……显然，她们并没有不理她……她们谈到了谁比赛的时候得分了……而且，她们也一起打球了，但到吃饭时——就变成她一个人独自吃饭……那里的职员［会员］也是孩子——高中生，同队的女孩子……所以某种程度上可能也是因为没有大人带头，比如把弗恩放进一群一起吃饭的孩子里。我问她："你想让我替你说话吗？"她说："不用。"部分原因是这只是一个为期一周的活动。（弗恩的篮球营只有一个星期。）

马歇尔女士只在给弗恩报名前跟教练有过一次很短暂的通话，她觉得自己"并没有和他拉上关系"，所以也没法与他就这件事"进行对话"。她考虑再三，但最后还是决定不和他谈了。[6]

而在另一些情况下，通常是在一段时间警觉的详细审查之后，她的确会出面进行干预。她描述了孩子们与校车司机之间发生的一些风波：

去年弗恩就把这事告诉给了我。她说"阿特是个种族主义者。他让所有黑人孩子都坐在车后边，而且他只对我们嚷"等等等等的。你知道，对这个，我又是很专心地倾听，而且我想，"嗯，她只是个孩子，也许是她有点过敏了，还是——真有这回事呢？"

弗恩到12岁时几乎每天都在家里提起种族问题。与弗恩不同，斯泰西很少把事情理解或论述得充满种族色彩。但她也提到了阿特的问题：

> 今天斯泰西也开始坐校车了，她也开始告诉我同样的事情。她说：“阿特总跟我们过不去，连我们要开窗他也不让。”

明知两个女儿的担忧，但是马歇尔女士并没有马上就进行干预，也没有把女儿的话告诉学校工作人员。相反，她只是继续观察情况。

> 我从来都不会把她们一送到车站就离开。校车在这边路口的拐角处等着接她们。我总会坐在自己的车里并开始注视着她们。你知道，就是要看看孩子们都坐在车上什么部位。

除了限制孩子们坐车的位置，校车司机还在贯彻谁可以乘坐校车的政策时对每个孩子的要求不统一：

> 在政策上对不同的种族似乎也是有区别的。有一天，一个白人小男孩要把一个小朋友带回自己家，他并没有（家长写的）条子，但却让他上车了。而几天后一个黑人小姑娘要带自己的朋友回家，司机却不让她上车。

该学年即将结束时，在弗恩的社会教育课上，其他孩子（包括白人孩子在内）都附和了弗恩对阿特的观点，说：“对，阿特的确做了这些。”白人孩子的确认帮助马歇尔女士克服了对指控阿特的犹豫不决。她给学区管理办公室打了电话，并与运输服务部主任通了话。他们告诉她：“你知道，我们不会，我们是不会容忍这种行为的。”

马歇尔女士不仅了解这个问题的性质，同时也知道如何通过组织机构恰当地解决问题。

主任的解决方式和我告诉他我认为他应该采取的方式有所不同。他说:"如果你一开学就打电话,我们就可以在校车上安一个摄像头。"我说:"我并不要求你们在校车上安摄像头;我只要你们让这个司机知道孩子们感觉受到了一些不公的待遇,而且家长们,至少有一个家长,知道他都说了些什么。"他开始对我讲校车是校区与车服公司契约而成(这就意味着,从法律上讲,学区不能直接和司机对话)……我说:"那样的话,你们下一步要做的就是给车服主管打电话。"

马歇尔女士打算在秋季学期还未开始时就给运输管理官员打电话,问出谁会来开校车。同时,在斯泰西和弗恩表达她们对阿特的不安时,她看起来很苦恼,不知该对两个女儿说些什么,她只是强调说,当她们在这个社会上前行时,她们不得不"把每个人都看成一个个体",不要认为所有白人都会像阿特那样。

协作培养中一个至关重要的维度:对组织机构的监督

借用布迪厄的理论话语来说,黑人和白人中产阶级家庭的父母(尤其是母亲)都会常规性地不断审视搜寻视野中的各种机会,来代表自己的孩子激活他们的文化资本和社会资本。[7] 他们很精明地把自己的干预建立在与组织机构(如学校和公立或私立休闲班)相一致的组织程序上,这样家长就能为孩子获得重要的优势。这些受益要远远超出短期的目标,像进入"最好的"四年级老师班,或是挤进"最好的"体操班。通过教导他们的儿女怎样让组织机构满足自己个人化的需求,白人和黑人中产阶级家庭的母亲就把那些有可能在孩子成人后都会极有价值的技能传递给了他们。这些优势是以阶级地位为基础的。正如随后几章中即将展示的,工人阶级家庭和贫困家庭与组织机构之间所打造的那种关系,与中产阶级家庭父母打造的关系有重要不同，**不论黑人还是白人**都是如此。

在中产阶级家庭中，种族的确也起一定作用，但却不是在家长是否或如何干预孩子在组织机构中的生活这方面，而是在他们监督的是何种问题，以及家长和孩子面临的潜在问题数量多少上。中产阶级黑人家长（他们的孩子经常会在以白人为主的环境中度过一天中的大部分时光）都会不断地去处理其他孩子及成年人的种族排斥行为或不得体行为。马歇尔女士和其他非裔家长也都对白人可能会看低自己的孩子很警觉，不论是在体操还是在数学方面。这种警惕性意味着，黑人中产阶级家长（尤其是母亲）比白人中产阶级家长要付出更多的辛劳，因为他们担心种族平衡的问题和其他孩子的不得体行为，也因为他们还要对自己孩子的反应作出恰当的回应。有时候，家长和孩子都会遇到艰难而痛苦的情况，就像马歇尔家的孩子在坐校车时所面对的。一方面要承认孩子评论的正确性，另一方面又要尽力对一个人人平等、种族相融的社会抱有希望，这是马歇尔女士和其他黑人中产阶级母亲共同面临的一个带有持续性的挑战。

当家长通过监督、批评、干预孩子在组织机构中的生活而致力于协作培养时，孩子就会获得重要受益——或利润。没有妈妈的帮助，斯泰西就进不了天才班；由于她妈妈的干预，她才可以进入为她而多加了师资力量的高级初学者体操班；由于她妈妈的仔细搜索，她才能在该地区最好的体操班和马术班上课。个别时候斯泰西也并不感激妈妈的努力，但大多数时候她的确很感谢妈妈为她铺平了道路。大多数情况下，马歇尔女士看起来的确能让女儿的生活变得更加轻松惬意。然而，在其他家庭中，干预与结果之间这种积极正面的联系却并不总是会出现。下一章将要描述的汉德隆一家在家庭作业上经历的旷日持久的挣扎，就向我们揭示了中产阶级家长在致力于干预孩子的组织机构生涯时所面临的艰辛与困难。

第九章

跑偏了的协作培养：
梅勒妮·汉德隆

> "有时我就在想，要是孩子们没有家庭作业的话，生活该会有多轻松啊。"
>
> —— 汉德隆女士

在中产阶级中，孩子的业余活动经常会深深地渗入家庭的中心，由此也为家庭矛盾冲突创造了机会。对汉德隆一家来说，孩子的家庭作业一直是全家和谐生活的最大威胁。几乎每次调研人员到汉德隆家访察时，因家庭作业而起的冲突都会发生或被提及。汉德隆女士那句要是没有家庭作业"生活该会有多轻松啊"的评论，很好地总结了这个问题给其家庭带来的巨大影响。

与塔林格家、马歇尔家和威廉斯家一样，汉德隆家也拥有重要的社会资本、经济资本和文化资本。他们处于很好的地位，能够干预自己孩子在组织机构中的生活。汉德隆夫妇使用的某些策略是协作培养中熟悉的组成部分。例如，与马歇尔女士十分相似，汉德隆女士也通过给女儿梅勒妮量身定做课堂经历来尽力保证她在学业上获得成功。与马歇尔女士不同的是，汉德隆女士只是间歇性地与学校保持联系，并只得到了一部分她需要学校做的调整。汉德隆夫妇在教育方法上最引人注目的一点就是他们强调在**自己家中**开动资源。汉德隆女士在家庭作业方面不断作出巨大努力。每个工作日下午她都会花上很多时间和精力来帮助梅勒妮完成作业。具有讽刺意味的是，这一策略却没有产生积极效果，反而造成了母女之间的较量，让两个人都在情感上十分疲累，而且也没有在组织机构中得到任何利益。

汉德隆一家

琼·汉德隆已人到中年，瘦瘦的，留着波浪形的红色头发，全身洋溢着一种轻松自如的气息。她的丈夫哈罗德个子很高，很友善，脸上总是带着孩子般的憨笑。汉德隆先生热衷于高尔夫，但他却超重约四十五斤。他持有信贷与财务管理的硕士学位并在一家大型企业作信贷经理。汉德隆女士完成了两年的大专学历并在森林基督教长老会（Sylvan Presbyterian Church）当秘书。她每周工作三十个小时。

汉德隆夫妇有三个孩子：哈里上八年级，汤米在附近一所初中读六年级，以及我们的调研对象梅勒妮，她在邻近的小学读四年级。哈里又高又瘦，略长的棕色头发总是藏在那顶（朝后戴着）几乎永不摘去的棒球帽下；他热爱乡村音乐、街道曲棍球，还有最最喜欢的赛车。相比之下，汤米更喜欢戏剧和表演。梅勒妮与两个哥哥都不同。在汉德隆家第一次访察的实地记录是这样描述梅勒妮的：

> 梅勒妮带着羞涩的微笑来开门。她年龄很小，高约一米三。她有一头长长的金发……头上戴着一根细细的白色塑料发卡，把所有的头发都向后拢了过去。她的脸圆圆胖胖，脸蛋很丰满，这让她的眼睛显得小小的，像是眯成了一条缝。她穿着一件紫色的高领衫，

下身穿着一条配套的紫色针织裤子。衣服很紧,显出了她圆圆的小肚皮。

在学校里,梅勒妮多数时候都是怕羞胆小,并不怎么果断自信。她虽然并不特别受同学爱戴,但也不是个孤僻自闭的孩子。她经常因为一些小病而请假不上学,如嗓子疼、脚疼或感冒(但在一次访谈中,梅勒妮向一位调研人员坦白说,有时她是为了避免上学而故意假装生病)。一位老师担心她被挡在了两个哥哥的"阴影"里。事实上,吃饭时往往都是她的两个哥哥叽叽喳喳说个不停,而她则得不到什么说话的机会。

尽管如此,她在某些时候也可以很外向、很可爱地无拘无束地表现自己。例如,有一天,她在学校里学会了用西班牙语来唱"祝你生日快乐"这首歌。当天下午,梅勒妮为自己的成就感到特别高兴,一遍又一遍地唱着这首歌。她在车里唱,在写作业时唱,还一边吃晚饭一边唱。事实上,她整个傍晚都在唱这首歌。没有人欣赏梅勒妮最新学会的技能,但她的热情却并未因此而减退。她还喜欢和爸爸一起闹着玩儿,包括朝他的肚皮上扔纸飞机。因此,虽然把她描述成羞涩十分贴切,但她也能并的确会随着环境变化而改变自己的行为。

在汉德隆家,大多数家务,以及安排日程、协调家庭成员的活动和接送孩子参加活动和赴约,都是汉德隆女士的职责。汉德隆先生的工作日程十分有规律(他每个工作日早上7:30出门,晚上6:00回家),但他却很少为孩子操劳。相反,他负责处理像为教会的庆典游行摄像和悬挂家里圣诞树上的彩灯这样的事务。

汉德隆一家的世界

汉德隆一家,尤其是梅勒妮,生活在一个全是白人的圈子里。在梅勒妮就读的小学里,她所在的四年级约有六十名学生,其中只有五名不是白人。同样,在梅勒妮的女童子军和她家所在的教会中,白人也占了绝大多数。与汉德隆家全为白人的社交世界结合在一起的,甚至是一个种族之间更加隔绝的自然环境。她家四间卧室的家宅(一座1940年代修建的二层砖石小楼,价值24.5万美元)就坐落在郊外一个纯白人社区。

汉德隆家的年收入介于8.5万美元到9.5万美元之间,是很稳定的中产阶级,看起来他们对很多中产阶级的生活要素都认为是理所当然的。他们有各式各样的电器(电视、立体音响、录像机、电子琴),每个成年人都有一辆车。三个孩子都至少参加了一些成年人组织的活动。这些活动的花销被轻易地说成是"很少""无关紧要"。汉德隆一家一点儿也不给人他们会"精打细算"的感觉。他们家里很乱但很舒服。我们家访时,汉德隆女士有点不好意思地道歉说:"我不擅长家务。"事实上,饭桌上堆满了各种各样的东西:优惠券、短袜、用过的杯子、一筐洗好了但还没有叠的衣服,以及一堆一堆的报纸。有时厨房里还没洗的盘子在洗碗池里堆得老高,桌子上也有没洗过的盘子。在客厅里,装点圣诞树时,放装饰品的盒子半开着摊在地上一个多星期。不整洁到这种程度在中产阶级家庭中是很少见的,但却并不会让汉德隆一家觉得心烦。

与大多数中产阶级家庭不同,汉德隆家的亲戚都住得很近。梅勒妮的父母都说自己与各自的大家庭在感情上十分亲近。他们说,他们每周都要至少串一次亲戚,并会一起度过重大节日,包括每次感恩节都会有二十多个人到家里来。汉德隆一家与亲戚的往来比典型的中产阶级家庭要多得多,但他们与亲戚联络的方式跟工人阶级家庭和贫困家庭的并不一样。在工人阶级家庭和贫困家庭中,与表兄弟姐妹之间不拘礼节的玩耍和拜访并不只是一周一次或在特殊日子才有,相反,这些在他们的日常家庭生活中是占主导地位的。

相互竞争的价值观：有组织的活动与非结构化时间（自由时间）之重要性

与其他中产阶级孩子相比，梅勒妮的生活中并没有充斥着各种有组织活动的"繁重"日程。然而，她放学后也绝非无事可做。在十二月份，她会有好几个常常都会去的节假日活动。每个星期天她都要参加一个教会的清晨礼拜、主日学校和青少年唱诗班的排练。每周一她有钢琴课，周四去女童子军。除了这些常设的活动，梅勒妮还在一个周一晚上参加特别女童军的"为无家可归者做饼干"节日活动，还有一个周二晚上的学校假日音乐表演。在她与牙医的预约和为教会的圣诞庆典做的五次排练之间，她还设法完成了圣诞购物。

梅勒妮也不会抱怨日程安排得太满，她父母也不认为她的活动太耗精力。实际上，汉德隆女士觉得三个孩子参加的活动都没有附近邻居家孩子们的多。汉德隆夫妇都认为孩子应该有由自己自由支配的未经组织的时间。汉德隆先生明确批评家长们把孩子的时间"安排得过满"这一倾向。即便如此，夫妇俩还是都希望梅勒妮再参加一项活动——他们想让她在春季学期加入游泳队。去年预选赛时，梅勒妮把参加资格推掉了。她父母总是会时不时地提起这件事，包括在圣诞节时。汉德隆夫妇认为梅勒妮参加游泳队在客观上确实会给她带来好处，显然，这种信念战胜了他们对把孩子的时间"安排得过满"的抵抗。找到平衡是件很难的事。中产阶级家长（特别是母亲）担心，如果他们的孩子不报名参加各种有组织的活动，孩子们在放学后和春假及暑假时就会没有玩伴。这种担心显然也给了汉德隆夫妇很大压力。他们除了想给梅勒妮在游泳队报名，还想让她试试垒球。一个冬天的早上，在全家人围坐在一起看电视时，梅勒妮的妈妈三次提到了垒球。虽然她每次都把打垒球说成是梅勒妮自己的决定，但她其实是在力劝女儿参加并明确地说她担心梅勒妮不参加的话就会被"落下"。最终，梅勒妮说："好吧，我去打。"这样她妈妈才不再提这件事了。

汉德隆夫妇积极鼓励梅勒妮参加那些她自己并没有要求参加的活动，这样做的一个显著而非计划内的结果就是梅勒妮会迅速而频繁地抱怨说："妈妈，我觉得这个真没劲！"具有讽刺意味的是，我们观察到，调研中其他看上去很忙碌的中产阶级孩子都会同样自称"没意思"，但我们却没有从相比之下"时间安排得不够满"的工人阶级家庭和贫困家庭的孩子那里听到这样的言论。

培养学业有成：在学校进行干预

与其他中产阶级家庭的母亲一样，汉德隆女士在监控、批评、干预梅勒妮的学校教育方面扮演着积极角色。她设法和梅勒妮的老师保持密切合作。例如，学年刚开始时梅勒妮生病了，她就带着梅勒妮到学校里露了很短的一个面，好让女儿和老师见个面。梅勒妮一好起来，汉德隆女士就询问落下的功课，向老师请教不明白的地方，并帮女儿顺利跨进四年级。

> 她有点儿懵了，因为其他孩子都已经学了很多东西，而且梅勒妮也不明白大家都在学什么。所以我就到学校去了，基本上每天都去，跟老师谈话并请教问题。[1]

梅勒妮的小病总是绵绵不断，所以她妈妈的干预也就没有停止过。为了不让梅勒妮落在后面，汉德隆女士要求老师让女儿提前把拼写单词表带回家。每次拿到新的单词表，她都复印下来并把每个词单独剪下来贴到索引卡上做成抽认卡。她和梅勒妮出去办事时就带上这些卡片，她们一边开车一边练习拼写。梅勒妮的学习成绩在班里总是垫底。汉德隆夫妇曾为她雇了一个家庭教师，但是汉德隆女士担心这会给女儿造成一种"威胁感",让上学成为一件"负面"的事情。她认为梅勒妮缺乏自信,觉得"她需要一些能给她积极正面感觉的东西"。有一回在与老师交换意见时,她明确地向梅勒妮的老师提出了这些观点。在一次家长会上,汉德隆女士特别把教社会教育课的老师提出来,说老师在评分时太过强调负面的东西:

> 她把社会教育的试卷带回家,试卷最上面赫然写着个"N"("需要改进"——这是最低分)。我看着试卷并数了数所有她答对的题目。我说:"梅勒妮,和上一次社会教育的考试相比,你这一次答对了十八道题。"我说:"这比你上次答对的要多好多,所以你还是有进步的。"但是,单从试卷得分来看,她看不到自己的进步。那个分数只是很负面的一个"N"……所以,我正设法让她开始看到自己正面的优点。

汉德隆女士在家长会上说的话显示出,她认为自己**有资格**指出在她看来老师在教育梅勒妮时的失败之处。这种观点在中产阶级家长中很普遍,其中也包括那些在来回接送孩子上学的途中及其他活动中与汉德隆女士有交往的很多母亲们。汉德隆女士是当地女童子军的带队人,这也给了她很多非正式机会,就小学里的常规活动和不寻常事件交换信息。[2] 汉德隆女士知道很多母亲都有这样或那样的抱怨,而且很多母亲也都在忙着为自己的孩子寻求各种个人化的教育。汉德隆女士深入到了一个由中产阶级母亲组成的社交网络中,这个社交网络塑造了她在对梅勒妮的教育问题上的权利感和责任感。[3] 她和其他母亲看起来都很轻松自如地对孩子在校教育的各个方面提出意见,对每件事情都提出批判,从老师的教学风格到教室公告牌的内容。

> 伊克斯先生(梅勒妮的四年级社会教育老师)——我从家长们

那里得到了［对他的］负面评价。他们不喜欢他的教学方法。他们不喜欢他的生硬态度。他们也不喜欢霍顿斯女士（梅勒妮三年级时的老师），很大一部分原因是她特别守旧，没有改变过或调整过自己的教学。她的课堂教学索然无味，没有一点闪光之处或是扣人心弦的地方。她的公告牌也不振奋人心，对让孩子为学习而兴奋一点帮助都没有。学期刚开始我并没有［不喜欢霍顿斯女士］，但是梅勒妮总会在试卷上有很多答对了的问题，可是得到承认的却总是她哪道题答错了。

汉德隆女士的社交网络还为她提供了有关其他家长如何解决学校相关问题的信息，比如如何确保按时准确完成家庭作业。她在和其他母亲的谈话中发展了与教育工作者交流互动的策略。

［我们中有些母亲］在谈论即将召开的家长会，谈到了要提出哪几点，还有我们要谈些什么问题。我从家长中间听到的最大忧虑就是作业太多了。孩子们每天晚上、每个周末都得做作业。无时无刻不在做。

尽管她相信梅勒妮的老师留了太多作业，尽管她知道其他家长也有同样反响，汉德隆女士却并没有向老师或学校管理层人员直接提到有关作业数量的问题。相反，她设法自己帮助梅勒妮，每天下午都在家和她女儿一起温习功课。

培养学业有成：在家中进行干预

在与汉德隆夫妇分别进行的访谈中，他们都把家庭作业视为家里的主要问题。汉德隆女士坦率而又简洁地告诉提问者："我们最大的矛盾就是家庭作业。"汉德隆先生则重点关注孩子们的作业数量。据他估计，梅勒妮"每晚要做两三个小时［作业］"。他这样描述家里的常规活动：

> 我们每天晚上就只做作业。他们放学回家，吃点零食，然后就开始做作业。然后他们就一直做，直到我都回家了他们还在做。作业也真的太多了。我觉得我在大学里都没做过这么多作业。

汉德隆女士在访谈中也表达了同样的担忧，而且一天下午在与一位调研人员在小客车里等着接梅勒妮放学回家时，她又在无意间提起了这件事：

> ［梅勒妮星期天］和她爸爸一起做了四个小时作业。从3∶00做到了7∶00。我真不敢相信老师周末还留这么多作业。难道他们就没有别的事要做吗？

汉德隆夫妇并不认为所有的家庭作业都是不好的，他们接受大多数中产阶级家长的观点，认为孩子要想学习好就必须做家庭作业。他们所反对的是：作业数量过多，他们的**几个孩子**要花大量时间来做作业，**他们自己**也要花大量时间辅导孩子做作业，以及作业本身并没有什么价值。这些因素，无论是单独存在还是合在一起，都导致另一个难题，也就是家里恒常存在的紧张状态和矛盾冲突。家庭作业总是会引发长时间痛苦的战斗。汉德隆女士和梅勒妮在很多问题上都有不同想法，比如，汉德隆女士该对梅勒妮在家庭作业上提供多少帮助、在哪些方面提供帮助、怎样提供帮助。

梅勒妮争辩说，作业太难了，即使有人帮助也做不出来。她妈妈则认为梅勒妮需要更好地集中注意力。尤其是数学作业，汉德隆女士设法一步一步地带着梅勒妮解答每一道题。因此，即使题目对梅勒妮并不具有挑战性，母女俩还是要花很长时间来做作业。对于那些理解有困难的作业，她们有可能还会花更多时间：母女双方都经受的一种全方位的挫败感,经常是这些作业辅导时间的显著特点。

不足为奇,梅勒妮和她妈妈都不盼望一起做作业。梅勒妮的第一道防线就是采取进攻,就像下面的摘录中所展示的那样。梅勒妮放学后一坐上家里的小客车就马上提到了——同时也压低了声音——她有家庭作业这一事实:

>**汉德隆女士**(用愉快的声音):怎么样啊?
>
>**梅勒妮**:还好。(停顿)我今天只有数学作业。
>
>**汉德隆女士**:有多少道题?
>
>**梅勒妮**:十道。嗯,也许有二十道吧。
>
>**汉德隆女士**:那还不太多。只有数学作业吗?
>
>**梅勒妮**:对。

但她妈妈还是不想就此放下这个话题。在进一步的探究中,她又问起了其他科目。梅勒妮很不情愿地说出了其他几门课留的作业。她虽然吞吞吐吐,但还是说了实话:

>**汉德隆女士**:你没有社会教育课的作业?
>
>**梅勒妮**:嗯,可能有一点儿吧。
>
>**汉德隆女士**:拼写呢?
>
>**梅勒妮**:噢,对,我明天有个拼写测验。

一回到家,梅勒妮就开始在写作业前不紧不慢地吃零食、休息。她要妈妈允许她听会儿音乐。她很高兴地选了《胡桃夹子》并把立体声的音量调得很大。然后母女俩就坐在餐桌边开始做起作业来。

>**梅勒妮**:我做什么呢?

梅勒妮的妈妈大声朗读了一遍题目说明，然后和梅勒妮一起做第一道题。

汉德隆女士：明白了吗？你把这个余数填在这个方块里。
梅勒妮：哦。

随着她们进行到第二道题，汉德隆女士继续手把手地帮助梅勒妮。

汉德隆女士：好，那我们现在怎么做呢？52 里有多少个 7 的倍数呢？嗯，5 乘以 7 等于几呀？
梅勒妮：35。
汉德隆女士：对。所以，这个太小了。那么，7 乘以 6 呢？7 乘以 7 呢？
梅勒妮：42。49。
汉德隆女士：对。所以你把这个放在哪儿呢？还剩下多少呢？你得借位了。对。然后把余数填在下一个方块里。你怎么解这道题呢？

在做另一道题时，妈妈说题目看起来比较容易，梅勒妮拒绝了妈妈的说法：

汉德隆女士：这道题比较容易。
梅勒妮：这些都好难啊。
汉德隆女士：这是 5 的倍数！你已经学会 5 的倍数了。
梅勒妮：我知道 1 的倍数、5 的倍数和 10 的倍数。
汉德隆女士：那你就数一下 5 的倍数。（梅勒妮开始数。）
汉德隆女士：对。那答案是什么呢？（梅勒妮给出了一个回答。）
汉德隆女士：对。那你把它填在哪儿呢？（梅勒妮把答案写在了一个地方。汉德隆女士拿起铅笔,用带橡皮的那头把梅勒妮写下的答案擦掉了。)

汉德隆女士:不是这儿。(梅勒妮又写在了另一个地方。)

汉德隆女士:对了。那现在余数是什么?(梅勒妮给出了一个答案。)

汉德隆女士:不对。余数是什么?(梅勒妮又给出了另一个答案。)

汉德隆女士:对,然后把它填在那里。然后再带着它去解下一道题。好。

梅勒妮和妈妈就这样做了十五分钟。然后她们之间的交流就开始崩溃了。从梅勒妮的角度看,这些题都太难了,她觉得自己做不出来。她不想做了。她的兴趣动摇了,她的回答也越来越不着边际。汉德隆女士很快就作出了反应。

梅勒妮:这个太难了。

汉德隆女士:梅勒妮,我觉得是你把它想难了。你在学校里都是怎么做的?

梅勒妮:我们用了小立方体。

汉德隆女士:那你们怎么作出答案的呢?

梅勒妮:我们分成小组一起做的。

汉德隆女士:谁和你一组呢?

梅勒妮:艾米丽。但我们是一起做的。

汉德隆女士(提出了一个新的方法):如果用一分钱来做,会不会好一些?

梅勒妮点了点头,她妈妈就在抽屉和钱包里搜寻了一下,找到了一大把一分钱,放在了桌子上。梅勒妮把硬币在桌子上排成了相邻的两横行。她站起来向桌子的一边挪了挪,排着硬币。汉德隆女士绕过来站在她旁边,"你干吗呢?"汉德隆女士并没有给梅勒妮解释的机会,就把她刚刚排好的硬币都打乱了。梅勒妮抗议说:

  梅勒妮:不要!我们就是这么做的。

  汉德隆女士:那好,给我看看你们是怎么做的。(梅勒妮把四十二个硬币排成相邻的两横排。然后她把硬币每四个分成一组。她妈妈又一次插了进来。)

  汉德隆女士:梅勒妮,给我解释一下你在做什么。(梅勒妮继续排着硬币,没有说话。然后她就停下了。)

  汉德隆女士:然后怎么样呢?

  梅勒妮:然后我就数有多少组。

  汉德隆女士:但是你得用7来除。

  梅勒妮:啊……

  汉德隆女士:这就是为什么我没明白你在做什么。(梅勒妮又重新排列了硬币,每组中放7个。她自己解答了后面的两道题。当她在做一道需要用6去除27的题时,她妈妈又插了进来。汉德隆女士开始为梅勒妮把硬币分成六个一组。)

  汉德隆女士:6×1 等于多少?

  梅勒妮:6。

  汉德隆女士(又放下六个硬币):6×2 等于多少?

  梅勒妮:12。

  汉德隆女士(又放下六枚硬币):6×3 呢?

  梅勒妮(数了数硬币):18。

  汉德隆女士(又放下六枚硬币):那 6×4 呢?

  梅勒妮(又数了数硬币):24。

汉德隆女士：对。所以，答案是什么呢？

梅勒妮：24。

汉德隆女士：不是，那只是你做乘法时的一个数，不是这道除法题的答案。

梅勒妮：4。

汉德隆女士：对了。那余数是什么呢？

梅勒妮：3。

汉德隆女士：对。

随着她们一道题一道题地做下去，梅勒妮和她妈妈之间的紧张气氛也在不断上涨。梅勒妮变得越来越不安。她的脸涨得通红，而且虽然她并没有哭，但她看上去像是眼泪马上就要掉下来了。从她们开始做数学作业到现在已经过去了四十五分钟。汉德隆女士建议她们都休息一下，"往圣诞树上挂几件饰品"。梅勒妮不想就休息一下，她想不做作业了，而是去烤饼干。她妈妈重复说要休息一下，梅勒妮也重复说她想烤饼干吃。汉德隆女士通过把一堆堆的硬币摆在桌上并提出诱导性的问题让女儿回答，打破了这个僵局。五分钟后，梅勒妮看起来高兴了一点儿。汉德隆女士站起来休息了不到一分钟，梅勒妮还在继续做题。她自己做出了最后两道题。

汉德隆女士：看，你能做出来的。你得多试一试。

梅勒妮：太难了。

汉德隆女士和梅勒妮在一起做作业时出现的紧张气氛和矛盾冲突让人感到十分疲惫和痛苦。由于梅勒妮的妈妈坚持梅勒妮必须完成作业这一原则，并认为有些作业（尤其是数学作业）需要她的帮助才能完成，作业之战几乎每天下午都要上演。[4] 汉德隆女士认为，有时她和梅勒妮做题时的困难挣扎是由老师造成的。

有些老师教得就是不好。他们就不会解释东西。我觉得其中有些老师简直是在设局让孩子失败。有时孩子把作业带回家，老师会把题目写得模棱两可，读起来就是会有两种不同的意思。如果连我都读不懂题目要求，他们又怎么能要求孩子们读懂呢？

在汉德隆女士看来，老师不能恰当地设置好作业题的要求让梅勒妮有了很多不必要的负担。不足为奇，老师们则把梅勒妮在学习上遇到的困难归因于一个很不相同的根源。

家长参与学校教育的危险性

在秋季学期，梅勒妮的数学和社会教育都得了最低分，她的任课老师内特尔斯女士似乎和汉德隆女士一样对梅勒妮的成绩感到很沮丧。内特尔斯女士在跟梅勒妮的妈妈交流时始终非常友善和愉快。她很自愿地与汉德隆女士配合，提前准备出五个星期的拼写单词表让梅勒妮带回家。她看起来并不担心梅勒妮把单词表提前带回家会让她比其他同学更有优势，她也不抱怨为汉德隆女士做这些给她带来了多余的工作。汉德隆女士还要求内特尔斯女士给梅勒妮找一个家庭教师并带来数学题的题样，内特尔斯女士也都很乐意帮助她。另外，梅勒妮生病不能来上学时，内特尔斯女士还把资料整理成包，好让梅勒妮在家学习。

既然内特尔斯女士和其他老师在学校里都很努力，汉德隆女士在家里也很努力，为什么梅勒妮仍在继续痛苦地挣扎呢？汉德隆女士认为她女儿的作业太多了，而且老师们在强调梅勒妮犯的错误而不表扬她的进步时致命地降低了她的自信心；但任课老师和辅导老师都坚决地拒绝了汉德隆女士作出的解释。据内特尔斯女士估计，孩子们在家只要半小时到四十五分钟就可以做完她留的作业。加勒特与梅勒妮同班,他经常(没有家长的帮助就能)在预计时间内完成家庭作业。老师们也不认为梅勒妮每天在课堂上受到了"惊吓"或"压制"。内特尔斯女士同意梅勒妮的确在"挣扎"并可能有学习能力障碍,但她不同意汉德隆女士的观点,她说,梅勒妮并不像她母亲说的那样在课堂上很痛苦:

> 所有那些关于她在校学习不好的问题……如果你没有在这里看到她到底怎样——但是我在这里。而[梅勒妮]看起来很满意的样子。她看起来挺好的,几乎就像是,"我不知道你在说什么,我很好啊!"

梅勒妮的老师们认为,除了别的因素之外,如果汉德隆女士可以更一贯地遵从大家都普遍遵守的学校规定,梅勒妮在学校里的经历就会更好一些。内特尔斯女士尤其对梅勒妮的习惯性迟到感到苦恼。在一次家长会上,她以平时少有的坦率向汉德隆女士抱怨了这一点:

> 她来得太晚了。她通常都是来得最晚的一个。我的意思是,我都不再标她[因迟到太久而]缺席了……但是有的孩子来得很早,差十分9:00就到了,如果她9:00才来,那别人就已经在她来之前二十分钟就开始上课了。所以,也许只是把梅勒妮早点送到学校都会对她很有帮助。

汉德隆女士还没有交上梅勒妮测试学习能力障碍所需的文件表格,内特尔斯女士对此同样感到很沮丧。家长会结束后,她对调研人员说了句话,表达了她对此事的失望:

> 我是说,我真的[对汉德隆女士]又是催促又是强调让她[给

梅勒妮］做测试,因为我认为她的确有很多学习方面的问题。我们绝对在大约一个月前就把表格都给了她,而我上次去问的时候,那些表还是没有交上来。

这所小学里有一位住校阅读专家,她每周会帮助梅勒妮三次。令内特尔斯女士大为惊讶的是,汉德隆女士竟然从未见过这位辅导老师。

大多数家长,如果他们的孩子接受阅读专家辅导的话,他们都会力争和专家见面交换一下意见。我的意思是说,尼特总要跟很多家长见面的,因为她辅导的学生来自很多不同年级——她从未遇见过一个不去见她的家长。我是说,［梅勒妮］都被她辅导了两年了,你难道就不想听听阅读专家的反馈吗?

内特尔斯女士确信汉德隆女士知道女儿每周都在接受阅读辅导;当梅勒妮缺席的时间不断增加时,她妈妈曾明确询问过女儿要复习的阅读资料。在内特尔斯女士看来,安排与阅读专家见面是梅勒妮母亲的**责任**。而且她觉得,是汉德隆女士,而不是辅导老师,应该承担起要求会面的责任。

除了在某些方面没有达到老师们对她的期望,汉德隆女士也并未总能在家庭与学校之间铸造紧密的联系,因为教育工作者把她的一些行动视为是受到误导或毫无意义。比如,内特尔斯女士对开学第一天她带着生病的女儿来与新老师见面并不买账,只觉得她这么做很"奇怪"。而且老师还对致使梅勒妮多次缺席的那些病痛是否真的存在产生了质疑。

内特尔斯女士描述说,汉德隆女士是个"说不得"的人,总是把注意力集中在现在和过去的老师中有谁没有充分支持梅勒妮的自信心上。老师们认为,汉德隆女士的这些担忧让她无法注意到其他也许更重要的问题(如让梅勒妮接受学习能力障碍测试)。家长会后,内特尔斯女士对调研人员说："我觉得她根本就没听进去。"内特尔斯女士暗示说，梅勒妮的大多数问题也许都能追溯到汉德隆女士对孩子过分保护的教育风格上：

> 做妈妈的从第一天起就自始至终都在为梅勒妮的拖延时间找寻各种借口。我是说，梅勒妮去年就因病耽误了三十多天。我觉得梅勒妮能到现在的程度就是向前迈了一大步。但我觉得她妈妈好像是在否认孩子过得不错。梅勒妮今年还挺好的。梅勒妮很快乐，我认为很多问题都是她妈妈造成的。

最后，梅勒妮的老师们并不了解汉德隆女士帮助女儿做作业的数量和频繁程度。他们不知道在梅勒妮和她妈妈应付作业时，汉德隆家餐厅里日复一日上演着的那些具有戏剧性的故事。[5]

为什么激活文化资本并不总会产生收益

汉德隆一家拥有稳固的中产阶级地位并致力于对孩子进行协作培养。汉德隆先生有硕士学位并在工作中处于管理阶层，他的夫人也是大专毕业。所有的孩子都参加了很多有组织的活动。当然，有时汉德隆女士也会发出指令，尤其是当她在帮梅勒妮做作业感到沮丧时。本章中家长与孩子之间的交流并不繁复，但大多数时候两位家长都和威廉斯家一样会对孩子使用说理及商讨的方法。[6]与马歇尔女士相似，汉德隆女士也十分了解学校的动向。汉德隆女士相信，她有权利干预女儿在外面的经历，而且就像我们所看到的，她对学校的工作有很多批评意见。然而，拥有这些资源的汉德隆女士还是无法在她最关心的地方（即，评分和作业上）为梅勒妮取得明显优势。不过，她的确在对梅勒妮教育经历中的某些具体元素进行定制这方面取得了成功：内特尔斯女士同意给她拼写单词表，给梅勒妮的家庭教师准备材料，在梅勒妮经常因病缺席时把涵盖课程内容的资料送到她家。但是,她为女儿取得的优势却比想象的要少。[7]

正如布迪厄指出的,社会生活的复杂性意味着,在社会地位之特权的传输中,众多微妙的技能技巧都会被利用到。因此,在家长为激活文化资本所作努力的有效程度上就会出现各种重要变异。像干预是否机敏、家长提出意见的方式在多大程度上能吸引掌权者作出回应,以及孩子遇到的困难的特性,这些因素都会起到一些作用。在教育领域,至少有三个重要原因可以使得文化资源的使用不成功。首先,教育工作者有时并不知道中产阶级家庭的母亲会付出巨大努力去遵守校方的政策规定。不可能期望他们会对自己毫不知情的行为赋予特权。然而,孩子们不但知道家长作出的努力,还会为此感到十分压抑。尽管家长的干预是好意,但却会让孩子们感到极不自在,从而降低了他们努力学习的动力,而且也没有激发出他们的学习热情。因此,即使有些时候老师**也许**会认可家长的资本,孩子们自己也不会认可。其次,对于有帮助的行为是由什么组成的,教育工作者经常采用一种较为严苛的定义;家长那些处在定义范畴之外的行为会被忽视或被怀疑。因此,像反复不在学校的各种表格上签名或多次迟交的家长,就会被视为是严重的玩忽职守,不管他们的社会地位如何。再次,即使在社会地位资源相当的家长中,也会有一些家长要比其他家长更能有效激活利用这些资源。虽然斯泰西和梅勒妮的母亲都深爱着自己的女儿,但是马歇尔女士看起来却比汉德隆女士更能为自己的孩子取得更为长足的进展。

并非只有汉德隆女士一个人想要帮助孩子学习,但他们却无法达到自己预期的效果。就像我将要在下一章中所展现的,在这方面工人阶级家庭和贫困家庭父母也经常会有相似的经历——下面我们就先从温迪·德赖弗的经历开始。

第十章

让教育工作者带路：
温迪·德赖弗

> 我不想就这么莽撞行事，然后却发现自己做错了事。（德赖弗女士）

> 这就是温迪的作业。她把"司机"一词[与她的姓氏"德赖弗"拼写相同]拼错了……如果是我的话，如果我们两个互换位置[我是她的家长]，我会在[做老师的]头上猛敲一下的。
>
> —— 温迪的四年级老师蒂尔先生在家长会上对她妈妈说

无论处在什么社会地位，家长都会密切关注孩子的教育。工人阶级家庭和贫困家庭父母与中产阶级家庭父母一样都渴望自己的孩子能学业有成。然而，工人阶级家庭和贫困家庭父母却使用了一种不同的方法。就像温迪的母亲在上面那段引文里所说的，工人阶级家庭和贫困家庭父母经常害怕在与学校相关的事务中"做错了事"。与中产阶级家庭父母相比，他们大都更尊重教育工作者的专业技能。因此，工人阶级家庭和贫困家庭父母对校方工作人员通常都是恭顺的而不是苛求的；他们会到教育工作者那里去寻求指导，而不是去提出建议；他们会尽力保持学校和家庭的分离状态，而不是培养一种家校之间的相互联系交融。具有讽刺意味的是，正如温迪的四年级老师所暗示的，教育工作者往往并不喜欢这种方式。他们想要让这些工人阶级家庭和贫困家庭孩子的家长更加果敢自信。换言之，他们希望这些家长能够参与到各种形式的协作培养中来。

这种家长恭顺于教育工作者的模式并非个别家长在个性上的特殊差别所致。同样是这些家长，他们会默默地接受不同的老师对孩子作出的（有时候是相互矛盾的）评估，而在对有线电视公司、房东和当地的店主讲话时却是既强硬又直率。工人阶级家庭和贫困家庭父母有能力苛求其他成年人。但他们却认为，在与学校和医务人员打交道时这种强硬的方式是不恰当的，部分原因可能是他们没有必备的词汇来对这些人提出挑战。而且，这些家长都把教育视为教育工作者的工作，因而他们期望老师和学校职工承担起责任，确保自己的孩子能够学到所有应该学到的东西。

最后，在工人阶级家庭和贫困家庭父母对老师表现出的恭顺背后也潜藏着一些抵制的成分。那些在家长会上默默点头的母亲回到家后，会在孩子仍然能听得见的地方公然指责老师不公平、不可信赖或心怀恶意。尤其是在责罚孩子方面，工人阶级家庭和贫困家庭父母更有可能认为学校的方法是不恰当的。很多家长都鼓励孩子——直接违反学校纪律——去打那些袭扰他们的孩子，尤其是建议他们"在老师看不见的时候"去报复那些欺负他们的人。这种抵抗的潜流还带有一些敌对色彩。学校职员被授权代表那些他们认为在家里受到虐待的孩子采取相应的行动，工人阶级家庭和贫困家庭父母对此十分愤恨。正如温迪的母亲所说，家长们真的害怕"那些人"会"来带走你的孩子"。按照教育工作者的要求去做就会减少他们受到政府官员干涉的危险，虽然老师的那些要求在家长们眼里都很荒谬。尽管如此，因为家长对孩子的教养策略与"校方"强调的协作培养有冲突，像温迪父母这样的家长还是会受到教育工作者的公然批评，因为他们没有在孩子的学校教育中发挥更具领导性的作用。

德赖弗一家

我们的调研对象温迪·德赖弗是一个友好快乐的 10 岁女孩[1],她在下里士满小学读四年级。她家住在一座租来的二层楼房里,家里还有她哥哥威利、与她同母异父的小妹妹瓦莱丽、她妈妈黛比、黛比的男友马克·法伦(瓦莱丽的父亲),以及两只分别叫"甜甜"和"怪兽"的猫。

温迪很瘦,白皮肤,大眼睛。她头上经常戴着一根彩色发卡,把她的金色长发朝后拢起。在亲戚和其他成年人到来或离开的时候,她都会自发地去拥抱他们,对调研人员也不例外。她会去亲两个月大瓦莱丽的额头,有时(当妈妈不在屋里时)她还会把小宝宝叫醒了两人一起玩。在一次访谈中,温迪这样描述她自己:

> 我很和气。我不自大,也不贪心,更不会为了买一样东西而花很多钱。如果我有钱的话,我要请我妈妈和[马克]去饭馆吃晚餐……我喜欢玩芭比娃娃,[还有]和我表姐表妹打牌。我喜欢骑车和滑旱冰。我喜欢数学。

温迪对很小的乐事都会作出很热情的反响。一个春天的傍晚,看到一道闪电划过,她兴奋地雀跃着说:"咱们去外面吧!咱们去外面吧!"在房前门廊的庇护下,她激动地看着一道又一道的闪电划过天上。

在学校里,温迪有时会是一个果敢自信的领导者。在课间休息和吃午饭时,她和她的女生朋友们(都是白人孩子)一起跑来跑去,追赶男孩子,并一起玩各种游戏。一天,我们观看了她组织其他女孩子攻击男卫生间的过程。她命令两个女孩从近处一边逼近("我告诉你们快去!绕过去……")去敲厕所门;与此同时,她和另一个女孩从另一边推进,她们猫着腰,用东西半掩着,咯咯地笑着。温迪在表达自己的很多观点时同样无拘无束，包括她对舞蹈老师奥利恩女士的评估：

> 今年我和我表妹尼科尔一起跳舞。她也去舞蹈班。有时奥利恩女士真的很粗鲁。她总爱冲人大喊大叫。就说昨天吧，我和我表妹正在跳舞，我们犯了点小错儿……她就又来了，"**踮起脚尖！踮起脚尖！**"而且她还说："**做啊！**"她真是个粗鲁的女人。

温迪的父母在她上学前班的时候分居，两年后便离了婚。德赖弗先生在温迪开始上二年级时的秋天突然去世。她妈妈在那一学年末的时候开始与法伦先生约会，一年后他们决定住到一起。[2] 温迪和她妈妈的男友关系很融洽。比如，她野营回来后说："马克，我在旅途中去骑马了。"这时法伦先生逗她说："骑马？你确定你骑的不是驴吗？"尽管如此，温迪还是一直想念她的父亲，晚上睡觉她都会抱着她父亲几年前送给她的一个娃娃。

和温迪一样，12岁的威利也是个活泼好动、能说会道的孩子。他喜欢到表兄弟们家里去玩，喜欢骑车、看电视，还喜欢钓鱼和打猎。虽然他说法伦先生"对我们很好"并"开车带我们去了很多地方"，但他也和温迪一样思念自己的父亲。他和妈妈的男友经常起冲突。法伦先生批评威利的想法、他慢吞吞的动作，以及他生活中的其他行为。即便这样，他们之间还是有愉快的时候的，就像有一次，法伦先生和威利在客厅地板上专心致志地（除了因用力而发出的吭唷声，很安静地）摔跤时，家里其他人都很欣赏地在一旁观看。

威利经常不在家里玩（而是同他的表兄弟和朋友在一起），但当他在家时，他看起来很乐意和温迪一起玩。这个夏天，德赖弗女士和法伦先生去上班时，温迪和威利整天都时不时地看看电视，一起伸开四肢躺在客厅的地板上。他俩自己做午餐，并遵守家里的规矩：如果不是预先约定好的，就不给任何人开门；除了妈妈的电话，什么电话都不接（他们使用事先设定好的暗号）。在电视中间休息时，他们就一起做游戏。他们玩"大富翁"时，威利不用妹妹要求就会给温迪读卡片上的说明，因为他知道妹妹在阅读方面有困难。温迪有时会给威利洗衣服（除了洗自己的衣服之外）。他们看起来很喜欢对方。他们很少吵架，就是吵也吵得不厉害，尤其是与塔林格兄弟和马歇尔姐妹这样的中产阶级孩子相比。比如，一天下午，温迪评论说威利的女朋友把他给"甩了"。另一天，她朝楼下对威利喊他没有关自己房间的灯，当威利请她帮忙关灯时，她拒绝了（并要威利自己上来关）。

温迪和威利的妈妈德赖弗女士是位高挑而俊俏的女性，有一副大气的骨头架子。她32岁，一头金色短发，皮肤干净，未施脂粉，她很健康，几乎有点儿男孩子气。她有好几处文身，包括一只脚踝处有一颗插了一支箭的心。她经常穿一条酸洗牛仔裤，上身穿着运动衫或T恤，脚上穿着球鞋。德赖弗女士高中一毕业就开始做秘书工作，已经做了十四年。她做全职，年收入在1.5万美元到2.5万美元之间；她的职责包括接电话和用电脑做文秘工作。她说她"恨"自己的工作，如果她有钱过活的话，她就会辞职的。

德赖弗女士与温迪和威利的爸爸离婚后就带着孩子搬回自己父母家，并在那里住了五年（直到德赖弗女士和法伦先生把财力集中在一起租了自己的房子）。由于德赖弗先生没有给她儿童抚养费[3]，而德赖弗女士又需要向父母缴一部分租金，她就在做秘书工作之外找了一份餐馆服务生的工作来补充开支。但在怀孕后她不得不辞去餐厅工作，现在除了偶尔去做几班外，她并没有恢复服务生的工作。闲暇时德赖弗女士喜欢看电视，尤其喜欢脱口秀和肥皂剧。她努力把瓦莱丽的睡觉时间调整到和她最喜欢的电视节目相一致。

法伦先生26岁。和德赖弗女士一样，他也很高，宽宽的肩膀，刺着文身。他已经开始谢顶，发迹正在迅速后退；不过，他的声音很是洪亮。高中毕业后他就在一个残疾人疗养院做"男勤杂"，他在那里做一些像为地板剥蜡和打蜡这样的活计。他穿着制服（棕色的裤子和配套的衬衫）去工作。他做这份（有工会的）工作已有八年，年收入约在两万美金左右。他每隔一周就要在周末也工作，很多节假日都不休息。

德赖弗女士和法伦先生的收入不够全家的生活费用。谈话中经常会提及钱：物品的昂贵、需要省吃俭用或是采用其他方法来应付钱的问题、可用资金的短缺，这些都是每次实地访查中必谈的主题，在访谈的几个小时中经常会多次提到。当温迪从学校回来宣布学校要组织一次旅行时，德赖弗女士往往会深深地叹上一口气。这些出游每次每个学生要交两美元，她认为这是一笔很大的开销。具有讽刺意味的是，她家因为收入"太多"而超过了援助资格线，而两人的微薄收入又无法满足全家的生活所需；这让温迪的妈妈十分沮丧。

> 我到处去找各种组织帮我给孩子申请援助或是别的什么的时候，我真的觉得很苦恼——就好像，他们转过脸来对我说："你挣的钱太多了。"我却在想，"我怎么会挣钱太多呢？"因为，事情就像是，我的钱刚好够让我没有资格去申请。

家庭财政经常处于一种"总计为零"的状态。例如，温迪上三年级时妈妈给她请了一个家庭教师。为了应付这笔每周二十美元的新开支，德赖弗女士只好步行上班；她没有钱付公交车票。法伦先生的车坏了时，他们也拖着不去修。校服、圣诞礼物和主要的家用物品都无法一次付清。德赖弗女士和法伦先生都没有活期存款，他们用汇票来付款。德赖弗一家生活中的三个大家庭（德赖弗女士的父母、她前夫的家、法伦先生的家）都在经济上苦苦挣扎。德赖弗女士的父亲退休前一直都做两份工作。尽管如此，与像麦卡利斯特或卡罗尔家那样的贫困家庭相比，德赖弗一家也有一些优势。食物很充足，孩子们去商店时可以要东西买。而且，温迪和威利每个人都可以在圣诞节要（通常也都会得到）一样贵东西（如一件一百美元的夹克衫）。德赖弗女士把钱一点一点攒起来好用在家庭聚会上；温迪的圣餐礼节日活动包括一个为整个大家庭组织的自助餐，要花上一千五百美元。

德赖弗一家人的世界

就在实地观察开始的前几天，温迪和她的家人搬到了与他们以前住的房子仅隔几户人家的一个更小的三居室。在这个几乎全是白人的市内工人阶级社区，狭窄的街道两旁建着一排排就像德赖弗家那样的房子。一座座房子紧贴在一起，就像是一大座绵延不断的楼房。很多房子前面的门廊都刚好在人行道边上；门廊都很小，只够放两把椅子。没有草地。很多家人（包括德赖弗家）都会在情人节、复活节和万圣节等节假日装点自家房子。[4] 与温迪和威利年龄相仿的孩子就住在这条街上，孩子们的表亲也住在这里。女孩子们一起步行去上学，放学后和周末也会在一起玩。

德赖弗一家人的房子有三间卧室，要比很多其他工人阶级家庭的住房宽敞许多，但是整个楼下（由一个客厅区、一个小宝宝游戏室和一间厨房组成）都能统统**装进**中产阶级的马歇尔家的家庭活动室。租金每月六百五十美元。房间里纤尘不染。温迪和威利都知道，他们放学后一回到家就必须把书包放到楼上自己的卧室里，在客厅里他们每人只能用一个玻璃杯，而且他们都要做家务让屋子保持干净整洁。一家人经常一起在客厅里看电视。小小的客厅很舒适：两个成年人坐在S形爱侣沙发上，孩子们（和调研人员）可以坐在地上。墙上还挂着几张家人的照片。

温迪生活中的种族成分随着不同的环境而变化。在她所上的公立小学，有一半学生是黑人，有些老师和学校重要岗位上的员工是非裔美国人。然而，在自由活动时间和课间休息时间，温迪却几乎只和其他白人女孩一起玩。同样，虽然离她家不远就有很大一片地区（开车约十分钟）都住着非裔贫困美国人，但她的大多数社会交往对象都只有白人。她所有的亲戚是白人，所有近处的邻居是白人，所上舞蹈班和教会学习小组里的孩子是白人，几乎所有本地的商店店主和顾客都是白人，就连她常去的购物中心也是以白人顾客为主。德赖弗女士报告说，她的前夫有"偏见"并"憎恨黑人"；她一直在努力教育孩子们要更加开明，不要像他们的父亲那样。

重视家庭：亲戚关系的重要性

家庭对德赖弗一家的重要程度怎样形容都不为过。孩子们的生活也是和他们的大家庭深深地交织在一起。两个孩子都有和他们同龄的表兄弟或表姐妹。温迪最要好的两个朋友就是她的表姐妹罗齐和丽贝卡，两人的家离这里都只隔着几户人家。她的外祖父母住在步行就可走到的地方，她每天都去外祖父母家，而且很喜欢去。很显然，她喜欢自己的亲戚们。比如，复活节星期天早上她给外祖母打电话，在电话里唱"你是我的阳光"。外祖父经常在放学时接她回家。正如德赖弗女士所说，外祖父母和曾祖父母都在放学后帮助看孩子：

> 我儿子跟他姥爷和曾姥姥一起到我妈妈的家里；温迪到她曾奶奶家，和我父母家就隔两个门儿，她就待在那里，直到我下班回来……她每天都去看他们。

温迪的妈妈解释说："我和我妈至少隔一天要通一次电话，如果不是比这更勤的话。就是看看我怎么样或者她在做什么。"德赖弗女士的母亲过50岁生日时，她给了母亲一个惊喜，雇了一名脱衣舞者为母亲跳舞；她母亲过60岁生日时，德赖弗女士为她办了一个派对，请了一位专业歌唱家来助兴。除了和父母保持频繁的联络，德赖弗女士还经常去看她的兄弟们（她是唯一的女儿）。她还经常和一个表妹通话并见面，她说这个表妹"就像亲妹妹一样"。

连同德赖弗女士的大家庭，一家人也时常提到温迪和威利父亲那边的亲戚，并经常去探望他们。两个孩子父亲的兄弟（"叔叔们"）姐妹和父母都参加温迪和威利的生日派对，并被请来参加所有其他主要的家庭活动。最后，法伦先生的家人是德赖弗家日常生活中新兴的一部分。法伦先生与父亲断绝了联系，但他每天都和母亲通话。她经常来看他们，并愿意在需要的时候照顾自己的新孙子孙女。法伦先生也时常与自己的姐妹联系。其中一个妹妹萨拉就住在街角，她和她的孩子们经常来串门。他的另一个妹妹住在南卡罗莱纳州，法伦先生每周都把从报纸上剪下来的优惠券寄给她。

德赖弗一家人每天的谈话中密布着有关亲戚的话题、预期将至的亲戚活动、过去亲戚之间发生的事情和大家庭里各个成员生活中的趣事。[5]温迪（上二年级时）的第一次圣餐礼派对一次又一次地被提起。家庭成员们都可能会提及预期的家庭活动：温迪热切地盼望着她姑姑的婚礼，因为她要做小伴娘。到时候她会穿上一件很短的水红色低肩筒裙，还会做头发、染指甲，她一想到这些就特别兴奋。还有一个共同话题就是将要在夏天为瓦莱丽举行的浸洗礼。德赖弗女士和法伦先生打算在附近一个供应饮食的大厅里举行浸洗礼，并计划邀请一百位亲戚来共同庆祝。

在塔林格家，没有人觉得加勒特不去参加他表哥的毕业派对有什么关系；而在德赖弗一家就大不相同，因为家庭活动对他们来说极其重要。这一点也有不好的地方。有这么多亲戚要举办这么多派对和聚会，时间安排上难免会起冲突。因此，有人"感到受了伤害"也是不可避免的，正如在一天早上上学前吃早餐时的讨论中法伦先生解释的那样：

"那天有一场婚礼和一个初次圣餐。我表哥有场婚礼，我哥哥的孩子要举行初次圣餐……我们决定去参加圣餐——这会伤害有些人的感情。"黛比补充说："是呀，但是在一个亲哥哥和一个表哥之间做决定，所以……"（她没有再说下去，暗示调研人员自会明白哪个活动更重要。）

鉴于德赖弗家和法伦家有如此多的亲戚，他们与亲戚之间的来往又如此频繁，有时双方在理解和交流上出现误会也就不足为奇。德赖弗女士和法伦先生面临的一个问题就是，温迪和威利亡父的兄弟（"叔叔们"）对孩子们尤其是对威利的负面影响。这些男性，以及德赖弗女士自己的兄弟们，都不是什么好榜样，就像一个星期六早晨法伦先生对威利嚷着申明的："你想像你那些叔叔们一样吗？连工作都没有？你想像他们一样吗？"威利的妈妈也很担心"叔叔们"带来的坏影响。她在看一个关于"光头党"（Skinhead，一个带有种族主义色彩的青年黑社会恐怖团伙）的访谈节目时评论说：

"这就是我将要面临的事情。威利现在13岁了，我不得不开始担心他会不会加入犯罪团伙。"我说："你担心他会加入犯罪团伙吗？"黛比回答说："嗯，他是个不动脑子就跟着做的人。他是个好孩子，但是他会跟人学。他的叔叔们对他的影响很坏。比如在那个婚礼上，他最小的叔叔皮特叔叔就告诉他，他可以喝啤酒。"

日常生活的组织方式

德赖弗女士不会开车，她要靠法伦先生驾车带她完成各种家务杂事。温迪和威利通常都会陪妈妈出去办事。因此，全家人就以家庭为单位度过外出的时光，一起去商店买日用品和食品，一起上凯马特（Kmart，美国最大的日用品连锁零售商和全球最大的批发商之一）去（赊账）买上学穿的衣服，一起到购物中心（去闲逛），遇上坏天气一起去当地亲戚家串门。法伦先生周末上班时，全家的生活节奏就会完全改变。然而，德赖弗女士和孩子们还是可以步行去当地的店铺购物，以及步行去参加温迪的舞蹈课和宗教课。

大体上，孩子们都能控制自己生活的节奏。与卡蒂和哈罗德一样，温迪和威利跟自己的表兄弟姐妹及附近朋友一起玩，看电视、做游戏、帮家长做家务、陪大人去跑腿办事。就像其他工人阶级家庭一样，成年人与孩子之间界限分明。比如，当成年人之间有事要谈的时候，他们就会告诉温迪和威利到屋子外面去；孩子们也不会抗议，起身就走出去。最后，在家长允许这两个孩子做什么上存在重要的性别差异。德赖弗女士会限制女儿的自由：

> 威利可以出去玩。他会去朋友家玩，去各种地方。温迪在外面玩的话——她必须待在［能］听见我喊她的地方，否则就算了。我甚至不让她自己走到离这里有一个半街区的商店去。我不愿让她自己走一个半街区。[6]

同样，她只要求温迪参加有组织的活动——与我们观察的工人阶级家庭和贫困家庭的孩子相比，温迪超乎寻常的忙[7]。每星期她都有一次舞蹈课，一次天主教宗教课（CCD，基督教义团会）和学校的唱诗班训练。但和中产阶级家庭的孩子不同，温迪参加这些活动并不是为了培养才能、发展社交能力或是扩大朋友圈子。当我们问德赖弗女士她希望温迪从舞蹈课上学到什么的时候，她只是说：

> 优雅的气质。我想还有记住她的舞步。她不能靠任何人帮忙而必须记住那些舞步，她把舞步都背了下来。

当问到基督教义团会的课程时，温迪的妈妈并不像亚历山大的妈妈那样去强调这些课程对孩子智力的激励。她让温迪参加宗教课程的目的是希望女儿将来能做一位教母并"有宗教信仰"。她还进一步阐述了自己的观点：

> 这样她就做了所有的圣礼。我没有那么多钱送她去天主教会学校，但至少她能有一个宗教信仰。她可以通过这种途径做到这一点。

当像塔林格夫妇和威廉斯夫妇这样的中产阶级家长在谈及让孩子参加有组织的活动会带来的好处时，他们都会绘声绘色地给出详尽的回答。与这些中产阶级家庭父母相比，德赖弗女士的回答十分简短。她希望让温迪参加这些课外活动可以防止女儿"在街上乱跑学坏"；而在她表达这一希望时，言辞也较以往更加生动有活力。德赖弗女士小的时候也想"和朋友一起[玩]，在街角和其他所有孩子一样结伴玩闹"，但她父母对她要求很"严"：

> 我父母不相信我那样能混出好儿来……我的兄弟们可以到处跑，我却不能……我别无选择：要么待在家里，要么就参加一些活动。所以我选择了参加活动来让自己有事做，让自己忙起来，这样我也就有了点儿社会生活。

虽然德赖弗女士小时候认为家长让她参加的那些课程都是"浪费时间"，但是女儿温迪表现得却更加积极乐观。她喜欢舞蹈课（"我喜欢跳舞。跳舞很开心……你可以学到好些新东西"），喜欢唱诗班，但把宗教课程贬为"没劲"。然而，她并不向妈妈或法伦先生抱怨其中的任何活动。她的业余活动对她来说并不特别重要，这些活动也未支配她或家里其他人的生活。成年人一般也根本不会谈到温迪的业余课程；她会不时地提到这些活动，但并不会没完没了地讲。相反，与别的聊天主题（通常是过去和将来家里的活动）相比，这些有组织的活动就"退居二线"了。

指令性语言：语言作为一种实用工具

与麦卡利斯特家类似，在教养孩子的方法上，德赖弗女士和法伦先生都相当能发号施令，甚至会相当独裁主义。他们告诉孩子该如何去做。与中产阶级家庭的孩子不同，温迪和威利很少和大人争辩，如果不是从来没有过的话。

温迪问她妈妈："我能贴这张贴画吗？行吗？"德赖弗女士说："咱们不能往上贴贴画。"温迪没有说话。

黛比和马克坐在厨房里对威利说："到客厅去。"威利没有说话，起身就去了客厅。他打开了电视。

法伦先生，尤其是在他累了或是被激怒的时候，通常都会嚷着发出指令。有时威利也可能会"挑衅一下"，但通常在一次抗议之后他就会沉默下去[8]：

瓦莱丽坐在幼儿椅上，威利问能不能抱她。黛比说："不行。"威利（用一种发牢骚的声调）说："为什么不行啊？我什么时候才能抱她啊？"黛比反驳说："你自己有孩子的时候就行了。"威利不说话了。

威利有时也会让大人很恼火，但他使用的方法与亚历山大完全不同。威利并不会设法与德赖弗女士或法伦先生讲道理，或是告诉他们为什么他们错了。相反，他会修改自己的要求，将其变成一种稍有不同的形式：

威利想出去玩。马克说："不行。"电话响了，威利跑去接电话。就在威利拿起电话之前马克重复道："你不能出去玩。"威利接起电话："喂？"然后说："稍等一下。"他用手盖住话筒，说："马克？"

马克开始发脾气了。他大叫道:"我说什么来着?我说什么来着?"威利说:"别急。"马克压低声问:"干吗?"威利问:"他能过来在门廊上和我待会儿吗?"马克看起来快要气炸了,**"我说什么来着?我说了不许请客人来玩!你不准出去。"**

总之,德赖弗女士和法伦先生把语言作为一种工具,这种工具有实用的必要性,而不是生活中固有的趣味性维度。两个成年人都不会激励孩子去展开一个话题。像威廉斯夫妇那样的中产阶级家长经常会有意识地鼓励亚历山大发展自己的语言能力,相比之下,温迪和威利生活中的成年人并不会在孩子碰巧提到一些新信息时跟踪培养他们的表达能力。比如,当温迪(逐个)问她的家人他们是否知道"不赦之罪"是什么时,她妈妈说:"你上过宗教课,你来告诉我们是什么。"温迪解释这个名词的时候,她妈妈和法伦先生都看着她,但却没有人认可她的答案。他们等她说完了就接着开始看电视。

在组织机构中采取的干预措施

温迪的妈妈并不像亚历山大的妈妈那样去培养自己孩子的语言能力。她不会设法去引导温迪说话,或是跟踪讨论如"不赦之罪"这样的新信息。但和威廉斯女士一样,德赖弗女士特别关心自己的孩子,而且就像汉德隆女士那样,她也想帮女儿取得好成绩。德赖弗女士密切关注温迪的学校教育。与梅勒妮的妈妈不同,她不会忘记该填的表格。温迪从学校带回的每份表格她都会马上签字,并会提醒女儿要记得交给老师。

黛比提醒温迪:"明天别忘了把那些表格带回学校。"她向我解释说:"他们又在测试她了,所以我得签字同意。"当我问她什么时候测试时,她说:"我不知道什么时候,但是他们考完会打电话告诉我们测试结果,他们还会给我们一份书面报告。"

让温迪"参加测试"是为了确定她为什么会读写困难并在凡与语言相关的活动中都有困难。她妈妈很欢迎这些官方努力,但她自己并没有要求学校去测试。我们观察到的中产阶级母亲都会向老师详细询问孩子在课堂表现上的每一个方面,还会不懈地询问校外信息和各种测试评估;与这些中产阶级父母不同,德赖弗女士只是很模糊地了解到女儿有学习障碍,并且看起来还很满足于当前的模糊认识。这种态度与斯泰西的妈妈所持有的态度形成了强烈对比。马歇尔女士在与调研人员讨论斯泰西在课堂上的经历时,常会详细描述她女儿在学习上的实力和弱点。德赖弗女士从未提起过女儿在数学上达到了四年级水平,但在阅读上却比其所在年级要低三个年级。她的描述十分含糊不清:

> 她学习有点困难……他们给她安排了一个特殊教育的老师来看看她的问题究竟在哪里……她在阅读上有问题,但他们还没弄清楚问题究竟在哪里,所以他们安排了各种各样的特殊教育老师还有测试什么的。她去上特殊教育课程,我想大概是每天上两堂……我并不是十分确定——是阅读课。她阅读写在纸上的文字特别困难。但——她记忆力很好。但也不是什么都能记住。简直就像是她脑子里有个难解的谜。我们已经试过了,嗯,他们试过了很多东西,他们就是还没弄清问题出在哪里。

温迪的老师们都赞扬她妈妈"支持"温迪的教育,还说她"特别有爱心",但他们也都对德赖弗女士没有在温迪的教育中起到更积极干预的作用感到失望,尤其是她女儿的学习障碍问题确实非常严重。然而,从德赖弗女士的角度来说,积极支持学校教育就意味着听从老师说的每一个建议。

他们有什么建议我都会照做。他们建议我带她去看眼科医生，我做了。他们给她检查了眼睛，然后告诉我她的眼睛没有毛病。

同样，她也会监督温迪做作业并支持女儿在阅读方面作出的努力。

我们听她读书。我们帮她做作业。这样，比起在我父母那里，她能在我们的小家里得到更多关注。我们都在给她更多帮助，看起来还是有效的。加上学校的两堂［特殊教育］课，而不是像去年只有一堂，她学到了很多东西。我们希望她慢慢能摆脱现在的问题。

但是，对于温迪的学习障碍的性质和严重程度，德赖弗女士显然并**没有自己独立的理解**，这也许是因为她不熟悉教育工作者用来形容她女儿的需求的那种专业术语（例如，有限的"视识词汇量"、不发达的"语言艺术技能"）。也许还有，她对学校员工的信任也让她更容易把"详细的工作"留给他们去做："默顿女士真的很棒，她帮我们一起做各种测试什么的。"德赖弗女士依靠学校员工的专业技能，他们对情况进行评估后再与她分享信息。

我想他们到现在还只是想在学校范围内帮助她。等他们没法找出原因来的时候，他们就会把我们送到别的地方去作检查了……

温迪的妈妈并没有惊慌失措，因为"校方"告诉她不用为温迪的成绩担心：

她的成绩单——只要不是阅读和拼写就都还不错——她的阅读和拼写基本都是不及格。他们一直告诉我不用担心，因为她已经在上特殊教育的课程了。但是除了这些，她的成绩都挺好的。我也没有听到她有纪律方面的问题。

德赖弗女士想要让女儿的问题得到最好的解决，但是除了大量依赖温迪的老师，她不知道还有别的什么办法能达到这个目的。

> 我根本就不知道该从哪儿下手。我从收音机里听到有可以帮助阅读有问题的孩子，这个呀那个呀的，可以给他们打电话，我问了几个人，他们都说，等等，那些地方只是要把你弄去然后你就得交给他们很多很多的钱。所以我对我妈妈说："算了，我还是等第一张成绩单到了，然后到学校去和老师谈谈吧。"

如果德赖弗女士知道下里士满小学的老师们在庞大的学区中试图确定并解决孩子的学习障碍要经过多少繁文缛节，她也许就不会像现在这样相信老师的专业技能了。一位老师在非正式谈话中解释说："［学区的管理层人员］不愿看到学习障碍的报告。"要想把一个学生送入全天候的特殊教育，老师们必须提出两套不同的干预计划（每个计划都必须与校长、顾问和孩子的母亲会谈商榷），每套计划都必须在测试开始前实施六十天方可转入测试阶段。整个学年才有一百八十天，因此至少三分之一个学年就这样溜走了，才能到达特殊教育推举阶段的最后一步。在实际操作中，测试和安置到合适的班级不可能在同一学年发生，即使这个过程是在最不可能发生的情况下在开学第一天就马上开始。温迪的文件表格是在三年级春季学期开始的，但是她的"讼案"却被疏漏掉了；推举过程不得不在四年级重新开始。温迪在四年级接受的唯一的特殊帮助就是阅读辅导老师。如果她在一个较小学区中的某所小学上学，就像加勒特的学校或是像亚历山大就读的那种私立学校，学校的教育资源就会更多，资金也更雄厚，官僚机构也不会那么庞大，温迪也许早就得到了更多更有效的关注。

然而，下里士满的教育人员并不怎么强调体制上的差异对温迪长期以来的阅读问题有多么重要的影响。相反，他们经常强调家长应该起到关键作用。在家长会上，温迪的四年级老师蒂尔先生对温迪不会阅读却升到了四年级十分愤怒。他催促德赖弗女士对他本人和其他学校员工更加严格要求并告诉德赖弗女士："如果我们两个互换位置——我会在［做老师的］头上猛敲一下的。"

在这里，蒂尔先生是在建议德赖弗女士要用协作培养的方法来对待她女儿的教育。她应该积极地监控、批评、甚至纠缠教育工作者，而不仅仅是听从专业人士的建议。他把温迪现在之所以面临困境的大部分责任都从这些专家决策人员身上转移到了她妈妈身上，从而暗示了，如果德赖弗女士从一开始就采取协作培养方式，温迪的阅读缺陷就根本不会"被允许"持续下去。

当德赖弗女士问蒂尔先生她该怎么做才能帮助温迪时，蒂尔先生强调指出，父母应该在孩子语言技能的发展中起到领导作用。

> 我会首先让温迪对阅读产生兴趣。到图书馆去，找到她喜欢的东西，读给她听，就是让她——找到自己感兴趣的东西，然后把精力投入到那上面。这样再看你能带她走多远。因为我认为温迪是能够学会怎么阅读的。

学校的阅读辅导老师约翰逊先生也同意这个观点，认为如果**在校外**给予温迪适当鼓励，她"就可能学会阅读"。他还在家长出资进行的各种干预中加入了家长校外辅导班这一条。

> 要是我的话，我首先要做的就是在校外寻求帮助。校外帮助可以是——我也许会让她进一个类似于辅导班那样的地方。救世军那边就有这样的班。基督教青年会也有这样的阅读班……［我会］试

着去读一个故事，然后看看她是否能从中学到一些词，设法让她增长一些视识词汇量。

他们都认为温迪可以学会阅读、家长的努力在孩子发展阅读技能中起着实质性作用，但蒂尔先生和约翰逊先生在温迪出现阅读问题的根本原因上却存在分歧，在学校能给予温迪的最有效应对措施上他们也无法达成一致。约翰逊先生对温迪的数学成绩能达到四年级标准感到十分惊讶。他相信温迪对阅读有"恐惧症"，并有可能与其他学习障碍混杂在一起。在他看来，阅读问题的所在就是情感问题（一种"社会情感障盖"）。约翰逊先生计划在五年级的干预中重复阅读预备期的基本步骤（这是一个一般会在学前班开始并持续到一年级的过程），以此来"设法提高她的视识词汇量和其中一些语言艺术技能"。

蒂尔先生和格林先生（温迪的三年级老师）则对温迪的阅读问题有不同看法。他们并不认为温迪有"恐惧症"，相反，他们认为温迪可能有神经系统方面的问题。与约翰逊先生不同，蒂尔先生觉得温迪应该上全天候的特殊教育。他还相信温迪应该重读一遍四年级。从二年级起，每一位教过温迪的任课老师都认为温迪有学习障碍，或者她需要得到额外帮助。但正如蒂尔先生所说，出于某种原因，温迪"被疏漏掉了"：

> 我认为温迪是被疏漏掉了……我坚信，温迪要是个黑人小姑娘早就会被送去接受特殊教育了。一个四年级的孩子还不能读一本一年级的书，这里就有很严重的问题……而且温迪那么可爱那么甜美。她对每个人都报以微笑，我认为不管怎么说，他们就这么让她一直这样下去真的是对她伤害太大了。

某种程度上，德赖弗女士也意识到了学校并未对温迪承担起应尽的责任。比如，春季学期的家长会结束后，她意识到老师们在温迪是否应重读四年级这一点上存在分歧。

> 我在见过［蒂尔先生］之后又去见了约翰逊先生。他说温迪还不错，而且她不需要留级。他说的跟上次一样——他说，温迪不会留级，因为她又在上特殊教育课了。他说，她只是阅读和拼写不及格，她的数学和社会教育课成绩都不错，所以他不能让她留级。但是另一个老师［她没有提到蒂尔先生的名字］则说她必须留级。他俩说的完全相反。

当我们问到，凭她自己的"直觉"她觉得温迪是否应该升入五年级时，德赖弗女士说："我觉得她应该留级。"但她似乎已经准备去接受"校方"认为对温迪最有益的决定。与马歇尔女士不同，德赖弗女士没有给教育工作者打无数个电话，没有追查在最近开的会上发生了什么，也没有发表她自己对今后应采取何种措施的见解。面对截然相反的信息，温迪的妈妈既困惑又惊恐，她怕自己擅自采取干预措施会给这个过程带来更多差错，从而延误温迪受到最好的教育。[9]

德赖弗女士看起来十分愿意遵从教育工作者作出的决定，即使他们的决定与她自己的"直觉"相矛盾也是如此；这并不是她对温迪的教育不关心的表现。下里士满小学的老师们都欣然描述她是一位"有爱心的""支持女儿教育的""关心孩子的"家长。调研人员观察到，她有两个星期每天都很密切地注意着"文件表格"是否到了，学校应该让温迪把测试签署表带回家的，但那些表却一直都没有来。但她并未打电话给学校索取这些表格，而是更愿意接着等下去。

德赖弗女士的方式也不能说明她个性柔顺懦弱。她说自己是个"急性子"，而且显然她也确实可以果敢自信。对像有线电视这样的商业公司还有她的房东，她会毫不犹豫地为了达到自己想要达到的目的而提出任何要求。当有线电视的代理人没有如约来到她家时，她不断地给公司打电话并最终要求与他们的主管通话。当他们租的房子暖气漏水时,她会给房东打电话。当房东让她先把暖气关掉等他安排人去修时,她拒绝关掉暖气。她向房东指出她一个人在家带着一个婴儿和两个很小的孩子,并坚持让他迅速赶来把暖气修好。

当她在别的场合发现房东并没有能力胜任管道维修时,德赖弗女士决定自己出面干预:

> 我问水龙头怎么了。黛比看起来生气极了。她从厨房桌子旁站起来,走到洗碗池那儿,把水龙头开到最大。"水压一点儿都没有!看看这个!龙头都开到最大了。"水虽然会不断地流下来,但却没有直冲下来;看起来水压只有应有的一半。她说:"我要给一个管工打电话让他帮我修好,然后再让房东好好地从我的租金里减去我请管工垫的钱。"

这种果断自信的表现在德赖弗女士与教育工作者的互动中几乎是荡然无存。唯一的一次例外还是有关威利而不是温迪。在学校的春季音乐会上,威利是一群黑人孩子中仅有的几个白人孩子之一,他在表演当中热晕了,一下子坐到了地上。没有一个老师上前帮他。坐在观众席上的德赖弗女士站起身,从拥挤的礼堂里挣扎着走到他身旁去扶他。她对此极端愤怒。她曾多次气愤地向亲戚们讲述这件事,但却没有对任何一个老师或学校的人提起过一个字。总之,与中产阶级家长不同,德赖弗女士只把自己对学校的看法留在心里,而不会说出来。

因此,德赖弗女士对教育工作者的顺从并不是由于她个性畏缩或是她缺乏做母亲的能力。温迪的妈妈默默接受的那些事情,搁在斯泰西和梅勒妮的妈妈身上都会穷追不舍下去;要了解温迪的妈妈为什么会这样做,更有效的方法就是要聚焦在社会地位上,既要从社会地位是如何塑造世界观这方面,又要从社会地位是如何影响经济和教育资源这方面进行分析。与中产阶级母亲所理解的自己在教育子女中的作用相比，德赖弗女士的理解包含一套截然不同的责任。她只对学校发出的联络作出回应——比如学校邀请她参加一年两次的家长会——而不会主动与学校联络。她把温迪在学校的生活看成另一个不同的领域，一个她作为家长只会偶尔造访的领域。她并没有像马歇尔女士那样去挑战学校对女儿的安置。她没有像汉德隆女士那样向其他家长询问孩子们在班里的每日生活。她也没有给温迪的老师打电话或是到学校来讨论家庭作业。德赖弗女士认定老师会把学生教好、女儿会学到知识，而且在正常情况下老师和学生都不需要她这个做母亲的提供任何帮助。如果出了什么问题，她认为温迪会告诉她的；或者，学校会和她联系的。

这种看待家长与学校之间互动的方式带来的结果之一就是，对温迪来说，学校就真的成了她自己的世界。比如，与梅勒妮不同，温迪就不会在家里重温在学校里经历的失败。实际上，因为她妈妈从不主动和学校联络，温迪也就有机会自己管理自己受教育过程中的某些方面。如果她选择不告诉妈妈某个问题，德赖弗女士就不大可能从其他地方听到这个问题。事实上，四年级春季学期里，温迪和她的阅读辅导老师约翰逊先生发生了争执（"因为他一直吼我。他也一直吼其他孩子，我被他吓着了"）。她有两个星期干脆就没去上特殊教育的阅读课。她谁也没有告诉。[10] 德赖弗女士直到很久以后才知道这段插曲（在约翰逊先生告诉她的时候）。对与学校相关的很多重要问题她都不知道，因为她的关键报告人是温迪，而不是学校教员，甚至也不是其他家长。学校是温迪的天下。

与德赖弗女士的社会地位相关的教育资源和经济资源也影响了她同老师和其他学校职员之间的交流方式。德赖弗女士只有高中学历，做的是低级别的文秘工作；马歇尔女士则获得了研究生学历和一份管理层的工作。德赖弗的学历和工作并未使她具备与马歇尔女士等量的信息，她甚至得不到马歇尔女士所拥有的信息来源。马歇尔女士流利地掌握了教育工作者使用的行话（例如，约翰逊先生指的"社会情感障盖"），而且她还知道学校必须允许斯泰西在校外接受独立测试来评判她是否符合天才班的标准。而在另一方面，德赖弗女士却不愿跑在学校的课程安排之前。她担心花钱请私立老师来提高女儿的阅读技巧只会让她浪费资源而起不到任何效果。她也没有马歇尔女士所掌握的那些教育专业术语。实际上，关于温迪学习障碍的性质，下里士满小学教职员工之间一直争执不休；而德赖弗女士则似乎对这些错综复杂的争论理解起来确实有很严重的困难（她抱怨说，她"看不懂"学校定时送来的关于温迪学习进展的报告）。

德赖弗女士对专业人员经常使用的术语的确在理解上有困难，这一点在下面一段在牙医诊所发生的事情中表现得很明显。孩子们的牙医马克斯大夫在给温迪和威利做了持续半年的常规检查后，走进诊室与德赖弗女士讨论结果。

> 马克斯大夫说威利的"恒齿"上有两个洞。她对黛比说："他得刷牙，尤其要刷后面的牙。"温迪有"蛀牙。我把X光片给你看看。"马克斯大夫打开片子台后面的灯。她指着片子说："这里和这里，看到了吗？"黛比看了看X光片，点了点头。"蛀牙在她的乳牙上，你好像没有什么选择，因为留着它们的话可能会把她的恒齿也带坏了。"黛比插话说："你想把它们拔掉？""对，它们已经松动了。我们可以把拔牙和补牙安排在同一天。"黛比看起来并没有为这些蛀牙感到不安。

德赖弗女士为温迪和威利做了预约，然后到候诊室去面对孩子们的各种问题：

> 黛比对威利说："你牙上有两个洞，必须得补。"她对温迪说："你必须得拔两颗牙。"温迪问："我牙上有洞吗？"黛比说："没有。"温迪很兴奋，说："太好啦！"然后她得意扬扬地对威利说：

"你有两个洞，我没有。"[11]

德赖弗女士没有给"蛀牙"和"牙洞"画等号。接下来十天，德赖弗一家多次谈到温迪要拔的那两颗牙。温迪听说她不能把拔下来的牙放在枕头下面等牙齿仙女来取很是失望。此外，大家还给出了很多种说法来解释为什么温迪的牙必须得拔掉。法伦先生说，她口腔里需要更多的地方。拔完牙后，大夫让温迪把她的两颗牙带回家。那两颗牙上都有大大的黑色斑点。据我们所知，家里没有人明白温迪的牙上也有洞。

就我们的观察来说，对专业人士喜欢用的术语不能完全理解或者理解错误是工人阶级家庭和贫困家庭普遍存在的问题。这些家长大都会遵从或者至少是默默接受教师和医务人员等专业人士的声明，不懂专业术语也是其中的众多原因之一。除了对学校官员和任课老师使用的专业术语感到不安之外，大多数工人阶级家庭和贫困家庭父母还相信干预孩子每日在课堂上的经历是不恰当的。他们期待老师去承担起教育孩子的责任，并认为如果出了问题，学校会和他们联系，而不是他们跟学校联系。尽管如此，这些家长在与学校代表人的交往中表现出来的恭顺，却经常会潜藏着敌意和反抗。

恭顺：掩饰起来的敌意？

工人阶级家庭和贫困家庭父母时常不能与教育工作者苟同的一个地方就是对孩子的责罚方式，尤其是在体罚是否明智这一点上（下一章将会更细致地考察这个问题）。学校强调要用语言商谈的方式来解决问题，而这些家长中的很多人则认为这种方式往好里说也是被误导了的。在这方面温迪的妈妈也不例外。在五年级的秋季学期，当温迪受到班里一个男生的困扰时，德赖弗女士（和法伦先生）建议她自己出手保护自己：

当我问她温迪的新老师怎么样时,黛比说:"她看起来挺好的。"马克说:"班里有个男生总揪她的头发,他就坐她后面。"黛比重复说:"是,班里有个男孩子一直揪她头发。"黛比说:"我对她说,给他一拳。"马克详细补充道:"对,在老师看不见的时候给他一拳,这样就解决问题了。"[12]

工人阶级家庭和贫困家庭父母不信任任课老师和学校职员的判断,却又不去公然对他们提出挑战,这其中有着更深层次的原因。学校作为一个组织机构是国家的官方代表。实际上,这就意味着,如果学校官员有任何理由怀疑学生在家里面临着任何危险,他们就能采取措施把孩子从家中暂时接出来。这就使得校方代表人拥有凌驾于家长之上的巨大权力;家长理所当然地会对这样不均衡的权力产生深切的愤恨和极度的惧怕。

一天晚上,在我们的常规访察结束之后,德赖弗女士告诉我他们之前曾带温迪去了医院。[13]德赖弗女士并不认为这点痛有什么可担心的,但她觉得自己非得让一位医生给温迪检查一下不可:

"每次学校往家里送信我都担心,如果我有什么事没做他们就会告发我们,然后人服部[人力服务部]就会过来把我的孩子带走。所以,虽然我知道她没有什么大毛病,我还是把她带到医院让他们告诉我她没有什么大毛病。"马克点点头:"他们说是手腕使用过度。"

德赖弗女士解释说:

他们给你送来那张大大的卡片,虽然我是他们的妈妈,但是我觉得学校——你要是有什么事没做的话他们就会告你。他们会来这里把你的孩子带走。

去医院看病的那次德赖弗女士有保险，但费用还是很贵，而且也很麻烦：

"那一次就花了四百一十美元。我5：00回到家，而且——（马克打断她说：'我们不得不把我妈妈接来。'）我们不得不把他妈接来帮着看瓦莱丽。"黛比接着说道："我们带她到了医院，然后我们就等啊等啊。"马克回忆说："我说：'如果她的手腕没折的话，我也要给她掰折了。'"黛比重复说："花了四百一十美元就为让他们告诉我我已经知道的事情。"

更糟的是，"校方"还有一个傲慢专横的权威，他们的错误率和正确率几乎是一半一半。凭德赖弗女士的经验，学校护士不仅会夸大并不存在的问题，还会认识不到真正的紧急情况。比如，威利在学校给撞伤了，护士却说"没事"，还说她觉得威利只需要贴块医用胶布就可以了。但是，威利眼睛上方有一大道很深的伤口，需要缝二十八针才行。对德赖弗女士来说，结论再明显不过：学校护士根本就信不过。他们对不值一提的小事大惊小怪，但在重大事情上却并不会准确地传达问题的严重性。温迪的妈妈把两所学校的护士都看成一个整体，虽然这些护士照顾的是不同年龄和性别的孩子；在这一点上，温迪的妈妈也表现出了工人阶级家庭和贫困家庭特有的一种普遍倾向，他们把众多权威人士都不加区分地融合成一个群体。因此，任课老师、辅导老师、图书管理员和校长通常都被称作"校方"。

德赖弗女士相信温迪的手没什么问题却又不得不带她去医院检查，因此她对这件事也很愤恨。然而，去看医生是她唯一可以抵挡那些有权威的专业人士的方法，他们手握权力却可能会发出武断无常但又真真实实的胁迫。与"他们"可能会来"把我的孩子带走"这样巨大的危险相比，去医院看手腕带来的不便和花掉的费用只能算是很小的代价。其他工人阶级家庭和贫困家庭也表达了同样的焦虑，并同样对学校官员有不信任感。

讨论

据我们观察，温迪（和她哥哥）的日常生活与泰雷克、卡蒂和哈罗德日常生活的模式基本相同。德赖弗家的孩子有很多闲暇时间与表亲的孩子在一起玩，看电视，帮大人做家务，并常去看望祖父祖母。他们的生活中有严格的指令塑造着他们的行为，但他们也有很多自主权来决定自己的业余生活。总的来说，家庭教养孩子的文化逻辑看起来就是成就自然成长。唯一一个重要的不同就是温迪的妈妈为她报名参加了三个有组织的活动。但这一举措看起来并不是她妈妈想要让她接触一系列的人生体验，而是一种保护她不到大街上乱跑学坏的方法。温迪喜欢三个活动中的两个，但这些活动都没有支配她的全部业余时间，也没有改变她家生活的节奏。

温迪的在校经历在某些方面有些极端化，因为即使在像下里士满这样全国排名常处于最底部四分之一的学校，大多数学生在三年级时也都掌握了阅读技巧。但在其他方面，像她这样的情况却并不少见。同其他工人阶级家庭和贫困家庭父母一样，德赖弗女士相信她为温迪能在校成绩优良而竭尽了全力。但是，温迪的老师们对家长对孩子的支持却有不同的定义。教育工作者提倡的是一种协作培养。他们渴望一个理想化的世界，在那里家长们都积极参与并在监控孩子的学校教育上起到领导作用，同时他们也希望家长们不要像卡普兰家那样为了反对音乐老师给学校节日选的歌便大肆干预。像蒂尔先生等一些老师则不希望家长只是一味地恭顺或容易激动过敏。他们追求的教育方式是一种充满矛盾的混合物：一方面，家长要积极参与并有意识地负起责任来指导孩子在学校的经历；另一方面，家长又要彬彬有礼，温顺服从，并支持教育工作者的工作。家长的恭顺只能出现在一种情况下，那就是，只要一产生不同意见，家长就得马上遵从教育工作者的智慧。

尽管下里士满小学的教职员工没有承认（也许并未意识到）社会地位在塑造他们理想中的家长应如何与学校互动上所起的作用，但是他们的愿望却聚合成了对协作培养的强制命令。蒂尔先生期待德赖弗女士在他的"头上猛敲一下"并希望她更积极地去引导温迪的教育，而这也就预设了一套这些只上过高中的工人阶级母亲所没有的教育和社会技能。比如，要想做到像马歇尔女士那样，温迪的妈妈就得对她女儿学习能力问题的本质进行广泛讨论。这就要求她要熟悉并熟练地使用各种术语，如"听觉理解能力""语言艺术能力""（阅读中的）解码技能"，这些行话都远比"蛀牙"要专业和复杂得多，而德赖弗女士连"蛀牙"的真正含义都不清楚。而且就算她强化扩大了词汇量，她也还必须有这个自信，相信自己有能力协调老师之间相互矛盾的各种观点。在一个充满不确定性的境遇里，面对着一些对最佳行动方案互不同意的专家，德赖弗女士对自己必须要有足够的信心才能认为自己才是为温迪决定最佳方案的人选。她必须抛弃对犯错误的担心，并愿意认定自己的干预措施与仅仅把教育温迪的任务留给学校教员一样有价值，甚至比那样做更有价值。

在其他情况下，比如对有线电视公司和她的房东，德赖弗女士恰恰表现出了这样的自信。她找到对方行为中让人无法接受的地方，并坚持不懈地完成自己的目标。**她强烈要求**那些供应商对她作出回应。但她却被学校教职员工的专业技能与权威吓倒了，面对教育工作者她并未作出类似要求。例如，她没有（在温迪三年级时）给学校施加压力让他们更快地审阅温迪的情况，没有（在四年级时）敦促学校把温迪安排到全日制特殊教育班，也没有（在四年级结束时）坚持让温迪留级。相反，她只是一味地担心着、焦虑着、等待着并盼望知道"校方"下一步会做什么。

第十一章

遭皮带毒打,又害怕"上学":小比利·扬内利

> 那天那个治疗师……说,你知道我作为一名治疗师是在为国家工作什么什么的,我要发现你打孩子就不得不告发你。
>
> 现在我对小比利感觉正经历着不同的阶段。我想做一个从来不打孩子的家长,但小比利有时也太不像话了,也许他偶尔还是需要挨上一顿打。
>
> —— 扬内利女士

我们国家的开国功勋们小的时候,孩子们经常被体罚。到了19世纪末20世纪初,占主导地位的儿童教养理念提出了与孩子讲道理的重要性并建议给孩子"恰当的选择"。与较早的历史时期相比,专制独裁的儿童教养方法,尤其是体罚,已经不再为人们所钟爱。

然而人们在遵守专业标准的程度上所发生的变化则是有规律有系统,而非杂乱无章。比起对孩子用言语相虐的家长来(例如,一位母亲对孩子说:"我再也不想做你的妈妈了。"),用皮带抽打孩子的家长更容易被认定是虐待孩子的家长。学校作为国家的臂膀会有选择性地推行儿

童教养标准。这就对各阶层家庭成员在这些组织机构中的安适度、信任感和体验造成了重要影响。

*** ***

在一个工人阶级白人社区,那里布满了狭窄的街道和狭小的住房,小比利和他父母(他们并未结婚)住在一起。他们住在城里一座有两个卧室的砖砌房子里。前门离马路边缘只有几步远,一进门马上就进到了一间小客厅。客厅里最主要的家具就是一台巨大的电视,特大号的屏幕占去了整面墙的大部分,电视始终开着。放入单人沙发、躺椅、双人沙发和咖啡桌后,空间利用率已经达到极限。再没有足够的空间可让两个人同时穿过屋子。房子(两间卧室、一个卫生间、一间小客厅、一个餐厅、一个厨房和一个装修好的地下室)有一个小院子,夏天的时候,被家人称作"大比利"的扬内利先生会在那里种西红柿。客厅及整个房子都打扫得一尘不染。当调研人员赞叹房子的整洁时,扬内利女士回答说:"啊,这个房子太小了,如果在椅子上乱放一件衣服或一双鞋的话就全乱了。"小比利的父母最近才买下这座房子并进行了装修。全部装修都是扬内利先生自己在晚上和周末做的。

扬内利夫人36岁,但看上去却要显得更年轻,部分原因是她在家里经常穿剪边短裤和棉布T恤;她光着脚,一头棕发朝后扎成一个马尾巴。扬内利女士在市郊给人打扫房子(不入账),每小时十二美元。她的工作很辛苦。她和同事们四人一组,乘雇主的车挨家挨户打扫,也没有固定的午饭时间。比如,每周四,因为她的小组当天要打扫九家房子,她在晚上6:00之前回不了家。扬内利先生已快40岁,瘦瘦的,话不多;他是一名房屋油漆工,所以他经常穿着洒满油漆斑点的裤子和上衣。[1]从14岁起他就开始工作,现在他真的特别讨厌自己的工作,尤其是在他换了工作之后,他觉得自己的老板又苛刻又贪婪。他早上很早就要起来去工作，下午4：30回家。但他很喜欢和儿子在一起，他很积极地开车带儿子去参加棒球赛，帮教练做事，并会严厉批评小比利让他好好挥棒击球（他会嚷道："挥棒啊！"他伤心地摇着头："他害怕球过来。"）。扬内利先生还和小比利一起打牌。从房子里走过的时候，扬内利先生会很亲热地用力抚摸小比利的头顶，叫他"傻小子"（这是他最喜欢的一个绰号）。然而，与传统的劳动分工相一致，他并不参与对小比利日常生活的照顾及在校教育："那是她的事。"扬内利女士还有一个21岁的儿子曼尼，他是扬内利女士和前夫的孩子，（他多数时间都在女朋友家，但）他在家里工作和住宿。当他工作的时候，每个人都能和睦相处；当他不工作的时候，扬内利先生和曼尼就可能会发生冲突。

扬内利夫妇都没有上完高中。他们两个都没有健康保险，生病要花的大量费用经常让他们感到十分焦虑。[2] 当他们病得很重时，他们就去医院挂急诊，而这往往要花好几百美元，然后他们再一点儿一点儿地把账单付清。钱总是很紧，虽然远远没有几年前扬内利女士接受社会援助时那么紧。现在，她为他俩拥有一张信用卡而感到非常骄傲。但他们还没有活期存款，所有账单都是通过银行汇票来支付。他俩都喜欢"耍钱"并经常小赌一把，他们还为当地橄榄球队下注。有时他们也会"走运"，家里餐厅的家具就是他们赌赢了二百五十美元后买的。

扬内利夫妇都来自经济拮据的家庭。比如，扬内利女士家经常搬家。她还很小的时候父母就离婚了。她妈妈（小比利的祖母）在扬内利女士两岁时再婚。她管继父叫"爸爸"，她继父在一家工厂工作但却从未学会读书写字。她的生父在她13岁时就死了，据说是在一家监狱自杀身亡。扬内利女士怀疑这是否是真的：

> 他一直和我们保持联系。他常来看我们。他一直是位好父亲。33岁时他在狱中上吊身亡。当时人们有很多争论——是警察把他害死的吗？那时那些警察做了很多不该做的事。但他永远不会自杀的。

他不是那种人。他临死前头一天才刚刚买了一艘小船。

扬内利女士是个爱焦虑的人。在一个让人终生挥之不去的事件中,她一位好友的3岁女儿死于脑瘤。有很多年,因为害怕发生不测,扬内利女士都极力限制小比利的活动,甚至有他爸爸在场也是如此(例如,禁止他们去当地河边钓鱼)。她觉得自己因为怕失去儿子而对他太宠爱纵容了。她怀疑这就是小比利在学校有行为问题的根源。

> 我知道他现在有很多问题。我不知道他是不是有多动症。我是说,我年复一年想要找到他究竟有什么问题。我们对他很好。我一度觉得这就是他有问题的原因所在,我们对他太好了。就像是他身上有一条坏孩子筋。你为他做得越多,你越是爱他——他这根坏孩子筋就,我解释不清楚。但是……我们爱死他了。他是个让人开心的孩子。他喜欢体育运动……他打棒球。他想打冰球。你看,我是那样一种妈妈——我觉得是我做错了什么。

10岁的小比利矮胖敦实,经常穿着下沿垂到裤裆以下的长T恤。虽然如此,他剪得短短的金发和右耳垂上挂着的钮状耳环还是让他看上去有种很时尚的感觉。上学很辛苦,就像我们问他喜欢老师蒂尔先生哪一点时他所解释的:

> 啊,我喜欢他让我们有额外的课间休息。我们一起散步……他是个很有趣的老师。我们学他编的歌,像"地图饶舌歌"。你开心的时候就能学好多东西。我们班上有很多动物。嗯,我们有个奇大无比的鱼缸里面有九条鱼,还有三只仓鼠……[蒂尔先生]用很大的词儿……他用像"从技术上说"和"障碍"这样的词。他有时会用很巨大的词。

但他也有不喜欢蒂尔先生的时候:

> 嗯,他生气的时候……他会揪人头发或耳朵或者用手指头弹人脑袋,这些都很疼。他这样做的时候我们就直叫唤"哎哟!"

问他蒂尔先生会怎么形容他时,他报告说:

> 他说我很聪明,这不是我自己说的,是我听见他说的。他说我总能做好作业。他说我是个好孩子,我的学习成绩一直都不错。

但是小比利也知道自己名声不好:

> 他会说——很多人都觉得我爱惹麻烦。他会把我形容成一个整天惹麻烦的孩子,等等类似这样的话……他会说——他认为我在家里父母的教育有问题。

他也知道他父母与"学校"之间关系紧张,说他妈妈"恨"校长。

小比利的家在一个全是白人的社区,但是他家离一个黑人社区与本区之间的分界街只有几个街区。他所在的下里士满小学在学生和教职员工中各个种族都是融合在一起的。比如他的三年级老师格林女士就是非裔美国人,学校的顾问富兰克林女士也是非裔,但他的四年级老师蒂尔先生还有校长则是白人。在家里,他大都和白人孩子(包括白人女孩)一起玩,虽然有时他同班一个住在附近的黑人孩子会步行到他家来看看他想不想一起玩。他爸爸从小最好的一个朋友米切尔也是黑人。米切尔每周都会来串上好几趟门。他们经常去的店铺里绝大多数人都是白人,小比利的棒球队也是如此。

同泰雷克、卡蒂及其他工人阶级家庭和贫困家庭的孩子一样,小比利每天的生活大都是围绕着和近处的孩子们一起玩耍度过的,这里住着很多小孩。夏天的时候他唯一一个有组织的活动就是棒球,晚上的训练和周末的比赛让全家都觉得极其的忙。他很喜欢参加棒球活动。

> 我喜欢接球。我喜欢起来击球,因为我就觉得像是,有时候我觉得很紧张,比如如果投手特别快的话……我怕我会击不到球,砰,砰,砰,我就打到外场了。

但大多数时候,小比利都是在大街上和近处孩子一起玩,看电视(包括周六下午的烹饪节目),或者和他妈妈一起坐车去办杂事。与泰雷克一样,比起加勒特和亚历山大来,小比利有更多没有安排任何事情的闲暇时间。此外,小比利的家长都与自己的亲戚联系很紧密;小比利的叔叔几乎每天都会来串门,扬内利女士每天都和她妈妈通话。

> 我的兄弟们每天都给我打电话,"你干吗呢?""没干什么呀""回见了啊……"我们家人每天都通话。我的另一个兄弟,只要他一觉得我没事做,就会给我打电话,就是问问你干吗呢、你今早在校表现如何呀?我们全家人每天总有联系。

和家人在一起,"总有人在那里看着他们,不管他们的生活如何,总有人关心他们。这个很重要。"尽管如此,扬内利一家也不是和所有亲戚都来往密切。扬内利先生正和他弟弟查理一起工作,忽然他看到了另一个兄弟雷;雷是个吸毒成瘾的人,当时正推着辆手推车像个老头子一样往前走。扬内利先生给了查理五美元让其转交给雷,他自己则没有上前。

小比利在学校里经常得"良",但是老师认为他行为表现上有问题。他妈妈说他是班里的小丑。他经常在学校惹麻烦,比如,扔石头,在别的孩子要坐下时把椅子撤走，和其他孩子打架，以及很多其他"违犯纪律"的形式。蒂尔先生是这样描述他的：

> 他是个疯疯癫癫的捣蛋鬼。不好意思，但他的确就是这样……你知道一个捣蛋鬼是什么样儿的。他朝你对眼儿。他把舌头伸出来，发出怪里怪气的声音。

蒂尔先生还为小比利不能和同学们和睦相处而困扰。校方辅导员富兰克林女士也同意：

> 小比利是个聪明孩子，他很有潜质。[但]他那张嘴总是把他卷入很多麻烦。很多时候他对其他孩子说的话都会惹恼人家。他会说其他孩子妈妈的坏话……他知道怎样让其他孩子生气并进行反击……我真的觉得他的很多行为举止都不是这么大的孩子该有的……[那些行为]都是比他小得多的六七岁的孩子才会有的。

因为他在学校的表现问题，老师们都强烈建议小比利每周去看学校心理顾问。老师们还建议他们全家都去看心理医生，小比利的爸爸对此极为愤慨。他妈妈觉得她很有可能最后还是会默许去参加家庭心理治疗的，就像她同意小比利在校接受心理辅导一样。她说："我觉得他们在强迫我，我真这么觉得。"学校心理顾问富兰克林女士知道她不是很愿意：

> 他妈妈很抵触让小比利参加群组心理治疗……我们费了很大周折才说服她同意小比利来这里。我想，就像很多家长一样，她认为同意孩子去参加心理治疗就是在说你的孩子有精神病。我们并不是这么说的。

扬内利女士在很多方面都是按照学校的标准去做的。例如，她认为学习好这一点很重要。她监督他做作业并会确认他都做完了。为秋季学期买衣服时，她也很仔细地遵守规定。家长会她一次不落，甚至还会在担心一些事情时主动与学校联系。然而，有时两位家长也会蔑视学校的规章。比如，小比利的父母鼓励他直接违反学校规定，在操场上用武力保卫自己。在小比利上四年级时，听烦了小比利说班上另一个白人男孩一直在揍他，扬内利先生和小比利的叔叔就教他如何打架，还让他第二天到学校去"把事情摆平"。当小比利被停学后，他父母仍然为他出手的事感到骄傲，虽然打人直接违反了校规。扬内利女士把事情的来龙去脉告诉给了下里士满小学心理顾问富兰克林女士，富兰克林女士十分愤怒，她回忆说：

> 我觉得他们教给了孩子错误的信息……他们教他这种行为是可以被接受的。而且我对她也这样说了。那样做真的把错误信息教给了孩子……我试图向她解释，虽然我理解他们是想让他保护自己，但是打架这种行为是违反校规的。如果他遇到了问题，这里有人可以帮助他。出于同样原因，小比利也必须为自己把其他孩子惹急了而负责。

富兰克林女士虽然注意到"这种态度并非扬内利女士所独有"，但她却觉得"允许孩子打架"就给了他"在任何小事发生时……都可以大打出手的特许"。她还反对传统的家庭劳动分工，扬内利先生并不参与对小比利的照顾（这是一种几十年前流行的行为模式）。她觉得小比利家在这方面也有欠缺："我的确觉得他父亲［不参与照顾孩子］对小比利一点帮助没有。首要的是，我认为父母应该一起承担养育孩子的责任。我觉得这一点又给了小比利错误的信息。"

看来，这些家长和学校关系上的差异在家庭生活中——换言之，即家庭的儿童教养方式与学校制定的标准之间的一致程度和隔阂程度——总会有规律地浮现出来。就像温迪的家长那样，在与学校的互动中，工人阶级家长（如扬内利家）经受了一种隔阂感和不信任感，一种被排斥和处境危险的感觉。虽然他俩在面对其他服务行业人员时都很放松，很健谈，也很友好，包括扬内利女士每周六去取银行汇票和彩券时遇到的人、餐馆服务人员和前台招待员，但是他俩都对学校不信任。事实上，扬内利女士"恨学校"并经常觉得自己受到校方欺凌。

> 今早我从他的书包里发现了一张纸条，上面写着"我要杀了你，因为你没把我想要的东西给我"而且，嗯，"X你妈，你死定了"，还有，"你妈是这个什么东西，你爸是那个什么东西，你姥姥是什么什么东西"。所以，我就开始发抖。我简直不能等到九点钟了。我就说，我的天啊，我简直不能相信这些。我知道小比利总在找麻烦，但当轮到别的孩子欺负他时就没人管了。我准备好了去学校跟心理顾问说说这事，说，对，我的确努力了，因为我努力了，我太生气了于是我就到那边说，你该拿那些孩子怎么办呢？他们做了这个。但老师们说，那些孩子对他这样做的原因是小比利先招的他们。所以他们的回答总是什么都是小比利的错。

马歇尔女士甚至是汉德隆女士都觉得她们与学校的互动还是比较有效的；与她们相比，扬内利女士觉得自己完全没有力量，完全失败了：

> 调研访谈人：那你对他们那种回答有什么感受？
> 扬内利女士：我恨学校。我恨它。我曾想把他送入天主教学校。我的一个女性朋友，她的小男孩也有同样问题，她送他去了天主教学校，那孩子的整个生活都变了样。但小比利不是天主教徒，而且他们说他们没有名额了。所以我每天都为这孩子操碎了心，想把他

教育好。这就是我的生活。每天都是这样。我在上班时还会想他今天在学校里怎么样了？我明天能做点什么让事情变得好一些？简直是没有尽头。

扬内利女士强烈地感觉到自己的社会地位比较低，正如她在与小比利的四年级老师蒂尔先生开完家长会后所说的：

> 我想问他为什么要揪小比利的头发。为什么他拿起小比利的书扔到教室另一头，还说："你做得太慢了。"……我没能讲出我想讲的东西……我不太专业。我没法讲出我想讲的话。就因为他们是专业人员并不意味着（压低了声音）他们就那么精明。[3]

扬内利先生也有和她一样的挫败感，他的观点是，"他们"不会再公平对待小比利，因为他们已经认定他是个问题学生。即使扬内利夫妇是根据协作培养的逻辑把小比利养大的，小比利也可能会在家在校都有各种问题。但与像马歇尔女士这样的中产阶级家长相比，他们使用的教养策略给他们与教育工作者之间的关系造成了更大的隔阂、不信任和困难。扬内利女士觉得她在家长会上没有那些可以"讲出"她想讲的东西的"词汇"。相反，她感到毫无力量，十分局促。

担心会被告发

有时候，当家中使用的体罚手段可能会受到校方干预时，这种对学校普遍存在的局促感就会爆发成一次危机。在家中，扬内利夫妇会下达指令："比利别做这个"或者"比利别闹了"。他们经常不告诉小比利为什么。即便在他们的确给出理由时，他们作出的解释也比塔林格夫妇要短得多。例如，两位家长都没有让小比利讲出实情进而鼓励他自己考虑好自己的行为所带来的影响。相反，他们会很简短地陈述理由（如果他们会给出一个理由的话）。在被小比利激怒时，扬内利女士（实际上所有责惩都由她执行）觉得用皮带打他很有效果。这种儿童教养的基本策略（指令和体罚）与专业人士所提倡的标准是相违背的。比如，五月上旬的一个星期三，扬内利女士为了家庭作业和儿子吵了起来。晚上8∶00他还在慢吞吞地做作业（电视还开着），虽然他很早就开始写了。

> 妈妈：比利，赶紧把作业做完，都快8∶00了。我要关电视了。你做到第几题了？你几点钟开始做的作业？
> 小比利：5∶00。
> 妈妈：你要是5∶00开始做，6∶00就该做完了。
> 妈妈：比利，回答我，告诉我你做到第几题了。（她听起来生气了。）

过了一会儿，小比利把作业做完了，然后开始和妈妈还有调研人员一起玩拼字游戏。这个游戏变成一轮新冲突的源泉：

> 妈妈：你拼完了这一轮就得去洗澡了。
> 小比利：我们正玩拼字游戏呢。
> 妈妈：你得去洗澡了，洗完可以接着玩。（妈妈说话声很大，听起来很生气。）

小比利做完作业就和妈妈及调研人员一起玩拼字游戏。游戏还没结束，扬内利女士就让小比利去洗澡。小比利对她不予理睬。在多次叫他洗澡都不听之后，他妈妈拿出了一条皮带。

> 妈妈：小比利洗澡，我不管［你］是哭还是喊。

小比利：我们还没玩完［拼字游戏］呢。

妈妈：你玩完了。下次早点做完作业［就有时间玩了］。

（小比利还是坐着不动。）

妈妈：快点！你明天还有很多事要做呢。（小比利仍未动窝。）

妈妈走进另一间屋子，拿出一条棕色皮带。她在小比利的腿上抽了两下……小比利坐在大比利和［调研人员］之间。大比利和［他］朋友汤姆看着小比利挨打。她说："赶紧起来。要不然我明天就没法叫醒你。赶紧起来。"小比利站起来跑上了台阶。

在这段较长的互动中的确有讲道理的元素，扬内利女士解释了为什么她让小比利做那些事情。但其基本过程却强调了一系列指令语（例如，"小比利洗澡""你玩完了"）。最重要的是，当妈妈觉得儿子没有听话时，她发现体罚是一个有价值的办法。虽然扬内利先生只是看着他们而没有参加，但在这些互动中他也支持这个方法。事实上，有时小比利做事磨蹭时，他爸爸就会自言自语道："他该挨顿打了！"在与扬内利女士的访谈中，她说她使用皮带的频率和理由变化很大，她估计上两周她每周都要用一次。我们在他家访察的时候，依当天情况而定，有时会提到用皮带，但是我们观察到她用皮带打儿子或是威胁用皮带的次数至少每周有一次。[4] 在一些工人阶级家庭，什么行为要挨打规定得要更清楚一些。再有一点也很重要，调研中的另一些工人阶级家庭并不使用拳头或皮带。因此，一个阶级之内也存在着重要差异。但这种责罚孩子的方法，我们并没有在中产阶级家庭中观察到。[5]

再回到我们在第二章讨论过的观点上，学校有选择性地把某些文化上的惯常行为（惯行）确定为正统行为，而另一些惯行，比如说打孩子，虽然几乎在其他各个时期都是无处不在，却被认为是不可接受的。如果一个家庭坚持采用成就自然成长的惯行而不采用协作培养，他们在与学校的互动中就要承担重要的后果。扬内利一家就很强烈地感觉到学校是对他们具有威胁性的力量。换言之，当他们面对学校的权威时，不使用详细的说理来教育孩子（一种文化惯行）就被转化成了缺乏教育资源与方法。他们对此感到焦虑、无能为力并且害怕。

例如，小比利的妈妈担心学校会向州政府告发她。由于小比利的在校表现问题，老师们都明确坚持让小比利去看经常到学校来的心理治疗师。然而，小比利的妈妈一见到心理治疗师，他就像本章开头时那段话里那样警告她说，如果发现她虐待孩子，他就必须依法把她交给政府官员。扬内利女士自然会觉得受到了威胁，因为正如前面提到的，她觉得"小比利有时也太不像话了，也许他偶尔也需要挨一顿打"。

> 我对心理治疗师说：你知道，有时在[杂货店]小比利会趴在地上从货架间甬道的一头滑到另一头，我就会揪着他的头发拽着他走过甬道。这算虐待儿童吗？……如果小比利坐在课堂上说他妈妈揪他头发，是否就会有人说我虐待我的孩子？……我不知道。我猜我只能走着瞧了。但有时我确实也拿着皮带追他上楼过。我的确这样做过。

家长对小比利需要什么的想法与学校的儿童教养标准之间的这种冲突，在家里制造了很多小危机。比如，五月的一天，（正式访察结束后）我到她家去随便看看，我发现扬内利女士正深感郁闷。她之前刚打过小比利，当时小比利抬起胳膊去挡妈妈抽下来的皮带，结果他的前臂上被皮带抽到的地方留下了三道特别红的血印。他妈妈简直要疯掉了，因为"他不得不带着这三道血印上学"。她对此十分不安，一边抽着烟，一边在厨房来回走动，试图想出该怎么做。[6]

简言之，扬内利女士不使用讲道理的方式而是使用皮带来责罚孩子，这就让她容易受到权威的抨击，因为她进入了一个推崇说理的"领域"[学校]。如果她生活在19世纪，用皮带打孩子就不会有那么多问题。然而，在当今这个时代，这种教育方法却会带来一种具有潜在灾难性的风险：他儿子可以给老师看他胳膊上的血印；她有可能会因虐待儿童而被捕，他儿子还有可能被暂时或长期放在寄养处。不管这一系列事件会不会真发生，扬内利女士都担心学校会采取什么行动。

因此，在教育领域，不同的家庭背景会带来不同水平的优越性。在这种情况下，工人阶级家庭由于没有足够的资本而遭到的损失，就表现为一种连绵不断的灾难将至的胁迫感。工人阶级家庭和贫困家庭与学校之间的这一关系断层十分重要。这一断层减弱了他们对学校的信任感和自在感，而据其他社科工作者论说，这些感觉又在家庭与学校之间能够形成有效高产的关系上起着关键作用。[7]

评估

像马歇尔夫妇、威廉斯夫妇和塔林格夫妇这样的中产阶级家庭父母（包括比较富有的中产阶级家庭父母），在与学校官员的互动中都经常洋溢着自信。他们看起来对学校并不持有同样的恐惧感。在与中产阶级家长的任何一次观察或访谈中，从来没有人像工人阶级家庭和贫困家庭父母那样一再提到权威人士有可能会"来把我的孩子带走"。比如，在加勒特的一次州际足球赛后，回到家，塔林格女士说，她和另一些家长让孩子们在一家旅店看录像并给了他们一部手机，然后就自己到几个街区外的餐馆去吃饭了。她微笑着用一种轻松的口气说："可别去告发我们哦！"总的来说，加勒特妈妈的言谈举止与小比利妈妈的有很大不同。她并没有严肃地对待这件事，而是把它当成一个玩笑讲给了我。更切入正题地说，中产阶级家长从未显得他们担心学校会对他们做什么。他们并不把自己摆在脆弱的位置上，而类似事件就会让小比利的家长特别担惊受怕。因此，使用讲道理说服孩子的策略给他们带来了无形的优势：这使得他们能够与占支配地位的文化技能库同步。同时这也使得他们在学校官员面前能够做到轻松自如。

  总之，这些儿童教养标准都是由专业人员制定出来并编入学校制度的。换言之，社会工作者、心理学家、医生和其他专业人士发布了恰当的儿童教养标准，并警告我们什么样的教育方法是不正确的。[8] 教师和学校管理人员则采用了这些标准。而且，无论好坏学校都是政府的臂膀，并因此必须依法报告那些它们相信是虐待儿童或疏漏照顾的事件。由于小孩子必须接受学校教育，所有家庭都无法避免与学校打交道，或者间接避免政府官员的审视。在这样的环境中，中产阶级家庭——因为它们更有可能采用专业人士制定的标准——看上去就是在享受工人阶级家庭和贫困家庭所没有的这些大多是无形的优势。

第十二章

社会地位的力量和局限性

五年级结束的时候,孩子们战战兢兢又激动万分地期待着升入当地初中与"大孩子们"为伍的蜕变。下里士满小学和斯旺小学都分别为这一人生的转折点安排了毕业典礼,典礼都在炎热明媚的六月举行。在下里士满小学,大家对毕业典礼热情高涨,尤其是孩子们和他们的家人。很多家长来到学校时都带着一束束的鲜花和用亮闪闪的银色气球扎成的圆环,上面还写着像"祝贺毕业生!"这样的词句。母亲们,尤其是非裔美国母亲,都穿着坚挺洁净的浅色套装和常在婚礼上、教堂里及特殊场合穿的服装。女孩子们,包括温迪和塔拉·卡罗尔,都穿着镶着花边的裙子。小比利穿着正式的短上衣、宽松西裤、白衬衫,还打着领带。哈罗德没有穿得那么正式,但也同样穿着熨得平平整整的印花正装衬衫和正式皮鞋。学校送给每个女孩子一条黄色康乃馨手链,每个男孩子一支插在扣眼上的花。在"食堂大厅",父母们、祖父母们、孩子们和他们的哥哥姐姐们都坐在学生椅子上,一起读着毕业生名单,闲聊着,笑着。随着一曲和声不太整齐的"威风凛凛",孩子们迈着整齐的步伐排着队走了进来:两队孩子从礼堂两个相对的侧边同时开始行进(一步一停、一步一停)。有的男孩子,包括哈罗德,在游行开始时在脸上画了表情油彩画。当哈罗德听到家人为他叫好时,他咧开嘴笑了一下,然后又故意作出很不经意的样子。

简、马歇尔夫人和亚历克西斯看到哈罗德走进来时都笑了,她们说:"嘿,哈罗德!加油!"有人低声吹了一声口哨。另一个人说:"看上去很精神啊,哈尔。"哈罗德朝家人咧嘴一笑,而在他继续往前走的时候则试图显得很酷很不经意的样子,就好像这些大惊小怪的举动对他来说并不怎么重要。

很多孩子看起来都兴高采烈的,在列队走进来时对自己家人开怀一笑。在毕业典礼上,当他们的孩子得到特别嘉奖时,有些下里士满小学的家长会爆发出阵阵欢呼;他们喊着"太好啦!""好!"或是孩子的名字。有的家长则是站起来给自己孩子鼓掌。

然而,即使在这样欢乐的时刻,有时也会出现那种对学校的不信任感。有几个孩子因为纪律问题被禁止参加毕业典礼,很多家长都在抱着不赞成的态度讨论这事。小比利的父母正骄傲地坐在观众席上(他们都从单位请了假)。扬内利先生告诉我"我喜欢这所学校"(尤其是和小比利即将要升入的学校相比),但他的不安也是显而易见。

> 大比利在典礼进行中说了很多……贬损的话,要么是对自己说的,要么就是替[扬内利女士]说的——扬内利女士就坐在他旁边,不过大部分时候都没理他。一次,一位男老师走上台去的时候,大比利说:"他特傻帽儿,多蠢的人啊。"典礼开始校长调试着麦克风准备讲话时,大比利假装模仿她:"好啦,所有人都被停学了。"

斯旺小学的庆祝活动给人一种不同的感觉。很多斯旺小学的孩子,包括加勒特和梅勒妮,都微笑着,看起来很高兴,但他们并没有迸发出热烈的兴奋感。那些穿得比较正式的斯旺小学家长们也只是穿着上班时穿的衣服(即,套装、西装裙和短上衣——"职业装"而非盛装出席的那种装扮)。斯旺小学的男孩子们看上去都干净整洁但却很随意:很多男孩都穿着球衣,有些穿着纽扣汗衫,只有几个人系了领带。女孩子们穿着类似考究的礼拜天教堂着装——没有什么花边，但是很漂亮很优雅。老师们颁发的奖项从全勤奖到数学特殊成就奖都有。当他们的孩子得到嘉奖时，斯旺小学的家长们都温文尔雅地表达了他们的自豪感；他们简短而礼貌地鼓了掌，拍了照，并一直坐在自己的座位上。

斯旺小学孩子们的未来也与下里士满小学有很大不同：

> 斯旺小学的学生们看起来对未来更加充满希望，而下里士满小学则对孩子们将要在人生中面临的危险和困难更为警觉。斯旺小学的赞歌唱的都是未来有多么光明，孩子们会打开多少扇希望之门，这一切都是多么的激动人心。而下里士满小学的前两支歌则都是有关与绝望、嫉妒、痛苦和困难进行抗争的，以及第二天早上起来准备好东山再起，再次奋斗，还有世界上有多少孩子都生活在苦难之中。一位男老师还警告孩子们，下一年在中学里当别人辱骂他们时，"要把手放在兜里"，不要动手。他们强调一些好的行为（克制自己，"做个好公民"，避免打架，尊重他人），而不是像斯旺小学那样强调学业有成。

当然，家长的受教育程度也是不同的。例如，扬内利夫妇都只上到十年级。他们希望儿子小比利能上州立大学，但对这一点也不是太确定。中产阶级家庭父母则一点也不怀疑他们的孩子能上大学。中产阶级家庭的孩子们，包括斯泰西，经常叽叽喳喳地谈论他们长大后要上哪所大学。塔林格一家到处参加足球赛时就已经参观过好几所常春藤大学的校园。亚历山大的父母正在帮助他的一个表姐付学费，让她在一所私立精英大学读书。因此，对中产阶级孩子来说，重要的是他们要上**哪所**大学，而不是能否上大学。在这两种对未来截然不同的憧憬中，五年级末的小学毕业典礼也就成了不同的转折点。

社会地位的力量

在美国，人们对社会阶级在日常生活中的重要性的看法并不一致。很多美国人都相信，美国在根本上是个开放型国家。他们认为，认识美国社会的最好方法就是把它看成很多个体的集合。他们相信辛苦工作、付出努力并有才干的人更容易实现向上流动。换句话说，很多美国人都相信美国梦。在这种观点看来，儿童应该拥有大致平等的人生机会。人生机会不同的程度可以追溯到每个人对成功的渴望、拥有的天赋和勤勉努力的程度不同上。这种看法否定了另一种看法，即，家长的社会地位系统性地影响着孩子的人生经历和取得的成果。相反，成果被视为更多地掌握在个人手中。

在一个有所不同但又相关的支脉上，有些社科学者承认存在系统性不平等，包括如家长受教育程度的差异、职业声望的差异、收入及儿童教养方法上的差异等。然而，这些学者却把社会内部的差异视为一种**渐变等级**。为了解释不同的人取得的不同成果，他们认为，审视像母亲的受教育程度或者某个城市的家庭收入范围这样的线索会有所帮助。这些不同的线索相互交织成纷繁复杂又往往令人迷惑的模式。对不平等抱有这种看法的学者，大都把焦点聚集在了各种具体模式之间是如何关联的问题上（例如，母亲的受教育程度与孩子的词汇量，或者母亲的受教育程度与家长对孩子学校教育的参与度）。这些社会科学家都明说暗指地拒绝接受那种认为不同人群之间存在着可以确认的直接差别的观点。他们不相信贯穿全社会而确实存在的各种差异能够聚合成以社会地位形式出现的可辨认的模式。

我在本书中对这两种观点都提出了挑战。我并不把社会视为一群个体的集合，相反，我强调个体在社会结构中所处的位置在塑造其日常生活中起着重要作用。追随一个已经稳固确立的欧洲传统，我拒绝接受那种把美国家庭解释成渐变等级的分析。我认为类别分析方法要更有价值——可以用类别分析法把各个家庭按贫困家庭、工人阶级家庭、中产阶级家庭这样的社会类别分成组。这些类别有助于研究家庭成员的行为，其效力不只体现在某一个方面，更是体现在很多不同的领域里。家庭的日常行事与其社会地位紧密结合在一起。接受这种观点的社会科学家也在类别的数量和种类上存在分歧，例如，是否应该设定一个上层中产阶级和一个下层中产阶级。尽管如此，他们都同意，人们在举止上可观察到的不同点是可以在不扰乱日常生活复杂性的同时，成功地被分成有意义的类别的。我自己的看法是，选择出家庭生活的某些方面并将其按社会地位来区分，是了解美国人家庭生活现实一个更好的方法。我还相信，出生在何种社会地位对塑造日常生活常规十分重要，即使在家庭成员没有明显意识到各种社会地位的存在时也是如此。

因此，我强调了社会地位的力量如何与孩子及其家长日常生活的结构和节奏交织在一起。社会地位影响了家庭生活的几个关键方面：时间安排、语言使用和亲族纽带。工人阶级和中产阶级的母亲们可能都会在表达自己的观点时反映出类似"无微不至照管孩子"的理念，但她们的具体行为却是截然不同。[1]为此，我描述了几对作为儿童教养之"文化逻辑"的信念和行为。当孩子和家长走出家门进入社会机构的世界里，他们发现这些文化惯行并未被赋予同等价值。由于家庭中的文化技能库与组织机构采用的那些标准有很高的相似度，中产阶级孩子及其家长拥有很多优势，虽然他们看不到自己是如何受益的。在下一小节里，我将对家庭生活中不大受社会地位影响的区域给予认可。然后，我将转而突出那些社会地位起到重要作用的方面，并重点讨论各个阶级之间为什么会存在差异，以及如何去减少或消除这些差异。

社会地位的局限性

在我们观察的这些家庭里，其日常生活的某些方面并没有随社会地位而出现有规律的差异。每个家庭都有欢笑的一刻，有情感相通的瞬间，也有静谧自在的时候。[2]哈罗德差点儿没拿住热狗但最终还是很笨拙地抓住了它,在那一刻他和妈妈都笑了。棒球赛结束后,威廉斯先生拨弄着亚历山大的头发并叫他"小帅哥"。汉德隆女士在圣诞夜大游行后紧紧地抱着女儿的肩膀,而梅勒妮也高兴得眉开眼笑。夏日的一个午后,扬内利先生和小比利一起盘着腿坐在人行道边打牌。这些息息相通的瞬间对于处在各个社会地位上的孩子和家长来说都有深刻意义,即便这些瞬间在语言、活动内容和特征上都因社会地位的不同而显现出了不同的形式。

我们观察的所有家庭都遵循着一些仪式性的惯行:他们最喜欢吃的饭,他们必看的电视节目,对他们来说很重要的玩具或游戏,他们期盼的全家出游日和其他一些共同经历。各家仪式性惯行的内容(尤其会随社会地位不同而)有所变化;但不变的是,孩子们都很喜欢这些经历,这些经历本身也给家庭成员带来了一种归属感。而且在所有的社会阶层中,孩子们日常生活的大部分时间都花在了重复各种仪式上:起床,铺床,洗澡,穿衣,梳头,刷牙,吃早餐,找课本和作业本,等着成年人准备好接送他们。这些时刻都穿插在以小时、天和周来计算的家务中、冗长乏味的事务中、平凡的任务中、紧张的气氛中。这一点对每个家庭来说都是真实的,不论是什么社会阶层的家庭。也没有哪一个家庭可以豁免人生悲剧的发生:各个社会阶层的家庭中都会有人因为交通事故或自杀而过早地离开人世。在各个社会阶层的家庭中,孩子和家长都有各种各样的性情:有些人很羞涩很安静,有些人很外向很健谈。有些人很有幽默感,而有些人就没有。日常生活的组织安排和整洁程度也不随社会地位而有规律地变化。有些人家中干净整洁,有些人家里却是乱成一团。有些最脏最乱的人家就是一些中产阶级家庭,他们的入口通道堪称整洁的楷模,但是他们的居住空间(尤其是楼上)却到处都很零乱。就像前面的章节所详述的那样,各个家庭之间存在着巨大的差异,但在每个家庭中,经过几次访问,我和研究助理们都发现周围环境很正常,很舒适,也很安全。换言之,它们都让人觉得是来到家里了。

协作培养和成就自然成长

尽管来自不同社会地位的家庭在一些重要方面有共同之处,但社会地位却给孩子们常规的日常生活带来了重大差异。黑人和白人中产阶级家庭的父母都对孩子进行**协作培养**。这些家庭的家长对孩子的天赋、见地和技能进行积极培养和评估。他们给孩子安排各种活动。他们跟孩子讲道理。他们围绕在孩子身边,并且在家庭外面的世界里会毫不犹豫地为了孩子而干预各种事务。他们有的放矢又坚持不懈地努力去激发孩子的发展,去培养他们的认知能力和社会能力。工人阶级家庭和贫困家庭父母认为,孩子的发展应当是自然展开的,只要给他们提供抚慰、食物和其他基本抚养条件就可以了。我把这种教养儿童的文化逻辑称作**成就自然成长**。与协作培养一样,这种方式也需要家长付出持久的努力;把战胜生活中强大的挑战来维持孩子的自然成长视为一种成就再合适不过。依照自然成长的方式教养孩子的家长,通常在组织孩子生活的时候,会让他们在家里和近处与同龄人和兄弟姐妹及表亲一起玩。因此,孩子们对自己的业余时间有更多的自主权,也有更多机会自发地去玩耍。他们对自己在家庭以外的生活也更负责任。与在中产阶级家庭中不同,成年人组织的活动并不多见。与中产阶级家庭没完没了地把努力集中在说理和磋商上不同,工人阶级家庭和贫困家庭没有那么多的言辞(包括较少的抱怨和纠缠)。成年人与孩子之间的界限十分分明;家长大都不会为了培养孩子的语言能力而说话,语言更多是一种社会生活的工具。指令性语言很普遍。在与组织机构打交道时,工人阶级家庭和贫困家庭父母把责任移交给了专业人士;当他们确实想要进行干预时,这些家长感到他们没有自己希望的那么有能力、有效力。虽然工人阶级家庭的孩子与贫困家庭的孩子之间也有重要的差别,尤其是在生活的稳定性方面,但令人惊讶的是,在教养他们的文化逻辑上却没有太大差别。相反,在本项调研中,这一儿童教养上的文化差异出现在中产阶级和其他所有人之间。

不论处在什么社会地位上的人,他们的儿童教养惯行看起来都很自然。就像呼吸一样,儿童教养方法通常都是自动且无意识的。家长们很少会意识到他们正在用某种具体方式引导孩子。[3] 例如,汉德隆家和塔林格家的孩子都有与他们年龄相仿的表亲住在离他们家开车不到二十分钟的地方。然而,他们只在特别的日子才会见面,不像德赖弗家和麦卡利斯特家的孩子,每周都会和自己的表亲见上好几次。塔林格夫妇都很坚定地忠实于协作培养策略,但他们看起来并没有意识到自己使用的方法。威廉斯夫妇都提到,当他们看到亚历山大很有求知欲时都感到特别欣慰,但他们并没有把亚历山大的这个特点和他们自己广泛使用的说理教育联系起来。他们也没有去分析思考自己为什么不使用指令性语言。大部分时候亚历山大都和同龄人在一起,而不是和自己的表亲一起玩(部分原因是他们都住得很远),这一点也没有成为他的父母思考或讨论的主题。他们生活中的一些部分当然也的确反映出了有意识地选择和深思熟虑之后采取的行动,包括威廉斯女士对看电视的极力反对和父母二人对增进儿子音乐才能的投入。时间不够用也是经常讨论的话题。然而,即使在这方面,讨论的主题也是集中在生活细节上(例如,为了参加学校话剧表演而放弃一场棒球赛),而不是在教养孩子的整体方法上。

同样,在使用成就自然成长策略的家庭中,经济都极为拮据,他们几乎总是在谈论着有关钱的话题。但在日常生活中他们却相信自然成长而不是协作培养,这种对自然成长的笃信还带着一种"理所当然"的意味。麦卡利斯特女士强调了自己作为一位母亲的实力。她为孩子的衣食而奔波,照顾他们,带他们去野餐,密切注意着他们,所以与住在周围的母亲们相比,包括那些吸毒成瘾的母亲,她很赞许自己所做的一切。她并不把自己与世界上那些塔林格女士或威廉斯女士们相比较。

种族和阶级的交叉点

在《种族很重要》(*Race Matters*)一书中,康奈尔·韦斯特(Cornell West)教授讲述了一件让他深感沮丧的事情:他要为自己新作的出版去照一张头像照,在马路上叫出租车时,竟然没有一辆车肯停下来。他等了又等,有十辆空出租车从他身边驶过,却(通常在他的视野内)停下来去接那些不是黑人的乘客。盛怒之下,他改乘地铁,结果没有赶上预约时间。[4] 韦斯特教授和其他中产阶级非裔美国人常会提起让他们感到愤怒的事情:他们在与陌生人的互动中无法标示出自己的社会地位。在这些情况下,种族就占了社会地位的上风。[5]

这次调研中的中产阶级黑人父亲们也讲述了类似的故事。一位父亲报告说:一天傍晚,在一个高档购物区,他正健步走向一台自动取款机,一个白人妇女看到他后紧紧抓住自己的钱包,一脸惊惧。而且就像我在前面所展示的,中产阶级非裔孩子的父母都十分警觉地关注着种族问题的迹象。一年级孩子亚历山大(一个律师的儿子)被告知,他长大后只能做一个扫垃圾的;在篮球营地,弗恩是一百个女孩子中唯一一个黑人孩子,她在上午的篮球活动中过得很开心,但在午餐时却发现自己很难融入那些叽叽喳喳的白人女孩中(如果她是白人的话,就会容易得多),在这些时候,他们父母的担忧就得到了证实。虽然他们自己很艰难地在白人的世界里前行,但是家长们却会尽量避免让自己的孩子成为某个活动中唯一一个黑人小孩。此外,家长们还会尽力帮助孩子发展一种正面的自我形象,一种明确包含自己种族认同的自我形象。因此,他们每个星期天都会参加像全是黑人的浸会教堂这样的活动。

基于这些证据,如果暗示种族问题在孩子们的生活中不重要,必然是一个错误。不过,种族的影响并没有我原先料想的那么强大。本书关注的领域是:孩子们如何度过闲余时光,家长们使用语言及惩戒孩子的方式,家庭社交网络的性质,干预组织机构的策略——根据这些焦点，白人和黑人家长在教育孩子时采用了十分相似而且经常是一模一样的惯行。[6]随着孩子年龄增长，种族在他们生活中的相对重要性也有可能会增加。[7]大多数非裔美国人都不会与其他种族和民族的人恋爱或结婚。对黑人房产所有者来说，住房市场上存在着严重的种族隔离现象，无论他们处在什么社会地位。[8]非裔美国人在与白人的人际交往中也更容易遇到种族主义态度，尤其是在工作场合。然而，在上小学四年级时，种族对孩子们生活的影响还没有社会地位那么重大。[9]随着父母围绕孩子的课外活动来安排自己的时间，中产阶级的黑人和白人孩子得到了极多的个性化的关注。这种对孩子活动的优先考虑深刻地影响了家长的业余时间。在这些情况下，各个种族之间少有差别或者根本没有差别。威廉斯先生要为一次庭审做准备，在他连着一周每天工作到午夜之后，他还把星期天都花在开车送亚历山大参加各种活动上，他们先去参加棒球训练，然后赶快回家冲澡更衣，再奔向学校的话剧表演。塔林格先生坐飞机出差横穿整个美国，眼睛都熬红了，但却只眯了一小觉就去上班了，而后又要在一个春寒料峭的傍晚带孩子去参加足球训练，他很盼望训练赶紧结束，好让他回到家好好睡上一觉。

同样，也是中产阶级的孩子，不论黑人孩子还是白人孩子，他们和自己的兄弟姐妹争吵打架，还和自己的父母犟嘴。这些行为在工人阶级家庭和贫困家庭中是根本不能容忍的，不论黑人还是白人。[10]在本项调研中，在孩子们日常生活行为中反映出来的儿童教养的文化逻辑上，最大的差异仍然是中产阶级家庭孩子（包括更富有的中产阶级）与工人阶级家庭和贫困家庭的孩子之间的差别。作为一个中产阶级黑人男孩，亚历山大与**白人**中产阶级男孩加勒特之间有更多的共同之处；相比之下，他与泰雷克和哈罗德这样没有那么有特权的黑人男孩之间就没有什么共同点。

为什么这很重要？

协作培养和成就自然成长都为家长和孩子提供了固有的优势（和负担）。然而，这些儿童教养惯行却被重要的社会机构赋予了不同的社会价值。有迹象表明，有一些家庭的文化惯行，尤其是那些与协作培养相关的儿童教养惯行，给孩子带来了其他文化惯行所不能带来的优势。

在日常生活节奏上，协作培养和成就自然成长既各有所长也各有所短。中产阶级孩子学会了发扬和珍视自己的个性。家长允许他们参加各种各样令人羡慕的活动：体操，足球，夏令营，等等。这些活动既可以提高他们的技能，还可像塔林格先生说的那样，教他们成为比父母当年还要好的运动员。在运动场上，他们学会了胜不骄败不馁。也像威廉斯先生说的那样，中产阶级孩子学会了巴洛克音乐与古典音乐的区别。他们学会了表演。他们学会了表现自己。但这种培养也是有代价的。全家的时间安排都被打乱了。一家人晚餐的时间都很难安排在一起。像斯宾塞和萨姆这样的弟弟们还要在运动场里花上很长时间很沉闷地等着哥哥，并要坐在车里从一个活动地点赶到另一个活动地点。尽管总有静谧的间歇，家庭生活中的大多数时候却都十分狂乱。家长们，尤其是母亲，必须协调好各种相互冲突的优先事宜，同时处理各种活动的时限，这些时限远比做饭或帮孩子洗漱睡觉的时限要紧迫得多。孩子课外活动的支配地位会让家庭付出很大代价。有时候，中产阶级家庭中的每个人——包括十来岁的孩子——都显得疲惫不堪。因此，这种儿童教养方法既带来了强大的优势，也付出了巨大的代价。

从他们经历的儿童教养文化逻辑中，工人阶级家庭和贫困家庭的孩子也得到了优势，并且同样付出了代价。工人阶级家庭和贫困家庭的孩子学会了自娱自乐。他们在外面玩，自己发明各种游戏，就像泰雷克和他的朋友们那样。他们从不抱怨没意思。工人阶级家庭和贫困家庭的孩子还似乎有无限的精力。他们没有疲累的时候，不像我们看到的中产阶级家庭的同龄孩子那样。有些工人阶级家庭和贫困家庭的孩子也渴望参加有组织的活动，如卡蒂想参加芭蕾舞队，哈罗德想参加橄榄球队。当经济状况、无人接送、活动项目有限等因素合在一起妨碍或限制他们参加时，他们也会感到很失望。很多孩子也深知自家经济拮据和家政预算余地的有限。家里的生活空间很小，经常没有多少隐私可谈。电视几乎总是开着的，就像1950年代中产阶级家庭的孩子一样，现在的工人阶级家庭和贫困家庭的孩子看电视的时间没有任何节制。因此，和中产阶级家庭相比，工人阶级家庭和贫困家庭的成员在共有的空间一起度过了很多时光。事实上，家族成员之间的纽带十分牢固，尤其是兄弟姐妹之间。工人阶级家庭和贫困家庭的孩子还和他们的表亲及大家庭中的其他成员也建立了很紧密的联系。

在家庭内部，这两种儿童教养方法都有自己明确的长处和短处。然而，当我们在家庭以外考察与组织机构的互动时，与工人阶级家庭和贫困家庭孩子的生活相比，中产阶级家庭孩子生活中不平等的优势就变得更加清晰可见。在很多至关重要的方面，中产阶级家庭的成员看起来都相当有舒适感和优越感，而工人阶级家庭和贫困家庭的成员则显得很局促和不自在。比如，在和医生进行交流时，哈罗德和他妈妈都没有亚历山大及其妈妈那样轻松自如。亚历山大在家里就习惯了大量的交谈；面对医生，他能很轻松地主动提问。哈罗德在家里习惯了听令行事，所以他主要是回答医生提出的问题，而不是提出自己的问题。当亚历克西斯兴致勃勃地和医生分享有关她身上胎记的信息时，与威廉斯女士不同，麦卡利斯特女士却觉得她女儿的行为很不恰当。威廉斯女士不仅允许亚历山大站在凳子上上蹿下跳地表达自己的热情，她还直接训练儿子要自信大胆并为看医生做好准备。哈罗德很内向。他没有像亚历山大和其他中产阶级孩子那样表现出逐渐生成中的优越感。他的母亲显然是想掩盖他吃的食品种类，哈罗德吸收了这个信息，看起来很是谨小慎微，表现出了一种逐渐形成中的局促感。

这种行为模式也出现在他们在学校里与他人的交往中。有些工人阶级家庭和贫困家庭父母与教育工作者之间有着热情友好的关系。但总的来说，与中产阶级家庭的母亲相比，本项调研中的工人阶级家庭和贫困家庭父母对学校都更疏远或者更有隔阂。在家中，麦卡利斯特女士相当果断自信，但在学校里她却很是克制服从。家长会并没有使麦卡利斯特女士更加了解她儿子在校受教育的经历。[11]

其他工人阶级家庭和贫困家庭父母在家长会上也显得很困惑，很害怕，很顺从。德赖弗女士为自己女儿温迪上四年级了还不能阅读这事都快急疯了，但她却反对出面进行干预，她说："我不想就这么莽撞行事，然后却发现自己做错了事。"当工人阶级家庭和贫困家庭父母确实试图干预孩子的教育经历时，他们又经常感到力不从心。在同诸如在周六早上卖给她彩票的人那样的服务人员打交道时，小比利的母亲看上去很放松很健谈。但是，一旦面对"学校"，她就显得十分焦虑。她感到自己受到了欺凌，并感到无能为力。

有的时候，家长们鼓励孩子表面上遵从学校的官方规定，背地里却又怂恿他们反抗学校的权威。扬内利夫妇十分清楚学校禁止打架斗殴，但他们却直接训练儿子去打敢滋扰他的孩子。同样，当温迪抱怨说一个小男孩总缠着她，还揪她的马尾巴，老师对她说不要理那孩子，她妈妈却建议她"给他一拳"。德赖弗女士的男友还在一旁加了一句："在老师看不见的时候打他。"[12]

在像我们这样的历史时期，专业人士赞同果断自信，而把被动服从摒弃为一种不恰当的教子方式[13]；而不对等的信任程度，加上揭示出来的信息在数量和质量上的不同，就能产生不平等的利润。中产阶级家庭的孩子及其家长所作出的努力，经常（但不总是）会增加他们的受益或利润。亚历山大成功地让医生严肃地对待他对自己身体的担忧。即使她们并没有达到录取线，马歇尔家的孩子最终还是进入了天才班。

总的来说，在更广阔的社会范围内，家庭生活中的各种日常仪式性惯行并没有平等地得到相同的合法地位。比起使用指令性语言，家长跟孩子（甚至是2岁的孩子）讲道理在教育上被认为更有价值。专业人员认为把时间花在踢足球或打棒球上要比花在看电视上更有价值。而且，不同儿童教养的文化逻辑在广大的社会范围里也被附上了不平等的面值。与工人阶级家庭和贫困家庭中使用的成就自然成长的策略相比，中产阶级家庭的协作培养策略看起来更有资本变成社会利润。亚历山大的词汇量在家中、在晚上、在他和父母一边斗嘴一边谈论着剽窃和版权以及变种特工的时候不断增长。哈罗德、小比利和温迪则学会了如何管理自己的时间，如何在没有成年人指导的时候做游戏，以及怎样在长长的闲余时间有事可做而不感到无聊。这些都是重要的生活技能，但它们却无法像亚历山大的经历一样，为孩子们赢得标准化考试的高分。

  这些中产阶级家庭孩子潜在的优势和工人阶级家庭及贫困家庭孩子潜在的代价都只是一种推测，因为调研结束时这些孩子都还在上小学。尽管如此，在孩子们小时候就已经有了标志这些隐藏优势的重要征兆。中产阶级家庭的孩子与他们生活中的成年人有着广泛的互动经历，他们和这些成年人之间的关系相对单纯，由官僚机构来管控，又比较表面化。当孩子们花八个星期踢足球、打棒球、打篮球和参加其他活动时，他们会遇到很多成年人，会和教练、助理教练、车辆合用处司机等成年人交流互动。这种与相对陌生的人发生的接触，与和表亲、姑姑和叔叔的接触有质的不同，这种接触为孩子们提供了与工作相关的技能。比如，当加勒特和一个陌生人握手并与他（或她）进行眼神交流时，他正以一种毫不费力的方式为自己长大成人后的求职面试做准备（求职专家都强调用好眼神交流的重要性）。在麦卡利斯特家，家庭成员相互之间的感情深厚而温暖，但他们说话时通常都不会去注视对方的眼睛；这种训练在求职面试时很有可能会成为一种不利因素。在医疗保健和体操等各种不同的情境下，中产阶级家庭的孩子从小就学会了大胆自信，学会了提出苛刻的要求。就像斯泰西那样，他们要求组织机构对**他们**作出响应并照顾到他们的个人需求。相比之下，当家长告诉温迪（在老师看不见的时候）去打那个缠着她的孩子时，当小比利的家长让他违反校纪去出拳自卫时，他们并没有学到该如何让官僚机构为他们说话办事。相反，他们从中学到了失望沮丧和无能为力。

原因何在？寻求解释[14]

正如我马上将要讨论的，当今有些评论家谴责孩子们的生活中"日程安排得太满"；他们渴望让孩子们得到像过去那种有很多闲散时间的生活，到处充满着不拘形式的游戏。但这只是一种对过去家庭生活的浪漫化期盼。虽然处于不同社会地位的人在童年生活上存在着重大差别，但在美国历史上，大部分时候孩子都对家庭经济起着重要作用。例如，在殖民时代，男孩子从六七岁起就要从父母家里搬出去到一个熟练的手艺人那里去当学徒。随着国家逐步工业化，孩子们小巧"敏捷的手指头"在工厂里变得很有用处。[15]在家庭农场，孩子们也曾是一笔经济资产。1920年的一项研究显示，在北达科他州孩子们帮大人放牛并为筑围栏挖坑。他们每天还负责其他各种劳作，正如下面这段对一个9岁男孩要干的杂活的描述所示："早上要生火，给一座有两间卧室的房子拖地，打柴挑水；在走上六里地去上学之前，他要先帮着喂牲畜（五匹马和十二头牛），还要劈柴；晚上则要做一些家务杂事，还要洗碗。"[16]孩子们，尤其是工人阶级家庭和贫困家庭的孩子，还要帮助打零活的母亲完成她们的活计，比如，洗衣服，"做针线活，刺绣，扎花和系标签"；大多数哥哥姐姐也都会去照顾弟弟妹妹。孩子们也有一些时间自由活动，但这样的时候很有限。

维维安娜·泽利泽（Viviana Zelizer）说，在从19世纪末期到20世纪的头几十年中，伴随着这些惯行的是，人们相信孩子努力工作对孩子十分重要。如果说有什么不好的话，那就是，如果孩子们在"有用的营生"方面得不到特别训练,他们长大后就有可能成为"乞丐或小偷"。[17]儿童图书或杂志上的故事都强调"苦干、责任和纪律的美德";泽利泽注意到这些故事中,"标准的反角……就是懒惰的孩子"。[18]然而,在1920年之后的岁月里,随着《童工法》的实施,人们开始把孩子视为"在经济上毫无用处,在感情上却是无价之宝",由此儿童对经济的贡献开始急剧减小。[19]

因此,虽然一部权威性的儿童业余活动史还有待出炉,但看起来,给孩子很长时间自由玩耍在历史上却是只有相对较短的一个时期。二战后,白人和黑人家长都允许孩子在放学后、在各种活动当中和在周末时,一小时又一小时地和邻居家的孩子一起玩。除了去教堂做礼拜,那时孩子们参加仅有的几项有组织活动(如音乐课和童子军)的年龄也要比现在的孩子大。"儿童课外活动的制度化"和协作培养的崛起,一般来说是最近才发展起来的。[20]现在的家长并没有把他们在自己家庭出身当中学到的东西传输给孩子。我们调研中八十八个孩子的父母都是在1950年代到1960年代之间出生的。他们当中**没有一个人**说自己小时候有排得满满的课外活动日程。相反,本项调研中的中产阶级家长,有可能是全国的中产阶级家长,看起来都是在成就自然成长的儿童教养逻辑下长大的。

这是一个历史性的转变,尤其是在儿童课余休闲的制度化和强调对子女要"无微不至地照管"这两方面。为了理解这一转变,评论家们常会指向现代生活带来的影响,尤其是与日俱增的"运作合理化"[21]的影响。这种观点被乔治·瑞泽尔(George Ritzer)称作"社会的麦当劳化"(McDonaldization of society),即,日常生活的日益标准化,其重点在于强调效率、可预测性、管控和可计算性上。[22]瑞泽尔发现这些来自快餐世界的原则已被社会生活的其他部分所采纳,包括"儿童运动娱乐 & 健身俱乐部"(Kidsports Fun and Fitness Club)、"幼儿托管"(Kiner Care)、美国宿营地(Kampgrounds of America,KOA,世界上最大的私营露营地系统)、玩具反斗城(全球最大的玩具及婴幼儿用品零售商)及

其他商店。[23]家庭生活也变得越来越"合理化",

> [它]不但为公立学校、法庭、社会公益服务员、园艺师、管家、幼儿园、律师、医生、电视、冷冻食品、比萨外卖、批量生产的衣服和一次性纸尿裤所侵入,更为至关重要的是,还被这些组织机构、人员和产品背后的**意识形态**所侵入。所有这些都带来了……这种逻辑……它是非个人的、竞争性的、契约性的、商品化的、高效率的、高利润的、利己主义的人际关系。[24]

忙碌的富人家长可以雇私人司机带孩子去参加各种有组织的活动,在购物商场的"学习中心"雇教员帮孩子做作业提高学习成绩,也能雇私人代购员购买并包装节日礼物。举办生日派对的各种服务(例如,麦当劳的包间,在科技馆过夜,或是一位专业的派对协调人)也是家庭生活日益"合理化"的标志。

儿童休闲的运作合理化就表现在不断增殖的有组织的活动上,这些活动有固定的日程安排,在一定的具体时间内提供一定数量的体验,并处在成年人的管控下。孩子的课余时间从自发游戏转变成有组织的活动并不意味着一家人在休闲时不再享受快乐。很多人都觉得在一起度过像足球赛和棒球赛这样的时光让他们特别愉快。关键问题在于,与不久前相比,家庭生活的一些领域变得越来越系统化,越来越具有可预测性,也越来越规章化。导致这种变化的力量包括家长担心孩子无人看管而在附近街道上玩耍会很不安全,更多的人出去工作(造成有大人在家的时候越来越少),以及能找到邻家玩伴的机会减小。由于出生率下降和市郊化效应,尤其是住房面积增加和住房密度减小[25],孩子们越来越不容易在自家附近找到玩伴。

家长在家里更强调讲道理,尤其是将其作为一种责罚形式;在组织机构中讲道理也是家长进行干预的手段,这些都可以被视为一种运作合理化的形式，尤其是那种在文献中常见的"科学教子"。尽管如此，我还是相信，要分析协作培养的兴起，就要抓住美国在世界经济中地位的变化，随之而来的就是制造业高薪职位的减少和不受欢迎的服务行业职位的增多。这种结构重组使得现在的孩子在成人之后很有可能在生活水平上会比他们的家长要低。这就意味着"好工作"会减少，"坏工作"会增加，竞争也会更激烈。而且由于要得到那些受欢迎的工作孩子们就必须在学校取得高分，很多中产阶级家长都会急切地渴望孩子获得好的学习成绩。组织机构的把关者，如大学招生官员，都赞同孩子参加课外活动。因此，很多家长都认为，孩子参加的活动不仅仅只是有趣可爱的娱乐消遣。这些活动还为孩子在这种筛选过程中提供了潜在的优势。

所有这些因素都可能是促成一种新型儿童教养标准在中产阶级中兴起的原因。正如莎伦·海斯（Sharon Hays）所示，这种新型的标准以多种方式得到了官方认可。[26]专业人士都积极支持家长通过自己主动担当起对孩子的培养，来增进孩子的创造力和课业之外的才干，促进认知能力发展，提升孩子的在校表现。成就自然成长这种比较老式的儿童教养逻辑则很少得到组织机构的支持。如果这种分析是正确的，那么儿童教养的文化技能库就发生了变化；如果这一变化是真实的，那么儿童教养策略的使用为什么会出现阶级差异呢？为什么大家没有用同样的方法来教养自己的孩子呢？

资源所扮演的角色

父母所拥有的经济资源造成了本书中所讨论的儿童教养上的阶级差异。孩子们参加的活动都很昂贵。中产阶级家庭父母很不屑地认为二十五美元的报名费"无关紧要""很合适"或"微不足道"，而对所有贫困家庭和很多工人阶级家庭来说，这却是一笔很大的开支。报名费只是参加一项活动最初最表面的一小点费用。很多活动还要求有特殊服装。斯泰西需要练体操用的紧身连衣裤和热身训练时穿的运动套装。她在往返于体育馆和家里的时候有一个特殊的挎包，在家里还有一根平衡木。参加比赛需要特殊付费。在全家从一处活动场地跑到另一处活动场地时，孩子们紧张的日程安排也增加了在外吃饭的次数。不在本地进行的比赛还带来了特殊的报名费及旅店和餐馆的账单。赛季结束往往会有特别活动、宴会和送给教练的礼物。此外还有各种隐形花销，例如，汽车维修和汽油。1994年，塔林格夫妇估算加勒特的活动每年要花掉四千美元（包括上面列出的所有因素，汽车维修除外）；这一花销并没有什么特别的。[27] 因此，除了要有可以自由支配的收入来支付课程和活动的花销之外，家里还要有其他优势，比如不出故障的私家车和有弹性的工作时间，以便接送孩子去参加活动。这些资源都很不均衡地集中在了中产阶级家庭。

教育资源上的差异也很重要。中产阶级家庭父母自身受教育水平更高，也有更大的词汇量和更多的知识。更高的受教育水平促进了协作培养，尤其表现在干预家庭以外的组织机构这方面。如同我前面所展示的，贫困家庭和工人阶级家庭父母在理解专业人员使用的关键术语上有困难，如"破伤风针"或"蛀牙"。中产阶级家庭父母的教育背景也给了他们批评教育工作者和干预学校事务的信心。对工人阶级家庭和贫困家庭父母来说，教职员工高于他们，处在社会的上层。对中产阶级家庭父母来说，教职员工与他们平级或者比他们还低。此外，研究表明，与工人阶级家庭和贫困家庭父母相比，中产阶级家庭父母大都对儿童教养标准的变化更为敏感。这有可能是因为中产阶级家庭父母大都更能根据专业人士的建议调整自己的做法。[28]

其他学者也指出，家长的职业和工作条件，尤其是工作的复杂性，对其儿童教养理念有重要影响。[29] 在本项调研中，不仅有迹象表明家长的工作很重要，还有迹象表明成年时代的经历本身就影响着人们如何构想童年时代的生活。中产阶级家长没有严重的经济困难，因而经常会把精力专注在工作生活的快乐和困苦上。[30]他们大都认为在童年时应该有机会玩耍，但也要有机会发展宝贵的天赋和才能，以便日后在成年时能实现自我。比如，塔林格先生在为加勒特评估体育运动的价值时认为参加这些活动对其日后工作有帮助，因为踢足球教给他儿子要"顽强"和"勇于竞争"。同样，威廉斯女士则提到亚历山大学会了与队友合作的价值。中产阶级家长都十分清楚20世纪结束时中产阶级及全国范围内出现的"财富滑坡"（declining fortunes）问题。他们担心自己和孩子的经济前景。[31]这种前途未卜的状况让他们感到，为了拓宽孩子将来的机会，通过各种途径发展孩子的能力十分重要。

塑造工人阶级家庭和贫困家庭父母所持观点的经历和忧虑，与中产阶级家庭父母的截然不同。对工人阶级家庭来说，是工作的衰减和经济匮乏的压力塑造了他们成人期的经历，影响了他们对童年的构想。对贫困家庭来说，是依赖政府救济和资源严重匮乏影响了他们对成人期和童年的看法。工人阶级家庭和贫困家庭更担心基本生活问题：怎样挨过食品短缺，怎样在没有可靠交通工具的情况下带着孩子去看医生，怎样购买衣服，怎样设法弄到其他生活必需品。回想自己的童年，这些成年人都承认他们经历过困苦时期，但也都记得一些较好的时候，那时没有他们现在面临的各种担忧。很多人都愿意让自己的孩子生活得快乐惬意。他们的孩子成年后会有足够的时间去面对生活的重担。总之，家长对成年期和童年的构想似乎是与他们的亲身经历紧密相连的。因此，影响家长教子策略的因素也不仅仅局限于受教育程度上，而是还包括成年人在工作上和经济上的经历。

事实上，之所以中产阶级家庭父母采用协作培养策略而工人阶级家庭和贫困家庭父母则采用成就自然成长方法，最重要的原因就是人生经历和各种资源的相互交织；这些资源包括家长的经济资源、工作状况和教育背景。尽管如此，家庭在社会结构中的位置并不能**决定**他们取用哪种儿童教养惯行。行动者的执行权和社会生活的不确定性是不可避免的。

个体在扮演其社会结构地位、上演人生种种结局的时候是有"相对自主性"的，记住这一点十分重要。[32]

除了经济资源和社会资源，还有别的一些因素也可能会影响不同社会阶层的儿童教养惯行。事实上，我们可以设想两种不同的情节：如果贫困家庭和工人阶级家庭在一夜之间发生了变化，在资源上与中产阶级家庭平起平坐，他们教养子女的文化逻辑也会随之改变吗？或者说，在某种程度上这里有没有相对独立于经济资源和社会资源的文化态度和信条在影响家长的教子惯行呢？遗憾的是，本项调研的规模和范围都无法让我们就此作出明确回答。另一方面，一些贫困家庭和工人阶级家庭的家长则报告说他们想让孩子参加更多有组织的活动，表示他们相信倾听孩子需要的重要性，并感到作为家长自己在孩子学校教育中的积极参与十分重要。在这些家庭里，家长的教子惯行看起来是直接受到了资源匮乏的限制。而另一方面，在其他家庭里，家长并没有把孩子参加各种活动看得特别重要。例如，泰勒女士"祈求"泰雷克再也不要想踢橄榄球了，她并不认为这项运动对泰雷克有任何帮助。

其他家长表现得则更加模棱两可。比如，在与这些家长做访谈时，我和研究助理（用我们所观察家庭的部分数据）描述了两个孩子的真实日常安排。其中一个日程安排很像亚历山大的：限量看电视，必读书目，很多有组织的活动，包括钢琴课（那个例子中的孩子不喜欢上钢琴课，但家长却不允许他放弃，这两样都不符合亚历山大的实际情况）。有些工人阶级家庭和贫困家庭父母认为这个故事情节很不吸引他们。[33] 一位贫困的白人母亲抱怨说：

> 我认为他，我认为，嗯，我认为他想要更多玩的时间。我认为他大半时间都不喜欢做那些事情（轻声地笑）。我认为他的父母太严格了。而且他过得根本不像个孩子（笑）。

此外，即使是那些说这样的日程安排等孩子长大后会"在工作上"得到回报的家长，也都表达了自己的保留意见。就像下面这些评论（每个都摘自不同的录音访谈）所示：

"我认为这孩子过得很惨。"

"他肯定累坏了。"

"除非你想在钢琴方面让他成为大钢琴家……我认为这简直就是白搭钱……我认为他有点儿把自己的生活打断了。他没有参加任何能交上好朋友的活动。"

因此，工人阶级家庭和贫困家庭家长的教子信条是繁复混杂的：一些人希望孩子能参加有组织的活动；另一些人则不希望。尽管如此，还是有一些迹象表明，如果家长的经济资源和社会资源可以得到改善的话，他们的文化惯行也会随之改变。调研中有很多中产阶级孩子的家长正在向上流动。孩子的父母是中产阶级，但祖父母却是贫民或工人阶级。在有些个案中，孩子的祖父母反对与协作培养有关的儿童教养惯行。对为让孩子参加有组织的活动而制定的忙乱日程，他们感到十分困惑；对孩子父母采用讲道理的方法而不是直接下达指令，他们感到特别恼火；对孩子母亲在学校教育方面的密切参与，他们感到非常敬畏。由于个案数量有限，我们无法把结论扩大化；但确有证据表明，经济资源和社会资源是塑造儿童教养惯行的关键；随着家长自己的社会地位发生变化，他们在教养子女上的文化信条和惯行也发生了变化。解开物质资源和文化资源与孩子所作选择之间的相互作用不在本项调研范围之内。在日常生活中，这两个因素错综复杂地交织在一起。

要怎么做才好呢？

《公民权利的代价》(*The Price of Citizenship*)是历史学家迈克尔·卡茨（Michael Katz）所著的一部很有思想性的著作。他在这本书中揭示了，美国人近年来的社会福利观念已经变得过分狭隘。[34] 我们把注意力都放在了向穷人提供官方援助上，而忽略了另外两种重要的社会分配形式：社会保险计划和税务政策。然而，在规模和范围上，社会保险计划（尤其是社会保障和医疗保险制度）都会缩小贫困家庭需要支付的款额。而且，这些计划都很有效地在老年人中减少了穷人需要支付保险金的百分比。州政府也很有可能会采取类似措施来减少美国家庭之间的不平等。想要减少本书中所描述的社会不平等，州政府的干预很可能是最为直接有效的方法。例如，一种与瑞典及其他欧洲国家类似的儿童津贴就很有可能会有效地削减贫困儿童并减小经济资源和社会资源上的差距。[35] 正如大卫·卡伦（David Karen）指出的，为贫困家庭和工人阶级家庭加织一张"安全网"会对他们的孩子很有帮助：

> 任何能为穷人（和工人阶级）提供安全网的措施都会增加……儿童的资源，进而使得他们有可能去参加现在还无法参加的各种活动。他们被排斥在这些活动之外，不仅因为他们没有钱参加，还因为家长没有时间去接送他们。如果家长有更多时间（比如，工作时间减少了），孩子们就可能会去参加更多的活动。在这样的目的下，我会支持像全民医疗保健、州政府出资的日托、落实最低工资这样的事情。[36]

此外，联邦政府和州政府增加娱乐经费也会有所帮助，我在对斯旺小学和下里士满小学周围休闲娱乐项目负责人的采访中清楚地发现，镇区变得越富有，能提供的休闲娱乐活动也就变得愈加丰富。另一个可行办法是课外活动和交通运输的优惠券（例如，音乐课、美术课、运动项目和特别夏令营）。一个问题是，各个社区在社会地位上都较为单一化。如果能把工人阶级家庭和贫困家庭的孩子合并到中产阶级家庭居住的社区，他们就有可能得到更好的设施。然而，更难做到的是，出台支持财富再分配的政治决策。相反，一如既往，美国人更有可能仍然把精力放在更多孤立的解决方法上。不过，由于问题依据社会地位而有所不同，解决问题的方法也是如此。下面我将讨论一些可能性。

放慢速度：为中产阶级家庭做的政策性建议

媒体上关于一些中产阶级家庭忙乱的日程安排的报道日趋增多。因此，目前正在逐渐形成一种社会运动潮流，专业人士和中产阶级家长开始抵制如此安排孩子们的生活。包括像《过分忙碌的孩子》(The Over-Scheduled Child)这样的书籍坚持认为，孩子们的日程安排已经失控：

> 星期二早上6：45，7岁的贝琳达还在睡觉。学校上午9：00才开始上课，而她妈妈通常也会让她睡到7：30。但是星期二却不行。贝琳达星期二有钢琴课。她要在钢琴课后直接赶往学校，直到下午3：00才放学。然后，临时来看管贝琳达的人会开车把她送到从4：00上到6：00的体操课上。星期二最忙，但是一周中其他几天也都排得满满的，有教会学校和唱诗班、芭蕾舞和（贝琳达最喜欢的）马术。"一天下来她会觉得很累，"她妈妈难过地说，"我也不知道这样（忙）到底好不好。但我想给她我不曾有过的那些优势。"[37]

作者们对这种日程安排十分恼火：

> 我感到我们的家庭生活已经紊乱了，但我们却还不知道为什

么。我们知道我们为孩子做得太多了,但却不知道自己在什么地方应该少做点儿——我们每次回[转]过来……就会看到又有一些人在我们该为孩子茁壮成长而做的事情上多加了点东西。[38]

抵制在不断蔓延。在集体层面上,像以明尼苏达韦扎塔为基地的"家庭生活第一"(Family Life First)这样的基层组织,正在给教练和其他有组织活动的成年领导人施压,确保全家在一起的时间获得优先权(例如,通过不在星期天安排活动,或者是不惩罚因和全家人一起出去度假而错过活动的孩子)。新泽西州的里奇伍德镇区宣布全社区成立(自愿参加的)"家庭之夜"(Family Night),并在这一晚安排取消孩子的有组织活动(和家庭作业),这个社区也因此而获得了全国关注。这些初生的运动都明确承认孩子过满的日程安排十分荒谬,承认家庭生活被狂乱的"超级过度日程"所奴役。[39]在谴责过度安排孩子日程的同时,专业人士号召家长给孩子更多随意玩耍的时间。[40]在个人层面上,他们鼓励家长对孩子参加的活动要严明限度。有些家长很骄傲地在自己的网站上宣布,他们要求孩子一次只能参加一项活动。

目前还没有关于家长在监督和干预组织机构中所起作用的系统性评述。事实上,很多专业人士都积极主动地培训并鼓励家长参与孩子的学校教育。另一方面,在家长广泛地对孩子使用讲道理的方法有多少价值上,人们的怀疑也在不断增加。专业人士和媒体对家长与孩子之间界限模糊所带来的问题也作出了很多相应的反应。以《家长是主管:为你和你的孩子设定健康而充满爱的界限》(Parents in Charge: Setting Healthy, Loving Boundaries for You and Your Child)和《我是家长,你是孩子》(I'll Be the Parent, You Be the Child)为题,专业人士发出了家长需要给孩子提供指令的信号。这些书都向我们提出了警告,讲述了一些无礼、讨厌又不领情的孩子的故事,这些孩子拒绝对客人讲礼貌,认为作孩子的可以决定是否与家人一起吃晚餐,并可以在接到礼物后不对送礼的人表示感谢。作者们把这些孩子形容得极其失控，渴望得到成年人的关注，因此他们号召家长要"制定界限并作出决断"。这些专家提供的解决方法大都提倡个人采取行动：鼓励每位家长找回自身固有的力量来自己做主；给孩子下达明确的指令；顶住诱惑，不去寻求孩子的赞同。

具有讽刺意味的是，中产阶级家长的这一新议程，不论是以集体形式还是以个体形式表达出来，汇总起来就是又回到了成就自然成长策略的许多要素上。对负担过重和疲惫不堪的家长来说，核心办法就是建议他们限定界限：减少孩子参加活动的数量，安排全家在一起的时间，优先考虑家庭活动而不是孩子的课外活动，并在总体上把群体需要放在个人需要之上。

遵从权威的标准：为工人阶级家庭和贫困家庭提出的建议

对工人阶级家庭和贫困家庭来说，核心政策建议是，他们要在组织机构的场景中为孩子获取更多优势。有些课程强调给孩子读书的重要性，增加词汇量，并防止出现"暑假退步"（summer setback，这指的是，工人阶级家庭和贫困家庭的孩子在假期里大都会学习退步，而中产阶级孩子的学业却在假期里大有长进）。[41] 在此，重要的是要记住组织机构的标准永远都在不断变化（看字读音教学法这一年很"流行"，下一年就换作了整体语言教学法；电脑先是得到了推广，而后又遭遇了挑战）。为孩子提供遵从权威标准所需的资源固然可能有帮助，但这样做也并未对基于阶级地位之上的儿童教养方法其本身固有的问题进行仔细审视。出台更多政策来帮助专业人士学会如何对文化惯行的不同更加敏感，如何"语码转换"，在互动中因人而异，还是有可能做到的；进而，他们也可能能够教给孩子们如何在家庭与组织机构之间进行"语码转换"。一个很有前途的发展项目就是为工人阶级家庭和贫困家庭的孩子提供那些中产阶级家庭孩子在家里能得到的协作培养的成功计划。这样的例子包括高中的深度干预，以及学校和家庭教师通过"我有一个梦想"的慈善事业承担起中产阶级家长（和他们雇的家庭教师）通常会扮演的角色。这些课程项目提高了孩子的学习成绩，减少了停学、纪律问题和少女妊娠的出现频率，还提升了大学的入学率。很多项目还把高中毕业率翻了一番。[42] 其他干预措施也产生了同样的正面效用。[43] 例如，在有些课程中，高中老师为低收入家庭的孩子提供大学校园游，提醒他们关键性的截止日期，帮助他们填好大学申请表。像这样的课程项目，以及像"大哥哥/大姐姐"这样比较传统的项目，都改善了孩子们的在校经历。[44] 总之，与给中产阶级家长的建议不同，在政策上对工人阶级家庭和贫困家庭家长的建议不涉及忙乱的日程安排或需要家长去进行更多的管控。相反，这些建议都集中在为孩子获得在组织机构中的优势上，鼓励家长更多地使用说理的方法来提高孩子的词汇量并在孩子的学校教育中发挥更为积极主动的作用。

个人经历和社会结构

家中有新成员出生通常都是一件让人快乐的事。家里人会在日历上圈出与即将出生的侄女、侄子、女儿或孙子有关的各种日子，在出生前会举行像宝宝送礼会这样的庆祝活动，为宝宝的到来庆祝并赠送礼物，到医院去做检查并详细谈论宝宝会长得像谁，以及举行像洗礼仪式或在各个教派的教堂里举行"献堂礼"（dedications）这样正式的祝福活动。所有这些活动都是为了庆祝新生命带来的希望。

每个人的人生都是以自己独特的方式展开的。在同一个家庭中，每个兄弟姐妹都有不同的脾气和喜好，以及不同的基因排列。弗恩每周花一小时又一小时的时间打篮球，斯泰西则痴迷于体操；加勒特个性很沉静，斯宾塞则总是说个没完没了，他爸爸假装很绝望地说："你简直无法让他闭嘴。"梅勒妮的哥哥又高又瘦，梅勒妮则又矮又结实。甚至同一个家庭中的不同成员都有不同的教子经历。家庭结构会随时间变化，家长的生活状况和教子方式也会随之变化。兄弟姐妹们各自作出不同的选择，也各自得到不同的人生结局，这当中的变异都是很重要的。

但是，每个人生命中的独特性格，以及每个个体带给家庭的独特天赋，都不应该蒙住我们的视线，让我们看不到在制造不平等的过程中，在更广泛的社会群体中的成员身份十分重要。社会群体成员身份构成了人生的各种机遇。每个家庭都会欢庆新生儿降生，然而有机会获得至关重要又为人普遍追求的目标，对所有这些新生儿来说却并不是平等的——例如，在像学术能力测验这样的标准化考试中拿高分，从大学里顺利毕业，拥有专业性强的工作和持续得到雇用。我们无法主宰自己出生在什么样的家庭，而我们出生的家庭却相当重要。其中部分原因在于，组织机构系统是有选择性的，这种选择性更多还是建立在某些文化模式之上，而对另一些文化模式则少予采用。事实上，在社会上走上坡路和走下坡路的都大有人在。在全体社会成员中，有些人，尤其是某些移民群体，克服了人们预想的种种困难，生活越来越好。不平等的社会结构并不能决定所有事情。但它又是确实存在的。在这个大多数美国人都不承认的社会地位系统中，卡蒂、温迪和泰雷克在生活中的很多重要元素上有相同点，就像加勒特、亚历山大和斯泰西在他们生活中的一些重要方面有共同点一样。这就意味着，有时阶级地位比种族更重要。这也暗示了，处于同一社会地位的男孩和女孩在生活中有重要的性别差异，但他们也有重要的共同之处。[45]

美国人大都不会接受自己生活在一个有阶级的社会中这一观念。大多数人都把自己说成是中产阶级。当有人问起社会分歧时，很多人都很愿意谈论种族的影响，但是社会地位并不是大多数美国人会系统性地谈论的事情。[46] 现在也不像早些年那样，人们已不再就消除贫困或缩小不平等的社会差距等观点展开广泛讨论。

在组织机构的标准中审视社会地位的差异，为我们提供了言词来理解不平等的现象。它强调了组织机构的标准是如何给了一些人比其他人更大的优势，同时也突出了家中的文化惯行在家庭之外是如何以不平等的方式来获取酬劳的。这一关注焦点的变化可以帮助我们削弱中产阶级对自己在道德水准上比穷人和工人阶级要高尚的主观臆断。而一套建立在社会结构和社会地位上的词汇也要远远胜过一套道德说教的词汇，因为后者是根据个人的生活状况来从道德上加以指责并把最严苛的批评留给了那些"不劳而获的穷人"[47]。这样做也比只依据种族类别进行研究要更精准。一个人所在家庭的社会地位对他的生活经历和人生成败都有深刻影响。但我们的社会系统所制造并维持的不平等却因其无形而不被人们承认。如果我们扩大宣讲社会地位的重要性，那么作为一个国家，我们就会变得更好。因为只有那样我们才能开始更有系统性地认可我们当中的阶级区分。

第四部分 不平等的童年与不平等的成年

现在，他们距离五年级毕业那一时刻已经很久了。那些男孩们和女孩们已经念完初中，进入高中甚至已经高中毕业。他们不仅长高了（加勒特的个头已经超过一米八），同时也有了成年人的标志：有些人在胳膊或后背上刺染了文身，男孩的声音变得低沉；女孩（如梅勒妮）已开始模仿时尚杂志中流行的发型，涂着色彩鲜艳的指甲油。每个人的穿衣风格也各不相同。有些人穿着时尚，有些人则喜欢T恤和牛仔裤。不过，毫无疑问的是，他们都已经是青年成人。

每年我都会为孩子们寄送贺卡和小礼物，而他们也会告诉我这些年间的消息。这让我对某些家庭的情况有了简单了解。不过，这些零星的消息无法让我完全了解他们。我想知道《不平等的童年》中所描述的教养孩子的差异是否延续了下来。随着孩子们长大成人，他们对父母的依赖越来越少。原始研究中所观察到的模式可能已经发生了明显的变化。因此，大约十年后，这些孩子处于19－21岁之间，我重访了当年参与深入调研的十二个家庭，进行追踪研究。正如下面我要详细描述的，我对这十二个年轻人逐一做了两小时的访谈，并对其中大部分人的父亲和母亲——而且在大多数情况下，还对他们兄弟姐妹中的一个——分别做了深度访谈。

这些访谈显示，随着时间的推移，他们的家庭生活的确发生了一些重大的变化。某些家庭的状况比之十年前有了很大改善。工人阶级家庭中，有两个家庭（温迪家和泰雷克家）有了自己的房子，不再租房子住了。卡蒂的母亲开始从事房屋保洁工作。所有的青年人，包括来自贫困家庭和工人阶级家庭的年轻人，都没有陷入重大的生活困境。十二个人中没有一个人成年后因犯罪被捕（尽管某些人曾和警察起过冲突）。他们都活得很好，很健康。有些人已经结婚生子。

然而，社会阶级仍然影响着这些年轻人生活的方方面面。这影响了他们的高中生活，也影响了高中毕业后的过渡阶段，比如很多人都曾力争升入大学，却往往难以成功。每个年轻人受教育程度的差异也影响了他们在工作领域的选择。社会阶级在父母关爱子女的程度、为他们焦虑并提供帮助等方面影响不大，但它的确在父母可为子女带来的社会资源上产生了关键性的影响。这一点在父母与教育机构的协作配合方面表现得尤为明显。

种族也有重要的影响。不论属于哪个社会阶级，黑人男青年都报告说曾在公共场所遇到麻烦。亚历山大上的是一所常春藤联盟大学，但在商店的时候，还是不时被店员监视。尽管种族对一些年轻人确实产生了情境方面的影响，但社会阶层的力量对所有人来说都是惊人的。

本版中新增了三个章节。第十三章分析了社会阶级对青少年向成人过渡所产生的影响。这一章简约介绍了追踪调研所采用的研究方法，并介绍了每个孩子的生活情况。然后分析了孩子们从 10 岁开始其生活轨迹如何随时间推移而变化。接下来则讨论了家长和（教育）机构相互关系中持续存在的阶级差异，特别是家长对孩子生活的了解程度，以及对孩子生活的干预情况。

做访谈的时候，我送给每个家庭一本《不平等的童年》。一些家庭对书中有关他们的描述反应自然，但也有些家庭觉得不自在。第十四章讨论了这个问题，介绍了每个家庭对本书的反应。这一章还对运用民族志方法进行追踪研究所面临的某些挑战进行了坦率的评估。本书第一版出版后，我和擅长进行定量研究的同事一道，分析了本书所揭示的模式与全国范围内代表性样本的异同。第十五章对这项研究做了概述。[1]

最后，在本书第二版即将付梓之际，书中提到的那些孩子已经二十五六岁了，我再次联系了他们中的大多数人。在本书简短的后记中，我介绍了他们的生活近况，并对整个研究项目进行了反思。

第十三章

家长对孩子生活的了解程度及干预情况上的阶级差异

本书中的孩子们出生于经济动荡时期。如果他们早出生几十年，赶上美国制造业繁荣发展的时代，拥有高中毕业文凭（特别是年轻人）就会拥有更好的就业前景。[1] 随着经济的全球化，美国大量相对高薪的制造业岗位流向其他国家。[2] 总体而言，美国劳动力市场上的"好工作"——高工资、高医保、带薪休假和高养老金——越来越少；与此同时，那些低工资、无医保、无津贴的"差工作"却越来越多。[3] 好工作与是否接受过高水准的教育密切相关。实际上，一个人受教育的时间每增加一年，其收入就会呈阶梯状逐步提高。[4] 本科学历的人如果可以挣一千美元，那么高中或同等学力的人大约可以拿到六百美元。[5] 因此，如果19世纪获得成功的秘诀是"去西部吧，青年们"，那么21世纪获得成功的秘诀就是"念大学吧，所有人"。[6]

好工作的竞争非常激烈，现在人们普遍认为：能否找到好工作，取决于是否拥有大学学历。由此，学校成为挑选具有竞争力的劳动力的重要机构。但是，正如本书所进行的原始研究提到的，在遵循学校标准方面，社会阶级为家庭提供了不同的资源。本书第一版完成的时候，孩子们五年级毕业了。在随后的几年里，孩子们在初中和高中阶段又发生了些什么？阶级差异缩小了吗？这种可能似乎是合理的。毕竟，在美国人的理念中，学校是"伟大的平衡器"。[7] 而且，随着他们长大成人，这些孩子们会从家长那里获得更多的自主性，会更加坚定地自己做决定。这些年轻人可能不再接受 10 岁时他们所接受的父母的介入。

本章我主要回答"发生了什么"这个问题。另外，我还会再次审视在我的研究中社会阶级对年轻人的影响，这次将聚焦于他们向成年过渡的阶段。我发现，在某些方面，阶级地位似乎并不是特别重要。身为中产阶级，他们并不能避免孩子在成长道路上的磕磕碰碰，比如伤心绝望或是体育梦想的破灭。然而，所有孩子都对长大成人表示很开心。尽管如此，我发现社会阶级确实持续存在。[8] 家长所拥有的不同类别和不同数量的信息，继续影响着他们的行为。申请大学在中产阶级家庭中是一件大事。工人阶级或贫困家庭的年轻人申请大学时，则更多依赖校方人员帮助。因此，正如我下面解释的，工人阶级家庭和贫困家庭的父母与教育者的关系，跟中产阶级家庭父母与教育者的关系完全不同。所有父母都希望自己的孩子能够走向成功，但是工人阶级家庭和贫困家庭经历了更多的悲伤时刻。他们一般无力阻止自己的孩子脱离高等教育轨道。中产阶级家庭父母的干预，作为个人行为往往看似微不足道，但却产生了累积性优势。

伴随着孩子的不断成长，中产阶级家庭父母延续了协作培养模式。他们积极监督，主动收集信息并介入到孩子的学业发展中。让孩子成就自然成长的父母，也继续运用了他们充满警惕和焦虑的培养模式。这些父母急切地希望自己的孩子能够生活得好，他们也非常关注子女的学校教育。他们会提出问题，有时也会尝试干预，但与参与研究的中产阶级家庭父母相比，他们成功的机会非常有限。小学毕业后，教育机构变得越来越复杂。他们需要作出很多决定。从选择高中课程到申请大学，父母的干预在孩子中学生活的各个方面都很重要。[9] 孩子 10 岁左右时，与工人阶级家庭和贫困家庭父母相比，中产阶级家庭父母对于学校的运作，特别是高等教育体系的运转，掌握了更多更详细的信息。

正如第十二章所讨论的，中产阶级家庭的孩子并未从家长的教养方式中直接受益。[10] 阶级优势与学校对孩子的分类挑选相关联，这些机构（以及其他机构）会优先考虑并奖励具备特定文化特征和资源的孩子。上述特征和资源很多都与社会阶级地位交织在一起。本书第一版突出强调的语言技能发展中的阶级差异就是一个例子。社会阶级还给家长带来不同的经济资源，最关键的是他们拥有一整套不同的教养孩子的文化技能库，这套技能库可以帮助孩子发展与学校、法院、医院、政府等部门机构的互动技能。

在美国，法律规定孩子必须接受学校教育，学业成功成为劳动力市场分拣年轻人的标准。由此，学校便成为美国社会中那只"800磅重的大猩猩"（800-pound gorilla），即学校是每个家庭必须与之互动的强权机构。学校在塑造学生的人生机遇上起着重要的、有时甚至是决定性的作用。学校之间在课程质量、授课节奏、教师的备课范畴、安全等级、学生规模、设施养护等方方面面存在巨大差异。中产阶级家庭的孩子，往往会进入与工人阶级家庭和贫困家庭的孩子不同的学校。那些学校更加学术化，更具社交性，硬件设施更有吸引力。另外，在中学阶段，学校工作人员不会全权负责学生的教育规划和学生向大学的过渡。学校反复要求家长参与其中，虽然教育工作者在高中阶段比在小学阶段所提要求的数量有所减少，但家长要承担更高的风险。实际上，教育工作者希望家长的参与能帮助孩子顺利毕业并能成功地升入大学。但是，与较为弱势的家长相比，中产阶级家庭父母更容易意识到也更有能力满足这些（学校）机构的期待。从更广的角度来看，家庭的惯常行为对机构环境的影响是不均衡的。这些机构优势随着时间的推移重现并扩大，由此，个体行为转化为固定的社会发展轨迹。某些个体确实偏离了发展轨迹。我们可以看到向上流动或向下流动的迹象。然而，我们不应让这些偏离分散我们对一个重要现实的关注，那就是家庭惯常行为是一种强大而隐性的社会力量，它能转化为子女的显著优势。

本章还将描述隐性的不平等正在不断扩大逐渐显现的过程。[11] 我把这一讨论分为五个部分。在第一部分，我简要总结了自己追踪研究参与本书中孩子们的生活所使用的方法论。在第二部分，我简短更新了书中着重描写的九个年轻人的近况。（大家可以在本书网页 www.ucpress.edu 上找到更详细的版本。在附录 D 中，我概述了年轻人及其家庭境况，所有十二名原始集中调研的参与者都包含其中。）[12] 在第三部分，我描述了年轻人向成人过渡阶段的社会环境因素，特别是他们念书的学校和周围的邻居。我也分享了年轻人对儿时参加有组织活动之重要性的反思，以及他们对那些属于不同社会阶级年轻人的境遇的认识。我在这部分描述的阶级地位的影响，与现有文献中关于向成人过渡期间的不平等现象高度一致。[13] 在第四部分，我将转向社会科学文献中极为缺失的一个主题：社会阶级在家庭与那些挑拣年轻人进入劳动力市场的公共机构互动中所扮演的角色。这部分我重点强调协作培养与成就自然成长在青年时期的持续存在。我将介绍社会阶级的差异——特别是家校关系这个层面——如何持续影响家庭生活。工人阶级家庭和贫困家庭父母（和孩子）对机构的了解非常笼统而模糊，而中产阶级家庭父母对机构的了解则更加具体而详细。中产阶级家庭父母会主动干预孩子在机构中的生活。工人阶级家庭和贫困家庭父母也非常疼爱自己的孩子，然而他们更依赖机构中的专业人士对他们的孩子进行教育。由此，尽管同为年龄相仿的年轻人，在中产阶级家庭里，他们仍被看作小孩，而在工人阶级家庭和贫困家庭里，他们早已被视为成年人。最后，在第五部分，我对追踪调研的结论进行了总结：早在童年时代就已存在的社会阶级差异具有深远的影响。

第一部分　追踪调研的方法论

从 2003 年开始至第二年，我重新联系了参与原始研究的十二个家庭。[14] 我对每位年轻人（那时，他们处于 19—21 岁之间）逐一做了两个小时的访谈,并对他们的父亲、母亲和他们兄弟姐妹中的其中一人分别进行了访谈。我总共完成了三十八个访谈。对这些年轻人的访谈,主要聚焦于这十年来他们生活中发生的关键性事件,包括他们的中学生活、与高等教育系统的互动,以及工作经历。所提问题也涉及他们对未来的期待和对当下生活的感受。[15] 在对家长和兄弟姐妹的单独访谈中,我询问了他们对年轻人生活的评价,我还询问了他们在年轻人的教育经历和工作经历中所扮演的角色。访谈同时也收集了有关整个家庭状况的信息。这些访谈主要是在年轻人的父母家进行的。[16]

访谈内容均被录音并被整理成文字。为了分析这些资料,我为关键性主题设定了一系列编码(例如,教育决策、工作、对家长角色的认知、令人失望的行为、大学申请、独立),并在两位研究人员的协助下,对相应的访谈资料进行了编码。本次研究中出现的名字均为化名。为了更好地保护这些年轻人的隐私,我在提到他们念书的大学时,均用排名相近的学校名称作为替代,而不是他们实际念书的学校。

采用定量法进行跟踪研究还比较少见。[17] 经过不懈努力,我很高兴能够找齐这十二个年轻人,并能将他们的信息与单独访谈其他家庭成员所得到的信息进行三角测量。但正如我在第十四章中所详细说明的,追踪研究的数据集(data set)有严重的限制性,特别是与原始研究相比:这次研究没有观测性数据,没有对关键教育者进行访谈,也没有由家庭成员提供的独立证明材料,所有被访者的叙述都是回顾性的。这些数据的局限性影响了研究结果。比如,仅凭一场两个小时的访谈,是不可能评估这些年轻人在日常生活中是如何运用语言的。由于语言运用中的阶级差异是原始研究中的一个重要主题,所以跟踪访谈无法对其进行研究的确是一种局限。另外,虽然我简要地讨论了年轻人对参加有组织活动的看法,但与原始研究相比,这个主题在本次调研中所占的比例缩减了很多。

第二部分　十年之后：年轻人的肖像

来自中产阶级家庭的年轻人

我和梅勒妮（白人，中产阶级）在基督长老会的会议室里开始了对话，她的母亲仍在这里当秘书。梅勒妮穿着干练的衬衫和蓝色的牛仔裤。金发向后绑成一个马尾，指甲涂了亮红色的甲油，整体妆容非常精致。她有些羞涩，但是满面笑容，显得轻松而自信。

家庭作业对梅勒妮来说是一种折磨，这种状况从四年级开始，一直延续到初中和高中时期。回想七年级的生活，她觉得"非常可怕"。那年结束的时候，学校正式建议她留级（不过被梅勒妮的父母拒绝了）。到了八年级，她被诊断患有儿童多动症（ADD）学习能力障碍。高中时，她进入了特殊教育班，但仍然感到学习非常吃力。很多时候她都希望能退学。即便如此，她当啦啦队长的那些年却是非常活跃。她说，她"特别喜欢"啦啦队活动，后来还当上了小队长。

不管妈妈如何劝说，梅勒妮仍然拒绝参加学术能力评估考试（SAT）的准备课程；她参加了考试，综合分数为1060（1575分满分）。[18]后来，她申请了两所州立大学，尽管第一志愿落榜，但她被米勒斯维尔（Millersville）大学录取，她的哥哥曾在这所四年制州立大学念过书。梅勒妮拒绝前往。她说，这所学校离家太远（需要五个小时的车程）；并且，她觉得那里是社交荒漠。"在那里真的是无事可做。"她解释道，"最重要的事就是逛沃尔玛。"她决定不念大学先工作。现在，她住在家里。她说自己很喜欢"我们[家庭成员]间亲密的关系"。她又补充道："我的意思是，我可以和他们谈论任何事。"她的第一份工作是在一家咖啡厅，只干了两周。她不喜欢那儿的工作时间（工作日早上从5：00开始），而且没有同事做伴。辞职后，她决定去社区大学学习。她妈妈帮她办了入学手续。各种问题接踵而至，梅勒妮得知她需要补修没有拿到学分的英语和数学课程。她说，这些课程太"无聊了"。尽管妈妈不断提醒，但她不去上课后并未正式退课，所以成绩没有及格。

当我采访她时，她的计划还在不断变化。无论如何，几个月后，她爸爸告诉我，她开始参加自己所"热爱的"美容课程。至于未来，她"真心"想"做一位全职主妇直到她的孩子们上学"。在这方面，她的愿望和理想非常清晰。她希望能尽早结婚并生四个孩子。"我不想等到 30 岁才结婚，所以希望能尽快找到另一半。"她交往过几个男朋友，不过至今还没有很认真相处的对象。

斯泰西（非裔美国人，中产阶级）和我在她家见了面。那个夏天，她刚在马里兰大学帕克分校念完大一。斯泰西高近一米八三，身材偏瘦但很健美。她穿着休闲 T 恤和短裤，没有化妆，看上去要比她 19 岁的实际年龄小一些。她很忙，要参加篮球训练，同时还要打两份暑期工（夏令营辅导员，当地餐厅兼职服务员）。她仍然很善于交际，就像她妈妈说的，她是个"有亲和力的人"，积极乐观，"怎样都行"。

从小学开始，斯泰西就一直很喜欢体操。但从 12 岁那年起她突然开始长个，比那些 16 岁的体操运动员还高。加上她起步较晚，教练强烈反对她继续参加竞技体操运动。这让斯泰西深感沮丧。经过最初的抵触，她渐渐开始参加姐姐弗恩所热衷的篮球运动。斯泰西发现，过去的体操训练可以让她异常灵活地绕开对手进行投篮。"直到今天，"她和我说，"打比赛的时候仍然可以看出我的体操背景。"她和弗恩都在高中校队打篮球，并获得过一次州冠军。

高中时期，她妈妈一直很注重监管她的学习情况，斯泰西上了一些荣誉课程，但她拒绝参加大学先修课程。她的成绩都是"A"和"B"。她参加了学术能力评估考试的考前课程，并参加了一次考试，综合分数为 1060（1590 满分）。[19] 中学毕业那年，斯泰西收到了哥伦比亚大学篮球教练的招募邀请。教练对她相对较低的学术能力评估成绩（相对常春藤学校而言）有些担心，但她最终还是被哥伦比亚大学录取了。马歇尔家有六位数的年收入，因而她几乎没有资格享受任何资助。得知去哥伦比亚大学念书每年至少需要 1.5 万美元时，她父母就排除了这所学校。这是斯泰西最中意的学校，她对父母的决定深感失望。她说现在想起来仍然觉得"难过"。

尽管如此，斯泰西觉得自己在马里兰大学的第一年过得不错（学校给了四年奖学金，可以涵盖学费、住宿费、伙食费和书本费）。她喜欢她的室友，也很享受篮球队的生活，尽管要进行长时间艰苦训练。她发现课程极具挑战性，特别是生物，她只拿到了 C［但她在夏季摄影课上拿到了好分数，把自己的平均积点（GPA）提高到了 2.8］。生物课程上的麻烦并没有让她改变自己的长期目标：成为一名小儿外科医生。

斯泰西和她高中时期的男朋友分手了；她还没找新男友。她告诉我近期没有结婚生子的计划。她想先立业。她还希望我能去看一场她在校队的篮球赛。

加勒特（白人，中产阶级）和我在他维拉诺瓦大学（Villanova University，美国东北部一所规模不大的天主教大学）狭小的宿舍里见了面。他现在有一米九，比我高出了许多，安静又低调的举止和他四年级时一模一样。维拉诺瓦大学给了加勒特四年篮球奖学金。这笔钱完全可以支付他每年的学费、食宿费、书本费和其他杂费。

足球和篮球占据了加勒特童年时期的大部分时光。八年级时，塔林格一家从他长大的小镇搬到了几百英里外的地方。在那里，足球是一项相对落后的运动。再加上一系列的坏运气和时间冲突（包括足球季后赛与其他活动时间的冲突；高中篮球队和足球队同时招生，队员们必须二选一），最终他选择了篮球。他作为新人加入了高中篮球队。他回忆说，当教练告诉他，自己将入选球队新赛季首场比赛的首发阵容时，他感到"以往从未有过的兴奋"。

加特勒也继续保持了在学业上的优势。在家长（尤其是母亲）的敦促下，他在高中选读了大学先修课程（英语文学、微积分和经济学）和荣誉课程（物理和历史）。加特勒的加权平均成绩（即一种平衡课程分数与学习难度的计算方法）为 4.2。他的第一轮学术能力评估成绩总分在 1030 — 1060 分之间（满分是 1550 — 1590），这让他感觉"很丢脸"。"我认为应该高于这个分数，"他告诉我。在第二轮考试中，他"混搭"出 1090 分（满分 1640）。但他仍然无法"突破"1100 分（满分 1670）。

在高中阶段，加特勒希望能去斯坦福或杜克大学打篮球。斯坦福大学的教练确实表达过对他的兴趣，但最终并未发出正式邀请。加特勒可以去耶鲁或布朗大学打球，但这两所学校都不提供运动员奖学金，仅学费这一项就已经非常昂贵。去常春藤联盟大学读书会背上沉重的经济负担，加之还要为弱队打球，加特勒最终选择了维拉诺瓦大学。加入球队的第一年他就积累了相当可观的上场时间，球队也提前多轮晋级了全美大学体育协会（NCAA）"疯狂三月"篮球锦标赛。他的学习成绩也很棒（平均积点为 3.3）。加特勒对未来的计划还不确定。他曾短暂考虑过读数学专业然后当老师，后来他还是选了商科。（他说，之所以放弃，某种程度上是因为他爸爸的劝说，他爸爸曾警告他做一名教师"在后半生"会有悲惨的收入。）他期待结婚并承担起养家的重任。但他认为那将是很久以后的事，25 岁的时候去考虑这些有些太早了。念完大学后，加特勒希望先打几年球，也可能会去欧洲打。

亚历山大（非裔美国人，中产阶级）现在是一个瘦高的年轻人，有着低沉的男中音嗓音。八月一个闷热的午后，我们在他父母家见了面。他只是偶尔在家。当一场流行病席卷了他计划做实习医生的城市后，他决定在当地两家不同的内科诊所做志愿者；他妈妈帮他安排了相关事宜。

亚历山大说自己在多年前就计划成为一名医生。在他开始认真考虑念大学时，他非常想参加哥伦比亚大学包含本科和医学院学习的八年制混合课程项目。他申请了哥伦比亚大学的"提前录取",条款规定:如果他被录取,就必须入学。他在高中阶段几乎所有课程都是 A,即使他自认为"可以考得更好"的学术能力评估考试,其综合成绩为 1350 分(2030 分),那也是非常好的成绩了。这个成绩让他妈妈以为他"肯定会被录取",而他爸爸则质疑参加提前录取是否明智。亚历山大提到:"我爸爸很纳闷为什么我不再申请其他学校。"幸运的是,这唯一的赌注获得了回报,他被哥伦比亚大学八年制项目录取了。

当我问起大学生活如何时,亚历山大回答道:"棒极了。"他的成绩报告单上所有的课程几乎都得到了 B(哥伦比亚大学成绩等级中没有 + 或 -)。我追问他对这些成绩的看法,他安静地坐着,沉思了一会。他缓缓地说:"我可以做得更好。但是,至今我并不后悔。我很享受这种生活。我觉得学到了很多东西。我知道我学到了很多。"他爸爸并不是特别满意。正如亚历山大所说,"他知道其实我明白自己可以做得更好"。

回想大一的生活,亚历山大提到某些非裔美国同龄人申请大学并不容易。"有些人来自全黑人高中,他们饱受打击。""[对我]来说这不算是打击;我的高中同学大都是白人。"他在学校的非裔社团中并不活跃,部分原因是"那些活动会占用你所有的空闲时间"。我问亚历山大是否曾在商店里被人监视,他做了个鬼脸然后说道:"噢,当然,这种事情你也没有办法。"在回答多久会遇上一次这种问题时,他说:"也不是经常发生。"由此推断,每个月会被骚扰一两次吧。

亚历山大平时开车,但他还没有自己的车。他似乎并不担心自己的财务状况。他父母的事业还在蒸蒸日上,会给他一些钱。他有自己的银行账户。亚历山大特别想去旅行,对即将启程去加利福尼亚看望女友感到非常兴奋。他对自己的未来充满信心和希望。

来自工人阶级家庭的年轻人

温迪(白人,工人阶级)今年 20 岁,瘦高个,初为人母,有一个 18

个月大的女儿克拉拉，还有一个即将出生的儿子。温迪的丈夫瑞安目前正在海军服役；潜水艇中的工作要求他每次出海都需要六个月的时间。高中毕业后的秋天，刚好在瑞安求婚（已经计划好）之前，她怀孕了。作为一名天主教徒，温迪没有考虑过堕胎（"我认为堕胎是错误的。"她解释道）。她渴望一场盛大的婚礼，但她和瑞安都"希望为了孩子（马上）结婚"。她父母帮她安排了两场婚礼：在她怀孕三个月的时候，举行了一场小型婚礼。克拉拉1岁时，他们又举行了一场盛大隆重的婚礼。温迪和我在她父母家见了面，这里距离她自己的房子有四小时的车程。瑞安出海时，她和克拉拉大部分时间都和父母住在一起。温迪不开车。她主要使用公共交通或者靠爸爸来回接送。

祖父为她支付了每年三千美元的学费，温迪得以进入了圣玛丽学校，她妈妈和几个姐妹也曾在这所天主教高中念过书。这极大地减轻了德赖弗女士的压力。她曾极度担心女儿会进入隔壁的下里士满高中。这所学校在当地的名声很差。在圣玛丽，温迪在女生社团里非常活跃，社交能力大大提高。她做了两份兼职（用以支付手机、服装，以及家庭有线电视的部分费用），并参加了体育运动。她在学业上依旧困难重重。最终，她告诉自己的朋友们："瞧，我反应很慢，做不了这些。"女友们帮她完成学业任务和其他的学校作业。老师为温迪安排了口头（而不是书面）考试。她说自己能从高中毕业已经是一个巨大的成就："我走上台去拿我的毕业证书，所有教过我的老师都站起来为我鼓掌。校长给了我一个大大的拥抱，然后还哭了。"

温迪的妈妈非常希望她可以上大学，她的高中升学辅导老师也在申请过程中提供了帮助。温迪被一所离她住处有两小时车程的天主教大学录取了。但最终，她告诉父母她"不去了"。在讲述那个决定的时候，温迪含着泪对我说，她很害怕自己无法完成大学学业。

温迪和瑞安的生活很幸福。她形容瑞安是一个"非常害羞"的"好人"。她也提到他有一个"不堪回首的过去"，"曾经酗酒"。他们过着传统的婚姻生活。瑞安不做饭也不洗碗，但他是一个尽职的父亲，"会帮忙照顾克拉拉"。温迪说自己很喜欢当一名全职主妇。她希望以后有机会读夜校课程，获得早教学位。她的目标是开一家家庭日托。

泰雷克·泰勒（非裔美国人，工人阶级）在他妈妈家的卧室和我见了面，那是他妈妈几年前刚买的房子。泰雷克很高，长发编成了整齐的玉米辫，穿着烫过的白T恤和休闲裤。前臂上文着他的绰号"Ty"。他的举止平和低调。尽管经常来看妈妈，但泰雷克还是和爸爸住在一起（还有他爸爸的女朋友）。

泰雷克上过三所不同的高中。他妈妈帮他申请了一所声誉很好的特许学校。他被录取了，而且学习成绩也不错。但他很想念他的朋友们，也很渴望有机会能在高中打篮球。泰勒女士答应了泰雷克的要求，高二的时候他转学到了下里士满高中。这个决定令她后悔不已。泰雷克承认："刚到学校和朋友们在一起，我就开始散漫了。"他只通过了三门课程（因而没有资格打篮球）。16岁时他曾"被监禁"，他告诉我，那是因为"我和我的狐朋狗友一起犯了错"。案子进入了庭审阶段，但是"我被判无罪"。从少年法庭获释后，他就搬去和爸爸一起住了。

泰勒女士让泰雷克回到特许学校的努力最终失败。她非常担心泰雷克会回到下里士满学校，所以她说服前夫贷了六千美元，并许诺自己会偿还一半贷款，用以支付泰雷克在私立学校最后一年的学费。在那里，泰雷克重新回到了稳定的状态，遇到了他的（现任）女朋友，把更多的精力放在学业上。父母为他背负了大额债务，这让他感觉就像他说的那样："我最好能通过。"终于，他顺利毕业了。

泰雷克从未参加过学术能力评估考试和美国大学入学考试，好像也没有选修过四年制大学所要求的高中课程。他注册了一所当地社区大学两个学期的课程，要在四年内完成。他选了四门课（其中两门是补修课），一共花费了两千五百美元，这些钱是他和他爸爸用现金支付的。

他妈妈帮助支付了书费。

泰雷克的工作飘忽不定。他曾在快餐店和百货商场工作过；他也曾在药店和便利店做过销售员。这些工作都没能持续几个月。在他表亲的帮助下，泰雷克最近开始了一份他很满意的工作，在建筑工地中除铅。完成两周的培训后（花费五百美元），他得到认证并且马上就开工了，时薪为十二美元。

他说想和表亲合伙做生意，翻修房屋或销售房产。不过他经常为最基本的生计所累。最近几年，他的两个好友相继被杀。我问他今后五年的计划是什么，泰雷克说："说实话，我也不知道。我希望，就像现在这样，我并不奢望什么，希望自己平安过日子。这里太乱了。我希望我还活着就行。"

小比利（白人，工人阶级）和他父母住在一起。我们在那儿见了面。他穿着T恤和宽松的长短裤，看起来还是小学时的样子，只不过明显成熟了。他体格魁伟，皮肤光滑，眼睛明亮。抹了发胶的头发笔挺直立着。扬内利一家一直住在白人工人阶级住宅区。这个家庭在理财方面做得相当好。小比利上小学时，他爸爸的公司成立了工会，扬内利先生的工资和津贴也在稳步提高。最近，小比利成为同一工会的学徒。

小比利从小学开始的行为问题一直持续至今。他回忆道："因为这样或那样的事情［在中学］被勒令停学了。老师等工作人员都认为我是个问题儿童。"高中也是差不多的情形。从进入下里士满高中的第一天起，小比利的表现就不乐观。他说他马上就"知道"自己"高中毕不了业"。他向我讲述了导致他被勒令停学的"小意外"："有一次，我和朋友们在走廊上追逐打闹，砰砰地摔门。然后，我摔门的时候正好砸到了老师。"（扬内利女士坚信小比利被控伤害老师是被冤枉的，因此被停学也是不公平的。）高二时，他退学了。后来，他参加了一个花费五百美元的高中同等学力考前辅导课程。他参加了考试并最终通过。"这让我加入了油漆工工会，"他说，"那才是我真正在乎的事。"他对大学的认识是模糊的，但他认为"每个从大学出来的人马上就可以变得很阔绰［变得很有钱］。"然而，他自己却并不想去尝试。他说上大学对他来说"太迟了"，"我已经把心思放在了工作上。我已经打算工作，就不想再念大学。"遗憾的是，迄今为止，小比利在工作中重蹈覆辙：行为问题阻碍了他的成功。他现在还处于学徒项目的试用期。他工作期间突然离职，也没有通过强制性尿检（在尿检前的周末，他和朋友们一起抽了大麻）。这些行为都让他现在的工作岌岌可危。"事不过三吧"，他解释道。

小比利感觉，总体来说自己"过得比很多人好"。他有高中同等学力、一份工作和"一辆不错的车"。他还没有认真交往的女朋友，但会经常和朋友们"聚会"。他毫不迟疑地承认："我并不完美"，但是"我比大部分邻居要成功得多。可以说，我是过得最好的五个人之一。"当我问起他对未来的计划时，他很乐观。"希望能有一套房子和一辆好车。"接着，他对未来的期待进行了总结并补充道："努力工作向前看，继续快乐下去。"

来自贫困家庭的年轻人

卡蒂（白人，贫困家庭）18 岁的时候，我到她和她的新婚丈夫戴夫的一居室看望了她还有她 16 个月大的女儿尼拉妮。卡蒂在一家大型连锁酒店做服务员，时薪九美元；戴夫在建筑行业工作。他们已经结婚半年了。卡蒂穿着灰色的宽松运动裤和运动衫。她把金色的长直发扎了起来，涂着艳粉色的口红，化了黑色的眼妆，修长的指甲上精心涂抹了指甲油，她看起来非常时尚。她有几处惹人注目的文身，其中一个是她女儿的名字。卡蒂觉得自己的生活"棒极了"。一年半后，我们又见了面，这次是在她姐姐詹纳家。卡蒂和戴夫已经分居（"等我赚到足够的钱，"卡蒂坚定地说，"我一定要和他离婚。"），她的女儿尼拉妮已经 3 岁了，现在和詹妮一家住在一起。卡蒂（和她妈妈一起）做房屋保洁工作，有时候和妈妈一起住，有时候住在朋友家。她似乎对生活充满希望，但看上去却疲惫不堪。

卡蒂9岁时，她妈妈带着她和蹒跚学步的弟弟梅尔梅尔搬到了佛罗里达，他们在那里生活了不到一年的时间。后来一家人又回到下里士满，卡蒂在那里上了中学。她学习不错，但却开始嗑药并和其他学生打架。即便如此，她的中学老师仍然帮她填写了高中申请表，然后她得到三所高中的录取通知：一所非常令人满意的公立高中，离家大概二十分钟的公交车程；一所附近的职业高中；一所当地综合性高中。她妈妈把选择范围缩小到了两所（她不希望卡蒂穿过整个镇子去上学）。卡蒂选择了职业高中，不过她解释道，她很快就发现这所学校让人难以忍受。"我开始和别人打架，我把贴在墙上的东西撕了下来，"她说，"我不想待在那里，所以他们就把我开除了。"那所当地的综合高中也不行。整个九年级和十年级的时间里，她都在旷课，喝酒，抽大麻，打架。高中二年级后的那个夏天，她怀孕了。

怀孕这件事似乎让卡蒂稳定了下来。她开始减少嗑药和"聚会"，并且两次尝试重返高中（但最终还是退学了）。然而，她很难承担起母亲的角色。卡蒂形容自己"并不是一个好母亲"。"我爱她［尼拉妮］，但我并不善于和孩子打交道。"她认为詹纳是个很好的母亲，"比我有耐心……她会很虔诚地向上帝祈祷。"卡蒂解释道："很多事情都会让我非常焦躁，某些时候会让我想要伤害她［尼拉妮］。"她说有一次自己暴怒险些失控，于是就让詹纳"暂时照顾［尼拉妮］"。这个决定让卡蒂觉得"非常糟糕"，但是认真考虑后，"如果让她在我身边长大，后果会比她现在的感觉更糟"。卡蒂的目标是获得高中同等学力，找份好工作，能有一间自己的公寓："我希望一切好起来后再接回尼拉妮"。

哈罗德（非裔美国人，贫困家庭）和我在他和他哥哥合住的单元房里见了面。这里还住着他哥哥的女朋友和他们的三个孩子。哈罗德穿着普通的 T 恤和牛仔裤，可能因为留着仔细修剪过的胡须，他看起来要比同龄人显得更成熟一些。从下午 4：00 到午夜，他在郊区一家连锁餐厅工作（需要换乘三次公交，两个小时才能到达）。哈罗德会开车，但他没有驾照。"我马上就要去上班了，"他说。五年前，他开始在这家餐厅做勤杂工。现在，他是一名服务员。

哈罗德开始读高中参加的是"校中校"的大学预科项目。他很喜欢这些课程，不过一年后被开除了，然后重新注册同校的普通教育课程。他并不清楚具体原因，或许是因为上课迟到了几次再加上英语成绩是 D。哈罗德记得自己普通教育课程的成绩一般是"B"或"C"。至于体育运动方面，他在高中的经历非常糟糕。虽然初中时哈罗德的篮球水准已经在全市排名第七位，但他仍然落选了高中校队。他坚信这是因为篮球教练（同时兼任橄榄球教练）想让他去踢橄榄球（哈罗德的体格就像一名橄榄球运动员：宽宽的肩膀，身高一米八，体重 109 公斤）。教练的决定让他极度震惊。他解释说，之所以去餐厅做勤杂工，是因为"可以不去想篮球"。高三时，他就已经开始了全职工作。哈罗德回家很晚，但他妈妈总是按上学的时间叫醒他，所以他也会去上学。但当他开始和爸爸住在一起时（哈罗德说这是为了避免"每天都在和女人打交道"：他妈妈、他姐姐和她们的孩子），爸爸并不叫他起床，所以他上学的次数也就越来越少了。离毕业还有六周的时候他退学了。他希望某天可以重返学校。

和其他从高中退学的非裔美国人不同，哈罗德没被"拘禁"过[20]，但经历过"千钧一发"的时刻。他和一个携带大麻的朋友在快餐店。警察突然出现。那名警察坚信哈罗德涉嫌运输并贩卖毒品。一个旁观者给他妈妈打了电话，她赶去了餐厅，随后哈罗德被交给了他妈妈。回想起他过去居住的社区，他说："那儿真是糟透了。我朋友中 70% 的人要么死了，要么进了监狱。真是太惨了。"哈罗德认为，人们尤其是警察会对白人和黑人区别对待。他回忆了发生在自己身上的种族侧写（racial profiling，意指某些种族成员更具犯罪倾向）事件，然后无奈地告诉我，他并不总想着这种经历。

面对未来，哈罗德说他希望在 25 岁时结婚生子。他期待能拥有自己的事业，或许开一家街角杂货铺。他想挣到足够的钱，35 岁时可以退休。

第三部分　日常生活中反复出现的主题和持续存在的模式差异

正如以上描述所示，所有年轻人的人生轨迹都根植于巨大的社会环境中；没有人的成长是完全孤立的。追踪研究中关于日常生活中的阶级差异与其他相关研究的发现高度一致。我在年轻人生活轨迹中发现的很多模式都得到了全国性数据的回应。[21] 正如附录中的表 D1 所示，来自中产阶级家庭的年轻人更有可能从高中毕业，申请四年制大学，获得入学许可，然后进入大学学习。这种可能性在三个中产阶级家庭的年轻人身上得到了验证；第四个人（梅勒妮）也完成了每一步，但她自己决定放弃进入四年制大学。（她试图完成社区大学的努力也无果而终。）工人阶级家庭和贫困家庭父母和孩子也有上大学的愿望，但这些目标基本上都没能实现。他们的兄弟姐妹也基本重复了相同的道路（参见表 D2）。从原始研究到现在的十年间，虽然家长们的境况有所改变（参见表 D3），但所有家庭的生活状况并未发生显著变化。随着这些年轻人长大成人，工人阶级家庭与贫困家庭之间的差异变得更加明显。孩子上小学时，这些家庭间经济状况上的明显差异，主要体现在食品（是否）短缺，交通工具的选择，以及周围的公共设施等方面。但从原始研究所聚焦的孩子们日常生活中的具体方面来看，我们很难辨别出关键性的区别。在青春期，年轻人的高中经历是一个分水岭。与贫困家庭的孩子相比，工人阶级家庭的孩子更有可能避免进入没有竞争力的学校。例如，温迪的祖父为她支付了天主教学校的学费。同样，与工人阶级家庭的年轻人相比，贫困家庭的年轻人会更早更持久地进入劳动力市场。

接下来，我将回顾在所有三个社会阶层中发现的最重要的差异模式，从孩子们生活的特定领域：高中生活；社交网络、工作和资源；有组织的活动；社区、警察和暴力，以及对自己和他人社会阶级地位的认识等方面展开具体分析。

高中生活

大部分年轻人都是一直生活在他们长大成人的地理区域中。他们就读的学校之间的差异持续存在，在某些情况下似乎还有所扩大。

对大多数工人阶级和穷人的孩子而言，邻里学校就是下里士满高中。这是一所大型、老牌的城市公立高中，装有金属探测器，存在毒品和打架问题，学生出勤率很低。约有一半学生来自低收入家庭。在追踪访谈中，所有送孩子去下里士满高中的家庭都认为这个学校很差，或用一位家长的话说就是"一所烂学校"。作为邻里学校的下里士满高中，因其地理位置而进一步降低了它的吸引力，因为在这个地区，大家一致认为去邻里学校念书不如去磁校（Magnet School），后者的教学质量享有良好声誉。再加上其他种种因素，下里士满高中成为最后的选择。学校的监管似乎比较松弛。很多学生都说，他们经常一整天都待在自助餐厅里不去上课。该学区公布的升到高三并在六月份毕业的学生比例为70%[22]（白人男生的比例要低于非裔男生的比例）。当然，这个数据并不包含高三之前就已退学或转而参加高中同等学力考试的学生。有人估计，当时四年总体的毕业率大致为55%。与那些中产阶级青少年念书的郊区高中相比，下里士满的课程水准更加基础，进度缓慢。仅有四分之一的学生超过或达到了州教学大纲对阅读和数学能力的要求。这个学区没有大学先修课程（AP），也不提供学术能力评估考试（SAT）的准备课程。学区内的学术评估能力考试的平均综合成绩为756（1134满分）。每名指导顾问对应负责430名学生。[23]虽然在下里士满和其他市级学校教书似乎比在郊区高中教书更具挑战性，但教职工的平均工资却比斯旺高中等郊区学校的教职工低10%左右。学生的人均支出差不多是斯旺和其他附近郊区学区人均支出的70%。在我的追踪研究中,我了解到这所学校也提供帮助学生进行大学申请的服务。然而,在追踪访谈中,没有一个家庭提及这项服务。

中产阶级年轻人分别念了四所不同的高中,这四所学校都和下里士满学校极为不同。入学伊始,这些学校似乎都提供了快节奏、充满挑战的课程。例如,这些学校都强调发展写作技巧,它们提供了很多大学先修课程,并提供下里士满高中不能提供的大学预备服务。在梅勒妮念书的斯旺高中,学术能力评估考试准备课程是一门选修课。斯旺高中的班级平均人数约为下里士满学区的一半。学生在州能力测试中的通过率则是下里士满的两倍。斯旺高中的学术能力评估考试的平均成绩是1065(总分为1598)。斯旺高中升学辅导老师和学生的比率为1∶250,大约是下里士满的1.5倍。某些郊区高中还提供国际大学入学考试(IB)的学术课程,一门经过严格筛选的高中学习课程。加特勒就读的学校分数很高,一直保持在州高中排名的前十位。加勒特和斯泰西分别就读的学校都入选了由《美国新闻与世界报道》评选的全美最好的高中榜单。亚历山大就读的小型精英高中被誉为该地区最好的私立高中之一。这些学校的退学率都低于7%,而大学升学率则高达90%。三所公立高中都拥有活跃的家长志愿者项目,设有教育基金,每年都能筹集数千美元用于学校设备、教师津贴和大学奖学金。郊区高中好像还设有很多奖项。因而,那些中产阶级学生就读的高中,在财力、设施、课程、入学准备以及整体声誉等各个方面,都与下里士满高中存在明显的差异。

社交网络、工作和资源

随着年轻人长大成人,几乎所有人都尝试过以带薪就业或岗位实习的方式进入劳动力市场。他们的父母也会利用自身社会关系网去帮孩子获取工作机会。[24]然而,父母帮孩子找到的工作是不同的。他们为自己孩子所提供的关系网由自身的社会关系网决定。这种关系网相应则由他们的社会阶级地位所塑造。工人阶级家庭和贫困家庭的年轻人总体上倾向于从事低层次的蓝领工作，只有少数人可以找到低层次的白领工作。卡蒂的妈妈帮卡蒂找了份和自己一起清扫房间的保洁工作。哈罗德的姐夫（妹夫）帮他找了份连锁餐厅勤杂工的工作。小比利的爸爸帮他找了份油漆工的工作。相比之下，亚历山大的妈妈为他在内科诊所安排了实习生的岗位，这可以丰富他申请医学院预科的简历。斯泰西是一名服务生，但同时也是一名营地顾问，这份工作拥有与教育咨询行业相类似的特征。加勒特曾在汽车配件厂干过一份"可怕的"暑期工，但这并没有偏离他对未来职业的愿景。年轻人花在劳动上的时间也不尽相同。哈罗德在15岁时开始了全职工作。温迪在高中阶段就打了两份工。相比之下，加勒特、亚历山大和斯泰西的工作经历少了很多。

所有中产阶级家庭父母和大部分工人阶级家庭及贫困家庭父母都有车。很多年轻人都为（最终）长大后获得驾照而高兴。拿到驾照是步入成年的一个重要标志，也是正式机构对他们成人身份的认可。另外，驾照是一种资源，在某种意义上是申请某些工作的先决条件（如卡车司机、叉式升降机操作员、比萨送餐员、保姆）。如表 D1 所示，这些年轻人是否拥有驾照在样本中各不相同。很多年轻人都表示他们会开车，但他们并不是都有驾照。例如，哈罗德和卡蒂，严格来说他们都属于违法驾驶。其他人，比如泰雷克曾有过驾照，但后来被吊销了。

有组织的活动

在跟踪访谈中，我问那些童年时参加过有组织活动的年轻人这些活动是否对他们现在的生活有所影响。三个中产阶级家庭的年轻人加勒特、斯泰西和亚历山大热情地讨论起有组织的活动给他们带来的好处。[25] 参加过体操训练的斯泰西热情洋溢地说：

> 我明白了怎样去做一名好队友。当我完成整套动作的时候，所

有人都在为我喝彩。我觉得这对我后来打篮球也很有帮助。我特别喜欢那段经历。体操训练真的是百利无害。

斯泰西从中得到的领悟一直伴其左右。她明白自己可以应对生活中的挑战,别人对她的加油和鼓励让她认识到社会支持的重要作用:

有人比较冷淡(一整天都状态不好),那你就会开始鼓励他或者主动和他交谈。如果你自己状态不好,他们也会帮助你。

亚历山大强调有组织的活动培养了他时间管理的技能。上过八年钢琴课的加特勒提到,音乐是一项重要的持续性资源:"情绪不好的时候,我就会坐下来弹[琴],心情就会慢慢平复……我很喜欢弹琴,就是纯粹地热爱音乐。"更概括来说,他认为参加有组织的活动教会了他以目标为定向("如果我有一项任务或项目需要完成,[我]不会半途而废"),以及其他可能对今后工作有帮助的技能:

我认为它可以培养竞争精神。如果我在工作中遇到那种情况,我觉得很有可能会遇到,我具备渴望成功的竞争优势或好胜心,然后就能做好。这真的很有帮助。我参加团队性运动,[这帮助]我能更好地与人相处,共事合作。

但是,梅勒妮并不认为自己童年时参加有组织的活动对她有特别的帮助。她觉得自己从女童子军中没有学到任何东西。青少年时期,她对教会活动失去了兴趣,也不再去教堂了(这让她的父母非常失望)。她仍会时不时弹弹钢琴。她很喜欢自己高中时当啦啦队长的日子。

只有极少数工人阶级家庭和贫困家庭的年轻人在童年时定期参加了有组织的活动。那些孩子大多只参加一项活动,仅有极少数人会参加两项活动，而典型中产阶级孩子的活动安排则会同时包括多项活动。泰雷克踢过橄榄球，小比利打过棒球，温迪学过舞蹈和宗教课程。参加访谈的时候，他们正是二十岁左右，三人中没有一个人认为参加这些活动能获得特别的长期收益。他们的家长也持相同的观点。当我问起德赖弗女士舞蹈课是否给温迪带来持续性影响时，她笑着回答道："没有，她仍然笨手笨脚。"谈起她的舞蹈课，温迪直接说道："我只是想有事可做而已。"泰雷克想不起参加橄榄球训练带来的任何好处。在小比利看来，参加团队性运动既没有好处也没有坏处。像温迪一样，他说道："我只是想有事可做。"然而，他妈妈却后悔让小比利参加棒球运动。扬内利夫人觉得他缺乏天赋，球场上的不断失利让他觉得丢脸。

正如本书第一版所述，中产阶级家庭父母倾向于把参加有组织的活动看成富有教育意义的"时刻"。这可以帮助培养孩子们的才能。作为年轻人，大多数中产阶级的孩子都明确表达了相同的观点，毫不迟疑地将他们过去的活动与终身受益的优势联系起来。工人阶级家庭和贫困家庭父母让孩子注册参加各种活动，一般来说只是为了提供一个安全的娱乐形式——"有事可做"。这些孩子和他们父母的观点几乎一致，年轻人把参加有组织的活动描述为没有长期重要性的消遣而已。

总之，一些年轻人肯定了他们参加有组织活动的积极作用，但却并不认为这对进入大学和/或进入劳动力市场具有重大影响。然而，年轻人可能尚未意识到通过这些活动他们所累积的优势。[26]大学申请需要填写他们参加过的有组织活动。参加活动的证明能让申请人在竞争中更有优势，这一点尤其适用于小型文理学院的申请。[27]另外，参加有组织的活动还能发展他们在公开场合的表现能力。在公开场合中从容不迫的表现能力，在很多时候，如在大学研讨会上发言，都是一项很有用的技能。另外，一项针对投资银行、著名律所和商业公司招聘决定的民族志研究发现，参加课外活动对于候选人的胜出起到了关键性作用。[28]然而，要对有组织活动的作用作出结论，还需获取更多数据。

社区、警察和暴力

除了不同的家庭条件，年轻人成长的社区也有所不同。在向成年的过渡中，他们接触暴力等社区冲突的程度上也存在差异。[29] 本次研究中的非裔工人阶级家庭和贫困家庭的年轻人，都详细地讲述了他们好朋友的死亡。比如，哈罗德至今仍被他的好友之死所震惊，这个人是他以前的玩伴。他和他的表亲分别讲述了同一个故事：这个好朋友和他的女朋友一起坐在车里（内环郊区）。在一次抢劫未遂中，"不知道从哪儿冒出来两个人想要抢劫他们的随身财物。他和女朋友在当晚都被杀了。"

同样，泰雷克也经历过两个好友的死亡。事实上，他人生中最大的挑战之一就是学会如何面对这些死亡。一个朋友在他即将上高一那年冬天被杀；另一个朋友则在他上高二时被杀。特别是第一个朋友的死亡深深震撼了泰雷克：

> 我当时非常震惊。我过去经常和那个朋友一起出去玩儿，我会给他打电话说"咱们去这儿或者去那儿吧"。那段时间真的很难熬。做什么事情都困难重重。

在访谈中，泰雷克表现出对朋友死亡的极度失落。他说是女朋友惠特尼给了他巨大的帮助去面对这些悲剧。

在研究中，一些工人阶级家庭和贫困家庭的年轻人也提到警察在社区中的角色。这个话题引起了他们长篇热烈的评论。白人和黑人男性都提到自己曾遇到过警察的屡次侵扰。哈罗德从下里士满搬到了一个工人阶级低收入的社区，在那里居住的几乎都是非裔美国人。他的一些亲戚和社区里的熟人在那儿和警察起过冲突。他说："警察，他们喜欢无缘无故地骚扰别人。我不喜欢警察。"[30]

在下里士满，泰雷克也有和哈罗德相似的抱怨。他觉得每次开车出

去,自己就像块磁铁一样吸引着警察:

> 那些警察,他们……总是给我开罚单,想吊销我的驾照,我想[打算]把车卖了。我不知道,他们总是干涉别人的生活。我更愿意坐公交车,否则他们就会一直让我去交通法庭。

在研究中,工人阶级家庭和贫困家庭的白人青年也抱怨警察。小比利承认:"我的意思是,周围的小孩都不学好,一半左右的人哪儿也不去。"然而,他坚信当地社区警察在工作中存在不平等和贪污行为:

> (非常严肃的语气)他们行为不端。我从来没有犯过罪,我们中的半数人都没有。但是我们却都被锁起来过,只因这些警察不喜欢我们在这周围。这是事实。他们很喜欢把我们锁起来。

虽然与年轻人被"锁起来"有很大不同,但在公共场所店主对待青年男性的方式却有所差异。正如上文所述,虽然亚历山大读的是常春藤高校医学院的预科课程,但他仍然经常在商店里被怀疑。他说:"有时我会耍他们,故意[站]在商店中不太显眼的地方,这时总会有人过来拿走一些东西。""我父母经常和我谈论这些事情,"他以一种无奈的语气告诉我,他会试着"去忽略它"。在这方面,他和那些不太富裕的阶层有着类似的经历。哈罗德有一份全职工作,从未被"锁起来"过,当他谈起被警察骚扰时一样地无可奈何:"你不能总去想这样的事情,但它总会发生。"[31]中产阶级白人青年从未提起警察对待他们的方式问题。当我询问他们时,他们把警察描述为在他们的生活里起到了良性或积极的作用。

阶级意识的觉醒

尽管中产阶级家庭的年轻人从他们家长的社会阶级地位中获益匪浅，但这些年轻人却似乎并未意识到阶级地位赋予他们的优势。相反，他们更强调自己工作有多么努力，这意味着他们认为自己所拥有的特权地位是自己努力争取的。另外，他们也特别关注自己在本社区或学校中的相对地位。他们似乎并未意识到，距离他们不到一小时车程的地方有一些年轻人过着和他们完全不同的生活。尽管中产阶级家庭的年轻人并不清楚自己的阶级地位对其人生道路的影响程度，但是工人阶级家庭和贫困家庭的年轻人以及他们的家庭成员则敏锐地意识到，社区不同生活则完全不同。[32] 很多人都梦想着有朝一日可以搬到郊区。小比利直接观察到了中产阶级社区对生活机遇的影响。在访谈中，他说有个朋友搬到了距离下里士满二十分钟车程的中产阶级郊区。搬家之前，他的这个朋友整天"无所事事"：

> 我有一个在这里一起长大的朋友，后来他搬到那边去了。搬走后，他现在完全变了一个人。他准备念大学，穿着也不一样了，比住在这周围的人过得都好。

小比利确信，发生这些变化是因为他转到了中产阶级社区的学校：

> 如果他继续在这里生活，没准儿他连高中都无法毕业。因为我和他一起在下里士满高中上学。他整天无所事事，每天都和我待在食堂里。他搬家后，立刻就变了。

亲眼见证了这一转变的小比利对此印象深刻。当我问到有什么事是他希望在童年时期能够改变的，他回答道："我希望自己能住在另一个社区。就像［他朋友现在住的］那种。"然后他又补充道：

他们那儿的人看起来是比我们要好一些。我认为他们容易得多。他们的生活要容易得多。

小比利的谈话表明,他已经意识到了中产阶级的人生轨迹,以及他自己的生活与中产阶级年轻人的生活存在的差别。工人阶级家庭和贫困家庭的年轻人似乎已经忍受了"看不见的阶级伤害",比如由社会地位所造成的尊严感和被尊重感的缺失。[33]（小比利已经内化认同了中产阶级是"比我们要好一些"。）也就是说,虽然有充分的证据表明制度规则是不公平的,它们为某些群体而非其他群体创造了重要的优势,但文化惯行遵守制度规则的方式往往是模糊的。个人成就这种意识形态导致中产阶级年轻人把他们的行为和自己的成就绑在一起。（正如亚历山大提到的,"我知道我工作很努力"。）尽管他们隐约意识到自己拥有资源丰富的家庭背景,但本次研究中的中产阶级年轻人并未把自己的成功纯粹归因于出生在优势阶级的好运气。相反,他们专注于自己的辛勤工作和个人成就。[34]他们没有看到社会阶级特权推动并贯穿于他们走向成功的整个过程。毫无疑问,他们误以为隐藏的东西并不存在。

第四部分 阶级如何持续发挥作用：与教育机构的协商——表面相似，深层差异

表面看来,中产阶级、工人阶级和贫困的家长试图帮助孩子的方式存在相同之处。像所有家长一样,工人阶级和贫困的家长也希望自己的孩子能在生活中取得成功,而现在这往往需要接受大学教育。这些家长认为自己对孩子是有帮助的,能在学校事务等方面为他们提供协助和干预。认为他们一般不会在教育方面"为孩子们挺身而出"是对他们的冒犯。像中产阶级家长一样,他们也很关心子女在学业上的进步和成功。

然而,在更深层面上,在家长所拥有的学校等机构如何运作的非正

式信息上却是存在阶级差异。例如，家长对机构最后期限的时间安排和时机掌握的了解，他们为实现特定的干预目标所掌握的技巧，以及他们能利用哪些资源来确保子女利益的最大化，都是由阶级地位决定的。[35] 这些以及家庭与机构协商方式上存在的其他重要阶级差异，在社会科学文献中尚未被充分研究。

中产阶级父母，特别是母亲，似乎认为他们有责任仔细监管孩子们上大学的每个步骤。他们收集信息，提醒孩子们注册考试，并关注潜在的问题。相比之下，虽然工人阶级父母认为自己参与其中并提供了帮助，但他们所理解的帮助与中产阶级父母的理解是不同的。工人阶级家庭和贫困家庭父母并不认为持续性的监管至关重要。他们也会收集信息，但仅是临时性行为。这是合情合理的，因为他们认为孩子的命运与父母的行为没有多大关联，而与机构如学校里专业人士的专业技能紧密相关。除了相关的财务费用，这些家长对高中到大学的过渡几乎一无所知。与中产阶级父母相比，他们对子女的学术能力评估考试成绩、孩子参观过的大学、大学排名等方面的了解明显模糊。最后，这些家庭对年轻人的认识也有所不同。工人阶级家庭和贫困家庭父母与他们的孩子一致认为，青春期过后孩子就已"长大成人"。相比之下，中产阶级家庭中的年轻人似乎仍然非常依赖家长，在关键性问题上，家长往往继续把他们当成孩子看待。[36]

非正式知识：中产阶级家庭

高中鼓励学生为升入大学做准备，进行申请和注册。但它们为学生完成这些任务所提供的帮助则有所不同。私立学校和招收中上层阶级年轻人的精英郊区学校，为大学申请提供了大量帮助；而大型城市高中所提供的帮助则极为有限。[37] 但即使在那些可以提供强大咨询项目的精英郊区学校，关于高等教育选择的信息和帮助也并不完善。学校邀请并希望家长能参与到孩子学校教育的重点领域中。在这种制度背景下，拥有更多信息并认为他们应该介入学校教育的家长,就会向孩子传递重要的优势。

追踪访谈显示,受访家庭关于高等教育系统的非正式信息的掌握程度差异巨大。在中产阶级家庭中,大学申请是年轻人和父母生活中的大事。这段时间充满了激动、焦虑、不确定性和(经常性)冲突。[38] 整个过程要持续好几个月时间,包括多个环节:收集大学信息,参观学校,缩小年轻人申请学校的名单,撰写论文,提交申请,等待录取结果,得到录取结果,应对失望情绪,决定去哪所学校。例如,亚历山大参观了布朗大学、哥伦比亚大学、哈佛大学、华盛顿大学、康奈尔大学和达特茅斯大学后,才决定申请哥伦比亚大学的"提前录取"。加勒特必须调整自己的失望情绪,接受没被斯坦福大学篮球队录取的事实;斯泰西非常艰难地接受了父母的决定,放弃了自己最中意的大学。在追踪访谈中,中产阶级家长和孩子都明确表示,家长的深度介入贯穿于帮助孩子寻找、申请和进入大学的整个过程。家长敏锐地意识到社区大学与四年制大学之间的差别,以及排名不同的大学之间的差别。与之相对,在与工人阶级家庭和贫困家庭父母及那些考虑过但没升入大学的年轻人进行访谈时,这些细节似乎都未被提及。

中产阶级家长的非正式性信息还包括对中小学如何运转的详细了解。例如,梅勒妮上中学时,她的父母就知道通过个别化教育计划(IEP)的帮助,有学习障碍的学生有望进行正常交流。梅勒妮的父亲根据自己对中学职责的详细了解,对教育者的行为进行了批判评估:

> 她的成绩越来越差,她学起来越来越吃力。我们发现,作业越难她就越"挣扎"……首先,我们收到了一封信说梅勒妮可能会被留级。[七年级后]我说稍等,我从未听说过个别化教育计划,没有收到任何相关信息。我们仔细了解了情况。为什么以前我们没听说过?你们不能毁掉这个孩子……你们已经让她痛苦绝望,不能再

毁了她，[这样]绝对不可以……这些人作为专业人士……早该意识到学习障碍。他们早干什么去了？

请注意，汉德隆先生并没有说老师们对他的女儿存有偏见或者是不喜欢她。相反，他把自己的焦虑归因于受过培训的教育工作者未能履行他们的职业责任。

中产阶级年轻人的家长都念过大学。他们对高等教育系统有丰富的体验，并可通过朋友、亲戚，以及念过大学的同事等非正式关系网接触到一系列相关信息。塔林格女士说，她从一位在常春藤联盟大学招生办工作的"好朋友"那里获得了一些小窍门：

我知道，竞争越激烈的大学，越会关注申请人在高中学到了什么；他们在对你的成绩单进行评估时，如果你没选过最难的课程，那会对你非常不利。所以，我希望加特勒……选择自己能力范围内最难的课程。

她还提到，有时候，其他家长也会提供一些有用信息：

然后，[我]和其他家长进行交流，他们已经带女儿参观过耶鲁大学和杜克大学了。他告诉我在参观杜克大学时发生了一件好玩儿的事，有人向招生指导问了个问题。学生提出的问题是："如果选修微积分荣誉课程，成绩会是B。如果选修微积分普通课程，成绩会是A。那么选哪个比较好？"他回答道："最好选微积分荣誉课程，然后拿个A。"

然而，美国的高中提供了一系列令人眼花缭乱的课程，而关于高等教育的信息却是既模糊又不完整。它们鼓励家长积极参与，不希望家长完全遵从专业人士的意见（工人阶级家庭和贫困家庭父母大多如此）。学校授权并鼓励家长积极监督并干预子女的学校教育（就像很多中产阶级家长那样）。访谈中，塔林格女士向我描述了她所采取的以下措施。她掌握了有关微积分荣誉课程的信息，也明白自己作为家长当孩子在学校的利益受到影响时应该介入，并与学校辅导员交流了加勒特参加荣誉课程的情况。此外，当时间安排出现冲突导致加勒特无法参加某门大学先修课程时，塔林格女士来到学校与教育者进行了"抗争"，坚持先修课程中的微积分和文学课不应该安排在同一时间，从而保证她儿子（和其他高分组学生）不被阻止获得"最大化的机会"。当加勒特申请大学时，他已经选修了三个领域的大学先修课程和另外两个领域的荣誉课程。

中产阶级家长对高等教育系统，如课程、成绩和财务援助的了解，结合他们自身获得学位的亲身经历，也影响了他们给予孩子的指导。例如，马歇尔家知道斯泰西渴望进入常春藤大学，她也被学校的篮球教练招募了。然而，他们却回绝了学校的录取。马歇尔女士解释说，这一决定是为了帮助女儿避免在年轻时就背上沉重的债务。斯泰西打算成为一名医生，所以她必须念医学院，这将是一笔很大的支出。她的父母认为，既然有一所知名的公立大学能为斯泰西提供全额奖学金，为什么还要去增加大学教育的负担呢？当斯泰西决定去马里兰大学时，马歇尔一家都很"欣慰"。那里的学术实力很强，而且女子篮球队的声望也一直很好。正如马歇尔夫人所说，"那是一所充满挑战的学校，她要一直面对挑战"。她还透露，大一时斯泰西的生物得了两个"C"，对此她感到非常担心。（"我觉得她今后的道路会很艰辛。"）这种担心表明她明白这样的成绩会阻碍斯泰西进入医学院。因此，在指导女儿教育发展的过程中，马歇尔女士收集了大量关于本科和研究生阶段的助学金、不同类型高校的学术要求、高校的全国排名、医学院的入学标准等非正式信息。[39]公立高中仅为家长和学生提供部分相关信息。通过自身经验、社交网络，以及与教育者的积极互动等方式，中产阶级家庭父母能够收集相关信息来补充学校提供的信息。[40]

像他们的父母一样，中产阶级家庭的年轻人对高等教育机构有非常详细的了解。例如，加勒特明白，尽管他有很高的平均积点，但若没有篮球队的招募，他很难进入斯坦福大学；亚历山大清楚，"提前录取"的申请过程会非常复杂；斯泰西知道，哪些费用她的助学金可以涵盖，哪些费用仍需父母支付。相比之下，尽管温迪渴望上大学，但她似乎很难记住不同大学的名字；她也不知道自己学习障碍的确切名称。（她说，"学障"就是学习障碍症。）工人阶级家庭和贫困家庭的年轻人也无法像中产阶级年轻人那样轻松迅速地说出他们的学术能力评估成绩（如果他们考过）和平均积点。

非正式知识：工人阶级家庭和贫困家庭

工人阶级家庭和贫困家庭父母认为自己在孩子的求学生涯中扮演了积极角色。此外，本次研究中那些高中辍学的年轻人的母亲则对孩子的行为深感沮丧和焦虑。因此，在所有家庭中，家长对教育的关注，以及对学校教育的"参与"，表面看确实存在相似之处。但追踪研究显示，工人阶级家长和中产阶级家长似乎对"知情"和"有帮助"的含义有不同的理解。对很多工人阶级家庭和贫困家庭的年轻人来说，如小比利、卡蒂、哈罗德和其他几个人，上大学从来都不是一个非常认真的想法。他们所关注的是能从高中毕业（或者获得高中同等学力）。其他几个追求高等教育的人所掌握的教育选择的非正式知识也很有限。例如，工人阶级家长和年轻人所使用的"大学"（college）这个词，既包括私人职业培训项目，也包括研究型大学。与中产阶级家庭父母及其孩子不同，这些家庭对高等教育系统的复杂性只有比较含糊的认识。教育者认为，高中同等学力一般不如高中文凭，尤其是在竞争激烈的劳动力市场中；一些人认为，那是一种资格证书而不是文凭。同样，学士学位比高中文凭具有更高的地位。工人阶级家庭和贫困家庭对这些证书的价值没有等级概念。对他们来说，所有的证书都是一样的。扬内利先生对儿子从高中退学感到非常失望，但在小比利获得高中同等学力证书时他又破涕为笑。扬内利女士回顾到：

> 证书寄来的那天，他正在海边。我给他打了差不多五个电话。我当时心想，"快给我回电话。你拿到学位证书了。我们非常骄傲"。哦，我的上帝，我们非常骄傲。大比利的眼泪夺眶而出。我们非常骄傲。我们家里没人上过学，更别提毕业了。

在访谈中，扬内利先生提到他很想让小比利上大学，但是儿子能"毕业"已经很让他骄傲了。对扬内利先生来说，高中同等学力和大学文凭差别并不大。最重要的是小比利拥有了一张毕业证书。

工人阶级家庭和贫困家庭父母对教育机构的细分知之甚少，他们不清楚应该关注什么问题，或者以什么标准优先排序选择适合他们孩子的学校。除此之外，这些父母（大多没有念完高中）把教育的责任更多地交给了学校和即将成为青少年的孩子们。处于劣势的父母没有果断地掌控孩子们学校教育的核心阶段。他们似乎并不清楚市区众多公立高中的学术水平是有等级区别的。例如，布林德尔女士非常担心女儿的人身安全，希望她能离家近一些。她不希望卡蒂去另一个社区学校念书，那里离家有二十分钟路程。那所学校的学术水准高于布林德尔女士为女儿备选的两所学校。卡蒂解释道，

> 我想去（一所学术水准更好的高中）。但妈妈说我只能从华盛顿和富兰克林这两所学校中选，因为它们都在我们社区。

工人阶级家庭和贫困家庭父母也缺乏有关学校的独立信息来源。他们完全依靠教育者的推荐。由于学区并不直接和家长及学生分享关

键信息，工人阶级家庭和贫困家庭父母很容易被误导。比如，扬内利先生和夫人非常希望小比利进入亨利职业学校，这是一所声誉很好的"磁校"。当扬内利女士意识到她没有完全明白申请过程时，感到非常震惊：

> 亨利学校差不多是附近最令人满意的学校，但是学校却没有录取他。我原以为（小比利）八年级时申请，但实际上应该是七年级。

扬内利一家知道的重要信息就是小比利需要申请高中，以及亨利高中比下里士满高中更令人满意。他们还反复确认申请书是否已经填好并提交。然而，小比利并没有被录取，部分原因是申请取决于他七年级的成绩，而他七年级的成绩并不好，尽管八年级时他的成绩有了显著提高。扬内利女士误解了选拔过程中的一个重要因素。被亨利职业学校拒绝后，小比利的选择就很有限了；最终他还是去了下里士满高中。

同样，大学的录取程序对中产阶级家庭来说是一种常识，但对工人阶级的家长（如温迪的家长）来说则是"令人吃惊"并让人困惑。温迪的父母都没有上过大学（直系亲属中也没人上过）。温迪的继父马克·法伦似乎认为，如果大学申请失败，申请费用就应被返还。她妈妈秋季前往参观阿尔弗尼亚大学时，也误解了一场关键性的对话。这所学校正是温迪最后被录取的学校。德赖弗女士开车带着女儿去参观校园，她们两个人看起来都很高兴：

> 这次探访让我们喜出望外。接待我们的人很好，他们看了我女儿的成绩和学术能力评估成绩等……当我们准备离开时，他们说："好吧，让我们几个月后再见。"我们真是受宠若惊。

母女俩显然是认为温迪已被这所大学录取，但她们的兴奋感却只持续了很短的时间。德赖弗夫人解释道：

> 我们离开的时候必须经过接待处。那里的人说："我们会通知你的。"我说："你会通知我是什么意思？"［他们说：］"是这样，我们会给你打电话或者发信件通知你是否被录取了。"我说："她已经被录取了。"他们说："什么？！"我说："他们说我的女儿已经被录取了。"他们说："你知道那不是正式的承诺。"

德赖弗女士高中毕业，一直从事秘书工作。温迪并没有意识到大学申请过程中的季节性因素。温迪的升学辅导老师也没想过要提醒他们：学生通常在秋季时申请大学，在春季收到录取或拒绝通知。[41] 温迪的父母对她念大学这件事感到非常兴奋。尽管遗漏了很多细节，但两位家长都很清楚念书的费用：每个月一千美元。（德赖弗女士准备去做兼职。）温迪的家长在大学申请过程中非常依赖升学辅导老师（确实帮了很多忙）和其他专业人士，这与中产阶级家长如塔林格家完全不同。此外，温迪的家长对待教育机构的态度，与她念四年级时并没有什么明显变化。那时，德赖弗女士非常担心温迪不会阅读的问题，但她依赖教育者去应对这种情况。高中教师似乎和小学老师一样，他们似乎希望温迪的父母能在监控、管理和升学干预中发挥积极作用。但与中产阶级家庭父母相比，工人阶级家庭和贫困家庭父母很难达到教育机构的期待，因为家长的参与度往往与阶级资源密切相关，而不是他们对子女的爱和情感。[42]

来自工人阶级家庭和贫困家庭的年轻人，延续了他们家长对大学的模糊理解。这些年轻人有希望也有抱负。但他们对高等教育系统的了解并不清晰，对自己可能通过获得额外培训继而找到好工作的途径也不清楚。哈罗德提到过某天他会"重返校园"，但他并没想好具体去哪所学校或学习哪些课程。卡蒂计划去跟一个朋友的母亲学习，因为"她讨论过医学记录"。尽管并不清楚具体要做什么、薪水如何，但卡蒂却认为自己"能在办公室工作，薪水应该不错"。

总之，对那些高中毕业就马上开始工作的工人阶级家庭和贫困家庭来说，大学是个非常陌生的地方。他们没有中产阶级家庭父母自然而然受过高等教育的人生经历；他们也不处于郊区学校所在的社区大环境中，在那里申请大学非常普遍。就像是身处异国的旅行者，他们很容易就会犯下简单的错误。

介入

随着年轻人进入各种机构，他们会遇到各种各样的困难。有些困难并不那么重要，但有些困难就可能会改变人生。年轻人受伤并需要手术，不喜欢某门课的老师，意外怀孕，或者选了并不适合自己的大学。参与研究的家长在主动监督子女机构生活的程度上存在差异。为了孩子的权益，中产阶级家长把介入视为他们的权利和责任。他们在年轻人尚未酿成大错之前，成功地解决了很多小问题。工人阶级家庭和贫困家庭父母也能帮助孩子解决生活中的很多问题，但在教育机构或其他由专业人士管理的机构中，他们更希望专业人士能够负起责任。在许多情况下，机构期待家长的直接参与。而家长则希望专业人士（或他们处于青春期的孩子）承担干预的责任，这一决定往往与学生偏离高等教育的轨迹有关。

中产阶级家庭：协作培养的延续　　中产阶级父母不仅收集信息，而且积极与他们的子女及学校合作，为孩子们创造更多的机会。中产阶级父母从孩子上小学起就一直遵循这种模式。例如，威廉斯一家搜索大学的过程非常细致复杂。亚力山大为参加学术能力评估考试做了大量练习测试，这些测试帮助他的成绩"[一直]在提高"；他还拥有一位私人教师。威廉斯先生请假陪亚历山大参加春假的大学之旅。威廉斯女士也陪访亚历山大参观了大学，在那次暑期"大学之旅"期间，他和"一个朋友……参观了几所大学"。通过实地考察，他和妈妈一起拟定了备选大学名单。亚历山大的目标是哥伦比亚大学,他与妈妈商量后,提交了提前录取的申请。其他父母也提到帮助孩子申请大学花费了大量时间和精力。

中产阶级父母尽可能为孩子提供优势的决心,随着时间延续下来。某些情况下,即使教育者没有给出建议,这些父母也会认真对孩子的技能进行评估,以发现他们的不足之处。例如,斯泰西念高中之前,马歇尔一家就意识到她在数学方面需要额外帮助。她虽然通过了中学的全部课程,但还不够出色。马歇尔女士担心斯泰西的数学成绩是她的"软肋",于是就给她报了一个暑期代数课程,她希望这能对斯泰西起到"促进"作用:

> 我让她参加暑期课程……就是为了让她有些信心。她念七年级和八年级的时候,我就注意到她的数学成绩比较差。暑期班里选了这门课并且没有挂科的只有她一个。这正是她需要的动力……她原本不想参加,但还是参加了。她当然要参加了。大学一年级时她就能充分理解到为什么要这么做,因为她九年级的代数成绩是"最好的"。

即便斯泰西在数百英里外的大学念书,马歇尔女士仍然给她提供了详细的选课建议(例如,建议她不要选微积分课程:"我认为像斯泰西这种不喜欢数学的人不适合在四周的时间里学习微积分课程。"),她还强调了斯泰西与其导师密切合作的重要性。总之,从斯泰西10岁开始,马歇尔女士一直对她的体操训练和学校教育进行监控和干预。这种监控和干预延续下来(虽然形式有所不同),一直伴随着斯泰西从青少年时期步入青年时期。尽管她已是青年人,但在关键大事上,她妈妈仍把她当成一个能从持续监督和协助中获益的孩子。

同样,汉德隆夫妇也对女儿的学校教育保持着有力的监督。他们也会对专业人士给出的建议进行评估，然后再决定是否实施。初中时，教育者曾建议梅勒妮留级一年，而汉德隆一家则拒绝了这一建议。作出这个决定对汉德隆女士来说非常不易（"我来自教师世家"），但她觉得梅勒妮急需"离开那个环境"。梅勒妮上高中时，汉德隆女士跟她的老师们保持了紧密的联系。例如，作为学校的啦啦队队长，梅勒妮既开心又做得游刃有余（这令她妈妈感到"不可思议"），但她坚持说自己害怕公开演讲。然而，做一个简短的公开演讲是毕业的要求。汉德隆女士到学校进行了协商，最终梅勒妮被允许在小范围内做一个非公开的演讲。

　　与工人阶级家庭和贫困家庭的青年人相比，中产阶级家庭的青年人面临的障碍相对要少一些，但他们的父母为帮助孩子克服困难则作出了巨大的努力。例如，加特勒越来越喜欢在大学打篮球，塔林格先生便和加特勒夏季联赛队的教练商量能否增加他的出场时间。[43] 因为大学教练们会在夏季比赛中物色球员，所以上场时间对获得运动奖学金至关重要。经过塔林格先生的干预，加特勒的出场时间"有所增加"。在亚历山大暑期实习计划将要落空的最后时刻，威廉斯女士及时地提供了帮助。她帮儿子制定了新的暑期计划，这项计划有助于发展他对医科大学预科学习课程的兴趣和技能。

　　也有一些问题是中产阶级家长无法解决的。例如，当女儿在一门非常重要的预科课程中获得了很低的分数时，马歇尔女士只能表示同情。课程的分数是无法更改的。同样，尽管妈妈每天都在提醒她，但梅勒妮还是干脆停止参加社区大学课程。由于没有正式退学，所以她没有完成这个学期的学业。在这些情况下，家长们只能让孩子自己解决问题。所以说，中产阶级的身份并不能阻止年轻人所要面对的重要挑战。然而，当年轻人遇到重大问题时，他们的父母往往有所准备，愿意并且有能力与机构中的官员进行斡旋，而这些干预则常常有助于问题的解决。

　　工人阶级家庭和贫困家庭：成就自然成长的延续　　对工人阶级家庭

和贫困家庭的年轻人来说,其父母一般都会延续成就自然成长的培养模式,与教育相关的事务则是在学校里由教师、顾问和学生们自己解决。[44]教育决策并不是家庭事务。例如,哈罗德在大学预科课程中开始了高中学业:

> 比如九年级,我念的是特许磁力项目——那差不多是最好的特许项目——那里所做的一切都是为大学做准备。所以那时我的成绩还不错。磁力课程仅限于数学和科学。

虽然他一年级的英语成绩是 D 并且经常迟到,但他期待能继续留在这个大学预科项目中。然而,在哈罗德读高二的第一天老师就告诉他,他已经不在这个项目中了:

> 其实,他们是把我从那个特许项目中剔除了,然后把我调入了另一个项目。但是那个项目的课业比较简单,所以我开始,你明白,就是开始放松了。所以如果我能继续参加之前的磁力项目,我应该会很不错。那里的课业更难,但是更符合我的节奏。对我来说是个挑战。

哈罗德更期望留在另一个项目中;如果他来自中产阶级家庭,或许还有机会。其他研究者发现,中产阶级家长曾经成功干预以确保他们的孩子留在高级课程项目中,即便孩子并不符合条件。[45]然而,在哈罗德的个案中,并没有出现这种干预。他的父母认为,学校的决定会保证孩子利益的最大化。

然而,即使年轻人请求父母提供帮助,也不一定能有好效果。例如,哈罗德很喜欢运动,也有运动天赋。他喜欢篮球,但他的身体条件更适合踢橄榄球。他上高中时,橄榄球队和篮球队的教练是同一个人。由于担心对膝盖的损伤,哈罗德拒绝了橄榄球队的选拔。他是一名优秀篮球队员,但竟未能入选篮球队,哈罗德对此非常震惊。他确信这个决定是因为拒绝踢橄榄球而激怒了教练。他曾与教练沟通并向校长求助,但却均以失败告终,哈罗德想转学去另一所高中,在那里他可以进篮球队打球。他曾和那所学校参加市联赛的篮球队员打过球:"我认识几个他们篮球队的队员……我从来不是一个问题少年;……我的成绩处于平均水平或高于平均水平。"

在他看来,转学去另一所公立学校似乎是一个可行的选择。[46] 由于需要准备大量文件,他需要父亲的帮助。但是,哈罗德父亲教养孩子的方式并不包括这种参与。麦卡利斯特先生依赖教育者处理学校事务。他不会为了干预学校事务而定期与教育者联系。除此之外,根据哈罗德的描述,他父亲"并不在意篮球……他更喜欢打拳击,嗯,就是这样"。麦卡利斯特先生没有坚持让儿子转学。哈罗德"有时"也会和妈妈谈起这些学校里的问题,"但是说了也没用,什么也不会改变"。

我们不知道教练的观点;而哈罗德的理解也许是错误的。他可能高估了自己的技能。问题的关键在于,他试图自行解决问题的努力——与教练和校长进行沟通——并未能让他进入球队。这段经历对哈罗德非常重要。为了尽快"忘掉篮球",他开始了全职工作。他下班很晚,回到家更晚,然后开始翘课。最后,尽管他曾梦想进大学打篮球,但他却在高中就退学了。如果哈罗德来自一个中产阶级家庭,结局很可能会极为不同。中产阶级父母通常对教育体制有着必要的认识,加之对自己孩子的特殊了解,由此便能成功应对机构中发生的冲突。同时,这些父母认为,自己教养子女的责任也包括解决学校冲突直到他们满意为止。工人阶级家庭和贫困家庭的年轻人有天赋也有决心,但他们一般没有能为他们的利益在公共机构中采取干预的成年人。

但在某些情况下,家长也会干预学校教育,有时也能取得成功。例如,温迪因为多次膝盖手术而错过了几周课程,她妈妈成功地协调安排了辅导老师（由学区支付费用）为她进行家庭辅导。但在其他情况下，他们的干预则充满冲突，结果喜忧参半。比如，小比利曾被怀疑扔纸球砸中了一名老师。扬内利女士找到了"目击者"证明纸球并不是小比利扔的。她见了校长，但结果却并不尽如人意：

> 他真是一个非常让人讨厌的人。他甚至不给我任何机会。他不允许我把目击者带来，然后我说："好吧，我会一直抗争下去，如果这件事闹到学校董事会，我一定会让目击者作证。"他说："好吧，你愿意做什么就做什么。"[47]

在学校董事会的会面也不顺利：

> 他们把我们带到了一位女士的办公室，她好像是学校董事会的头儿之类的。我以为我们可以好好讲讲事情的原委。然而我们刚一进去，她就开始说："小比利必须去别的地方。不能再这样下去了。"然后我开始告诉她我了解的事情的状况，比如我有目击者之类的。她说："你不能讲话。"我说："我什么都不能说吗？"她告诉我："你不能讲话。"然后我说："那我为什么还要在这里？"她回答道："因为你要在这里听我告诉你这件事要怎么处理。"

扬内利女士怀疑这位女士怀有"偏见"，她直接表达了自己的不满：

> 她是一名黑人，那儿所有的人都是黑人。我们是那里唯一的白人。我对黑人或白人并不介意，但是那天我觉得自己被歧视了，他们好像对我怀有偏见。好像他们终于抓住了一个白人孩子。这就是我当天的感受。所以我凑近她的脸，直接对着她说："你真是个让人厌恶的女人。我讨厌你，我诅咒你。"然后我就转身离开了。由于

我冲着她大吼，所以大比利感到非常尴尬。

因此，这两次和教育者的沟通结果都不好，问题并没有像扬内利女士希望的那样得到解决。她和一位她为其打扫房子的女士讨论了这个问题，她的雇主帮她安排了一位公益律师。这位律师"告诉［她］该做什么"，然后就有了另一次会面：

> 我们见了学校董事会其他的人，那位女士让我们坐下来。我把向你们描述的事情又向那位女士描述了一遍，我们有目击者而校长却不让他们参与进来。她终止了所有事情。[48]

在小比利年纪更小的时候，他妈妈经常干预学校事务，但都以失败告终。那时，扬内利女士的努力基本上都没有得到预想的结果。这可能受诸多因素影响，但扬内利女士自认为是因为她"没怎么上学"。她觉得自己相对较低的教育程度，阻碍了她与教育者互动的能力。

扬内利一家所在的市区学区，与郊区学区相比，规模更大，官僚化程度也更高。这种差异可能降低了她获得有效沟通的机会。与对待中产阶级父母的态度相比，那些本身属于中产阶级的教育者，对待扬内利女士以及其他工人阶级家庭和贫困家庭父母的态度，可能相对缺乏尊重。即便如此，扬内利女士对官僚体制处理事情的程序也仅有模糊的认识。例如，她第一次去学校董事会办公室似乎只为预约安排——行政预约的第一步——定好扬内利一家提交申诉的正式听证会的日期。然而，关键问题是，扬内利一家为了小比利的利益所作出的巨大努力，并不能保证他在学业上取得成功。他还是退学了。而且，这还是一个相对罕见的例子。在我的样本和其他针对家长干预的研究中，工人阶级家庭和贫困家庭父母进行的干预，既没有扬内利一家如此频繁，延续时间也没那么长久。[49]

与中产阶级家庭父母相比，工人阶级家庭和贫困家庭父母对孩子的干预要少一些，但正如泰勒家的评述所示，他们对孩子的生活该如何展开有鲜明的观点。泰雷克有一个非常不稳定的工作经历。他父母提到，他曾因迟到而被解雇，后来又因经理对员工的不平等待遇而愤然辞职，之后他失业了好几个月。泰勒女士在他失业期间感到极度焦虑。某次访谈期间，她开始大嚷大叫地说起泰雷克找到工作的重要性。[50] 他必须找到一份全职工作养活自己。泰勒女士对泰雷克未来的焦虑是显而易见的。她渴望儿子能上大学，但她自己的经济条件几乎负担不起孩子的大学费用（她认为自己"可以帮他申请贷款"，也有可能帮他负担一些书本费和其他杂费）。她一直期待着有朝一日"他可以成为一名成功的律师"。

包括泰雷克在内的年轻人都意识到父母对他们的期待和梦想：

安妮特：有人和你谈过上大学的事吗？

泰雷克：嗯，他们来过我们学校。大学的人来过我们学校。我可以上纽约州立大学杰纳西奥分校，但我不想参加学术能力评估考试。我并不是没有认真考虑过上大学。我可以上大学。妈妈和家人都想让我上，但我希望……高中毕业后我希望做一些我想做的事。

泰雷克还说："我妈妈和家人一直想要让我重返校园。"但泰勒女士的行事方法与马歇尔及塔林格家在核心方面存在差异。她哄骗、施压并且不断指责，但她认为与机构的接触互动（例如，为泰雷克预约学术能力评估考试，填写大学申请表，参观大学校园，缩小申请范围）超出了家长的职责范围。这些被认为是学校应该承担的责任。[51] 她和泰雷克的父亲属于介入式家长。他们竭尽全力帮儿子从高中毕业，泰勒先生还为泰雷克付了社区大学第一个学期的学费。但泰雷克并未完成这个学期的课程。泰勒女士觉得，是否念大学的最终决定取决于泰雷克。

为了帮助泰雷克的生活继续前行，父母双方不断介入。当他未成年被捕时，泰勒先生为儿子聘请了辩护律师，帮他付了车款，还另请了律师帮泰雷克处理积累的罚单。总之,泰勒一家预先阻止了很多坏事的发生(例如,再次被捕、高中退学);然而,他们却无法帮助泰雷克实现其他目标(例如,升入大学并且毕业)。在泰勒女士看来,她的儿子"正在变好。他没有达到我的预期,但他正在变好"。泰勒先生说:"他熬过来了。他曾离绝境只有一步之遥。"中产阶级父母很难陷入"孩子离绝境只有一步之遥"的境地。同样,在这种情况下,大多数中产阶级的青年人会寻求父母干预的庇护。然而,在很多工人阶级家庭和贫困家庭中,家长和年轻人都会把"青年人"这个概念理解为"成年人",因而他们有能力处理他们自己的(大部分)问题。例如,正如上文所述,尽管温迪拒绝了小型天主教大学阿尔弗尼亚大学的录取,但她决定进入当地的社区大学学习。

> 我甚至申请了社区大学。我一月份就要去社区大学了。我递交了申请。然后我就被录取了。他们希望我念夜校:那是一个完全免费[学习障碍]的项目,我需要上满六个月。

很不幸的是,这些初期的努力都失败了。基于她排位考试的成绩,她被告知需要参加补修课程,而这些补修课是没有学分的。考虑到她在高中曾经选修过荣誉课程,这看起来很不合理:

> 我想先参加一门有学分的课程。他们说:"不行。"他们不允许这么做。如果我为[学习障碍]项目付费,我就可以这么做……我尝试和他们沟通。我不想参加[没有学分的课程],但他们根本就不想听。

与大多数中年阶级家庭的年轻人不同,面对复杂的问题,温迪没让家长介入干预。她把这些问题完全当成自己的事情去处理。

温迪认为这个项目的官员误解了她学习障碍的性质。她想获得类似阿尔弗尼亚大学提供的课程：

[在阿尔弗尼亚]我可以进入普通班。[那里有]记录员和考试预留[有残疾的考生可以事前申请考试预留，即指定考试地点和时间]：一个三小时的考试我可以用六小时完成。老师会为我读题，[那我就]会有机会重考拿到更好的成绩。阿尔弗尼亚大学原本是有这个计划的。

社区大学欠缺的灵活性给温迪带来了麻烦。她没有重返校园。当被问到她是否想过让父母去社区大学帮她进行交涉时，温迪很不高兴。她表示自己已经是一个能为自己负责的成年人了。

我已经长大了，可以自己做决定了。我知道自己的问题。我的父母可以来，而他们[项目官员]基本上会告诉他们同样的结果。我不希望那样。我已经18岁了。我已经长大了，可以自己做决定！

像马歇尔女士这样的中产阶级家长可能会给项目官员打电话，提交关于女儿学习障碍的文件，请私人心理学家给她做测试，或者自己付费参加一个学期的学习障碍项目。温迪当时只有17岁，除了接受补修安排或者放弃入学之外，她没有别的选择。因为她已是"成年人"，所以不能接受父母的介入；而且温迪并不认为父母就能比她做得更好。因此，尽管温迪的初衷是进大学念书，但她并未如愿。

在某些情况下，工人阶级家庭和贫困家庭的父母，也能非常高效地帮助孩子解决与机构相关的问题。小比利有时会消遣性吸食大麻，他在房屋油漆工会做学徒期间被要求接受随机性毒品测试。小比利某次药检结果为"阳性"，他受到了工会的警告。扬内利先生也是工会成员，所以他有能力为儿子解决这些难题。尽管小比利违规超过三次（一次违规就会被清退），本应被解雇，但他并没有被工会驱逐。需要注意的是，这个机构和教育机构不同，扬内利先生拥有和工会领导平等的地位。所以，他为儿子介入时所面对的情况，与扬内利女士所面对的情况完全不同。

毋庸置疑，工人阶级家庭和贫困家庭父母在情感方面、财务方面和社会生活方面，为自己的孩子提供了宝贵的帮助。他们为汽车贷款提供担保，支付汽车保险，提供餐食，倾听浪漫而痛苦的故事，照顾孙辈。他们迫切希望孩子可以成功。但是，孩子小的时候，在与教育机构的互动中，这些父母更希望专业人士能帮助他们的孩子走向成功。他们不会坚定自信地管理孩子的高中生活；一旦孩子高中毕业或者离开学校，父母就会把他们视为自主的成年人。

"那伤透了我的心"

总之，本书中的工人阶级家庭和贫困家庭的年轻人渴望能从高中毕业进入大学。但跟中产阶级家庭的年轻人相比，很少有人能实现这个梦想。大多数人受教育的程度都和他们的父母持平，很多人都是在高中退学。鉴于这些父母自身的教育经历，我们原本认为当孩子高中辍学或者没有进入大学时，他们会表现得相对平静。然而，当工人阶级家庭和贫困家庭父母在谈起孩子被缩短的教育经历时，他们表现出非常明显的痛苦。[52] 例如，当我问起泰雷克上了一学期社区大学便退学的事情时，泰勒女士把手放在心口上，她看起来非常沮丧。她说，这让她"感到很无助"，"你知道，作为一个母亲会很失望"。她明白年轻人具有独立性并且家长的权力有限，然而她说："你知道，你就是无可奈何。他们必须自己做决定。"

其他家长也持有相同观点。他们还让我注意到，父母倾注在子女身上的教育梦想破灭时，他们经历了巨大的伤痛。例如，德赖弗女士认为温迪拒绝上大学是针对她的："我很受伤。我希望我的孩子可以上大学。"哈罗德高中没毕业就离开学校的行为激怒了他妈妈。哈罗德退学的事情已经过去两年了,但是麦卡利斯特女士仍是一想起这事就生气:"哈罗德没能毕业,我气疯了(声调变高)。他再熬过两个月就可以毕业了——四月、五月,还有六月。"谈起小比利决定在高二退学时,也曾在高中退学的扬内利先生说:"那伤透了我的心。"

中产阶级家庭父母一般不会经历这种令人难以承受的失望。他们很同情自己孩子所经受的挫折,比如未能进入最中意的大学。但与工人阶级家庭和贫困家庭父母相比,这些父母受影响的程度似乎要小一些。例如,塔林格女士说,她为加勒特没能去斯坦福念书感到"很伤心",她怅然地说:"要是能去就太好了。"然而,在参与研究的中产阶级家庭中,孩子没上大学的只有汉德隆一家,他们为女儿的决定感到非常不快。梅勒妮被斯旺社区大学录取,但如上文所述,她在学期还没结束时就不去上课了。对拥有大专学历的汉德隆女士和拥有硕士学位的汉德隆先生来说,梅勒妮短暂的大学生涯让他们非常失望。

  安妮特:这件事情发生的时候,你是怎么想的?
  汉德隆女士:失望,但这是她的人生,我,你知道,……在这件事上她开始自己做决定了,我试着去支持她所作出的任何决定。但我仍会感到失望。

汉德隆女士似乎因为女儿没有念四年制寄宿大学而感到惭愧。[53] 她希望当时自己能够进行更多的干预。[54] 因此,正如其他研究表明,身为中产阶级并不确保子女就能从大学毕业。[55]

家长在追踪访谈中的报告显示,当他们的孩子终止学业时,他们经历了最痛苦的一刻。随着时间推移,所有父母似乎都已成功地调整了他们的期望。大多数人都为自己的孩子感到骄傲,为他们的生活感到欣慰,为他们稳步走向独立成熟的生活而感恩。但从全国范围来看,包括本书中涉及的家庭在内,工人阶级家庭和贫困家庭的孩子从高中毕业并升入大学的几率较小。因而，与中产阶级的父母相比，他们的父母更容易因对子女教育方面的失望而心碎。

工人阶级家庭和贫困家庭的青年人表现出，对父母为他们作出的牺牲，以及这些牺牲所带来的负担，拥有深刻的认识。泰雷克知道自己的父母借钱供他读书，他表示自己亏欠了父母，他应该在学业上更加尽心尽责。卡蒂坦言她反对妈妈继续饮酒，但她又告诉我，她为自己的母亲不再需要福利救济金而感到"骄傲"。一些年轻人在经济上为父母提供帮助。温迪高中时做了两份兼职。她挣的钱主要用于支付自己的花费，但有时也会给妈妈贴补家用。哈罗德说他"很爱妈妈"，愿为她"做任何事"。他经常给她钱，每个月都会给几次，或者妈妈要的时候就给，每次差不多二十美元。因此，当中产阶级的父母把经济资源转让给他们的孩子时，工人阶级家庭和贫困家庭的年轻人往往正在把资源转让给他们的父母。中产阶级家庭的年轻人也爱他们的家人，有些人对父母的感情溢于言表。例如，加勒特在谈到他的父母有多么出色时，表现得非常激动。这些年轻人和那些工人阶级家庭和贫困家庭的年轻人之间存在的显著区别是，中产阶级家庭的年轻人对父母为他们的付出知之甚少。

基于阶级的文化技能库的重要性

社会阶级在美国社会中是否重要？为了便于讨论，我们先假设它并不重要。如果那样，年轻人的教育和工作情况应该取决于他们自己的愿望、才华、努力、坚持和智慧。[56] 如果阶级地位并不重要，那么年轻一代成年的时候，他们应该站在成功竞赛的同一起跑线上，凭着他们自己的天赋，拥有相同的机会"找到自己的路"，过上舒适并充实的生活。这就是美国梦。然而，美国的现实并非如此。本书最重要的一个结论就是：社会阶级的确起到了重大作用。在现实生活中，年轻人的教育和工作成就与父母的阶级地位息息相关。由于社会阶级是一股重要力量，所以不管年轻一代的愿望、才华、努力和智慧如何，已存在的社会不平等都会随着时间的推移而被复制。[57]

本书运用了定量法来研究家庭日常生活的惯常，以及这些惯常对年轻人人生发展机遇的影响。追踪研究的结果进一步支持了这样一个观点，即社会不平等正在被复制。家长的文化惯行起到了一定作用。[58] 父母积极培育并发展孩子的才能和技能的努力，并未随着时间推移而减弱。即使孩子开始成为独立自主的青少年，有了驾照、工作和住处，中产阶级的父母仍会密切监控并干预他们的生活。要在几十年前，许多年龄相仿的年轻人都已结婚生子。但本研究中的中产阶级年轻人，现在处于19—21岁之间，似乎还不能完全独立，在关键方面仍然生活在他们父母的羽翼下。相比之下，虽然年纪相仿，但工人阶级家庭和贫困家庭的年轻人似乎更加独立。他们非常感谢父母在资源稀缺的情况下给予他们的爱和支持。但是，用温迪的话来说就是，他们"已经长大成人"。对工人阶级家庭和贫困家庭父母来说，他们普遍认为自己的孩子已经成为独立自主的成年人。如果可能，他们会尽量提供帮助。当他们为孩子的未来所抱的梦想变得越来越遥不可及时，他们也会感到失望和痛苦。

这些持续性模式的迹象意味着什么？关于社会分层的研究，追踪研究结果表明，我们需要扩大和重建社会阶级对日常生活所产生影响的分析。研究人员需要更加关注中产阶级父母有关机构运作的非正式知识所起的关键作用；他们为实现目标所运用的教育、经济和社会资源；他们长久以来为了孩子的利益所进行的无数细微但不断累积的有益干预。[59]

例如，除了渴望或希望看到斯泰西能够成功，马歇尔女士利用了许多不同的阶级资源为女儿上大学做准备。回想一下马歇尔女士对女儿参加暑期代数课程的坚持。在采取这一行动时，马歇尔女士认为自己能够评估女儿的教育需求；与扬内利女士不同，她不需要依靠"受过教育"的人来告诉她该怎么做。针对自己在斯泰西学校表现中所发现的弱点，马歇尔女士还制定了专门的行动计划。与德赖弗女士不同，她没有接受学校向女儿提供的一般学业计划。相反，在问题恶化之前，她为斯泰西设计了一整套提高数学技能的方案。在这整个过程中，马歇尔女士运用了大量关于教育机构如何运作的非正式知识。这些非正式知识与她自己的教育和职业经历有关；而这则不是所有父母都能拥有的资源。此外，马歇尔女士的行动计划是根据女儿的性格和需求设计的。父母的干预措施达到如此复杂的程度——涉及定制行动和长期规划——研究人员很难对其分离并测量。实际上，在基于调查的研究中，斯泰西在高中数学中的优秀表现，可能会被归因于她自己的能力或受教育的水平。这位中产阶级母亲在"提升"和管理女儿的数学技能方面所起到的作用消失了。其实，它隐藏在未经验证的假设之下，该假设就是关于学生的自身能力或者努力学习的效应。[60]

另一个值得社会科学家关注的领域，则是中产阶级家庭生活的弊端。（同样，应该进一步研究工人阶级家庭和贫困家庭文化技能库的潜在优势。）例如，取得高成就的中产阶级高中生，经常要兼顾繁重课业和多项课外活动，他们只有很少或根本没有空余时间。虽然许多人都喜欢快节奏和有压力的生活，但其他人则因不断追求成功而感到悲伤和孤独。[61]这里面还包含着其他代价。家长们抱怨要花数百小时去帮孩子们搜索大学。申请和进入大学已成为整个家庭的大事。由于某些年轻人反感父母"干涉"，对大学相关问题长时间的关注往往会引发激烈的家庭冲突。[62]一些中产阶级父母，如汉德隆女士，在孩子学业不成功的时候也会感到遗憾和羞愧。父母们感到他们要为孩子的失误负责。[63]

《不是人人都能夺冠》(*Not Everyone Gets a Trophy*)这类图书的出现和流行表明，中产阶级年轻人对权利感到不满足。[64]同样，工人阶级家长，如布林德尔女士，在描述中产阶级年轻人时也很直白地说：

> 雇我打扫卫生的人有一些被宠坏了的孩子。我从没见过这样的孩子，他们拥有一切你能想到的东西，但却非常懒惰，对父母毫不尊重。

然而，学术研究仍然集中在探寻工人阶级家庭和贫困家庭抚养子女的缺陷上，而不是探讨中产阶级文化惯行的局限性。[65]工人阶级家庭和贫困家庭的父母对教育工作者如此依赖的逻辑性和合法性，也需要得到系统的关注。许多中产阶级家长乐于监督教师，干预教育过程，但若这些父母的孩子需要手术，他们就可能会把责任交给主治医生。[66]工人阶级家庭和贫困家庭的父母普遍认为，所有"受过教育的人"都高人一等。教师和外科医生似乎属于同一类别，都是各自领域的专家。从这个角度来看，完全依靠这些专业人员来做他们受过专业培训的事情是合情合理的。而且，当工人阶级家庭和贫困家庭的父母把教育工作者和外科医生放到同等重要的地位上时，教师从他们那里获得的恭顺，远远多于他们从中产阶级家庭父母那里所得到的。后者经常干预学校教育，要求教师"提高"他们孩子的成绩，或让自己并没有达到资质要求的孩子进入"天才班"，如果教育工作者对这些或其他要求表现出犹豫不决，他们就会威胁采取法律行动。

父母在管理年轻人机构生活方面所存在的阶级差异，是解开不平等人生这个大谜团中一个至关重要但却未被充分研究的部分。不过，正如很多其他研究所示，这里还有其他重要因素。我研究的青年人生活在多种社会背景下。在孩子长大成人的过程中，这些背景的各个方面都对他们的生活产生了很大影响。访谈显示，随着他们的成长，种族以某些方式影响着他们的生活。例如，正如其他研究所示，交友模式和约会对象的选择往往依种族分层。[67]"种族侧写"普遍存在。亚历山大被常春藤高校录取，他的学术能力评估成绩也很高，但这些都无法保护他在购物时免受店员监视。尽管家庭背景差别很大，但他和哈罗德都表现出相似的深度顺从，他们认为基于种族的骚扰是不可避免的。白人工人阶级家庭和贫困家庭的年轻人也提到过被警察骚扰的经历，然而，需要注意的是，中产阶级白人青年并没有这种经历。这一模式与全国性数据是一致的。鉴于美国社会按种族分层的性质，所以年轻人提到他们日常生活惯常中浮现出种族互动力量也就没有什么好奇怪的。不过，我并未发现家长的机构信息或他们对孩子机构生活的管理中存在以种族为基础的模式。[68]这些领域出现的模式主要是以社会阶级而非种族划分的。[69]

正如他们还年少的时候，阶级地位决定了年轻人与他们大家庭之间的关系。对工人阶级家庭和贫困家庭的年轻人来说，亲戚关系与家庭生活之间存在明显的联系并且紧密交织在一起，而这在中产阶级年轻人那里则并不明显。可以肯定的是，后者与家人的关系也很亲密。事实上，随着年龄增长，兄弟姐妹之间的关系似乎也有所改善。加勒特和斯泰西都说，与小时候相比，现在和兄弟姐妹的关系要更为融洽。尽管如此，与工人阶级家庭和贫困家庭的同龄人相比，中产阶级家庭的年轻人似乎更愿在物质上和情感上与自己的家庭保持一定距离。哈罗德和他哥哥家合住一套公寓。卡蒂需要处理自己的问题时，会把女儿交给姐姐詹纳照看。卡蒂和她母亲的矛盾比她上小学时更加恶化。（部分原因是布林德尔女士酗酒升级，喝醉后就开始骂人。）尽管如此，卡蒂还是定期看望妈妈，待她如同詹纳以及詹纳一家一样。温迪也经常回家看望家人。定期与家庭成员互动交往，能为工人阶级家庭和贫困家庭的年轻人在育儿需求，以及应对其他人生挑战方面，提供特别宝贵的支持。

然而，与经济资源交织在一起，以阶级为基础的文化技能库，仍有重大的影响。即使年轻人长大成人，越来越独立，阶级仍然非常重要。与工人阶级家庭和贫困家庭父母及其子女相比，中产阶级家庭父母及其子女对高中课程、大学录取流程、工作机会等重要机构体系的内部运行方式，有着更深入和更细致的了解。考虑到他们的个人情况，中产阶级家长和子女也对他们特定"情况"下的优势和劣势，以及其他选择，有更多的了解和更细致的认识。虽然所有家长都在以各种方式帮助子女，但中产阶级家长采取了协作培养方式，包括密切监督年轻人的情况，以及诸多的干预措施。某些工人阶级家庭和贫困家庭父母也试图进行干预，但他们所做的努力既不那么频繁，也不太成功。

第五部分　总结：阶级与向成年的过渡

他们10岁时，中产阶级少年显得老练、世故、难以被感动。对他们来说，比萨派对很普通，不是什么特别的款待。春季音乐会也只能让他们耸耸肩。当孩子们的时间没有被有组织的活动占据时，他们很容易向父母抱怨无聊。工人阶级家庭和贫困家庭的孩子与中产阶级家庭的孩子处于同样的年纪，但他们看起来显得年龄更小、更活泼、更童真。他们登上春季音乐会的舞台时会开怀大笑，在比萨派对上欣喜若狂，并会在周末和晚上自娱自乐好几个小时。十年之后，这种模式发生了逆转：那就是中产阶级家庭的年轻人看起来更年轻。现在大学生们对世界在他们面前展现的方式感到兴奋。他们有旅行的梦想，也有对许多不同道路的期望。可以肯定的是，大部分人都经历过挫折。加勒特曾被一个女孩伤透了心，斯泰西被告知永远没有机会参加大学生体操比赛，与朋友同居计划的落空让梅勒妮感到非常失望。不过，中产阶级年轻人看上去年轻又乐观。相比之下，工人阶级家庭和贫困家庭的年轻人普遍做着自己并不喜欢的全职工作，并承受着诸如养育孩子、购买食物、每月还车贷等各种紧迫的责任。与那些只在暑期工作的中产阶级孩子不同，辍学的年轻人如哈罗德已在劳动力市场上待了很多年。然而，工人阶级家庭和贫困家庭年轻人的生活中也有很多的精彩。温迪很享受成为母亲的感受。小比利很高兴可以拥有一辆车。哈罗德喜欢和他的兄弟一起出去玩儿，在他们的大屏幕电视上观看体育比赛。工人阶级家庭和贫困家庭的年轻人还是乐观的——他们仍然怀有希望和梦想——但是他们曾以中产阶级年轻人没有经历过的方式与生活进行过抗争。

此外，随着这些孩子从四年级长大成人，阶级力量也推动他们的人生朝着完全不同的方向发展，我甚至无法向所有参与者提出相同的访谈问题。访谈中产阶级年轻人的问题，主要围绕着他们的大学预备课程、大学搜索、学校的选择和调整等方面。当这些年轻人讲述他们的故事时，调查显示，他们的父母是他们升学过程中不可缺少的一部分。对工人阶级家庭和贫困家庭年轻人的访谈，主要言及他们高中时遇到的困难、工作中的挑战和并不明确的未来目标。某些工人阶级家庭和贫困家庭的年轻人也搜索过大学，并参加了社区大学课程，但他们主要是靠自己或者在老师的深度干预下完成。他们的家长扮演了外围的角色。追踪研究表明，随着时间推移，孩子们家庭之间存在的差距没有缩小而是扩大了。

当然，各个社会阶级成员之间也有很大差异。有些中产阶级年轻人，如梅勒妮，因学习障碍或其他问题而没有上大学。这可能会限制他们的工作机会，并导致他们向下层流动——这意味着与他们父母的工作相比，这些人最终从事的工作声誉要低，薪水要差。[70]一些工人阶级家庭和贫困家庭的年轻人则往往在权威老师的帮助下成为第一代大学生。有了大学学历，他们便能克服困难，向社会上层流动。但要记住的是，以上仅仅是"特例"而已。他们告诉我们有时会发生什么，但并不是惯例。正如本书所描述的，家庭生活和社会阶级背景具有强大而持久的影响力。中产阶级家庭的文化惯行，如教养孩子的方式，与社会上重要机构的标准和期望（游戏规则）极为接近。相比之下，依靠专业人员来管理孩子的教育进程，对从未上过大学的工人阶级和贫困的家长来说，是一个非常合理的决定。但是，合理的决定并不一定就是最有利的决定。特别是在学校，现在的制度规则要求家长积极参与，为孩子争取最大的机会。尽管他们很爱自己的孩子，但是工人阶级家庭和贫困家庭的文化惯行和方法，与学校制度的标准既未完全保持一致，也难以符合这些标准。最后，我们也要承认，在美国社会，拥有阶级优势的人往往没有意识到这些优势和特权。相反，凭借美国人对个人主义的信念，他们强调自己的努力和才华。他们淡化甚至没有意识到自己所被赋予的社会阶级优势。美国人开始犹豫不决地对此进行了浅显的描述，使我们得以"看到"并讨论种族和民族的不平等。但是，面对同样强大的社会阶级不平等，我们几乎仍是盲目并且失声的。[71]

第十四章

对纵向民族志的反思和各个家庭对本书的反应

> 你诋毁了我们,安妮特;你让我们看起来像穷苦的白人渣子。
> ——扬内利先生读完本书后的回应

在定性研究中,研究人员在现场的行事方式与数据质量密不可分。因此,按照传统,定性研究人员经常会分享"故事背后的故事"。[1] 在我的职业生涯中,我通过分享研究项目中不可避免的失误遵循着这个传统。[2] 作为第二版的一部分,我再次分享一些更难处理的细节,否则这些细节将不为人知。我还会分享一些自己在方法论方面的决定,以及进行纵向研究的经验。我也会总结并讨论这些家庭对本书的反应。

之所以呈现这些信息,有三个方面的原因。第一,它可以帮助读者评估这些数据的质量和局限性。第二,它可以减轻新手研究人员的负担,由此他们知道那些经验丰富的研究人员在实地调研中也会犯错误;这些信息可能会促使他们对实地工作形成更客观的认识。第三,我试图用自己的经验作为跳板,来反思许多研究者需要面对的更宽泛的方法论问题。例如,纵向民族志这个论题在文献中是比较新的。[3] 我提出了一些在纵向民族志中显在的但我认为还没有被充分认知的问题。特别是民族志研究的追踪研究，大多是通过访谈而不是观察进行的；这种数据收集形式有着诸多限制。此外，大型而艰巨的民族志研究在后续工作中面临的情况，要比其他规模更宏大的民族志研究更复杂。

另一个我需要叙述的方面是研究者与研究参与者之间的关系。关于这个论题，已经有大量的方法论著作。[4]但与研究参与者分享研究成果的问题却很少受到关注。参与者了解到研究结果后似乎常常感到愤怒和被出卖。[5]这种反应需要在方法论研究中进行着重强调和持续讨论。正如我在下面解释的那样，我认为进行民族志研究是非常重要的，研究人员应该尽可能地对研究参与者进行预警和保护，包括在他们回应从社会科学角度对他们的生活进行描述时为他们提供帮助。但研究人员还需要保持对项目关键环节的控制。与研究参与者建立有意义的关系是一个微妙的过程，与此同时，还要为支持论点保持必要的批判性分析框架。这既没有简单的方法，也没有通用的指导原则。然而，研究人员最重要的第一步就是更直接地认识到：在民族志研究中，需要对研究参与者付出情感成本。

本书纵向追踪研究的局限

如前所述，我和那些孩子们这些年保持联系的方法是，每年给他们寄贺卡并在信封中附赠五美元。大约在原始研究开始十年之后，我们决定进行追踪研究。有些家庭很容易就能联系上[6]，其他家庭，特别是麦卡利斯特一家，则很难找到。尽管如此，付出的时间终于有了回报：我找到了所有人。2003年的春夏，我开始再次对所有家庭进行访谈。我基本上只是给他们家打电话，和妈妈要了她儿子或女儿的手机号码和邮件地址。我直接和这些年轻人联系；现在他们已经长大了，自己可以决定是否愿意接受访谈。我给这些年轻人提供了很高的酬金（七十五美元），因为我觉得每个人都同意参加追踪研究是很重要的。我还给那些愿意参加访谈的其他家庭成员每人提供了五十美元的酬金。在每个家庭中,我先对年轻人进行了访谈,然后分别对其他家庭成员进行了访谈。我的直觉是,即使没有酬金,所有年轻人和家庭成员也会同意参与后续研究,但对此我并不能肯定。由于这本书直到2003年初秋才出版,所以当我开始重新联系他们时,这些家庭还没有读过它。大多数人似乎都很高兴听到我的消息。有些人已经放弃了本书出版的可能性;他们很高兴得知本书即将出版的消息。一般来说,人们都很热情地欢迎我,好像我是一位老朋友。不过,正如我在下面解释的那样,读过书中对他们的描述后,一些家庭的感受发生了变化。[7]

本次追踪研究的优势是我联系到了所有家庭,这意味着我得到了所有年轻人和大部分家长的合作。尽管如此,这项小型研究也需要大量的人力。最后,我进行了将近四十场追踪访谈。然后,我对这些访谈进行转录;接着对数据进行编码和分析;最后则尽量写出我的发现。总之,我为这个项目投入了大量时间和精力。即便如此,总体上我对数据集是不满意的,因为我的评论仅是在概念上与其他研究相关联。

社会学家认为,民族志的纵向追踪研究具有许多潜在的好处,包括可以评估随着时间推移原始研究的理论性结论的持续度。我进行的深度访谈具有一定的启示作用,但从年轻人和家庭的发展轨迹来看,并没有什么惊奇的发现。随着时间推移,家庭生活的不平等正在扩大而不是在缩小。某些工人阶级家庭和贫困家庭取得了重大成就,但社会阶级的力量依然非常强大。因此,追踪研究支持了原始研究的基本结论。这些都是令人关注的发现,它们有可能满足读者对文中年轻人成长过程的好奇心。但是,与所有其他仅仅基于访谈的纵向研究一样,后续研究具有严重的局限。研究设计使我们无法收集通过参与观察日常生活的惯常所得到的更深层、更丰富、我认为也是更具价值的数据。由于涉及多个环境的参与观察,原始研究将家庭和孩子都嵌入了社会环境中。纵向追踪研究则将年轻人和家庭从社会背景中分离了出来。

这是一个非常重要的方法论上的差异。[8] 由于没有对日常生活的观察（也没有对教育工作者或其他关键人物的访谈），纵向追踪研究缺乏重要的机构信息和原始研究所特有的三角测量数据。这严重地限制了追踪研究的价值。机构调查的缺乏，弱化了访谈中的发现。我无法确认年轻人对事件的描述；也无法确定家庭成员描述的重要人生过渡阶段的信息是否准确。而且，特别是与原始研究中收集的观察数据相比，这些访谈对基本观点的阐述不够清晰：社会阶级的差异非常重要，因为它们在重要机构中提供了不平等的优势。

我希望我能做到的事

事后回想，我真切希望在大多数孩子高中毕业那年探访并观察他们；收集在校成绩单、学术能力评估成绩和大学申请表；并与主要的老师、教练和辅导员进行访谈。即便这只是一厢情愿的想法，想想都是很困难的事。由于种种原因，这项任务太艰巨了。书中突出描写的九位年轻人，分散在八所不同的高中上学；而全部十二个样本则覆盖了十所不同的高中。我开始原始研究以来的这些年，研究论文的要求已经升级。与前些年相比，向受试者保护委员会（通常为伦理审查委员会，Institutional Review Board，也就是IRB）递交的申请，需要提供更多细节。伦理审查委员会必须审查并批准研究人员的访谈指南、同意书、招募参与者的邀请函等。此外，在学校中进行研究的申请过程也非常烦琐；仅仅是获得许可这一项通常就需要几周的时间。同样，与学区、校长和家庭进行商谈也要耗费大量时间，并要应对各种各样的挑战。

正如米切尔·邓奈尔（Mitchell Duneier）所指出的，很多最好的民族志研究都是博士论文。[9] 这些项目不是由经验丰富的研究人员而是由新手进行的，尽管他们经验不足，但却拥有巨大的优势。其中一个原因是，他们所处的人生阶段，往往能让他们在实地中花费大量时间。这种沉浸对于与参与者建立融洽的关系，以及随后形成丰富的理论见解，至关重要。在这些年轻人高中毕业那年（2001—2002年），我仍在写《不平等的童年》。之后的一年，虽然我继续想着开始对这些年轻人进行新一轮的观察和访谈，但要从事劳动密集型研究，我面临着很多专业上和个人方面的障碍。我承担了繁重的教学、咨询和专业责任。[10]家庭生活该尽的正常义务因突如其来的大规模家庭修缮工作而压力倍增。此外，那年我也遇到了一些个人挑战，我的母亲和一位世交好友都故去了。与定量研究相比，定性研究会更深入地进入研究者的个人生活，定性研究的重要特征就是人际性而不是疏离性。尽管我渴望与这十二个孩子重新取得联系，收集他们生活中关键机构的信息，但是进行另一项大规模研究的前景似乎令人无所适从。

跟原始研究一样，后续研究的最大问题是这个项目过于庞大。在民族志研究中，更典型的方法是把重点放在一个场所，乃至一个家庭中。[11]本书的原始研究涵盖了十二个家庭，太过雄心勃勃；由此，纵向追踪研究也就会显得过于庞大，这给每个环节都造成了困难。如果原始研究中只有三个家庭，我还有可能设法走进学校，跟随在孩子们的周围，重新沉浸在参与观察中。在追踪研究中这样跟随十二个家庭（甚至是九个家庭）是不可能的。

幸运的是，我对纵向追踪研究的某些方面仍然怀有热情。仔细观察青年人在这些年间的生活轨迹是很有帮助的。他们的生活轨迹具有连续性并未出现偏离，这种迹象令人震惊。不过，正如我在这里试图说明的那样，访谈得到的信息与参与观察得到的信息存在很大差异。鉴于参与观察的劳动密集性和机构对研究者不断增加的要求，访谈这种方式越来越常见。尽管访谈具有某些有价值的特点，但在展示日常生活的惯常方面，仍然无法跟参与观察相比。[12]

研究的代价：对本书的反应

我花了几个月的时间去了解这些家庭对本书的感受。如前所述，纵向追踪研究包括与年轻人、他们的父母，以及在多数情况下他们兄弟姐妹中的其中一人，进行访谈。在某些情况下，例如马歇尔一家，我在夏季完成了对所有家庭成员的访谈，然后在秋季的时候送给他们一本书。其他时候，我会把书带到访谈现场，然后当我回来再次进行访谈时，我会听取那些家庭读完本书的感受。有时，我会通过电话交谈了解他们的想法（通常是我打电话安排另一次访谈的时候）。其他时候，我们都是以面对面的方式进行。有时，给他们送书大约一周后，我会突然顺便来访，只是想听听这些家庭的想法。我来的时候通常会带一些食物，如蛋糕或馅饼。[13] 有时我也会带上录音机，录下家庭成员对这本书的反应。"我想要确认我完全理解了你的意思，"我会这么说，"我可以录音吗？"我还会告诉这些家庭本书的第二版会有一个新章节，我会在里面总结他们的反应。在请求他们允许录音时，我解释说我希望新章节能够尽量准确。[14]

他们对本书有很多不同的反应。布林德尔家、麦卡利斯特家和马歇尔家似乎基本上"认可"。同样，卡罗尔家、格里利家和欧文家仅出现在表格和附录的讨论部分，正文中没有对他们进行详细描写，所以也没有异议。但是，十二个家庭中的另外六个——德赖弗家、汉德隆家、塔林格家、泰雷克家、威廉斯家和扬内利家——对这本书都表达了深深的质疑。威廉斯家和塔林格女士都断绝了与我的联系。他们的抱怨各不相同。有些家庭觉得我让他们"看起来很坏"。有些家庭质疑叙述的准确性。其他家庭则认为描述没有抓住家庭成员个人经历的核心要素。我邀请每个家庭写下他们对本书的感受，或者是对我写的内容进行修改。但只有泰勒女士写了一些；此外，塔林格一家修改了我的草稿。[15] 正如他们对反应的总结（参见下一部分）所示，各个家庭对本书的反应没有明显的阶级（或种族）模式。分享了家庭的反应后，我反思了进行民族志研究所面临的挑战。

来自中产阶级家庭的反应

塔林格家（白人男孩/中产阶级） 塔林格家对书中对他们的描述持反对意见。从根本上来说，他们觉得我没"明白"他们多么享受如此忙碌的活动安排。他们都乐在其中。塔林格先生说，孩子们参加这些活动都留下了很美好的回忆。那并不是负担。家长还强烈反对他们可能偏爱某个孩子（加特勒）的暗示：他的活动总是优先于其他人的活动。事实上，他们清楚地回忆起并强调他们有多努力地去寻找斯宾塞可能感兴趣的活动。塔林格先生是一位坚定的保守派，他并不认可本书的最后一章，认为这一章太过"社会主义"。塔林格女士似乎觉得自己一家被滥用了；她在电子邮件中告诉我不想再和我联系了。加勒特把马尔科姆·格拉德威尔的《异类》作为节日礼物送给了他的父亲。这本书中正好讨论了《不平等的童年》。读过之后，塔林格先生给我写了一封友好的邮件。[16]

汉德隆家（白人女孩/中产阶级） 汉德隆一家也对本书表示不满。在电话里，汉德隆女士简短地说："我觉得这本书是三个在这里待了三周、自己没有孩子的女人写的。"汉德隆先生阐述道，他和妻子认为《不平等的童年》不加批判地将梅勒妮老师的观点视为唯一合理的观点，因此没有准确地记录汉德隆家与教育工作者互动的实际过程。汉德隆女士认为我并没有理解为人父母的现实情况，特别是他们有一个几乎每天都不愿意上学的孩子。采访汉德隆先生时，他通过讲述他唱诗班里的指挥的故事向我表达了相同的观点。他说，直到这位女士有了自己的孩子，才完全明白为什么唱诗班不是每个成员的第一要务。

对汉德隆夫妇来说，相似的缺乏经验给《不平等的童年》带来了瑕疵。他们也认为我就是"没能明白"。

而且，汉德隆先生强调"我们刻意保持了相对缓慢的节奏"，这样孩子们就有时间在外面玩耍，他反对把他们的家庭生活描绘得特别忙碌。提到他们家的凌乱也让汉德隆家感到备受挑剔。汉德隆先生还说，梅勒妮因为被描述为"丰满"而伤透了心。他大声问道："那个词对叙述有什么意义？"他说这特别羞辱人，因为另一个女孩被形容为"漂亮"。他回忆说，对他女儿外表的描述给她带来了强烈的负面影响，导致梅勒妮"不再交流"（即退出关于对本书的讨论）。[17]但是，汉德隆先生承认，对他们圣诞夜的描述是准确的，直到今天，当梅勒妮难以在汉德隆一家叽叽喳喳的交谈中插上话时，梅勒妮有时会夸张地指出他们没让她说完，而这正是书中所描述的情形。

威廉斯家（非裔男孩/中产阶级） 对亚历山大的访谈结束几个月后，我去威廉斯家送了一本书。那是一个周六的下午。威廉斯先生正在花园耙叶子。拿到这本书他似乎很高兴，（多年后）这个项目终于完成了。我告诉他我想对他进行访谈。他似乎愿意接受这个请求。他笑着说，现在他的妻子经常出差，因此去年春天做访谈本应更合适。我用电子邮件联系威廉斯女士安排访谈，但总是找不到合适的时间。（有一次，我打电话的时候，他们家的一根水管爆裂并把一层给淹了。）每三个月左右我给他们发一封邮件，这样差不多持续了两年的时间。威廉斯女士说她很忙或者没有时间，但是她会给我回电话的。

到了 2005 年 12 月，我考虑为与威廉斯夫妇安排访谈做最后一次尝试。我给威廉斯女士发了邮件，询问是否有时间安排一次访谈。她在回信中写道，他们一家不希望与这个项目再有任何联系。信中暗示，他们觉得"主观细节"的描述中"缺乏"客观性，结果就是他们中没有一个人被以"诚实的方式"描写出来。他们认为所谓的"经过训练""成熟"

的研究人员并不合格,也没有达到专业水准。威廉斯女士告诉我不要再和他们联系,尤其不要再和亚历山大联系;她说亚历山大也对关于他的描述感到强烈不满。她知道他们家的决定可能会让我"不安",但希望我能尊重他们的要求。

我给威廉斯女士回了邮件(主题是"我会尊重你的要求的确认函"),并表示我一定会尊重他们的要求,也不会再给亚历山大寄送节日卡片和小礼物。我还对本书给他们带来的麻烦表示歉意。她立刻回了信,并祝我有一个美好的假期。[18]

马歇尔家(非裔女孩/中产阶级) 和很多家庭联系之后,我推迟了给马歇尔家送书的时间,因为我很担心他们将会如何对本书作出回应。我在夏天完成了对所有四名家庭成员的访谈,但直到十一月——这本书已经在九月份出版了—— 我才再次来到马歇尔家。我没有提前打电话,傍晚时带了本书来到他家。马歇尔女士开的门。我们站在门口内侧,她以友好的口吻告诉我,她在巴诺书店(Barnes and Noble)找到了这本书并且已经读过了。(她不想等了。)我告诉她很抱歉这么久才把书送过来。我问她读过后有什么感受。她的双脚换来换去,看上去有些羞涩和尴尬,说道:"我想,'那真是我么?'然后我觉得,'是的。'"她并没有任何的抱怨。然后我们上楼去看望马歇尔先生,他正处于腿病的康复期。我告诉他们有些家庭因为这本书而感到苦恼。马歇尔先生生性乐观豁达,他不明白为什么会发生这种情况,在他看来,"这本书称赞了每个人!"晚些时候,斯泰西给我写了封邮件。她告诉我她已经读了对她家的描述,这让她很"感激"妈妈对她的付出。[19] 与某些其他家庭不同,马歇尔一家似乎对本书关于他们的描述感到满意。

来自工人阶级家庭的反应

德赖弗家（白人女孩/工人阶级） 温迪·德赖弗，德赖弗女士，以及温迪的继父马克，都强烈抗议本书的内容。抱怨大多是关于对事件的解释说明，以及让他们看起来很糟糕的描述。例如，当我对温迪进行访谈时，她十分关注书中的一段描述（第248页），她的父母被描述为不会在孩子碰巧提到一些新信息时跟踪培养她的能力。她很大声地读了这一部分，声调激动：

> 比如，当温迪（逐个）问她的家人他们是否知道"不赦之罪"是什么时，她妈妈说："你上过宗教课，你来告诉我们是什么。"温迪解释这个名词的时候，[他们]都看着她，但却没有人认可她的答案。他们等她说完了就接着开始看电视。[20]

然后，温迪很生气地对我说：

> 首先，我知道我妈妈永远不会对我说那样的话。就像我说过的那样，他们会告诉我去找书吧，我们应该会找到答案，如果还是找不到，就给祖母打电话……他们不会不理我，然后只是坐在那里看电视。不论是宗教课程、学校作业或者任何作业，他们都会很认真地对待。反正他们不会像书中描写的那样不理我。

温迪认为这种描述暗示她在家里受到了忽视："所以你其实在说，我站在那儿说话，而他们只会说'嗯，好，当然，嗯'，然后开始看电视。基本上忽略我说什么了。"

同样，关于他们家庭种族特征的描写，温迪抱怨我写道：就连他们常去的购物中心也是以白人顾客为主（第242页）。她觉得那让他们一家人看起来有些种族主义：

> 其实［你是在］说我们是白人家庭，不愿意就近购物，宁可去更远的购物中心，因为那里没有黑人。我们去哪个购物中心取决于那里都是白人还是黑人。

她还提到，上小学的时候，她就已经有一个黑人朋友了。

此外，在《不平等的童年》中工人阶级家庭和贫困家庭这两个词经常出现在同一句话中。温迪认为这种并列也是一种深深的侮辱：

> 这会让人觉得我们是工人阶级但我们还是穷人。我从来不觉得我们生活贫困。从我很小的时候，妈妈就让我们有房住，每晚桌子上都有食物。我从来不记得妈妈和我说："我们今晚没饭吃了。"因为我们没有……有时候可能我们不想吃她冰箱里的东西，或者，"妈妈，我们这周能出去吃吗？""不行，这周手头有点紧。""哦，好的，那我们吃意大利面什么的吧。"

温迪认为本书没有对工人阶级家庭和贫困家庭进行区分，这样就让她家看起来很穷。

但是，最让人不悦的部分是对她妈妈在她学校教育中所起作用的描写。温迪确信妈妈已经很积极主动地与学校抗争了。她完全反对本书的观点：

> 书中写到，温迪的老师们说她特别有爱心，但是"他们也都对德赖弗女士没有在温迪的教育中起到更积极干预的作用感到失望"（第249页）。我妈妈什么都没做……我妈妈，我的意思是，我的老

师们,我知道没有任何一个老师会说那些话,因为我妈妈一直在和老师们抗争。

温迪坚信她的老师绝不会那样形容她的妈妈:

> 我记得自己所有的小学老师。我很难想象其中任何一位会那样说我妈妈。他们可能会说"她很讨厌",因为她总是来学校,或者是"她太挑剔了",因为她总是不停地给他们打电话。我的意思是,高中时我妈妈还和我的一个老师吵过架,因为她[老师]不想让我毕业,也不想让我去上学。她天天和他们争吵。我的意思是,很难想象其中任何一位老师会那样说我妈妈。

温迪的妈妈和继父也以不同的方式对书中关于他们的描述表达了愤怒和失望。德赖弗女士否认她觉得必须要带孩子去看急诊,否则他们就会被送到儿童保护服务机构(Child Protective Services)。温迪的继父之所以对关于他们家的描述感到愤怒,部分原因是他觉得妻子和继女受到了本书的伤害。同样,在与我的交谈中,德赖弗女士更重视温迪对本书的反应,而不是她自己的感受。

泰雷克家(非裔男孩/工人阶级) 正如我先前所做的那样,我打电话给泰勒女士安排访谈时,我说我想来拜访他们,看看他们现在的生活。我补充说,我想要做一个追踪访谈,为此她可以获得一些酬金。研究者需要创建很多复杂的文件(例如,访谈同意书、酬金收据等),但是受访者通常只需要回忆往事。正如我先前所做的那样,随后我给泰勒女士寄去了一份她对本书反应的摘要。她不认同我写的东西,特别是(她下面提到的)她觉得访谈"有趣"。按照她的要求,我撤出了她对本书反应的摘要部分。在她的允许下,我用她写给我的邮件替代了这部分内容

（略微修改了长度和标点符号）。她表达了和很多家庭同样的观点：她们一家被滥用了。

安妮特你好，

　　遗憾的是，我并不希望我所说的任何内容［关于我对这本书的反应］被公布出来……实际上，你并不是来拜访我们，而是怀着个人目的进一步来观察我和我的家庭。你用拜访为借口误导我们，进门坐下后便拿出了录音机。

　　你的观察只是从你的角度出发，当你把它写进书里，便会误导读者以为那就是事实，那让人感到遗憾。

　　我不会因为觉得有趣就允许你到我家来并评判我的家庭。作为一名非常年轻、与丈夫分居的母亲，我时时刻刻都在为孩子的未来担忧。我那么做，是因为不知为何我相信或许你能以某种方式帮助我们。

　　另一方面，你做这些完全是为了自己的利益。所以，如果你要发表什么，请从我的角度出发，发表我真实的感受和我自己的文字。

　　顺便说一下，也是给未来研究人员的另一个建议：如果你想对来自不同背景、文化、种族和受教育程度的家庭进行研究，请公平地对待所有人，让来自这些背景的人帮助你理解到底发生了什么，因为如果你从未去过那里，你就不会了解事情的真相。

　　此致问候

塞莱斯特·R. 泰勒

扬内利家（白人男孩/工人阶级） 扬内利家对本书的反应有一个发展变化的过程。起初，正如我的记录所示，我们之间的交流互动对每个人都很困难：

> 我大约十天前把书带给了扬内利一家。晚上我给他们打了电话，然后顺便拜访了他们。他们感觉受到了深深的伤害。他们觉得这本书似乎把他们描述为虐童者。小比利说他认为我把很多事情给"扭曲了"，（低着头）说他感到"很遗憾"。他说他原本很期待向别人展示这本书，但是现在他不想给任何人看了。大比利看起来很生气。他不想再讨论这本书，但当我在厨房和琳达说话时，（他）大喊道："你诋毁了我们，安妮特；你让我们看起来像穷苦的白人渣子。"
>
> 扬内利女士认为（关于他们的）这章是"压轴戏"，因为它被排在了最后面。她特别难过他们被放在最后的章节，所以她觉得那让事情变得更糟。我和他们进行了交谈，录下了这位母亲的反馈，然后就离开了。气氛很紧张，虽然还算过得去但是很紧张。

在访谈中，扬内利女士说她觉得本书对她和她的家人进行了强烈的批评，这是"看不起"他们。她认为对塔林格一家的描述，比如"喝着葡萄酒"，比对扬内利先生"喝着啤酒"的描述要好得多。她还提到，她并不认为对学校感到无能为力。她感觉自己曾经与学校抗争过，并且已经表现了自己的决心和力量。此外，扬内利女士断然否认某些事情曾发生过。例如，她说自己从未买过彩票［原文中为"小赌一把"］。同时，她感到"标题"（例如，"遭皮带毒打，又害怕'上学'：小比利·扬内利"）突出了虐童问题。

扬内利家的反应在某种程度上和他们的期待有关。在某次电话交谈中，扬内利女士告诉我，"我原以为这会像奥普拉脱口秀一样"[21]。每次遇到对本书产生负面反应的家庭，我都感到很痛心，但扬内利一家被伤害的感觉让我觉得特别难过，因为我觉得自己和这个家庭特别亲近。[22]幸运的是，机缘巧合改变了他们的观点。扬内利女士为一位我稍微认识的社会学家打扫房子（我们在不同的大学工作）。某天，她打扫卫生的时候，他正好在家。她看到他的书架上有本《不平等的童年》。她告诉他自己被写进了书中，并谈到自己以及其他家庭成员对本书感到非常失望。后来，当我给扬内利家打电话时（仅是打个招呼，为了保持联系），扬内利女士告诉我那位社会学家向她"解释"了这本书，说这本书其实是描述了社会中存在的不平等现象，有些人比其他人占有了更多的资源。她说是他让她真正理解了这本书，现在她和她的家人认为这本书"还不错"[23]。

来自贫困家庭的反应

布林德尔家（白人女孩/穷人） 在我进行后续研究的时候，布林德尔家的生活与原始研究时相比有了极大的改善。在一次电话交谈中，布林德尔女士说，这本书让她"重温了过去的生活"。她说："这本书让我悲喜交加。"她觉得他们的生活在不断向前，越过越好。布林德女士说："书中有一点让我觉得不安。你为什么说我们家比其他家庭存在更多更深层的问题？"我有些慌乱地说，当时詹纳刚被确诊感染了艾滋病病毒，他们要被赶出公寓，生活似乎比较困难。布林德尔女士没有说话。（因为我们是电话通话，所以我看不到她的表情。）在访谈中，卡蒂没有对本书关于她家的描述发表批评意见。似乎她最有感触的是对她戏剧表演兴趣和才能的描写。谈到这些，她告诉我她自认可以成为一名演员，并曾希望那可以成为现实。总的来说，布林德尔一家似乎并没有被本书所困扰。这实在出乎我的意料。正如上文所述，每个家庭有可能出现的负面反应都让我感到担忧。布林德尔家尤其令我忧虑，因为调研期间他们的生活条件非常艰苦。我不想让他们认为我在评判他们。他们在经济保障方面的改善，似乎有助于他们对本书作出正面评价。他们认为自己的生活已经完全不同了。

麦卡利斯特家（非裔男孩/穷人）　我们第一次见面时，麦卡利斯特家以前居住的公租房已被拆除，我和他们失去了多年的联系。我曾多次尝试寻找他们，但都没成功。后来我试着在网上搜索哈罗德父亲的名字。我找到了那个名字下的地址和电话号码，最后发现通话对方是哈罗德的哥哥。他给了我麦卡利斯特女士的电话号码。我给她打了电话，然后去了她的住处。

麦卡利斯特女士对几年后我重新在他们生活中出现感到非常吃惊。他们很想知道我和"那本书"怎么样了。在本书所描述的所有人中，她为本书的出版以及自己的身在其中表现得最为兴奋。她看起来很高兴。能有一本关于她家庭的书让她感到兴奋和自豪。她捧着书，小心地翻看着说："我要给我的姐妹们看看。"

当她翻阅这本书时，我在屋子里和孩子们玩了一会。她认为有些部分很滑稽风趣，比如我在他们住宅区附近走动的时候，人们会认为我是毒品贩子或者是公共事业部的人；还有团员野餐那部分，一名调研人员格雷戈找不到我的时候，麦卡利斯特女士风趣地说："她是这里唯一的一个白人，你还找不到她吗？"这段引用和记忆让她开怀大笑。她对本书的结论是："我对它没有任何问题。"

稍后，麦卡利斯特女士以更为忧郁的语气说："所以我们不用语言去交流。"她似乎在思索她的家庭在研究观察时是否被评价了。我点了点头，说道："至少和其他家庭相比似乎是这样的。"读了更多内容之后，她惊讶地说："你把我和孩子们的对话写下来了？"我点了点头。我告诉她我很担心这可能会让她感到不安，有些家庭对此并无异议，但有些家庭则会对此感到困扰。她否认了这种想法。她说："我知道我的家庭很疯狂。"

持久的挑战

对本书第二版进行重新评估时，我认为在遣词造句方面做些轻微的改动可能会让文本更加准确并会减轻对那些家庭成员造成的伤害。例如，体重永远都是一个敏感的话题。我在形容梅勒妮时，不应使用"丰满"这种带有感情或评价色彩的语言，我应该使用更加中性的词汇。我可以这样写，根据儿童体重表中她的年龄和身高段，她可能会被认为超重了。在讲述德赖弗一家回答温迪关于教义的问题时，我应该更加明确地表明：当她问他们是否知道"不赦之罪"是什么的时候，她的家长和哥哥都在认真地倾听（这种关注也是一种认可），而不是没有跟踪培养她的表达能力。正如温迪愤怒地指出的那样，原文让这个场景看起来就像是她的家人都在忽视她。关于扬内利一家，扬内利女士可能不是为自己而是为小比利的爸爸买了彩票；我应该继续跟踪那个细节。所以，有些事情原本可以用不同的方式来呈现。总之，大多数家庭似乎都觉得本书使他们想起了他们过去的生活。准确性并不是问题的症结所在。问题在于，这些家庭如何看待他们被描述的方式。

"对双方的创伤"

迈克尔·布洛维（Michael Burawoy）曾指出，民族志研究者为了了解研究参与者的反应而重返研究实地进行重访（他称之为"重温再访"）非常少见，并且往往充满了伤害：

> 民族志研究者带着研究结果重新找到参与者，其最终目的……是去探究参与者对研究结果的反应……这是一个被评判的时刻，先前的关系被重新评估，理论被考验，记录被重新评价。这可能给双方都带来伤害，正因如此，重访非常罕见。[24]

正如布洛维所指出的，一些研究参与者在读到研究人员对他们的书面描述时会感到惊讶和不悦。[25] 当我为原始研究招募家庭时，我告诉过他们我将写本书。例如，研究初始，在他们签署同意书时，这些家庭经常询问他们能否拿到本书。那时，考虑到他们愿意把自己的生活展示给我，我承诺会把书送给他们，我觉得这是我最起码能做到的。随着研究的深入，我开始担心这些家庭会对本书作出怎样的反应。推动我进行该项研究的一个原因是，我想纠正我认为肤浅并且过于浪漫的教养孩子的观点，而这些观点在文献资料中则占有主导地位。我希望展现一副真实的家庭生活画卷。尽管如此，随着我和这些家庭成员在感情上的不断加深，我很担心在写作过程中必须将他们客观化。我担心自己计划写作的内容可能会伤害到他们的感情。[26]

当我还在他们家，在厨房里和他们聊天，收集原始数据时，我曾试图提醒这些家庭他们可能不会喜欢本书最终呈现的内容。"你知道，有时候你给某些人拍照，其他人都觉得不错，但是这个人却不喜欢。"我解释道。他们会似懂非懂地点点头。然后，我会说："也许这本书也会出现这样的情况。你们可能会不喜欢它。"然而，我认为，我和这些家庭仍被本书所引起的痛苦、伤害和沮丧的程度所震惊，而这正是布洛维提到的那种反应。一位母亲说："我知道你曾警告过我们。"但是，看到出版后的调查结果，确实让人觉得很难受。

这种研究中负面的甚至是"创伤性"的方面还没有被完全纳入方法论的著作中，尽管一些广为人知乃至堪称经典的研究中提到过某些令人关注的例子。《大众社会中的小城镇》（*Small Town in Mass Society*）出版后，阿瑟·维迪奇（Arthur Vidich）引发了众怒；早期社会学研究如《扬基城》（*Yankee City*）中刻画的社区也表达过愤怒。威廉·怀特（William Whyte）也记录过这种紧张的反应，特别是《街角社会》（*Street Corner*）里描写多克［《街角社会》中一个重要观察对象］的部分。[27] 最近，一些研究者清晰地描述了民族志研究参与者表达的愤怒和伤害，但这些描述往往聚焦于研究者决定不透露她或他的写作意图，或是隐瞒了某些对研究参与者来说非常重要的关键性信息。[28]

考虑可选方案

为了帮助缓解研究参与者的困扰，一些研究人员建议民族志研究者应在公布研究结果之前和参与者分享他们的研究结果，由此参与者可以表达他们的顾虑。[29]这种观点既乐观又存在问题。它提出了复杂的难题，即怎样找到研究者对研究参与者的感激，与研究者对著作内容控制程度之间的平衡。

有人认为，让研究对象阅读草稿并给出反馈意见，是对受访者的"收买"。[30]这一研究领域的作者还推荐了各种形式的"成员检查"。它包括与参与者分享某些信息以确认细节的准确性，也包括请求受访者核实研究人员的分析和结论等。前一种类型的检查通常对研究中的主要观点以及与研究参与者的关系没有什么影响，特别是如果检查能以非正式、口头交流的方式进行（例如，路过时打个招呼，然后在谈论其他问题时顺便检查信息）。不过，涉及分享书面报告或预印出版书稿的检查，则可能会带来重大的风险。

尽管研究参与者的意见非常重要，但仅代表着复杂难题的某个方面。谁应该决定研究者的写作重点？[31]研究参与者可能希望这些问题能被重新考虑并改写，从而反映他们自己的观点。如果研究人员要求受访者拿出时间和精力去阅读文本并提供反馈，那么研究人员应该计划将这些反馈纳入其中。但是，专业学者面临着学科标准、编委会和出版商对作品的论点或篇幅的限制，因此，研究人员可能会发现，他们所征求的信息自己不能也不想采纳。他们实际上向受访者发出了一个相互矛盾的邀请："我知道这篇文章可能会让你感到不安，但我还是希望你花点时间去读，并给出你的意见。你可能对事情有不同的看法；你的信息很有价值。但是，你也需要明白，我对文本具有最终的发言权。我不一定会按照你的建议进行修改。"可以说，这种具有高度约束性的要求，对研究参与者来说是另一种重负。在某些情况下，它可能更像是一种装点门面的行为，而不是为了获取能从根本上重塑作品的真实反馈。

一些研究者成功地走完了这个过程。他们和参与者分享了自己的作品，并与参与者讨论了作品内容。他们还进行了修改。他们利用预印出版阶段去"处理"冲突。休·米恩（Hugh Mehan）、蒂姆·布莱克（Tim Black）、马克·沃伦（Mark Warren）等民族志学者，真心实意地表示他们希望得到受访者的反馈，同时也明确指出这样做的目的是为了纠正错误，而不是为了重塑内容。[32] 在预印出版讨论中，研究对象会提供他们对事件的解读。这种讨论的提倡者认为，这些环节具有潜在附加优势，可以帮助研究人员深化改进他们的分析。

在很多情况下，那些能成功地向受访者征求意见并且没有放弃对出版文本控制权的研究人员，同时也在研究组织机构和组织策略。通常，这些领域的工作会使用从书面备忘录、已发表的文献、公共记录中收录的稳定数据，以及由受试者提供的更易变的证据。许多进行组织研究的研究人员力求妥协，为了缓解受访者的困扰而"淡化"他们的分析。然而，这种方法是有代价的。描述内容，尤其是关于组织中的缺点或问题，经常会变得不那么清晰。[33]

一般来说，与教养孩子相比，组织动力学更加公众化，私人化相对较少。在对更私人化背景的研究中，人们很容易感到受到批评，即使那不是研究人员的意图。最终，研究人员作出的许多决定，都取决于具体情况，以及研究人员自己的识别能力。他们不能受制于人。对我而言，我担心向那些家庭展示草稿，会导致本书难以完成。精确性并不是我首要关注的问题。我和研究助理们经常待在这些家庭里，我们做了非常详细的笔记，查找伪证，进行深度访谈，并且力求只进行具有充足数据支持的陈述。但是，正如我所预料的那样，如果这些家庭强烈反对有关他们的描述，我会感到深深的矛盾。我想信守自己的分析，同时也想让参与者满意。研究工作将会严重受阻；我会发现自己无法完成这本书的写作。（研究人员对写作和/或完结项目的难易程度有不同感受。我则觉得这两步都充满挑战。）如果某些参与者认为关于他们的描述如此令人难堪，要求我删除相关章节。我该如何应对？例如，即使是现在，扬内利一家仍然感觉对他们的描述让人难堪。如果我提前把这部分内容给他们看，他们定会要求将其从书中删除，或者进行根本性的调整，从而消除他们看起来像虐童者的感觉。如果我把这一章拿掉，本书的说服力就会减弱。如果我删除了关于责罚孩子的讨论，这一章的核心论点就被破坏掉了。如果我在扬内利一家强烈反对的情况下执意出版，我就会严重破坏我们之间的关系。[34]

当然，在作出选择，以及找到对他们而言"感到合理"的平衡点时，研究人员也不是不受约束的。[35] 他们需要担负相当严苛的道德责任：他们必须告知受访者他们是被研究的对象，征得他们参与研究的同意，事先告诉他们研究结果将被公布，并保护受访者希望保留的私密信息。[36] 遵照重要原则，民族志研究者不能要求研究参与者和他们的子女做任何违背他们意愿的事情。但是，找到对他们而言"感到合理"的平衡点，会给研究人员带来伦理挑战的困境。所有潜在的方式都有瑕疵。就我个人而言，我认为与研究参与者分享研究成果以期获得他们的允许并不是必需的。由于分享研究成果会给各方带来不便之处（尽管也有一些潜在益处），所以在出版之前，不应要求如同其他研究人员或记者那样，必须获得信息提供者和参与者的同意。[37] 在我看来，不论好坏如何，研究项目都是由研究者所掌控。拟定研究主题，提出问题，进行调查，决定记录哪些信息，挑选分析哪些内容，选择需要着重强调的引述，以及进行写作，都是由研究人员而不是研究参与者完成的。[38]

期待谅解是一种奢望

极少有研究人员像我一样把已出版的书送给研究对象,然后回去倾听他们的感受。南希·舍佩尔 - 休斯(Nancy Scheper-Hughes)做了和我一样的事,在她的著作《圣人、学者和精神分裂症患者:爱尔兰农村的精神疾病》(*Saints, Scholars, and Schizophrenics: Mental Illness in Rural Ireland*)中描述了该书在一个爱尔兰村庄引发的痛苦和愤怒。在她看来,由于民族志研究需要在公众面前暴露个人缺陷,有些痛苦在研究项目中是不可避免、必将发生的:"任何民族志最终都是以是否能引起共鸣为基础:它应该是真实的,能拨动人们的心弦(即便有时令人痛苦)。它不应该让那些'天真'的读者觉得冷漠和困惑。它也许会引发愤怒和伤害,但不是困惑和茫然。"进行民族志研究会引发难以解决的伦理道德问题,正如舍佩尔 - 休斯进一步指出的那样:"我们是为了谁的利益和好处进行设计?我们是从哪个特定视角去观察人际关系、机构和组织的特征中所暗含的矛盾和悖论?"[39] 根据舍佩尔 - 休斯的著作和我的个人经历,我不得不承认,某些愤怒和伤害是撰写民族志著作,以及让研究对象阅读研究成果所必须付出的"代价"。在某些情况下,要付出的代价非常高。装作似乎不需要付出代价——做出民族志研究无须付出成本的样子——是很天真的。实际上,有些人认为,不承认"自己的研究需要付出成本"这一想法,不仅天真,还会逐渐转变为道德伦理上不负责任的行为。民族志研究者必须承认所付出的代价是否值得回报等困难的、会诱导焦虑的问题。[40]

参与研究是需要付出代价的,接受这个观点只是第一步。认真考虑如何减少那种代价,对民族志研究者来说也非常重要。如果我再次为《不平等的童年》做调研,在与潜在参与者签订同意书之前,我会更加详细地解释参与研究需要承担什么。正如泰勒女士所说,那显然不是一个"描述",而是一场分析。我会给那些表示有兴趣参与研究的人每人一本《第二轮班》这样的书，并鼓励他们仔细阅读。我会说："这就是我的书写成后的样子。这样可以吗？"[41]我不会承诺研究参与者会拿到出版后的研究结果，就像我对《不平等的童年》的家庭所承诺的那样。我会制作一个彩色小册子或简报，里面突出对研究参与者的感激之情，并强调一般读者可能感兴趣的研究结果。（这本小册子也可以作为记者、研究组织或其他研究人员的资料。）这个层面的信息是大多数人真正想要的；他们关心的是，项目是否结束，以及研究是否具有重大意义。我给了每个家庭一本书，这在某种程度上迫使受访者从他人的角度来观察自己。有些人，比如扬内利一家把文本对他们生活的描述解读为贬低和虚假——是一种"诋毁"。另一方面，有些读者则告诉我，有关扬内利一家的章节使他们明白，为什么使用体罚手段的家庭会把学校视为强大的威胁。这些读者说，他们发现洞察力真的非常有帮助。我和一些读者可能并不赞同这个家庭对此进行的解读，然而这对该家庭来说是无关紧要的，因而也无助于减轻他们的痛苦。[42]这才是关键因素。

研究参与者自己主动找书的可能性也许存在阶级差异：中产阶级受访者可能具备让他们这样做的教育技能，其中某些人可能比其他人更为积极主动。尽管如此，给研究参与者送书进而导致他们认为书中对他们的描述与其自我预设并不相符，这种读后感可能会比那些主动寻找研究成果的参与者的读后感更令人痛苦。如果参与者找到研究报告，读完后感到非常沮丧，就像《不平等的童年》中的这些家庭，我会尝试让他们和我们一起解决这些问题。我不会离开他们（诚然，这样做有很强的诱惑性），不会漠视他们的感受。相反，我会直接和他们交流那些感受，如果他们还愿意继续见我的话。我会不时拜访他们，带些蛋糕，也许带些葡萄酒或啤酒，打个招呼，询问一下近况。即使研究参与者极度愤怒，但我认为，在某些情况下，以一种能够疏导愤怒的方式进行对话，还是有可能的。[43]如果受访者愿意继续与研究人员保持联系，那么明确承认他们的立场，并且不时重复这以上过程，最终可能会平息人们的愤怒。

我还认为，研究人员应该拿出时间和精力做回访，因为正是他或她引发了受访者的愤怒。

就本书中的研究参与者而言，我的努力获得了回报。一些参与者的愤怒随着时间而消散了。我继续给扬内利一家寄送贺卡和小礼物，每次见面我都热情地拥抱他们，他们也会对我表示热情的欢迎。[44]其他人则不那么宽容。期待谅解是一种奢望。

思考总结

威廉·怀特在其经典社会学研究《街角社会》的附录中描述了在他的书出版后，很多"男孩"对他产生了愤怒和被出卖的感觉。"比尔，问题是你让他们当众出丑了，"其中一个人这样告诉他。[45]民族志研究的整个意义在于抓住人们日常生活中的惯行，展示他们生活的常规状态，将背景置于最突出的位置。但是，研究人员往往低估了参与者的愤怒程度和被出卖的感觉，当他们与参与者分享他们的研究成果时，这种情绪便会浮现出来。在试图减轻愤怒和痛苦的同时，也要接受这些情绪是可能发生的，应对这一双重过程仍然是一种持久的挑战。

第十五章

《不平等的童年》的成书背景：定量分析的结果

安妮特·拉鲁、埃利奥特·韦宁格、道尔顿·康利、梅丽莎·威莱斯

随着社会行为的转变，新的文化形式出现了。例如，本书第一版中描述的中产阶级母亲所具有的许多特征，已经变得非常普遍。当对第一版的研究还在进行的时候，"足球妈妈"（soccer mom）这个词开始在全国范围内流行起来。除了推动新术语的发展，家庭生活的变化也经由其他方式反映在文化中。近年来，精心制作的"妈妈组织者"（mom organizer）日历大量涌入市场。这些日历设计了可以输入每个孩子安排表的列栏，用于追踪每个家庭成员责任义务的彩色编码，以及代表（并区分）孩子的有组织活动的贴纸。与此同时，最近出版的一些指南书籍，也提醒家长为孩子留出自由时间的重要性。专业人士也警告不要让孩子过于忙碌。[1] 讽刺当代家庭生活的漫画也呈现出欣欣向荣之势。被重新制作的《杜恩斯比利》（Doonesbury）用漫画表现了这些更宽泛的文化模式，这种模式也是研究中的基本组成部分。

本章采用分析法对本书更宽泛的语境进行分析，有些第一版的读者担心书中描述的家庭是否具有典型性。对于这个问题，我也同样担忧。为了研究这个问题，本书出版后，我和一些擅长进行定量研究的合作者

开始了一个研究项目，他们也是本章的共同作者。在这项研究中，为了研究社会阶级与儿童时间使用之间的关系，特别是与有组织的活动之间的关系，我们对全国范围内具有代表性的样本进行了定量分析。以下是对这些定量研究结果的总结。由于定量调查的核心转回到儿童，这个总结缺少和第十三章及第十四章的平滑过渡，那两章的主要内容是年轻人和他们的家长。不过，进行定量研究的工作非常重要。最关键的是，定量研究的结果证实了民族志的数据。然而，通常情况下，一些有意思的小难题也可能会引发更深入的研究和反思。

*** ***

民族志研究，比如《不平等的童年》，密切观察了人们在日常生活中的真实状态。民族志研究者们走进研究参与者的日常活动中，通过观察、倾听、提问、做笔录等方式进行调研。正如本书所揭示的，以这种方式收集信息需要大量的时间、精力和耐心，因此民族志研究者必须限制他们的取样规模。有些人认为包括本书在内的民族志的研究结果格外具有说服力，那是因为精心进行小规模取样后，他们使用了仔细收集的研究对象在社会生活中的隐私细节。然而，其他人则怀疑这些发现是否提供了关于一般人的可靠信息：如果研究参与者并不典型，结果又会如何？

通过分析对数百人（或数千人）进行调查后收集的数据所获得的整体结果，有时候可以帮助回答这个问题。但是，用大规模、有代表性的调查来验证中小样本的结论是不切实际的。成本巨大，难以承受。由于某些其他目的，研究人员通常不得不依靠别人收集的数据。这就是我们验证本书中关键性结论的方式。[2]我们借助了社会科学家认可的全国性代表数据集：收入动态追踪调查（Panel Study of Income Dynamic，PSID）。收入动态追踪调查是一个纵向数据集，包含了美国家庭的代表性样本，因拥有高质量的经济测量值和金融变量而被普遍认可。收入动态追踪调查有一个特殊模块：儿童发展调查（CDS），它包含了1997年收入动态追踪调查的家庭中儿童的详细信息，这些数据仅比本书最初所收集的民族志数据晚了几年。儿童发展调查的相关数据可以与收入动态追踪调查中的经济和社会方面的信息结合在一起，从而为我们提供一个以数字为基础、全面展示美国家庭生活的窗口。我们的工作利用了这种类型的综合性数据。[3]

儿童发展调查的不同之处在于它包含了时间日志。它们记录了每个儿童在一个随机选择的工作日和一个随机选择的周六或周日全天（即二十四小时）所进行的全部活动。这些日志也包括每项活动开始和结束的时间。（家长按照数据收集机构给出的详细指南，协助孩子填写日志。）由于每天的活动记录必须写满二十四小时，所以时间日志被普遍认为比问卷得到的数据更准确。人们填写问卷时，往往会高估自己通常花在被社会认可的活动上的时间（比如：运动或阅读）。时间日记的结构降低了这种不准确性。[4]

在对数据进行分析时，我们从一个基本假设开始，即儿童的时间日志可以提供对儿童自身行为以及父母育儿策略的深刻了解。我们的分析目标是，确定收入动态追踪调查中儿童发展数据所显示的模式，是否与本书中的协作培养和自然成长的概念相一致。因此，我们使用了儿童发展调查中6-12岁儿童的部分信息，从每个孩子的时间日志中选取了两个关键类型的活动：有组织的活动和无组织的休闲活动（即"出去玩儿"），构建了测量。我们还测量了每个孩子与亲属相处的时间。每一项测量都对应民族志的一个关键性发现。一旦我们展开测量，我们希望发现与之相关的样本的其他特征。例如，虽然我们没有与书中使用的职业状况相一致的被测量，但是我们确实拥有各种"替代"被测量——比如家庭收入、家庭财产和母亲受教育程度——这些都是经常被社会科学家用于定量分析的被测量。正如本书第一版中民族志数据所显示的那样，我们发现这些替代被测量都与儿童的时间使用密切相关。与母亲受教育程度较低的儿童（即工人阶级儿童）相比，那些母亲受教育程度较高的儿童（即中产阶级儿童）会花更多时间去参加有组织的活动，减少出去玩儿和与亲属待在一起的时间。我们在对家庭收入和家庭财产的分析中也获得了相似结果。

分析的最后一步是，确定当我们进行多变量回归时，这些关联是否依然存在。这个统计过程可以在保持（即控制）年龄、种族或收入等其他变量不变的前提下，同时检测一对变量（比如，母亲的受教育程度与孩子出去玩儿的时间）之间的关联。这样做的目的是为了确定，存在于核心变量之间的关联，是否也存在于在其他重要方面可做比较的样本之间。所以，如果我们关注的是母亲的受教育程度与子女出去玩儿的时间之间的关系，我们就要控制与出去玩儿相关联的各种变量因素，如年龄、性别、种族、家庭结构（单亲或双亲）、母亲的工作状况等。基本上，多变量回归分析使我们能够分离出母亲的受教育程度的预测能力。

在第一个分析中，我们发现，尽管包含了大量的控制变量，我们的两个社会阶级替代被测量：母亲的受教育程度和家庭收入，在预测儿童参加有组织的活动方面依然强大。附图显示了我们发现的两者之间关系的重要性。为了说明问题，我们给出了我们的统计模型作出的对假定的黑人男孩（表1）和假定的白人女孩（表2）的预测。（为了便于比较，我们假设这些假定儿童在模型所描述的其他所有方面，即家庭结构、年龄、财富等上都是完全相同的。）结果显示，所有数据模型都非常相似。事实上，我们发现，在包含了控制变量的情况下，黑人儿童和白人儿童在参加有组织的活动方面不存在明显差异。这些结果证实了本书中的核心发现：参与有组织的活动似乎与社会阶级密切相关，但与种族无关。此外，虽然社会阶级的影响在图表中具有相当可观的数值，但值得注意的是，收入和受教育程度经常彼此"重叠"，也就是说，在本书中被描述为"中产阶级"的家庭，往往同时具有高收入和较高的受教育程度。因

1a. 参加有组织活动的可能性与母亲的受教育程度

1b. 预计每周参加有组织活动的时间（如有条件）与母亲的受教育程度

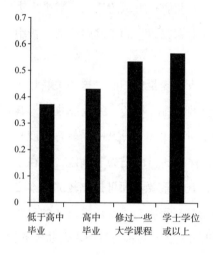
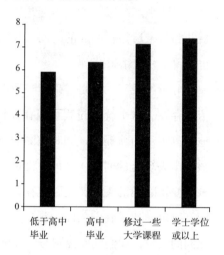

1c. 参与有组织活动的可能性与家庭收入

1d. 预计每周参加有组织活动的时间（如有条件）与家庭收入

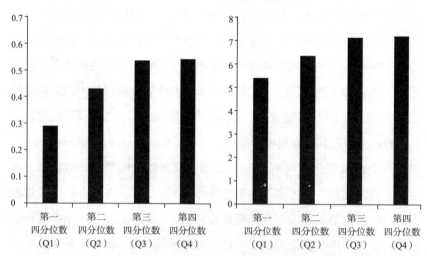

注释：基于 Tobit 回归系数。这些计算将参考儿童假设为一名黑人男孩；其家庭财产处于第二个四分位数；父亲工作而母亲不工作；他的年龄和兄弟姐妹的数量为样本均值；他被选取了周三和周四的时间日志。在受教育程度的图表中，收入被设为第二个四分位数；在收入计算中，受教育程度被设置为高中。资料来源：基于作者对收入动态追踪调查中儿童发展数据的分析。

表1 母亲的受教育程度和家庭收入对孩子参加有组织活动的影响，以黑人男孩为例

2a. 参加有组织活动的可能性与母亲的受教育程度

2b. 预计每周参加有组织活动的时间（如有条件）与母亲的受教育程度

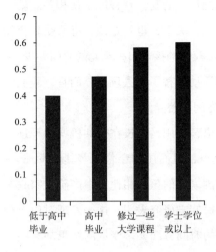
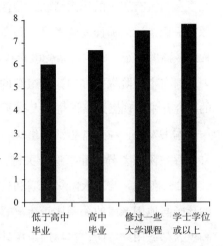

2c. 参与有组织活动的可能性与家庭收入

2d. 预计每周参加有组织活动的时间（如有条件）与家庭收入

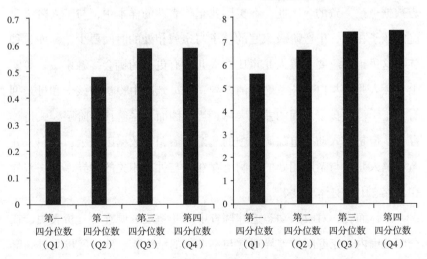

注释：基于Tobit回归系数。这些计算将参考儿童假设为一名白人女孩；其家庭财产处于第二个四分位数；父亲工作而母亲不工作；她的年龄和兄弟姐妹的数量为样本均值；她被选取了周三和周四的时间日志。在受教育程度的图表中，收入被设为第二个四分位数；在收入计算中，受教育程度被设置为高中。资料来源：基于作者对收入动态追踪调查中儿童发展数据的分析。

表2 母亲的受教育程度和家庭收入对孩子参加有组织活动的影响，以白人女孩为例

此，这些图表应被视为社会阶级差异对参与有组织活动的保守估算。[5]

对出去玩儿的多变量分析得出的模式，与本书的发现也是一致的。儿童参与没有组织的休闲活动，与他们母亲的受教育程度密切相关。就像第一版描述的那样，两者是一种负相关关系，也就是说，母亲受教育程度较高的孩子，常比母亲受教育程度较低的孩子出去玩儿的时间要少。因此，在中产阶级家庭中，有组织的活动代替了出去玩儿。而且，我们的研究并未发现黑人孩子与白人孩子之间的差异。

本书发现，在日常生活的组织、语言运用、家长在公共机构的干预方面存在阶级差异，除了这个关键论点，里面还贯穿着许多其他发现。其中之一就是，与工人阶级家庭和贫困家庭的孩子相比，中产阶级家庭的孩子与他们亲戚的关系比较疏离。民族志研究表明，这一发现对白人和黑人都适用。然而，在与远亲相处的时间方面，多变量的结果却有些出人意料。[6]可以肯定的是，母亲的受教育程度是一个有效的预测因素：随着母亲受教育程度的增加，子女与亲戚的联系会相应减少，这与民族志数据也是一致的。因此，在美国儿童代表性的样本中，与工人阶级家庭的孩子相比，中产阶级家庭的孩子与亲戚相处的时间要少。然而，种族在这里也很重要：黑人儿童比白人儿童有更多的机会接触亲戚。事实上，黑人儿童与白人儿童之间的差异，与母亲高中辍学的孩子和母亲拥有学士学位的孩子之间的差异大体相当。因而，尽管社会阶层模式持续存在，但是收入动态追踪调查中的儿童发展调查数据则显示，在白人儿童和黑人儿童与亲属相处的时间上存在着与种族相关的差异，这一差异在民族志中没有体现出来。

总体而言，对收入动态追踪调查中的儿童发展调查的分析表明，在全国范围内，家庭间的差异通常与本书中的结论相一致。父母受过高等教育的孩子和父母具有高收入的孩子对有组织的活动的参与，远远高于那些父母受教育程度较低、收入较低的同龄人。相反，父母受教育程度较低的孩子，则会比那些父母受过高等教育的同龄人花更多时间出去玩儿。这些结果大致符合以下预设，即美国中产阶级家庭倾向于采用协作培养的教养方式，而工人阶级家庭和贫困家庭则倾向于采用成就自然成长的教养方式。定量研究也显示出民族志工作的一个有趣的背离：与亲戚相处的时间也遵循着这种阶级模式，但种族差异也很明显。

最后我们发现，几乎不可能通过分析调查数据来对本书中一些最重要的发现进行测试。收入动态追踪调查中儿童发展调查的数据包括阅读能力（针对儿童和家长）的测试成绩，但这并不是对语言互动能力有意义的测量方式。要想做到有意义的测量，需要定期记录对话片段，因为对话发生在参与家庭的内部，这就超出了收入动态追踪调查中儿童发展调查等高质量数据收集工作的范围。此外最重要的是，调查的设计是标准化的。然而，本书中非常关键的一点就是，中产阶级父母通过干预来改变自己孩子的生活以满足孩子们的需求，这些干预单独来看微不足道，但累积起来便具有至关重要的作用。如果这些干预措施取得成功，引发这些干预的问题就会消失。因此，大规模并具有代表性的美国家庭样本突出了重要的文化模式，但是，社会阶层塑造日常生活的机制仍然可以被隐藏起来。

后 记

《不平等的童年》中的孩子们已经长大了。他们分散在不同的城市，更重要的是他们所处的社会阶层也大不相同。在我对研究参与者进行追踪的五年里，他们之间的差距在不断扩大。加勒特最近当上了客户经理。亚历山大正在医学院上学。斯泰西放弃了做医生的计划，正在攻读人文科学博士学位。当然，并非所有中产阶级家庭的年轻人都成了专业人士：梅勒妮是一名发型师。但在大多数情况下，中产阶级家庭孩子所接受的教育培训，使他们有机会从事收入较高的工作。相比之下，工人阶级家庭和贫困家庭的年轻人中，没有一人受雇于专业部门。小比利是名工会油漆工，然而他目前正处于失业中。温迪是一位全职妈妈，由在海军服役的丈夫挣钱养家。哈罗德是一家连锁餐厅的服务生。泰雷克正在找工作。卡蒂已从酒店保洁工作转做前台工作，但却因经济衰退而被解雇。她的孩子们与她前夫的父母生活在一起，卡蒂现在搬去了佛罗里达，在一家夜总会工作。也有一些工人阶级家庭和贫困家庭的年轻人对他们现有的生活感到满足又开心，但却无一不面临着相当大的经济压力。与许多中产阶级家庭的年轻人相比，他们的晋升机会非常有限。

所有的父母都希望自己的孩子能够得到最好的照顾。然而，父母能够给予自己深爱的孩子们的资源、天赋、机会却不尽相同。尽管工人阶级家庭和贫困家庭父母都很爱他们的孩子，但他们中却没有一个成功地把孩子送上通往大学教育的道路，而这正是获得稳定又赚钱工作的基础。

这些父母没有随潮流而动。在参与研究的孩子们中，当他们10岁的时候，人生的关键环节已经确定，最终他们很可能会陷入与父母相似的处境，而现实也的确如此。去改变自己的生活状况也不是没有可能，但这并不常见。

在美国的精英文化中，竞争的理念意味着既要公平竞争也要有相应的回报。这种文化认为，像亚历山大和加勒特这样的人，会在大学中努力学习，然后找到好工作，他们会继续勤恳工作，从而获得更为丰厚的回报。但是，中产阶级青年的辛勤工作，不应让我们忽视制度不公的现实。制度不是中性的，因为并非所有孩子都拥有平等的机会。他们念书的学校不同，而在学校和其他对儿童进行社会分层的机构中，某些文化惯行要比其他文化惯行更具优越性。我们的文化几乎专注于个人选择，从而导致对制度的关键性作用的漠视。在美国，社会阶层的背景建构并改变了个人的行为。因此，我们所追求的人生道路，既不平等，也不能进行自由选择。

附录一

研究方法：实地调研中持久的两难境地

到人们家里进行观察，用"自然主义方法"来研究家庭成员的互动非常少见。很多人都对研究过程特别好奇。由于篇幅关系，本书无法提供详细的描述，但我将会在这篇附录中描写一下调研中出现的一些困难和进退两难的局面。

取样

对家庭的观察构成本书的核心，但它却只是一项多维度调研的一个方面；这次调研还包括在小学里听课做观察和对很多家长进行访谈。项目最早的阶段在1990年就已展开，当时我（在一位非裔本科女生的帮助下）对劳伦斯威尔（假名）一所公立小学三年级的三十一位家长进行了访谈；劳伦斯威尔是中西部一个小型大学社区（人口有2.5万人）。其余五十七个孩子都是从东北部一座大都市里的小学中选取的。我之所以决定把调研的焦点放在三年级孩子身上，是因为我想选年龄足够小的孩子，这样他们的家长就仍然会在很多方面深层次地参与管理他们的生活（进而向他们传输社会地位的影响），同时他们的年龄又足以给他们一些掌控自己业余时间的自由。我还希望能抓住机会，在同龄人的影响开始对他们的生活起决定性作用前观察这些孩子。起初我曾希望能对孩子们和他们的家长都做访谈，结果发现，平时很能说的孩子一旦面对录音机就会一言不发，也就只好作罢了。[1]

之所以决定包括白人和非裔两组儿童，并用家长受教育程度和职业相结合的方法来定义社会地位，是根据我在劳伦斯威尔遇到的现实经验而形成的。我最初的计划是去研究不同社会地位的白人，但是学校里的学生一半是白人，一半是黑人。而且，近几年那里还出现了黑人家长联合抵制学区无视黑人儿童需求的抗议活动。在这样的环境下，研究家长的参与对学校教育的影响却把黑人家长排斥在外是毫无道理的。

在取样规模小的情况下测度社会地位

社会科学工作者对在现实世界中如何测量"不平等"这个问题有很大分歧。有些人采取分级渐进的方法：根据不平等的关键性元素——特别是职业声誉、受教育程度和收入——他们把个体或家庭按等级分成一个相对连贯的层级。但是，各种职业之间的差别很大，尤其是在员工享有的自主权上、在有些人比其他人更能保住工作的程度上、在工作的清洁度或肮脏度上，以及在工作的声誉上。我把这些差异视为非分级渐进的。

在如何界定各个阶级这个问题上也存在分歧（即，是否要使用马克思和韦伯的界定方法）。[2] 然而，不论使用谁的方法，大多数当前流行的建构方法都运用了大量的阶级类别以得到细致入微的经济地位差别。在这次调研中，我不可能模拟这样的界定方法。由于我的目的是要展现一幅**透彻**而真实的家庭生活画卷，我只能分析很少的几个家庭。事实上，由于取样少，加之我的愿望是要跨性别跨种族来比较孩子们的生活，在这种情况下采用以区分细致为特点的新马克思主义和新韦伯主义的研究方法是站不住脚的，也是不合理的。

起初，根据我所观察市镇的人口分布状况，我选定了两个阶级类别。由于从整体人口来看，自己做老板的人或个体经营者并不多见，我决定把注意力集中在那些是一般职员而非老板或自己开业的家长身上。这样，问题就变成如何在这个参差各异的群体中再做区分。为了达到这个目的，学者们提出了各种标准，但是工作场合的权威力和"文凭屏障"（credential barriers）是两个最常用的标准。前者需要把那些拥有监督管理权威的人与没有这些权威的人区别开。后者需要把要求雇员受过严格教育的工作与那些不要求雇员受过严格教育的工作区分开。基于这些考虑，加上对在实际操作中可行方法的实用性评估，我把阶级划分定位在了一个很宽泛的对工人阶级和中产阶级的区分上。我原计划与每个有工作的成年人进行讨论并让他们提供自己工作的详细情况、他们所在单位的类型（如果有的话）和他们在单位的职位，然后再根据这些信息把调研中的家庭分别分配到这两大类中。如果一个家庭里两个人都有全职工作，并且两个人的工作处于不同的地位类型，我就会把这个家庭归入较高的社会地位类别（即"中产阶级"），无论家中哪个人的工作起决定作用。

当我了解到劳伦斯威尔的几所学校中有很多孩子家里都在接受政府救济时，我就对这个计划进行了修改。如果忽略了这些家庭，调研范围就会被无根据地任意缩小。因此，我又加入了一组没有工作的贫困家庭——传统上这些家庭一直被排斥在各种社会地位组别之外。最终，我研究了三个类别：中产阶级家庭，工人阶级家庭和贫困家庭（归入标准见表C1）。

这些社会地位的类别中隐藏着重要的内部差异。威廉斯家（黑人）和塔林格家（白人）都是高收入家庭（即，年收入在17.5万美元以上）。在我这些为数不多的取样中，中产阶级家庭之间的收入差别虽然是真实的，但却没有造成他们在儿童教养方法上的差别（包括更富有的家庭）。而且，也没有其他数据显示出引人注目的阶级内部差异。因此，使用"中产阶级"这一术语看起来就可以很合理地涵盖各种不同富有程度的中产阶级家庭。

在一条略有不同的脉络上，表 C3 清楚地显示了，这些社会地位差异与不同的家庭结构紧密交织在一起；这种分布模式在全国范围内同样存在。[3] 因此，我们观察的中产阶级黑人和白人孩子都与他们的亲生父母住在一起。一些贫困儿童也与他们的父亲保持着联系，但在我们的密切观察中，没有发现任何一个黑人或白人贫困儿童的父亲和他们一起住在家里。工人阶级家庭界于这两者之间。这种分布模式令人怀疑：协作培养是否会以父母是否离异而定呢？本项调研的范围无法对这个问题作出满意答复。尽管如此，仍有迹象表明，家庭结构可能会影响到儿童教养的文化逻辑，但却不会起决定性作用。例如，在三十一个中产阶级家庭的取样中就有三个单亲家庭。这三个单亲家庭明显使用了协作培养的文化逻辑。然而，这三位家长也的确在访谈中抱怨说，一个人教养孩子确实力不从心，因此他们也就没能像自己希望的那样给孩子在很多有组织的活动上报名。全国范围内的数据也表明，双亲家庭的孩子参加的有组织活动比单亲家庭的孩子要更多。[4]

学校的选定

在理想化的世界里，我会去寻找具备各种种族和社会地位的学校和社区。当然，在现实生活中，美国儿童则是住在种族趋向于单一化的地方，而且在较小的程度上，社会地位也比较单一；他们所在的学校也是同样的单一化。最终，我选择了种族多样但社会地位单一的学校[5]。在选好了达到我的基本要求的学校后，我用自己的非官方网络与相关学区的管理层人员见了面[6]。这些管理层官员从我提供的名单上选出了最终参加调研的学校，他们还代表我向相关的校长做了引介。对下里士满小学和斯旺小学的详细描述（本书中几乎所有的孩子都来自这两个学校）见第二章。

从 1993 年 12 月到 1994 年 6 月，我每周至少到下里士满小学的一个三年级教室观察两次（经常是更多次）。1994 年 4 月，我开始在斯旺小学的一个三年级教室做同样的观察。一名研究助理每周都到斯旺小学去，在 9 月到 12 月间观察现在已经是四年级的这些学生。此外，孩子们上四年级时，我有时也会回到学校去看他们；我和我的助手们在他们五年级时还参加了毕业典礼。

下里士满的三年级老师格林女士慷慨地欢迎我来到她的班上，并协助我和我的黑人本科女助理融入她的班级里。在教室里，有时我只是在一旁观察，但有时我也会在美工课和电脑课上帮一下忙，并在孩子们从学校的一个地方到另一个地方时搭一把手。在很多不同的场合我都带来了吃的东西，包括情人节那天带饼干到班里。[7]我开始对学生有了很好的了解，我到学校去时女孩子们会拥抱我。一旦和孩子们建立起温暖和睦的关系，下一步就是与家长做访谈。

根据任课老师对孩子们的了解，我把他们按种族和阶级分组，并每隔"n"个名字选择了一个孩子。我给他们的家长写了一封信（学校给了我孩子们的地址），在信中解释说，我正在写一本关于孩子们如何度过课余时光的书，而且还会在书中更普遍地考察家长是如何帮助孩子度过每一天的。我在三年级结束时（下里士满小学）和四年级的秋季学期（斯旺小学）把这些访谈邀请信发了出去。[8]然后我给所有家长都打了电话，和他们谈了我的项目，并与他们定下了访谈的时间。

在这两个观察点中，只有一位母亲当场便谢绝了参加访谈（有一些父亲则是最终谢绝了邀请）。此外，有三四个家长起初同意参加，后来则因时间安排不开而没能接受访谈。总的来说，同意参加的家长所占比例为 90%。然而，我还是没有得到一个让自己满意的取样。这些家庭在种族上都很多样化，但这两所学校还是没有足够多的中产阶级黑人孩子和贫困的白人孩子。我通过在斯旺小学加入三年级学生扩大了取样范围，并用广告传单和非官方的关系网招募了更多的人。[9]大部分与家长的访谈都是在1993—1994年之间做的，但是有一些直到1997年才完成。我们还额外对六十位教育工作者及其他与儿童工作相关的成年人也进行了采访。例如，几所学校（包括劳伦斯威尔）里的三年级和四年级老师，其他在校职工（即，阅读专家、音乐和美术老师、学校护士、校车司机和执勤老师），以及孩子们业余活动的很多提供者，都接受了采访。只要有可能，这些访谈的焦点都是参加我们调研的这些孩子。（附录C中表C9提供了调研的时间流程总览。）

招募参加调研的家庭

听课和采访家长对在家访阶段进入到家庭中是至关重要的。下里士满区格林女士的三年级班里就出了十二名儿童中的七位：布林德尔、泰雷克、欧文、德赖弗、卡罗尔、扬内利和麦卡利斯特。斯旺区的四年级班里又出了两名：塔林格和汉德隆。选取这些家庭是一个有意识的、复杂的运算过程。采访阶段帮助我们确定了某种类型的经历和家庭特征（尤其是有组织活动的数量，亲戚纽带的强度，家-校之间关系的深度），这些特征就作为了每种社会地位的显著特征。我想让大多数我们访察的家庭都尽可能地在这些特征上有代表性。我们力图避免选择那些或是在学校超常活跃或是在与老师的互动中超常沉闷的家长。在中产阶级家庭中，我们还进一步把人选限制在了那些双亲家庭上。因此，大多数情况下，在每个类别里，我和我的助理们只能从三到四个家庭中去选。[10]

在为访察阶段作出最后选择中，我想要平衡一下取样中的性别、种族和社会地位。我还想看看孩子们共有的关键性特征，尽管他们来自不同种族和社会地位。例如，虽然他们的社会地位不同，但是一些孩子都一样会去参加教会的活动，上附近的亲戚家串门，或是参加有组织的活动。总之，为了减少未知因素与孩子们的行为差异相关联的机会（比如家长对学校教育的参与程度），我和研究小组试图在选取目标儿童的时候进行"混合匹配"。

我还寻找了"异常个案"。尤其是，我特别想包括一个没有参加任何有组织活动的中产阶级孩子。从我们采访的家庭中我没有找到一个这样的家庭，斯旺小学的老师们也想不出一个可能存在的候选人。在儿童教养策略和家庭住址方面，我寻找异常个案的努力要更加成功，比如，有的家庭有很多中产阶级特征但却住在工人阶级或穷人的社区。有两个家庭为我们提供了这样的对比。欧文家是非常虔诚的教徒，也是种族混血家庭（白人母亲，黑人父亲），他们的收入和受教育程度把他们置于工人阶级和中产阶级之间，但他们却住在工人阶级社区。他们的儿童教养策略以成就自然成长为主，但我们也观察到了协作培养的迹象。格里利家是另一个异常个案。格里利女士是一位白人单身母亲，她在一个中产阶级家庭长大，现在和自己的非裔男友住在一起。她曾有过吸毒问题并一度严重到让她暂时失去对孩子的监护权。调研期间，格里利一家正生活在贫困线下，住在一个白人工人阶级社区里。尽管她在童年时代享有特权，但是格里利女士的大多数儿童教养策略都反映了她当前的社会地位：她遵循着成就自然成长的方案。这两个异常个案提示我们，社会地位可能比社区更有影响力，但是只有大量选取有代表性的样本才能为解开这些重要问题提供坚实的基础。

在我和研究助理们最初拟定的名单中，十二个家庭里有九个家庭同意参加：两个白人中产阶级家庭，全部四个工人阶级家庭，以及四个贫困家庭中的三个。[11]黑人中产阶级家庭这个分类还是空缺的。我在斯旺小学邀请的母亲因隐私问题而谢绝了。我不愿在斯旺和下里士满之外再招募人选，但我也没有别的选择余地。我转向了一个多种族的私立学校，一个熟人的孩子在那里上学。在那里，我联系到了威廉斯一家。到1995年春，我只缺一个白人贫困男孩和一个黑人中产阶级女孩。为了找到那个男孩，我又回到了下里士满学区。在那里，一位社会福利处的主管（我是从公共电话簿上找到的）把我引荐给了格里利一家。[12]为了找到黑人中产阶级女孩,我调动了各种非正式联系人,然后才找到了一个愿意参加并符合我最关注的标准的家庭。女孩叫斯泰西,她的年龄虽然合适(10岁),但她已经上完了五年级,在秋季学期时就要上六年级了(到时候她就 11 岁了)。我觉得在孩子的年级上而不是她家的种族和社会地位上伸缩性强一点会比较好,所以我就招募了马歇尔一家。[13] 因此,最后的家庭取样包括从下里士满和斯旺来的九家,还有从其他地方来的三家。鉴于在别人家里做观察是一件很打扰他人的事情,我对总体上能有 63%的回应率感到十分满意(我邀请了十九家,得到了十二家)。

我发觉招募家庭的过程压力特别大。很多人都怀疑我能否真的进入别人家里去实地观察。他们告诉我,家庭——尤其是从学校选的家庭,而不是朋友的朋友——是从来都不会同意参加的。大多数情况下,我的招募方式都是先送出一封信然后再打电话追踪一下。在打电话前,我会在地板上来回焦虑地踱步,我的心也会怦怦直跳。即使清除了第一道障碍,我还会觉得第一次见面签书面应允书和安排家访都很可怕。但在和每个家庭的谈话中,我都会尽力表现得积极向上,舒服自在,心情愉快。我强调说,不像电视节目想让我们相信的那样,家庭生活是很有难度的,照顾孩子也是很有挑战性的。我解释说,我和研究助理们都习惯了大声嚷嚷和乱七八糟的房间。我还强调,我想描绘出一幅真实的家庭生活图景,我还讲了自己长大成人的经历和与兄弟姐妹打架的事情。

当然,不管我的话多么有说服力,有些家庭还是没有参加。有些家庭在拒绝我的时候解释道:"我们家并不完美。"那些确实同意参加的人经常对我们说(我们在采访中问过他们这个问题),他们想"帮助我们",而且我们出了三百五十美元来弥补家访给他们带来的不便,这也使参加调研显得更有吸引力。[14] 我相信,这笔钱对大多数(但不是所有)家庭来说起了决定性作用。事实上,两个接受政府援助的家庭就拒绝参加。我个人估计,尤其是在工人阶级家庭和贫困家庭中,孩子们是我的强大同盟。在采访阶段,我相信,孩子们熟悉我并似乎很喜欢我,这对获得他们家长的合作有极大帮助。[15]此外,在我们请他们参加家访观察之前,家长们有很长一段时间来了解我们。招募家长参加采访然后再进行访谈的过程使我们有了很多次的接触,包括在访谈前一天晚上打电话确认。访谈时间往往会持续一个半小时到两个小时,几乎所有访谈都是在参加调研家庭的家里。我们带了从糕点铺新烤的酥皮馅饼作为对他们的答谢,在访谈结束后再寄给他们一张手书的感谢短柬。由于我们对两位家长是分别采访的,所以我们在与孩子的父亲做访谈时又重复了整个过程。[16]

有可能是这样的:在那些同意被观察的家庭中,母亲们都对自己的角色有超常的安全感,没有吸毒问题,通常也不担心会因为自己"坏"或"虐待"了孩子而有可能被"交给"政府。虽然有些家庭(尤其是布林德尔一家)比别的家庭有更多问题,但是他们都属于我们在这些学校观察到的各种家庭的范围之内。尽管如此,由于并非随机取样,这些结果并不能推广适用于更广泛的人群。

调研人员

我很想亲自进行所有的实地调研和访谈,但这是不可能的。我需要有人帮助。第一年有四个学生帮我做调研:三个白人女生和一个非裔女生。这些学生和我一起采访了调研中的八十八位家长并对超过半数家庭进行了观察:布林德尔、卡罗尔、德赖弗、汉德隆、欧文、塔林格和扬内利。在学年末,当这些学生走了以后,我雇了两个研究生,一个非裔男生和一个白人女生。1994年夏天,他们观察了泰勒、麦卡利斯特和威廉斯家。1995年夏,有四名研究生帮我做调研:一位人类学系的非裔女生,两个社会学系的白人女生(其中一个头一年夏天在此做过助研),一个心理学系的白人男生。这些研究助理观察了格里利和马歇尔家,并完成了对威廉斯家的观察(见表C9)。

作为人种学研究公认的真理,我们自己的人生经历对我们的研究是有影响的，尤其是在我决定研究这个课题的原因上和我们眼界所能看到的东西上。调研期间，我们没有一个人有孩子。坦率地说，我自己做这个项目的一部分动力就是我长期以来的一个愿望，我希望能更好地了解家庭内部的运作。我小的时候很渴望生活在一个"正常的"家庭里。我父母那不同寻常甚至是古怪的性格让我适应了多变的家庭生活。[17] 我对世上存在正常家庭的幻想早已淡去，但我的童年经历却塑造了现今这项研究。我的父母在他们的每个孩子身上都培养出了一种对读书的热爱、一种幽默感、一种不墨守成规的灵气和一种坚持不懈的人格。没有这些品质，我不可能这样顽强地坚持下去，努力为我的自然主义观察招募参加的家庭。然而，最重要的童年馈赠就是，我不会因为在那些孩子家里会听到大声叫嚷、看到酗酒、情感动荡和体罚惩戒而感到不舒服。我发现，这种对多种多样的家庭互动都感到舒适自如的性格，对这项研究是很有价值的。

同样，对研究助理们来说，个人经历的影响力也是很大的。例如，这些学生小时候家里对他们的惩戒方法就影响了他们对什么事情值得记录的看法，这些也从他们的实地笔录中反映了出来。有些在中产阶级家庭长大的实地调研员对某些家长威胁要"打"孩子感到难过。一个在工人阶级家庭长大的实地调研员对此就没有感到惊讶，但他却对中产阶级孩子在每天与家长的互动中有多么不尊重父母而感到震惊。和一个吭吭叽叽闹个不停的中产阶级4岁孩子在一起坐二十分钟车就让这位助研头痛不已，并让他感到很厌恶（"我真想踢他妈妈的屁股，因为她就这么让这孩子闹下去……到底谁是家长啊？"）。最终，随着时间推移，有的调研人员找到了他们"最喜欢的"家庭，有些家庭也发现了他们"最喜欢的"调研人员。

然而，总的来说，不同调研人员记录下来的实地笔录还是很相似的。我相信，这是因为有些事情对研究小组里的所有人来说都很"震撼"。而我在调研人员之间达成智识整合这方面也是有意特别严格要求的。每个星期全组都要开会;正在家访观察的小队,每个人每周也都要再开会。在很多次实地访察之后,我都会和研究助理们电话交谈很长时间来讨论他们当时应该把什么信息写入实地笔录。

实地调研员们都觉得这项研究很不同寻常而且也(通常都)很有趣。和我一样,他们也喜欢了解那些家庭。在实地进行观察总是要去找一个平衡。我们既需要真实可信,也需要保持中立。有时一些小策略也会有所帮助。比如,在家访有婴儿的人家时(布林德尔、德赖弗、麦卡利斯特和扬内利),我通常都会请求他们让我抱抱孩子。我本身就喜欢抱着婴儿,这样做也可以帮助我融入情景。其他实地调研员喜欢和孩子们一起打篮球或谈论音乐。尽管如此,实地调研的某些方面又确实需要我们抑制自己的想法和喜好。例如,我没有表达自己对一些家长的政治观点所感到的愤怒;我还假装喜欢他们给我吃的所有食品,甚至是我极不喜欢吃的东西。研究助理们也同样严格监控自身言行。

我们所有人都觉得实地调研让我们心力憔悴。一个研究生这样总结实地观察有多么令人疲累:

> "我记得有一天真的是糟透了。那天我上午去了麦卡利斯特家,下午去了塔林格家。我头痛得很厉害,有很多天都精神恍惚,我忽然意识到自己对阶级的看法有多么矛盾……每一天,在同一个世界上,都生活着穷人和过得很舒服的人,他们互相忽略(或是不去看对方),他们有着如此天壤之别的不同经历。但我们通常却不去看这些东西。"[18]

家访

所有入户观察都是在 1994 年到 1995 年间进行的。我们学会了去仪式化自己进入(和离开)这些家庭的方法。通常在每个家庭同意参加之前，我们都要在电话上和他们谈好几次并同他们见一次面。然后，我们会安排时间再和他们聚在一起签应允书并安排家访时间。为了那次签应允书的会面，我和两个研究助理会到他们家里去。我们会随身带上两份日历（一个给我们自己；一个是冰箱贴，给同意的家庭）和一个从糕点铺里烤好的蛋糕。

第一次见面时，我们会制定出一个双方都能接受的家访时间表（每次家访需要两三个小时），并要决定调研组中的哪个成员会在几点钟来家访。在安排家访时间时，我们力图安排不同的时间段，这样我们就可以观察到各种不同的日常事件，比如，上学前的准备，下午或傍晚做作业的时间，晚饭，周六早上的活动，去教堂（如果有的话），上亲戚家串门，看医生，家庭派对，有组织的活动，以及其他杂事。[19] 此外，我们还试着在每个家庭都安排过上一夜。一个典型的家访方案可能会从孩子放学到家后实地调研员来到家里开始，然后在家里待到晚饭后离开。另一些时候，我们中的一个人可能会在早上6：30就到他们家里，去看看为孩子准备上学时都会发生些什么；或者我们会到学校去见孩子，去观察他们下午和傍晚都做些什么。我们经常带着录音机，尤其是在家庭成员都已习惯了我们的存在之后。

所有的家庭都觉得我们要求观察他们是件很奇怪的事。塔林格先生总结了大多数人的看法。在实地调研员说研究项目很"不寻常"之后，他就跟着说：

> "对呀，我知道这真的是很不寻常。唯一比同意被观察的人还奇怪的人就是想观察别人的人！"

最初几次家访大家都很尴尬。没有人知道该做些什么（包括我们自己）。无须诧异，家庭成员们都觉得需要先和我们有所交往，尤其是我们刚进家门的头几分钟。他们问我们路上是否顺利，并几乎总是给我们饮料喝。而孩子们通常都有要做或想做的事。所以，我们经常会在地板上坐下来和他们一起看电视，或者去外面打球。在家长和孩子们出去办事时我们经常会跟着他们一起坐在车里到处转。就这样家庭成员慢慢习惯了我们的存在。我们发现紧张的气氛松弛了下来，尤其是在第三天，到第十天的时候就更加放松了。孩子们都还小，所以时间相对一长，他们就无法保持"在客人面前的礼貌"。我们感到，在我们家访的过程中，家庭生活的节奏又返回了常态。而且，本项研究的关键目的就在于比较各种不同家庭如何组织日常生活。即便有些家庭比其他家庭更加放松，也没有任何特别的证据表明这同他们的社会地位和种族有什么系统性的关联。

孩子们看起来都喜欢我们去家访，但他们的热情程度还是因社会地位而有所不同。贫困家庭和工人阶级家庭的孩子看到我们时真的是很兴奋。家中有成年人对他们如此密切关注是件不寻常的事。任何一次家访结束时，孩子们通常都会恳求我们再多待一会儿，尤其是女孩子更是如此。正如欧文家的女儿在调研的最后一次访谈中解释的，"家里有一个不一样的人真的挺好的"。小比利说，家里来了调研人员让他"感觉很好"。当我们询问哈罗德时，他羞涩地笑着说他"很喜欢"调研人员到他家里。相反，中产阶级家庭的孩子对这种关注则早已厌烦——他们太习惯成年人对他们的密切关注了。[20]

对所有的孩子来说，家访运行得最好的时候就是在它变成日常例行之后。总的来说，为了和孩子们"一起待着"而重复不断的拜访就是很好的方法，去看他们参加体育活动也很不错，和他们一起去教堂是件容易的事，与全家人一起出游也是如此。不太寻常的事情（例如，看医生、在家里过夜）做起来就比较困难，因为这会更加扰乱他们的生活。

在前几个家庭那里得到的经验教会我们要制定一个最后撤离的策略。离开考察地就像进入时一样不容易。我们把比萨饼派对定为致谢告别的方法。在工人阶级家庭和贫困家庭，吃比萨饼是件很少有的事情，孩子们很盼望这个派对。他们看起来真的感受到了我们的谢意。对中产阶级家庭的孩子来说，这个派对并没有什么特别的（他们的家长经常给他们买比萨饼，其中一位父亲把当地一家比萨饼店的电话号码都背了下来），他们看起来也没有感受到我们的谢意。

即使在调研正式结束之后，我们也仍与这些家庭保持着联系。对大多数家庭，我们做了几次"扫尾性的"访问，尤其是看医生和特殊的表演会。在项目结束后的一两年里，我还到很多家庭短暂地拜访过（大多数家庭，但不是所有家庭，都邀请我和研究助理们"随时"来玩）。我现在还和这些家庭有联系（我没有把本书的手稿给他们看，但我会在正式出版后把书送给他们）。从孩子们上四年级开始，我每年都会给他们寄圣诞卡，卡里还夹着一张五美元。等到孩子们长成青年人后，我计划再次对他们进行访谈。

两难境地

把调研中在研究方法上出现的两难境地汇集起来都可以写成一本书了。这里我将把困难的重点放在各个家庭对研究项目的理解程度上，以及观察与干预之间的对峙上。

理解我们。我们把与孩子讨论本科研项目的任务全权交给了家长。在一个戏中戏里，协作培养的理念和成就自然成长的理念似乎成了引导家长对孩子作出解释的指南针。在中产阶级家庭，这个项目被介绍成发展孩子能力的一个组成部分，是一项丰富课余生活的活动，与上钢琴课或踢足球没有什么不同。中产阶级家长允许甚至是鼓励孩子在决定是否参加上起到关键作用。在工人阶级家庭和贫困家庭，家长并未听取孩子的意见；他们只是告诉孩子全家都要参加调研。有时他们根本没有提前告诉孩子，直到我和研究助理们到家里去安排观察日程时他们才通知自己的孩子。比如，当我们出现在麦卡利斯特家门口时，哈罗德的妈妈之

前已经签好了应允书但却并未告诉儿子我们要来,她是这样对儿子解释我们的研究的:

她说:"有人明天要来采访你,你必须在家,别让人家白等你一场!"哈罗德没有问任何问题。

我和研究助理们都注意到了不同社会地位的家庭对科研项目的基本使命有着不同程度的理解——也很担心这一点在道义上又暗示着什么。很多工人阶级家庭和贫困家庭对我们是什么人、要来做什么都只有一些断章取义的了解。例如,我采访完温迪的妈妈时,一边收拾好录音机一边说我得走了因为我要去讲课。她看起来特别惊讶,瞪大了眼睛,提高了嗓门问:"你也教书?你教几年级呀?"德赖弗女士知道我在天普大学上班并签了很多封应允书,每一封应允书上都写着我是一位"副教授"。但她显然对我的工作毫不了解。而另一方面,中产阶级家长却能问我非常具体的问题。他们自己也上过大学,读过与这本书类似的书籍,他们问我在天普大学都教什么课,有些人还向我询问附近其他学校的情况。因此,我们虽然已经和各个家庭就此项目讨论过很多次,但许多工人阶级家庭和贫困家庭对调研的理解还是很有限的;其他人种学家也发现了这一现象。[21]

干预问题。当我们看到的情形与我们自己对正确教育孩子的定义发生冲突时,问题就出现了。我们调研团队中的每个人给正确的教育方法下的定义都不同(就如前面提到过的)。很多人都知道教养孩子的惯行是有历史性的,相信只认为中产阶级的方法才有价值是错误的,但在理智上相信这些是一回事,与那些做法不同的家长在同一个空间共处则是另一回事(这在某种意义上就像是知道车祸和心脏病随时随处都在发生,但亲眼看见发生的过程则会感觉大不相同)。让问题变得更加复杂化的是,作为项目的领导者,我既要指导研究助理,又要给他们必要的自主权,让他们自行决定在某个特定情况下什么在伦理道德上是正确的。这些两难境地给调研工作带来了持续存在的压力。在我看来,不论当时还是现在,都没有轻松的应对之策。我经常感到自己"夹在石头缝里"进退两难。

我坚定不移地要求自己和研究助理们在接近这些家庭时都要心怀莫大的尊重。我的看法是,那是他们的家,而且在抚养孩子上家长都是竭尽全力的。我或者我课题组里的任何人想要改变他们都是不能接受的。我认为这是道德问题,是铺在我们科研项目下面的"基石"。

还有两个因素塑造了我在干预家庭生活上的立场。我想让家庭成员信任我和研究助理们,想让他们在我们面前感到自在。批评指责对建立和睦关系是没有帮助的。如果说有作用的话,也只能是对良好关系的形成造成威胁。同样重要的是,通过干预来改变家庭本来的动态还会危害调研的根本目的;这个目的就是要看到各个家庭在自然的常规状态下的一举一动。让一个实地调研员直接坐在客厅中间并不怎么"自然",但我的确不想再多打扰他们。我们所有的努力都要以把调研对家庭互动本然状态的影响减少到最小为目标。

我凭经验得来的方法就是,除非有流血事件或是严重危险迫在眉睫,否则我们就只是和他们"一起待着"而不进行任何干涉;我也教育研究助理们一定要遵循这个方法。我还加上了另一条忠告:每位研究助理都不要做任何让他们感到不自在的事情。当他们在实地进行调研时,他们才是最终的决策者。

这种对尊重所有家庭及其日常行为的严格承诺并没有让观察变得很轻松。例如,看到兄弟姐妹间充满憎恨的敌对状态,一个实地调研员写道:"抵制住诱惑不去干预也不去[把孩子]按回到座位上,真是难以置信的艰难。"有时看到家长那种对待孩子的方式也会让人十分痛苦。大体上讲,这样的时候还是很少有的,但在布林德尔家,这种艰难的时刻却几乎是连续不断。全家人在经济上和心理上都承受着极大的压力。我很快就意识到，我得亲自去他家访察，而不能让研究助理来做这件事。[22]

但是，有三次因为时间安排上的冲突，另一个实地调研员不得不到布林德尔家里去。即使在一段很短的访问中（放学后，从下午 1：45 到 4：20），调研人员看到的互动也让她感到情绪十分低落：卡蒂熟练地击打自己的脑袋；她姑姑叙述了（她同意我们发表这段）自己小时候被父亲用皮带打到流血。家访过后，实地调研员总结了她的感受：

> 我讨厌去那里。我非常讨厌去那里，因为我觉得自己永远无法说出自己的想法。比如，当玛丽告诉我她想怎样打卡蒂时，我只是点了点头。我只能坐在那里看着卡蒂打自己的头，看着梅尔梅尔把手指头捅进插销，看着西西冲卡蒂叫嚷。啊！！！

幸运的是，我们在布林德尔家观察到的这些家庭互动是所有参加研究家庭中的一个例外。事实上，大多数时候家访都比较轻松，甚至就连布林德尔家也有很多轻松快乐的时刻。通常，我们和孩子们"待在一起"会有很多乐趣，我们打篮球和壁球，看电视，开车闲逛，或是躺在地板上聊天。也许是造化弄人吧，我们开始观察的第一家就是布林德尔家。对之后所有家庭的观察都要容易得多；如果我和研究助理们没有一开始就面临那么大的挑战，我们也许就不会觉得这个项目会那么容易。

从数据到成书

访察结束后，我们的知性之旅并未结束。某种意义上，这个旅程才刚刚开始。[23] 因为这次调研的劳动强度（以及我个人生活的一些变化），我在活跃的实地调研之后进入了一段平静的反思期。慢慢地，我开始分析数据，主要是反复研读家访实录（每个家庭都有一部按时间顺序排好的笔录档案）。我把与这八十八位孩子家长访谈记录中家长们的回答进行了编码,并把这些信息都输入了一个分析定性研究的软件。[24] 而对那十二个接受观察的家庭,则继续使用老方法:我熟读实地笔录,通读各种文献,与人讨论,再反复多次读笔录。我力图把数据中的只言片语联系起来形成思想;论点成型后,我又去寻找驳斥它的证据。在写这本书时,我起初想用分析性的方法组织每个章节,把所有家庭在一个总的主题上进行比较。但最终我跟从了霍克希尔德《第二轮班》的写作方式,决定通过给每个家庭一个专属章节来生动地再现他们的家庭生活。[25] 我开始研究的时候是因为自己对孩子们如何度过一天的时间感兴趣,并对家庭与组织机构之间互动的性质感兴趣——这些主题在书中都得到了体现。其他意外的主题也显现了出来:尤其是语言的作用,亲族纽带的相对重要性,协作培养和成就自然成长的类比,以及社会地位在日常生活中的局限性。

有时人们会让我说出一个我在调研中学到的最重要的东西。我告诉他们,在和这些家庭一起度过了一段时光之后,我发现所有家庭都给我一种安全感,我觉得他们都很正常,虽然他们之间有很多不同。此外,他们都让我很受震动,家长们在生活中付出了那么大的努力和辛劳;孩子们在他们日常例行的生活中经历了那么多的快乐和挫折;所有孩子在成长过程中都要面临那样大的挑战。与哈罗德相比,加勒特的物质资源非常丰富,但是加勒特也有一些自己觉得在生活中很重要的事情却让他感到特别失望;虽然哈罗德家经济困难,但是哈罗德的生活中有一些很重要的优势,加勒特却没有。没有一个孩子或成年人的人生道路是平坦的:每个人都有痛苦和失落,也都有喜悦和酬劳。尽管如此,有些人的人生道路却没有另一些人那样坎坷崎岖。阶级地位很重要,在人生的每一步上都是如此。

附录二

理论：理解布迪厄的著作

布迪厄的著作为研究社会阶级地位的冲击力提供了一个语境。他的模型把我们的注意力吸引到了冲突、变化和系统性的不平等上，并突出了结构与执行者[1]之间关系的流动性。布迪厄认为，社会中处于不同社会地位的个体，通过不同的社会活动适应了不同的社会生活。[2]这种适应社会生活的经历为儿童及日后的成人提供了一种感知，让他们感觉到什么对自己是舒服自然的（他把这种感觉称为惯习）。这些背景性的经历也塑造了个体所拥有资源（资本）的数量和形式，这些资本由个体继承而来，并在个体面对现实社会中各种形式的组织机构（场域）时得以利用。[3]

布迪厄总是很注重"权力"，尤其是有权势群体对稀有资源的支配。他所感兴趣的不仅是个体有怎样的权利去定义什么才能构成受到高度尊重的活动，还包括为什么一些特定的社会惯行比起另一些来会更受尊重。事实上，布迪厄看到了在这个社会结构的中心存在着的统治支配与不平等。他的著作提出，研究个体使用何种策略保持或改进自己及其子女的社会地位是十分重要的。在任一特定社会，特权的传输都"没有得到承认"。人们都倾向于把自己周围的社会组织形式视为合理的。身份、特权和其他类似的社会酬劳都是人们通过所谓的努力"挣得的"；也就是说，人们把这些东西想成是通过自己的智力、天赋和其他在战略上显现出来的技能而获得的。布迪厄在展示人们在日常生活中如何获得和使用文化资本时，清楚地解释了个体的社会地位并不是像勤勉或智力这样的个人特征起作用的结果。尤其是他认为，因社会地位而拥有特权的人在很多方面占据优势，并不是因为他们的文化经历本身有内在的价值。相反，由于有特权的家庭用来教养孩子的标准与占据统治地位的组织机构所（随意）推举的标准之间有着密切的兼容性，人们在家里受到的文化训练在这些组织机构中也就获得了不平等的价值。

为了让本书更加易懂，我并没有在正文中加入布迪厄的术语。尽管如此，本书对布迪厄更宽泛的理论模式还是一次比较直来直去的经验性应用，虽然也许只是部分应用。例如，在《区隔：品味判断的社会批判》(*Distinction: A Social Critique on the Judgement of Taste*)和其他著作中，布迪厄显然是想要把"惯习"定义成一套内化的在很多社会领域里都起作用的特质意向。[4]布迪厄在讨论"惯习"时囊括了人们对食品、家具、音乐、化妆、书籍和电影的偏好。相比之下，本书的焦点要狭窄得多，它主要研究的是孩子们在业余活动中的时间分配、家中使用的语言，以及成年人对孩子在组织机构的生活进行的干预。尽管如此，可以说，把本书中讨论的这些元素放到一起去看，它们的确构成了一套孩子们学到的特质意向，即惯习。书中讨论的几个家庭，其惯习的两个方面就是协作培养和成就自然成长。[5]

布迪厄还把目光指向了在行动者与组织机构之间的互动中出现的细微的阶级差别。他注意到，人们都拥有大量的资源、社交网络和文化训练，而且他们并不是在所有情景下都会使用所有这些资源。这种对社会生活的复杂性和流动性特有的敏感度，使得他的理论比其他社会不平等理论（如，贫困文化模型）都要更具说服力。[6]

布迪厄使用了一套（艰涩的）专有词汇来建构自己的模型。其核心概念就是上面提到的：惯习、场域和资本。惯习（habitus）概念强调的是个体通常在家中学到并视为理所当然的一套关于文化、社会和自己未来的特质意向。布迪厄提出，惯习的不同给予个体以不同的文化技能、社会关系、教育行为和其他文化资源；这些不同的资源随着个体步入社会，又可以被转化成不同形式的价值（即，资本）。在以后的人生中也有可能采用新的惯习，但是这些新近习得的特质意向与童年时学到的那些相比则缺乏那种舒适（自然）的感觉。

场域（field）概念至关重要。它包含了如市场和社会制度等术语中同样能捕捉到的那种动力。但正如大卫·斯沃茨（David Swartz）指出的，布迪厄还从场域的思想中去寻求一种更宽广的东西："布迪厄……认为'场域'的意象要高于'制度'的意象，其原因有二：首先，他想要强调社会生活的矛盾性，而'制度'概念则暗示着一种一致性；其次，他想要建立这样一个概念，它可以涵盖那些较为模糊的社会领域，其日常行事只被微弱地制度化，其界限也不是很明确。"[7]

布迪厄认为，在一些关键区域，社会空间是分层而置的：一些群体会被排斥在外，另一些则会被包括进来（还有一些则会把自己排除出去）。他用一个纸牌游戏做类比：游戏中有个场域，它既提供了"游戏规则"，又提供了有各种不同资本存在的社会空间。布迪厄把注意力集中在发出的牌和打牌者技能的交点上。[8] 他强调，游戏的本性是任意的，赢家的位置也是有限的。例如，他决不会建议说，更多的家长通过采取某种行动就可以提高孩子在校学习的成功率。相反，他会指出，社会中的精英位置是有限的。因此，任何一种要把精英们的做法传播给所有社会成员的努力，都会导致那些做法失去原有价值从而为一种不同的选拔机制所代替。从这个意义上讲，他的模型就暗示着，不平等是社会群体间存在的一个恒久的特性。然而，在任何一次具体的互动中，布迪厄又强调，其结果是不确定的。使用的策略有可能不会带来好处。此外他还解释说，拥有相似资源的个体也可能在资本的使用技巧上有差别。

总的来说，布迪厄的著作为我们提供了一个结构性不平等的动态模型；它使得调研人员能够捕捉到文化再生产和社会再生产的"瞬间"。要了解这些瞬间的特性，调研人员就需要去审视资本所处的环境，去审视个体为激活自己的资本而付出的努力,审视他们激活资本时所使用的技能技巧,以及组织机构对被激活的资本所作出的反应。遗憾的是,布迪厄的研究并没有对拥有资本和激活资本的区别给予足够的关注。[9] 他也没有过多关注机构中那些"把关者"和决策者所起的至关重要的作用。例如,在本书的一些事例中,我曾试图展示出家长是如何在家里传输不同的惯习;我展示了这些惯习又是如何在与具体组织机构的交锋中以文化资本的形式发挥作用;以及文化资本是如何(依其激活方式而)产生(或无法产生)教育利润的。马歇尔女士在家里教会了女儿一套特质意向,包括一种向有权威的成年人提出挑战的特质意向。当斯泰西没有被选入天才班时,马歇尔女士就运用了这种特质意向(惯习)并激活了她的文化资本。通过精明地激活文化资本,马歇尔女士为女儿带来了利润,包括进入天才班(而天才班丰富的课程就有可能帮她提高考试成绩,以及在日后分班时得到更好的安排)。马歇尔女士能获得这些成果,就是因为她有这样的特质意向和干预她女儿日常生活中各种组织机构的能力。

总之,家长与组织机构中关键行动者之间的这些互动瞬间都是社会阶层形成过程的生命线,需要我们在今后进一步深入研究。布迪厄并没有用经验性的数据来展现个体是如何在与组织机构互动的瞬间中使用以阶级为基础的文化资本的。家长在定制他们与组织机构的这种互动时,其能力看起来也是参差不齐。同样,在说服专业人士按他们的意愿行事时,他们的能力也是不均衡的。

总之,我们需要了解来自占据主导地位阶级的家长是如何通过关键社会场合来帮助自己的孩子进步的;他们这些帮助孩子的方法作为个体可能并不重要,但当这些方法累积起来时就会变得十分重要。本书正是为此作出的一个努力。

附录三

辅助表格

表C1　参加调研儿童的社会地位和种族分布

社会地位	白人	黑人	总数
中产阶级[1]	梅勒妮·汉德隆 加勒特·塔林格 （全部取样=18）	斯泰西·马歇尔 亚历山大·威廉斯 （全部取样=18）	（全部取样=36）
工人阶级[2]	温迪·德赖弗 小比利·扬内利 （全部取样=14）	泰雷克·泰勒 杰茜卡·欧文[4] （全部取样=12）	（全部取样=26）
贫困家庭[3]	卡蒂·布林德尔 卡尔·格里利 （全部取样=12）	塔拉·卡罗尔 哈罗德·麦卡利斯特 （全部取样=14）	（全部取样=26）
总数	（全部取样=44）	（全部取样=44）	（全部取样=88）

　1. 中产阶级儿童，其所在家庭中父母双方至少有一人拥有有管理实权的工作或是其工作需要非常复杂的有专业证书（即，大学水平）的技术。
　2. 工人阶级儿童，其所在家庭中父母都不拥有中产阶级类型的工作，并且至少一位家长的工作不在管理层，也不需要非常复杂的有专业证书的技术。这个类别包括底层的白领工人。
　3. 贫困儿童，其所在家庭中父母接受社会救济，并且没有经常性地连续不断地加入到劳动大军当中。
　4. 混血女孩：父亲是黑人，母亲是白人。

表C2 研究中学校附近地区的社会特征和人口统计学特征

	下里士满	斯旺
总人数	8170	12579
住户总数	11122	4464
家庭总数	6794	3290
收入水平中位数	$37095	$60773
房价中位数	$75289	$160651
租金中位数	$487	$611
百分数对比		
种族[1]		
白人	89.2	92.2
黑人	8.1	5.5
亚裔/太平洋诸岛后裔	1.6	0.9
西班牙语裔[2]	0.5	1.0
其他	0.5	0.4
受教育程度[3]		
低于高中毕业	27.6	15.2
高中毕业	33.5	21.7
修过一些大学课程/大学肄业	16.4	19.9
学士学位	13.5	24.9
研究生毕业	9.0	18.3
失业率[4]		
男性		
失业	7.7	1.9
未进入劳动大军	26.1	14.4
女性		
失业	6.1	2.3
未进入劳动大军	42.2	54.3
总数		
失业		6.9
未进入劳动大军	34.9	39.1
住房		
拥有自己的房子	67.9	84.5
租住他人的房子	32.1	15.5
接受社会救济[5]	5.9	2.2

出处：表中信息均出自1990年学校附近地区的人口统计大致结构。

1. 由于四舍五入，并非所有总列之和都为100%。
2. 只包括西班牙语裔的白人。其他西班牙语裔的人都按照他们自己的种族认同分类。
3. 包括25岁及以上的人。
4. 包括所有16岁及以上的市民。统计数字反映了国家统计局对有工作、失业和加入劳动大军的定义。
5. 住户的比例。

表C3 以社会地[位]

	两位家长，亲生父母		混合型父母[1]	
	黑人	白人	黑人	白人
中产阶级	亚历山大·威廉斯 斯泰西·马歇尔 （全部取样=13）	梅勒妮·汉德隆 加勒特·塔林格 （全部取样=17）	（全部取样=2）	（全部取样=1）
工人阶级	杰茜卡·欧文（黑人父亲/白人母亲） 小比利·扬内利（白人）[3] （黑人全部取样=6） （白人全部取样=6） （双重种族全部取样=1）		（全部取样=0）	温迪·德赖弗 （全部取样=1）
贫困家庭	（全部取样=0）	（全部取样=3）	哈罗德·麦卡利斯特[6] （全部取样=1）	卡尔·格里利 （全部取样=1）

1. 混合型家庭包括单亲家庭和一位家长再婚或与人同居的有两位家长的家庭。2. 括号里列出的是主要照顾者。
3. 家长并未结婚；母亲在之前的男女关系中有一个较大的孩子。 4. 母亲及其同居的男友。
5. 家长分居了；经常定期见到父亲。6. 经常定期见到父亲。7. 经常定期见到妈妈；与父亲很少有联络。

族为因子的家庭结构

	单身家长 [2]		（外）祖父母/监护人	
人	白人	黑人	白人
（全部取样=3）	（全部取样=0）	（全部取样=0）	（全部取样=0）

雷克·泰勒 [5]

| （全部取样=3） | （全部取样=5） | （全部取样=2） | （全部取样=2） |

| | 卡蒂·布林德尔（母亲） | 塔拉·卡罗尔（祖母） [7] | |
| （全部取样=11） | （全部取样=8） | （全部取样=2） | （全部取样=0） |

表C4 有组织的活动按社会地位、种族和儿童性别划分的平均值[1]

	中产阶级	工人阶级	贫困
所有孩子			
有组织的活动	4.9	2.5	1.5
数据缺失的学期[2]	2.5	3.0	2.0
平均值	36	26	26
黑人			
有组织的活动	5.2	2.8	1.6
数据缺失的学期	2.0	3.8	2.9
平均值	18	12	14
白人			
有组织的活动	4.6	2.3	1.4
数据缺失的学期	2.9	2.3	0.9
平均值	18	14	12
女孩			
有组织的活动	4.7	2.6	1.5
数据缺失的学期	1.5	2.3	2.0
平均值	18	11	15
男孩			
有组织的活动	5.1	2.5	1.5
数据缺失的学期	3.4	3.5	1.9
平均值	18	15	11

　　1. 有组织的活动包括幼女童军，音乐课，团队体育运动（足球、小联盟赛，等等），非团体性体育运动（体操、空手道，等等），幼儿体操，舞蹈课（芭蕾、踢踏舞，等等），宗教课程，唱诗班，美术课，以及任何由需要正式注册的娱乐中心提供的活动。

　　2. 不是所有回答问题的人都被问到了最后在数据编码中出现的所有活动（虽然每个人都被问到，他们的孩子是否参加了我们没有提到的活动）。

表C5 校外活动：男孩

	成年人组织的活动	非正式的自由活动
中产阶级		
加勒特·塔林格 （白人）	足球队 旅行足球队 棒球队 篮球队（暑假） 游泳队 钢琴 萨克斯管（学校）	和弟弟们一起在院子里玩 看电视 玩电子游戏 在朋友家过夜
亚历山大·威廉斯 （黑人）	足球队 棒球队 合唱团 教堂唱诗班 主日学校 钢琴（铃木） 学校话剧团 吉他（学校）	有限的电视节目 有时和两个其他男孩在外面玩 到同校的朋友家玩
工人阶级		
小比利·扬内利 （白人）	篮球队	看电视 到亲戚家串门 骑自行车 去外面街上玩 和附近邻居孩子一起玩
泰雷克·泰勒 （黑人）	橄榄球队 假日圣经学校 主日学校（时断时续）	看电视 去外面街上玩 和邻家的男孩一起骑车 到亲戚家串门 去游泳池游泳
贫困家庭		
卡尔·格里利 （白人）	去游泳池 和邻居一起遛狗	看电视 玩任天堂 和兄弟姐妹一起玩
哈罗德·麦卡利斯特 （黑人）	在邻居家学圣经（有时） 圣经营地（一个星期）	到亲戚家串门 和邻家的孩子玩球 看电视 看录像

表C6 校外活动：女孩

	成年人组织的活动	非正式的自由活动
中产阶级		
梅勒妮·汉德隆（白人）	女童子军 钢琴 主日学校 教会 教会庆典表演 小提琴（学校） 垒球队	有限的电视节目 和邻居家的孩子在附近玩 与妈妈一起烤饼干 游泳（没有参加游泳队） 听音乐
斯泰西·马歇尔（黑人）	体操课 体操队 教会 主日学校 青少年唱诗班	看电视 在外面玩 到学校里的朋友家玩 骑自行车
工人阶级		
温迪·德赖弗（白人）	天主教教育（CCD） 舞蹈课 学校合唱团	看电视 上亲戚家串门 做作业 骑自行车 去外面街上玩 和表亲家孩子一起玩
杰茜卡·欧文（黑人父亲/白人母亲）	教堂 主日学校 周六美术课 学校乐队	有限的电视节目 看书 到外面和邻家孩子一起玩 去亲戚家串门
贫困家庭		
卡蒂·布林德尔（白人）	学校合唱团 周五晚间的教会群体（很少去）	看电视 到亲戚家串门 玩芭比娃娃 骑车 和邻居家孩子一起玩
塔拉·卡罗尔（黑人）	教会 主日学校	看电视 到亲戚家串门 玩娃娃 玩任天堂 和邻家孩子玩

表C7 不同社会地位的家庭要求请专门老师的比例[1]

	中产阶级	工人阶级
要求过请专门老师	34.4%	15.8%
数量	32	19

1. 根据每个孩子的主要照顾者提供的信息制定。贫困家庭没有包括在内，因为大多数贫困的白人家庭都必须从调研以外的学校招募。由于我们没有这些学校的详细资料，所以我们并没有问他们同样的有关在校经历的问题。本调研包括三十六个中产阶级家庭、二十六个工人阶级家庭和二十六个贫困家庭。由于数据缺失，报表中的数字较低。

表C8 不同社会地位的家庭认识专业人士的比例[1]

	中产阶级	工人阶级	贫困家庭
教师	93.5%	47.6%	33.3%
心理学家	48.4%	19.0%	8.7%
律师	67.7%	35.0%	13.6%
医生	70.4%	15.0%	18.2%
数量	27–31	20–21	22–24

1. 根据每个孩子的主要照顾者提供的信息制定。本调研包括三十六个中产阶级家庭、二十六个工人阶级家庭和二十六个贫困家庭。由于数据缺失，报表中的数字较低。

表C9 数据收集过程总览

1989—1990	在劳伦斯威尔（中西部城市）观察两个三年级班；与三十一个孩子的母亲、父亲和监护人单独进行了深层访谈，这些个孩子大约一半为白人，一半为黑人；对一个白人中产阶级家庭进行了一天的观察；对从事与儿童相关工作的专业人员进行了采访；拉鲁做了大部分工作，有一些工作是一位非裔本科生协助完成的
1992—1993	从斯宾塞基金会得到基金
	在一所多种族的公立小学调研三年级学生，该校坐落在一个名为"下里士满"的大型城区学区，学生大多是工人阶级白人孩子和来自东北部低薪住宅区的非裔孩子。由拉鲁来做的参与性观察从12月到来年6月在格林女士的班里进行；一位非裔本科生女助理也常来访问
	在一个叫"斯旺"的小型市郊学区调研一个公立学校，该校大多吸引中产阶级白人学生，有一些学生是工人阶级白人，一些是黑人（约10%来自非裔中产阶级家庭）。由拉鲁在斯旺做的参与性观察从4月到6月在德科利女士的三年级班进行
	一名半职的研究助理（助研）为我在图书馆查书，并监管一般性的项目管理（但不做实地调研）
	1993年春，决定雇用做实地调研的助研
1993—1994	雇用了五名助研（四名白人女性，一名黑人女性）
	1992—1993年有经验的助研搬到了中西部，但回来进修并担任其他助研的指导和顾问
	花了一个月培训助研
	一名助研到内特尔斯女士班里访察
	偶尔到下里士满的四年级班去访察：蒂尔先生、伯恩斯坦女士和斯坦顿女士的班里
	助研和拉鲁分别对在下里士满和斯旺的母亲、父亲及监护人进行了深层访谈，共有四十个家庭参加（白人和黑人数目对等），大多数都是从我们观察的班里选的（12月时一名助研辞职）
	12月：选择了十二个家庭进行深度访察

续表

	12月/1月：完成卡罗尔、布林德尔和汉德隆。计划访察12—14次，每次2—3个小时，并随其家人一起出行（即，看医生、看牙医、去教堂）；在访察即将结束时采访调研儿童、其兄弟姐妹、母亲和父亲或监护人
	1月：修改计划为访察二十次，通常在一个月中完成，经常是每天都去，并做采访
	2月到5月：完成德赖弗、欧文和扬内利；开始塔林格
	6月：助研退出（一个不上研究生了并搬到了纽约，一个搬到了洛杉矶，还有两个去准备博士论文前的综合考试）
1994年夏	雇用了两个新的研究助理（一个白人女性和一个非裔男性）完成塔林格，开始并完成麦卡利斯特和泰雷克，开始威廉斯
1995年夏	一名助研回来了（白人女性；非裔男性搬到了波士顿）；雇用了三名新的研究助理（一个白人女性，一个白人男性，一个黑人女性）开始并完成马歇尔和格里利；完成威廉斯
1996年夏	读实地笔录，分析数据把采访录音带转录成文字；写文章
1997年春夏	在几次谈话中汇报了研究结果得到反馈；开始修改研究方法额外招募十七个家庭（大多是黑人中产阶级家庭和白人贫困家庭）做采访，把最终的取样数提高到了八十八家
1998年夏	继续分析数据，写文章，并修改文章开始写书
1990年春夏秋	写好本书第一章草稿得到秋季学期的写作基金；暂免教课
2000年	写完五个章节的草稿；开始审阅过程
2001年	修改草稿；长度缩减到一半；增加了五个章节完成整本书；做第二次审阅
2002年	修改完成

表C10 本项调研十二

	成人1				
	关系	职业	职权	教育	关系
汉德隆	母亲	兼职秘书 小型非营利机构	无	文科副学士	父亲
马歇尔	母亲	全职电脑工程师 大型私企	高	文科硕士 高声望大学	父亲
塔林格	母亲	全职主管招聘员 小型私企	无	文科学士 高声望大学	父亲
威廉斯	母亲	全职人事经理 大型私企	高	文科硕士 高声望大学	父亲
布林德尔	母亲	无	--	高中同等学力	--
卡罗尔[1]	祖母	家庭护理 （不定时） 个人助理	无	高中以下	母亲
格里利	母亲	全职职员 小型非营利公司	无	高中	男友
麦卡利斯特[2]	母亲	无	--	高中	父亲
德赖弗	母亲	全职秘书 小型私企	无	高中	继父
欧文	母亲	兼职课室活动助理/ 小学保姆/个人助理	无	文科学士	父亲
泰勒	母亲	全职文书 大型私企	无	某学院	父亲
扬内利	母亲	全职房屋清洁工 小型私企	无	高中以下	父亲

AFDC：失依儿童家庭补助（Aid to Families with Dependent Children）。
SSI：补充安全所得。在美国的低收入移民，残障、失明或65岁以上人群，可以领取SSI救济。
WIC：农业部的WIC计划。WIC是"妇婴幼儿"（Women, Infants and Children）的缩写。妇婴幼儿营养补充计划为低收
大学声望只对那些完成学士或更高学位的人进行评估。
一些贫困家庭的成年人通过做兼职来补贴家用。
1 在卡罗尔家，祖母是主要照顾者。
2 麦卡利斯特的父母并未结婚，他们分居而住。麦卡利斯特的父亲定期和孩子联系，但提供的经济资助既有限也不规

...庭成人的职业和教育特征

成人 2			家庭		
职业	职权	教育	公共援助	年均收入	阶级
全职信贷经理 中型私企	高	工商管理硕士 高声望大学	无	8.5万—9.5万美元	中产
全职人工分选 型公益组织	无	理学学士 中等声望大学	无	10万美元	中产
全职副总裁 兼融资顾问 小型私企	无	文科学士 高声望大学	无	15.5万—16.4万美元	中产
全职出庭律师 小型私企	低	法律博士 高声望大学	无	24万美元	中产
--	--	--	AFDC/ 食品救济券/医疗卡	1万—1.5万美元	贫困
全职电话票据 收集员 小型私企	无	高中	AFDC/食品救济券 /医疗卡/公租房	1万美元以下	贫困
无	--	高中以下	食品救济券/医疗卡/ 公租房/残障援助	1.8万美元	贫困
全职技工 型公共组织	无	不清楚	AFDC/医疗卡/ 食品救济券/公租房	1万美元以下	贫困
全职托管人 小型私企	无	高中	SSI/ WIC（短期）	4万—5万美元	工人
产品质量检验员 /小型私企	低	某学院	无	3.5万—4.5万美元	工人
无	--	高中以下	无	1.5万—2.5万美元	工人
职房屋油漆工 小型私企	无	高中以下	医疗卡（儿童）	3.5万美元	工人

、哺乳期和产后的妇女及5岁以下营养不良的婴幼儿提供补充食品、卫生保健转介、营养教育和哺育母乳的推广与支持。

表D1　调研儿童现在

	白人	
	加勒特·塔林格	梅勒妮·汉德隆
中产阶级家庭	高中毕业 大学在读 为两所常春藤盟校打篮球；接受篮球奖学金并在小型私立大学就读； 获得 A 与 B 的学习成绩 拥有驾照	高中毕业 美容学校学生 就读社区学院一学期（"憎恨学校"） 和父母同住 拥有驾照
	小比利·扬内利	温迪·德赖弗
工人阶级家庭	高中辍学 获得 GED 全职工作；油漆工工会学徒 与父母同住 拥有驾照	高中毕业 被小型天主教大学录取；但决定不去上大学 家庭主妇；怀孕，有 2 岁孩子；丈夫在海军服役 与丈夫同住，离父母家四小时车程 没有驾照，不知如何开车
	卡尔·格里利	卡蒂·布林德尔
贫困家庭	高中辍学 参加 GED 课程；但未参加 GED 考试 全职夜班工作，杂货店理货员 与母亲和兄弟姐妹同住 没有驾照	高中辍学 已婚，分居；有 2 岁孩子 （孩子父亲并非现任丈夫） 全职工作，房屋清洁 与母亲和兄弟同住；女儿大部分时间与卡蒂的姐姐生活 没有驾照，知道如何开车

注释：访谈进行时这些年轻人介于 19—21 岁；上述信息得到证实时，他们的年龄在 20—21 岁。

特征（年龄20—21岁）

	黑人
亚历山大·威廉斯	斯泰西·马歇尔
高中毕业	高中毕业
大学在读	大学在读
被常春藤盟校提前录取；在同一所精英大学就读医学院；成绩多为 B，也有 A	被常春藤盟校录取，但因篮球奖学金进入公立大学；成绩大都为 B（生物学获得两个 C）
拥有驾照	拥有驾照
泰雷克·泰勒	杰茜卡·欧文（混血儿）
高中毕业	高中毕业
社区学院在读；只完成一学期的课程	大学在读
在建筑工地全职工作	在大学预考中获得 1300 分；申请十几所大学；全奖进入一所小型三线大学；主修艺术；进入优秀学生名单
与父亲同住	
驾照被暂停（有罚单）	无驾照，正在学习驾驶
哈罗德·麦卡利斯特	塔拉·卡罗尔
高中辍学	高中毕业
15 岁起在连锁餐厅做全职；中午十二点到晚上九点工作；路程两小时，换乘四辆公交	社区学院学生，现在休学；想当护士；生物学科两次不及格，其他理科课程成绩为 C
	全职工作（下午三点到晚上十一点），看守照顾残疾人
和哥哥及他的家人同住	与母亲同住
没有驾照，知道如何开车	没有驾照；知道如何开车

表D2 第一版研究十年之

	白人	
	加勒特·塔林格	梅勒妮·汉德隆
中产阶级家庭	斯宾塞： 高中高年级学生，国际文凭课程， 平均绩点4.8（加权）； 非常渴望在毕业典礼上发言， 但只是班里的第二名； 全额奖学金被军事院校录取 萨姆： 中学在读； 有天赋的运动员； 经常外出聚会，不像他父亲希望的那般自律	托米： 距家两小时路程的州立大学学生； 活跃于话剧活动； 有望顺利毕业 哈里： 上了一些社区学院课程， 但已放弃（现在希望自己已经上大学了）； 乐队成员，有一些公演； 全职工作，向父母付房租
	小比利·扬内利	温迪·德赖弗
工人阶级家庭	曼尼： 同父异母的兄长； 工作过但不久便失业了； 主要和女友一起生活，但有时住在父母家； 整体过得不错	威利： 高中毕业生； 根据学业和行为记录被磁石学校录取入学； 目前在海军服役（服役时介绍温迪和她丈夫相识），长期待在船上； 没有固定女朋友 瓦莱丽： 小学在读； 参与一些有组织的活动

调研儿童兄弟姐妹的生活状态

	黑人
亚历山大·威廉斯	斯泰西·马歇尔
没有兄弟姐妹	弗恩： 大学在读； 接受农村地区排名一区学校全额篮球学金并开始就读（妈妈认为是个不好的选择）； 弗恩不喜欢这所学校，一年后转到一所离家较近的小型私立文科学院，有全额奖学金，会计专业，大学高年级，有望顺利毕业，想要成为注册会计师
泰雷克·泰勒	杰茜卡·欧文（混血儿）
阿妮莎： 用贷款进入美容学校， 因不喜欢而放弃； 用贷款进入律师助理项目， 也因不喜欢而放弃； 向母亲付房租，但打算在这几个月搬出去； 有几千美元的债务； 在JCPenney百货做助理经理； 希望最终获得文科学士学位 马尔科姆： 用贷款进入艺术学校，在完成学业前放弃； 有很多债务需偿还； 目前在Lowes公司工作； 有固定的女朋友； 住在家里，向妈妈付房租	莎拉： 是一所著名磁石高中二年级学生； 并不太喜欢上学，但还是希望能够进入大学（还没想好去哪所大学）

	白人	
	卡尔·格里利	卡蒂·布林德尔
贫困家庭	帕米： 高中在读有望毕业（哥哥坚持让她不要像自己那样退学）； 喜欢上学，但毕业后的计划尚未确定（不是去大学）； 想要成为厨师（喜欢用蛋糕粉烘焙）； 有男朋友 道格： 特殊教育学校初中生； 在学校有很多行为问题； 妈妈很担心他	詹妮： 家庭主妇；已婚，有三个孩子（目前孩子全部为艾滋病阴性）； 在困难的几年中慢慢恢复， 有被捕并在监狱中濒死经历； 逐渐变成有信仰且严肃的人； 依然和母亲有冲突（她母亲称呼她"圣詹妮"）； 卡蒂的女儿常和詹妮家人同住 梅尔文： 学生；13岁，有偷盗等行为问题，陷入麻烦；母亲和姐妹们都很担心他； 姐妹们认为他快进监狱了

续表

	黑人	
哈罗德·麦卡利斯特		塔拉·卡罗尔
亚历克西斯： 高中毕业生，两个孩子的妈妈， 失业。第一次怀孕为意外怀孕 （并不想要堕胎）；她母亲不喜欢孩子的爸爸； 家庭暴力问题；搬到婶家同住后与婶婶家有矛盾；在流浪汉收容所住了几个月； 与丈夫短暂和解后生下第二个孩子； 由奶奶抚养第二个孩子；与母亲同住 伦尼： 全职理发师，与未婚妻和三个孩子同住； 虽没准备好但已给钻戒准备结婚； 租房（哈罗德也住在这里） 洛里： 在年轻时便成为三个孩子的母亲； 她的伴侣即孩子的父亲在连锁餐厅工作（也是她孩子的父亲帮助哈罗德找到在餐厅找到工作）；她孩子的父亲吸毒并因在吸毒时谋杀侄子而被关押		理查德： 高中毕业生，有工作； 借上千元去计算机学校，获得毕业证书但无对口工作； 他曾是杂货店店员，他的一位老男人朋友帮他找到工会的酒店工人工作，做卡车卸货； 为省钱住在家里； 在飞车射击中伤到手，警察不相信他说的理由，但也没有逮捕他

表D3　第一版研究十年之

	白人	
	加勒特·塔林格	梅勒妮·汉德隆
中产阶级家庭	母亲在高等教育发展部门工作 父亲更换工作，在全国性非营利组织谋得行政职务 家庭财务状况变得更好 外祖母过世 家庭搬家到其他地区；居住的房子比原先的更大	母亲依然是教会秘书 父亲寻求事业转变而离职；成为教长 父亲被诊断为糖尿病 依然住在以前的房子中
	小比利·扬内利	温迪·德赖弗
工人阶级家庭	母亲仍做房屋清洁，自己单干 父亲的工作工会化，经常失业 父母正式结婚主要为了医疗保险与其他福利等 外祖父、外祖母与舅舅过世 父母通过工会获得健康保险 两人均因吸烟导致健康诸问题 依然住在以前的房子中	母亲还做以前的工作 父亲因工作手臂受伤；多次手术；几个月没上班；手臂仍未完全恢复 在邻居非正式途径介绍下买下街对面的房子；因养车和温迪婚礼而重启房贷 为帮最小的孩子计划搬到郊区
	卡尔·格里利	卡蒂·布林德尔
贫困家庭	母亲更换工作；是政府机构的吸纳工人 依然像以前一样庄重 根据"第八条款"住房证明从住处搬出；在附近又找到一处房子；准备近期搬家	母亲做房屋清洁工作；喜欢这份工作并长时间工作 舅舅瑞恩突发疾病过世；对整个家庭是毁灭性打击 母亲因早期开始的酗酒健康出现问题，但依然酗酒 多次搬家

研儿童的父母的生活状态

	黑人
亚历山大·威廉斯	斯泰西·马歇尔
母亲依然是高级管理员；负责裁员和其他挑战性工作；出差时候更多 父亲新工作是公务员 依然住在以前的房子中	母亲在原机构工作并升职 父亲离职（在妻子的反对下）在计算机公司任职 外祖父患严重中风需要照顾 父亲腿部健康出现问题，需要拐杖和长时间卧床休息 依然住在以前的房子中
泰雷克·泰勒	杰茜卡·欧文（混血儿）
母亲在政府做法律助理 父亲从事顾问工作 母亲在附近街区买房；险些因煤气中毒而丧命；保险资助进行厨房改造 父亲通过低保项目买房；和他的女朋友住在那边	母亲回学校成为教师助理；后成为公立学校教师 父亲开了家电脑修理店；生意整体不错 曾外祖母和奶奶去世 在繁华的附近街道买房并自己修补房屋
哈罗德·麦卡利斯特	塔拉·卡罗尔
母亲之前有过很多工作；现在在家照顾外孙（女）；通过社会福利项目获得资金 父亲因长期疾病过世 母亲因跌在冰面而伤到手臂 外祖母过世 多次搬家	母亲在交通部获得好工作，但通勤距离需要两个小时，调到离家更近的部门 女儿在初中时和母亲同住 母亲买房，觉得多付了房款 汽车停在家门口时被损坏（被撞后肇事汽车逃跑）；修车也造成家庭经济负担 住在外祖母附近

注 释

第一章

[1] 在描述社会群体时，社科工作者经常为选用恰当的词语而担忧，他们尤其担心自己的描述会加深人们固有的负面印象。我发现，现有用以描述种族和民族群体的术语都有这样或那样的问题。我探访的家庭都一致把自己描述为"黑人"。一些审读者强烈建议"黑人"应该大写，为了对他们的建议表示认可，我也遵从了这一约定俗成的常规，虽然这样就显得和小写的"白人"十分不对称。总之，在本书中，"黑人""美国黑人""非裔美国人"这三个词可以随意互换；"白人"指的则是非西班牙语裔的亚群体。

[2] 一些审阅者对"成就自然成长"这一短语表达了担忧，因为他们觉得这个短语对父母照顾子女付出的辛劳没有给予充分强调。他们正确地指出，那些工人阶级家庭和贫困家庭家长本人很可能并不会这样形容自己照顾孩子的过程。这些担忧十分重要。正如我在行文中所强调的（尤其是在第五章描写卡蒂·布林德尔时），各个阶层的家长（尤其是母亲）的确都在照顾孩子上付出了极大的辛劳。但是，贫困家长和工人阶级家长没有那么多资源来达成这些要求。我和助研们调研的这些家长与中产阶级家长的教子方法有所不同。他们并不把安排孩子的闲暇时光视为是自己的责任；他们也不认为自己应该坚决果断地干预孩子的在校经历。相反，这些工人阶级家庭和贫困家庭家长处理日常琐事，给孩子定下界限和规定，然后在这些限定的范围内允许孩子设计自己的生活。我就是在这种意义上使用"成就自然成长"这一术语的。

[3] 我定义的儿童教养环境包括日常生活例行，即日常生活的特性，或日常生活的"惯习"。我关注的焦点在两种环境上：协作培养和成就自然成长。在这本书中，我主要使用"儿童教养"这个概念，但有时我也会用到"社会化"这个术语。很多社会学家都对"儿童教养"这个概念提出了强烈的批判，他们指出，它（很不确切地）暗示着孩子们只是消极的接受者而非积极的执行体，还暗示着家长与孩子之间的关系是单向的而非共同互动的。例如，可以参见：William Corsaro 的 *Sociology of Childhood*；Barrie Thorne 的 *Gender Play*；Glen Elder 的文章 "The Life Course as Development Theory"。然而，从理想的角度来说，我们可以给现有的术语重新注入活力，从而更精深地了解各种社会过程。与其他选择相比，"儿童教养"和"社会化"这两个术语要更简短，行话的味道也没有那么重。因此，我使用了这两个术语。

[4] 对专业人士作用的讨论见 Eliot Freidson 的 *Professional Powers*；Magali Sarfatti Larson 的 *The Rise of Professionalism*；Amitai Etzioni 所著的作品集 *The Simi-Professionals and Their Organizations* 虽已相当古老但仍很有价值。当然，专业标准总会受到挑战，并会随着时间推移而有所改变。我并不是说就没有人会去反抗或挑战专业标准。但在最普遍的水平上，专业人士基本上一致同意，家长应该常与孩子多多交谈、读书给孩子听，并在医疗保健上扮演积极主动、果断自信的角色。

[5] Sharon Hays 在她 1996 年出版的著作 *The Cultural Contradictions of Motherhood* 中，研究了中产阶级母亲和工人阶级母亲对待儿童教养的态度。她发现，所有的母亲都会对孩子进行"无微不至的照管"，虽然在惩戒孩子这方面这些母亲之间存在差异（中产阶级母亲更倾向于使用讲道理的方式，工人阶级母亲更倾向于使用体罚）。我的研究重点在于行为上的差别，而不是态度上的差异。如果我研究态度，那我看到的差异就会比较少；例如，所有的女性都想成为好母亲，都希望自己的孩子健康快乐地成长。然而，我发现的则是，家长在实行其"做个好家长"这一理念时存在重大差别。

[6] See Urie Bronfenbrenner's article, "Socialization and Social Class through Time and Space".

[7] Katherine Newman, *Declining Fortunes*, as well as Donald Barlett and James B. Steele, *American: What Went Wrong?* See also Michael Hout and Claude Fischer, "A Century of Inequality".

[8] 一些审阅者担心，与"自然"相对的概念会是"不自然"，但这并不是"自然成长"这一术语在此所表达的意义。相反，在这里与之相对的词是"受过培养的""人工的""人工培育的"或"打造出来的"。这种在儿童教养上的对比是一个不能过分延伸的启发式手段，因为正如社会学家所展示的，所有的社会生活都是在具体的社会环境中建立的。事实上，随着时代不同，家庭生活也有急剧变化。See Philippe Aries, *Centuries of Childhood*, Herbert Gutman, *The Black Family in Slavery and Freedom, 1750-1925*, and Nancy Scheper-Hughes, *Death without Weeping*.

[9] Elijah Anderson, *Code of the Street*; see especially Chapter 2.

[10] 对布迪厄著作更深远的讨论，请见理论附录；另见 David Swartz, *Culture and Power*。

[11] 我并没有研究美国社会中所有类型的家庭，既没有研究极其富有的精英家庭，也没有研究处在另一个极端的无家可归者家庭。此外，我的取样是有目的性的。因此，我无法说出是否还有与其他文化逻辑相对应的其他形式的儿童教养方法。尽管如此，在根据有代表性的全国范围的数据而做的量化研究中，其数据也支持我遵循的模式。孩子的时间利用方式与家长的社会地位的关系特别见 Sandra Hofferth & John Sandberg 的文章 "Changes in American Children's Time, 1981—1997"。在全国性的调查中家长对孩子说话的模式比较不易捕捉到，但 Melvin Kohn & Carmi Schooler 特别在 *Work and Personality* 中展现了家长的儿童教养价值观。Duane Alwin 对家长愿望的研究大致与此处汇报的结果一致，参见 Duane Alwin 的文章 "Trends in Parental

Socialization Values"。在家长对组织机构的干预方面，大量研究都表明，不同社会地位的家长参与孩子在校教育的程度也不同。See the U.S. Department of Education, *The Condition of Education*, *2001*, p.175.

[12] 除非特别说明，本书所有统计数据都是 1993—1995 年间的。同样，除非特别说明，所有资金都以 1994—1995 年间（未调整的）美元形式表示。此处报告的数字来自 Everett Ladd 的 *Thinking about America*，第 21—22 页。

[13] 此处引文来自比尔·克林顿总统 1993 年对民主党领导委员会（DLC）做的演讲，引自 Jennifer Hochschild 的 *Facing Up to the American Dream*，第 18 页。

[14] Paul Kingston, *The Classless Society*, p.2.

[15] 如我在研究方法附录中所详细解释的，在此个案取样中，家庭结构与阶级地位相互交织在一起。我们观察的所有中产阶级黑人和白人孩子都与他们的亲生父母住在一起。相比之下，虽然一些穷人的孩子经常与他们的父亲保持联系，但在这次深度观察中，没有任何一个黑人或白人的孩子家里住着亲生父亲。工人阶级家庭介于中产阶级家庭和贫困家庭之间。这种模式引发了很多问题：例如，协作培养模式是否会依父母双亲的婚姻状况而定。我们的取样范围无法给出令人满意的答案。

[16] 如我在附录一中所解释，十二个孩子中有三个来自这两所学校之外。

[17] Arlie Hochschild, *The Second Shift*.

[18] 此处我的问题是，美国白人及黑人所持的观点十分多样化。"白人的观点"这种说法看起来并不确切。这并不是说白人不因为自己的种族而体验到各种优势。他们的确因为自己是白人而得到很多好处。白人从种族歧视中得到了很多好处，包括他们更能得到房贷和找到工作，以及因住在种族隔离区域而使其房产更容易得到较高的市场价。在大街上与他人互动时，白人与其他种族也有很大不同，包括在一条忙碌的街道上更容易打到出租车，这一点也有很多记载。因此，这里的问题并不在于我们的社会里存在多少种族歧视。相反，问题在于，一个来自主导人群的人如果对研究日常生活中的种族差异感兴趣的话，他在多大程度上会"看不到"或"理解不了"这一现象中的一些重要方面。参见 Douglas Massey & Nancy Denton, *American Apartheid*；Kathleen Neckerman & Joleen Kirschenmann 的文章"Hiring Strategies, Tacial Bias, and Inner-City Workers"；Elijah Anderson, *Streetwise*。最后，关于"白人特征"和白人通过自己特权地位得到的优势这方面也有大量文献。除了其他文献，可以参见 Phil Cohen 的文章"Laboring under Whiteness"。

[19] See Julia Wrigley, "Do Young Children Need Intellectual Stimulation？" and Linda A. Pollock, *Forgotten Children*.

[20] 如我在附录一中所详细解释的，调研中的一些家庭是上层中产阶级，包括威廉斯一家。然而，由于处于这一阶层的家庭很少，而我又希望能比较不同种族和民族的异同，所以研究项目曾于此受阻。因此，中产阶级与上层中产阶级之间的差别不是本项研究的重点。而在参加调研的三十八个中产阶级家庭中，中产阶级和上层中产阶级之间也没有出现明显差别。因此，我在本书中用"中产阶级"来涵盖这两个阶层。

第二章

[1] William Kornblum, *Sociology: The Central Question*, p.72.

[2] Jepperson 把"组织机构"定义为:"一种达到某种状态或得到某种特性的社会秩序或模式……换言之,在按时间顺序进行的再生产中,组织机构是那些因为有相对自行起始的社会过程而存留下来的社会模式。"Ronald L. Jepperson, "Institutions, Institutional Effects, and Institutionalism", p.145.

[3] C. Wright Mills, *The Sociological Imagination*, p.161.

[4] 下里士满小学的老师们还与公租房社区里的一个课后辅导班合作,针对课堂教学协调课后辅导内容,虽然这并不是学校正式出资开展的一项活动。

[5] 本书中大多数引用当事人的话都来自采访或观察录音。有时候,沿袭传统的人种学研究,节选的引文来自我和研究助理在观察后马上写下来的实地笔录。在这样的情况下,我们只在确定自己能一字不错地记住对话时才加上引号。因此,有些从实地笔录中摘取的话语并没有放在引号里。(实地观察时,我自己不带笔记本也不允许其他人带;我们只是与他们一起"待着"。)在编辑引文的时候,为了阅读的流畅,我删除了那些对分析数据并不重要的口头禅和磕巴重复,如"嗯""你知道""就像"等等。省略号代表某词语有删减(有几例是语序有轻微变动)。实地笔录中的中括号是我插入的文字,通常是为了澄清事情,比如当用名字代替人称代词时,或者在写书的过程中作为一个旁注。小括号是研究助理用来表述旁注的,这些是在做实地笔录的当下加上去的。

[6] 比如,在一次拼写测验中,一个三年级孩子造了一个句子说他想杀死他的老师。这件事非同寻常,也在楼道里激起了很多议论。

[7] 在 1990 年的普查中,与下里士满地区的 7.5 万美元相比,斯旺地区的平均房价为 16.05 万美元。比起很多市区房价,这个地理位置的房价并不高,到现在为止也是如此。

[8] 有组织的活动中志愿服务的家长也有类似的抱怨。一位管理当地童子军的父亲就对很多家长都是"把孩子撂下就去忙自己的事"感到沮丧。

[9] 在学校生活上也存在重要差异。与斯旺小学不同,下里士满小学更加强调秩序和控制孩子的行为。例如,在下里士满小学,老师要讲很多话才能让孩子们整齐地排好一队,而在斯旺小学则不需要。(在下里士满小学,男孩子和女孩子分别排成两队,斯旺小学的男女生则一起只排一队。)下里士满小学的执勤老师在操场上叫嚷的次数比斯旺小学的多。下里士满小学的打架斗殴行为也更多。然而,这些日常惯行上的差别既不能淹没老师们力行的文化技能库中的重点,也不能淹没他们所设想的对孩子来说最恰当的文化技能。在这方面,以及通过自己的个人生活体验,教育工作者们都支持对孩子的天赋进行协作培养,尤其是要发展他们的说理技能。

[10] See Jean Anyon, *Ghetto Schooling*, and Jonathan Kozol, *Savage Inequalities*. See also the U.S. Department of Education, *The Condition of Education*, 2001.

[11] 至于这些信念是如何形成、如何传输、如何受到反诘、又是如何随时间而变化的,

这些都超出了本书的范围。尽管如此，很明显，专业人士的标准是由众多股力量塑造而成的，包括教师们受到的职业培训（即，师范类课程），从国家教师组织发表的图书和文章中得到的信息，从学区的在职培训及其资料中获得的信息，以及从与其他教师和管理人员的闲谈中得到的信息。

[12] See especially Shirley Brice Heath, *Ways with Words*.

[13] See Joyce Epstein and Mavis G. Sanders, "Connecting Home, School, and Community", as well as Annette Lareau, *Home Advantage*.

[14] 在本书中，除非特别声明，所有的统计数字都取自 1993—1995 年（通常为 1995 年）。William Kornblum, *Sociology：The Central Questions*, p.159.

[15] 学者们预测童年时期生活贫困会给日后生活带来诸多负面影响，包括身体素质较差，在标准化考试中得分较低，学习成绩欠佳，心理健康较差等问题。See Greg J. Duncan and Jeanne Brooks-Gunn, *Consequences of Growing Up Poor*. 对美国及其他工业化国家贫困率的综述参见：Rainwater and Smeeding, "Doing Poorly"。

[16] See Greg J. Duncan and Jeanne Brooks-Gunn, *Consequences of Growing Up Poor*. 在 1997 年官方统计的所有孩子中有 20% 是贫困儿童，贫困白人儿童占 16%，黑人儿童占 37%；6 岁以下的黑人儿童有 40% 处在贫困线之下。Lawrence Mishel, Jared Bernstein, and John Schmitt, *The State of Working America 1998–1999*, p.281.

[17] 例如，1989—1997 年间，全国最上层 5% 的富人其财产增长了 9%，而最下层 10% 的穷人其财产则下降了 6%。Mishel et al., *The State of Working America*, p.264. See also Michael Hout and Cloude S. Fischer, "A Century of Inequality"。

[18] See Dalton Conley, *Being Black, Living in the Red*, and Melvin Oliver and Thomas Shapiro, *Black Wealth/Whit Wealth*.

[19] 1995 年的高中辍学率为：白人 9%，黑人 12%；到 1990 年代末，白人的比例略有下降，黑人的比例则略有提高。See U.S. Department of Education, *The Condition of Education*, 2001, p.142.

[20] 1995 年，25—29 岁的青年人中有 28% 获得学士学位；到 2000 年这一比例增至 33%。白人高中毕业生最终拿到学士学位的人数比例（1995 年为 31%，2001 年为 36%）与最终得到学士学位的黑人高中毕业生的人数比例（1995 年为 18%，2001 年为 21%）之间有重大差别。See U.S. Department of Education, *The Condition of Education*, 1995, pp.245-249, and U.S. Department of Education, *The Condition of Education*, 2001, pp.142, 150-151.

[21] See Dalton Conley, *Being Black, Living in the Red*, as well as U.S. Department of Education, *The Condition of Education*, 2001.

[22] See Derek Bok and William G. Brown, *The Shape of the River*.

[23] See Donald Barlett and James B. Steele, *America：What Went Wrong？* and Arne Kalleberg, Barbara F. Reskin and Ken Hudson, "Bad Jobs in America"。

[24] 例如，高中肄业生的孩子中只有 51% 的人能正确地用名称辨认红色、黄色、蓝色

和绿色等颜色,高中毕业生的孩子中则有 78% 的人能正确识别颜色,对家长上过大学的孩子来说是 92%,对家长大学毕业的学生来说是 95%。对于能认识所有 26 个字母来说,统计数字分别为:9%、19%、29% 和 42%。See U.S. Department of Education, *The Condition of Education, 1995*, p.182.

[25] See U.S. Department of Education, *The Condition of Education, 1995* and Entwhistle et al., *Children, Schools, and Inequality*. 父母受教育程度同等的孩子中,白人学生的考试成绩大都高于黑人学生。See also Christopher Jencks and Meredith Philips, eds., *The Black-White Test Score Gap*.

[26] 1995 年,有 61% 的高中毕业生到大学注册;有 27% 的高中辍学生注册,父母是高中毕业生的注册率为 47%,父母是大学毕业生的注册率为 88%。See U.S. Department of Education, *The Condition of Education, 2001*, p.147.

[27] 如 Paul Kingston 所说(私人通信),家长受教育程度与职位高低之间的关系并非自动对等。有很多人都在走下坡路。而且,同一个家庭中的兄弟姐妹之间也有很大差别。尽管如此,社会阶级地位仍是预测儿童教育成功率和人生成败的最重要手段。See Paul Kingston, *The Classless Society*, and Christopher Jencks et al., *Inequality*, and, *Who Gets Ahead* ?

[28] 因此,Kingston 并不否认不平等的存在:"毫无疑问,社会上存在着极大的不平等,美国人也认识到了这一点。"但他却在 *The Classless Society* 一书中断言,(在像家庭生活或儿童教养中表现出来的)文化习惯与个人所在经济群体的不同并不相关:"我的主要观点是,有相同经济地位的人群——通常被称作'阶级'——在很大程度上并不会拥有相同的独特而重大的生活经历。"(第 1 页)

[29] Jan Pakulski and Malcolm Waters, *The Death of Class*, p.4.

[30] See Paul Willis, *Learning to Labour*, and Basil Bernstein, *Class, Codes, and Control*.

[31] 当然,人们通常确实只把自己视为中产阶级。然而,我并不是要断言人们对阶级的意识力十分强大。

[32] 我使用了布迪厄的很多理论,尤其是他在优势传输方面的论证。虽然有些人批评他的社会再生产模式过于宿命化,但若仔细研读他的理论思想,我们就会发现,布迪厄在人生轨迹的延伸过程中看到了很多的不确定性(对布迪厄理论模式尤为清晰的描写,可以参见 Marlis Buchman, *The Script of Life*)。尽管如此,我与布迪厄仍在一个关键问题上有分歧。就像 Elliot Weininger 在 "Class and Causation in Bourdieu" 一文中指出的,布迪厄对阶级构造的构想是分级渐进的(而非类析式的)。而且布迪厄对同一阶级中的派系深感兴趣,而在本书里,空间(和取样大小)不允许我对此作出发挥。

第三章

[1] 最近的全国统计数据也表明,家长受教育程度高的孩子会参加更多有组织的活动,也有更忙碌的日程安排。See especially Sandra L. Hofferth and John F. Sandberg, "Changes

in American Children's Time, 1981—1997"; Elliot Weininger and Annette Lareau, "Children's Participation in Organized Activities and the Gender Dynamics of the 'Time Bind'". 对儿童参加的有组织的课外活动, 还有一些较早的研究, 包括 Janet Lever 的经典文章 "Sex Differences in the Complexity of Children's Play"; Elliot et al., *The Serious Business of Growing Up*; and Gary Alan Fine, *With the Boys*。

[2] 参见 David M. Halbfinger 的文章 "Our Town", 文中家长们报告说他们每年仅参加冰球一项运动就要花六千美元。

[3] 与很多美国家庭一样, 塔林格一家也是积下了很多债务, 攒下的钱却很少。关于塔林格家（及扬内利家、德赖弗家和格里利家）的经济状况, 详见 Patricia Berhau 的博士论文 "Class and the Experiences of Consumers"。

[4] 对冰球和足球巡回队里孩子们的父亲的研究, 参见 Gai Ingham 的论文 "Are Children's Competitive Team Sports Teaching Corporate Values？" 父亲们表示, 让他们的儿子参加这些运动队能增长孩子们的"团队精神"和"自控能力"。尽管如此, 参加这些活动的实际作用并不明显; 而且在一次对大学运动员的调研中, James Shulman & William Bowen 的 *The Game of Life* 向参加运动项目的长期效果提出了挑战。

[5] See Melvin Kohn and Carmi Schooler, *Work and Personality*.

[6] 可能是由于认识到了这一事实, 州际足球队的组织者要求队员签署一份文件, 保证把这项活动放在优先位置。

[7] 不过, 塔林格先生相信打孩子是有价值的。尤其是对待萨姆, 他会威胁说要打萨姆。协作培养中讲道理的作用详见第六章。

第四章

[1] Elijah Anderson 记录了遵从尊重准则的重要性, 尤其是在孩子尊重大人这方面。参见他的著作 *Code of the Street*。

[2] 我们没有观察到中产阶级黑人孩子使用这样的称呼; 相反, 他们对成年人是直呼大名的。我们也没有观察到贫困家庭和工人阶级家庭的孩子主动对成年人使用尊称, 这就暗示着, 这种使用尊称的习俗是工人阶级家庭和贫困家庭在种族之间的差别。

[3] 泰勒夫妇在分居的四年中一度重归于好。他们一起生活了一年半后又再次分开。

[4] 泰雷克最要好的朋友, 那些我们观察到和他每天一起玩的男孩子, 都是黑人。然而, 在一次访谈中, 他妈妈说, 他有三个好朋友是白人。

[5] 我们并不清楚泰雷克到底有多想再次加入球队。明显可以观察到的是, 他妈妈"祈祷"说希望他不要再想参加了。与中产阶级家庭不同, 他们并不认为孩子当然要参加各种组织和活动。关于在允许孩子参加课外活动前母亲所做筛选工作的重要作用, 参见 Dennis R. Howard & Robert Madrigal 的文章 "Who Makes the Decision：The Parent or the Child？"

第五章

[1] C. Wright Mills, *The Sociological Imagination*.

[2] 虽然布林德尔家过去经常搬家（詹纳只念到十年级，但却先后在二十所学校就读），但他们已经在现在的住处住了两年多，卡蒂在同一所小学里读了四年书。

[3] 虽然那个人从未被发现，但是布林德尔女士怀疑是他们以前住过的单元楼里的一个邻居所为。那名男子是卡蒂一个玩伴的父亲。

[4] 约翰患有精神分裂症，不能工作；赖安不识字，但他有工作。

[5] 与经济状况类似的黑人家庭不同，布林德尔一家住的地方有各种不同经济状况的家庭。总之，就像 Massey & Denton 在 *American Apartheid* 中所示，贫困的白人家庭并不像黑人家庭那样经历同样超高的种族隔离。

[6] 关于贫困母亲如何在购买食品杂物时平衡收支的讨论，参见 Marjorie DeVault 的 *Feeding the Family*，特别是有关"日杂"那一章。

[7] 她对卡蒂没有那么直白，但她们之间也有特别的、充满深情的仪式性惯行。例如，卡蒂不在家时（通常她都在外祖母家），她会给妈妈打电话，布林德尔女士会用充满爱和温暖的口吻说"我爱你""我也想你"。此外，她和卡蒂之间还形成了一个礼节，这样她们告别时就不会太依依不舍。她们一起数到三，"好，一、二、三"，然后一起在同一时间挂上电话。布林德尔女士解释说："[卡蒂]不喜欢挂电话，所以我们一起数数。"

[8] 中产阶级家庭父母尤其会在孩子要求他们当观众时停下来看孩子表演。虽然有的父母会让孩子稍等一下，暂时延迟一下表演开始的时间，但极少会有父母拒绝孩子的要求。

[9] 卡蒂应邀表演哭鼻子时的确能抓住成年人的注意力："[卡蒂]绷紧了脸，开始假装啜泣；她——以一种激动而有说服力的方式——开始疯狂地抓自己的头发；她整个人都趴在了沙发上，啜泣声更大了。"这一小段表演引发了成年人的一些评论，但这些评论并不是为了培养卡蒂的天赋而发表的："演得不错啊——尤其是手和头发。"……[她妈妈说：]"是呀，她在那里演得真的很到位。"（约翰叔叔走了进来，继续对卡蒂的表演视若无睹。）关于孩子把成年人而非小孩视为恰当的交谈对象这个问题的讨论，参见 Shirley Brice Heath, *Ways with Words*。

[10] 在一个电视几乎永远开着并且人们只是偶尔看上两眼的场景里，艾米的这种行为看起来是为得到祖母的注意而作出的努力。祖母看起来也不认为艾米的行为是对她的不尊重。

[11] 没有人看她们表演让我很吃惊。有时我会坐在地上伸长了脖子四处看孩子们玩耍。

[12] 她建议卡蒂用她过生日时得到的钱来买黑色的鞋，凑齐这套衣服。

[13] 由于他们的儿童教养惯行有时违反盛行的标准，这一家尤其有可能受到州政府的干预。就像我在附录一中进行的简短讨论，我和实地调研人员感到，与其他家庭相比，访察这一家要更加困难。

第二部分

[1] Shirley Brice Heath, *Ways with Words*.

第六章

[1] 就像我在附录一中作出的解释,亚历山大不在我们听课的学校里上学。相反,一个熟人查了她女儿所在私立学校的电话簿,并给了我两个有四年级学生的黑人家庭的地址。我给威廉斯家寄了一封信。在一系列会面之后(我还遵从他们的意愿,给他们看了我之前写的一本书和我的个人简历),他们就同意参加调研了。由于招募方式不同,对这个家庭我们没有课堂观察和家长会的数据。

[2] 这并不是说家长和孩子对话就是学业成功的唯一途径。例如,据有力的证据所示,在移民家庭中这类语言上的培养十分有限,而其子女的学习成绩却很好。尽管如此,即使在这种情况下,在其子女的教育经历中,移民家庭源自何种社会地位背景也起到了重要作用(例如,参见 Alejandro Portes & Dag MacLeod 的文章 "Educational Progress of Children of Immigrants")。此外,有些中产阶级孩子有学习障碍,他们的学习动力也有所不同,并且还会因为受到很多其他中间环节因素的影响而学习不好。因此,即使在家中接受了很多说理的训练,也不能保证孩子有好的成绩。这里的论点是,家长与孩子的对话可以提供一种关键性的优势。把家庭背景与阅读水平和能力测试成绩联系起来的研究也支持这一观点。See Betty Hart and Todd Risley, *Meaningful Differences*.

[3] See Betty Hart and Todd Risley, *Meaningful Differences*; Shirley Brice Heath, *Ways with Words*. See also Jonathan B. Imber, "Doctor No Longer Knows Best".

[4] 当然,并非所有成年人都会顺应这些特殊要求。孩子们也各有不同,一部分是在脾气上,一部分是在合群的程度上和大胆自信的程度上。

[5] 铃木教学法是劳动密集型的方法。从 4 岁开始,孩子们就要平均每天听一小时音乐。孩子和家长每天都要练习并参加每一堂课。

[6] Basil Bernstein, *Class, Codes, and Control*.

[7] 威廉斯女士评论说:"两个都是年轻的男教练,我很喜欢这样,但是他们并没有给孩子什么指导。你看那另一个教练,他一直在旁边对自己的队员说话。"威廉斯先生听起来很生气地说:"这些人就是不知道用什么策略,即使你把方法甩在他们面前也没用。你看看他们——他们的队都输了,他们还坐在凳子上笑呢。"第二场结束时,很明显,亚历克斯的队是赢不了了。他的父母,尤其是威廉斯先生,都大大地安静了下来。

[8] 实地调研人员对亚历克斯的知识量十分惊叹。他在实地笔录中写道:"我完全出神了(在亚历克斯提到版权问题之后就不知道他们说到哪里了)。我对他能了解版权法印象极为深刻。"

[9] See Jennifer Hochschild, *Facing Up to the American Dream*.

[10] 开始写这本书时观察已经结束,亚历山大上了五年级。

[11] 关于中产阶级黑人成年人如何处理公共场合下遇到的种族歧视的讨论,尤其可以参见 Joe Feagin & Melvin P. Sikes, *Living with Racism*。

[12] 注意,虽然威廉斯女士显然受到了干扰,但她自动把与儿子的互动转化成了一个教育性的瞬间,强调出一千五百美元与一万五千美元的区别。

[13] 威廉斯女士从来没有对实地调研人员提到过她为什么不想从她众多的信用卡中拿出一张来用。她很注意个人隐私。我们的很多次观察都是在家宅外面进行的,当时他们正在参加各种活动。我们观察的其他家庭都会主动而确切地说出他们在周末会做些什么,而威廉斯女士则更愿说他们要"出去"或者某段时间对他们"不合适"。总体来说,威廉斯一家并没有像其他家庭那样经常主动提供信息。尽管我们的实地调研本身就是很冒昧的,但我们仍然尽量敏感地对待并遵从各家的意愿。对于与我们的研究兴趣关系不大的事情,我们并没有刨根问底。因此,这里问题根源我们也不得而知。

[14] 我也常到同一家商店买东西并用个人支票付过钱。我是中年白人。一个年龄较大的女店员经常会很怀疑地看着我的支票,问我:"你以前在这里用过个人支票吗?"但她和其他店员从未拒绝过我的支票。我也从未看到过店里有不接受支票的牌子。

[15] 不是所有父母都会主动向医务人员提供确切信息。我们观察到,(主要是)工人阶级家庭和贫困家庭父母对医务人员有一种缄默式的反抗和挑衅。

[16] 不是每个医生都像这位一样如此邀请孩子参加到谈话中,但是,甚至在遇到不太开明的专业人士时,我们也观察到这位母亲和其他母亲都会积极主动地管控并干预孩子的经历。

[17] 在车展上,亚历克斯在告诉实地调研员他最喜欢的三款车时选了不同的车。威廉斯先生注意到了这一点。

[18] 实地调研人员注意到,"这是一个充满爱的家庭,但不像贫困家庭那种有攻击性的爱"。然而,他却不赞同他们表达爱的方式:"看到他们家庭和睦,我很高兴,但是……他们的方式却并不适合孩子的发展阶段。父母总是走极端,不是把孩子当成大人,就是当成太小的小孩。"

[19] 很多心理学家都坚持说,这种家长与孩子角色的混淆对孩子是有害的。有关这方面的指控,可以参见 Paul Kropp, *I'll Be the Parent, You Be the Child*;Dana Chidekel, *Parents in Charge*。

第七章

[1] 例如,父亲节那个周末,哈罗德自己坐车去城那边看他爸爸。在祖母的帮助下,他给父亲做了一顿早餐。

[2] 家里还有一只叫卢克的德国牧羊犬,拴在前院的一棵树下。它不能进屋子。一家人来回经过时会过来抚摸它并和它说话。它是这个街区唯一的一条狗。

[3] 调研结束后通过了一项重要的福利改革，更改了贫困家庭接受政府救济的条款。

[4] 其他研究人员也描述了贫困人群中类似的经济状况。See Kathy Edin and Laura Lein, *Making Ends Meet*, and Susan Holloway et al., *Through My Own Eyes*.

[5] 在一次访谈中，他妈妈说哈罗德想要参加一个运动队，但她"在近处找不到"，也不会跑"那么远"（坐公交车要四十五分钟）送他去一个有运动队的社区。我们发现公租房社区附近有一个橄榄球队，但麦卡利斯特女士并不知道。而且参加费用也很昂贵。除了报名费，队员还要参加募捐，而且哈罗德来回训练和比赛时都还要有坐公交车的钱。

[6] 居民们都会长时间带着敌对情绪盯着开车进入公租房社区的白人（开车来本身就是外人的标志，因为住在公租房社区的人很少买得起车）。然而，这种敌对是依具体情况而定的。调研结束后，我参加了整个大家庭的团圆野餐；虽然在两百多人的聚会上我是唯一两个白人之一，但却没人盯着我看（也许是因为白人吸毒者和人力资源部的官员都不会来参加这样的活动）。

[7] Douglas Massey and Nancy Denton, *American Apartheid*.

[8] 很明显，她只提到了那个男性黑人实地调研员，她并没有把我（中年白人女性）和另一个女性白人调研员包括在内。我认为，她觉得白人女性在公租房社区不会像年轻黑人男性那样受到威胁。

[9] 在一项设计更为精心的有关语言的调研中，Betty Hart & Todd Risley（研究了四十二名儿童）发现，在 3 岁时，专业人士的孩子比接受救济的同龄孩子的家长每小时说的话还要多，并拥有更大的词汇量。

[10] 就像我在下面解释的，哈罗德在与同龄人交往时的确说话很多，语言里也加入了很多修饰成分。

[11] 有关语言运用和社会地位的问题，可以参见 Basil Bernstein 的经典著作，尤其是《阶级、符码与控制》。

[12] 与威廉斯女士不同，麦卡利斯特女士并没有把这一刻作为数学教学的"施教瞬间"。

[13] 我发现这段对话让人感觉很痛苦，部分原因是朗纳阔实际上并没有听到麦卡利斯特女士宣布晚上不做饭。我还发现自己很难接受让孩子饿着肚子睡觉这一做法。然而，为了确保实地调研工作的连贯性，我什么也没说，也没有表达自己的担心。事实上，由于担心自己看起来是在就这样一个高度敏感的话题而妄加评判，我也没有询问麦卡利斯特女士她这样做的原因是什么。但我猜想，除了土豆片和橘汁，家里已经没有吃的了，或者由于经济拮据，家里的食物还要留着以后再吃。

[14] 注意，在前面那个例子里，麦卡利斯特女士因亚历克西斯骂脏字而吼了她，却在暗地里认可了女儿可以在家外说骂人的话（"别在这儿说"）。

[15] 实地调研员在笔录中解释了这个术语的意思："打断某人的脚踝是一个进攻时的术语，用来指球运得有多低（即，在脚踝那么低的地方）。在这样低的高度，控球和运球特别困难。这个术语还指进攻一方的球员转换方向时的敏捷神速，这种打法会让防守球员扭了脚。"实地调研员（自身就是一个篮球好手）还形容哈罗德打球"[比我] 棒多了"。

[16] 这个词经常发成"公牛"的音,在这里是用来嘲弄别人的,指很有威力的人。但是 Elijah Anderson 在 Code of the Street 中说,它也可以用来表示"朋友"。在我们的观察中,我们并没有看到哈罗德使用经典的"对骂"形式。See Janice Hale-Benson, Black Children.

[17] 正如实地调研员在笔录中指出的,这个片段显示出,一个人在投篮时的形象和表现力常常比真的投中了球更重要。

[18] 实地调研员凯特琳写道:"我希望我给了她一个理解的眼神,我还伸手拍了拍她的肩。"实地调研员(凯特琳)感到看她们打架很难受,尤其是孩子们看上去很难过。

[19] 麦卡利斯特女士用一根棍子来威胁吉尔但并未真打她。几天后我来访时,麦卡利斯特女士说,若非实地调研员在场她真会打吉尔。

[20] 第二天早上,另一位实地调研员很早就到了。他在实地笔录中记下了麦卡利斯特女士的担忧。

> 简:(微笑着)我知道凯特琳认为我是个疯子。(我试图显得自己没有听到。)我和我妹妹昨天打了一架,我知道凯特琳受到了惊吓,但我不得不[把我妹妹]踢出家门。我对她的蠢行烦透了,她吸毒……我把[吉尔]所有的破东西都扔出门外,凯特琳就像这样[简生硬挺直地站在那里,眼睛瞪得老大]。我感觉很不好,让她看到我这样做。(她又开始笑了。)我知道我吓到她了。(简一边摇头一边微笑着说。)孩子们都在那儿看着。我试图示意孩子们带她离开这里。所以我告诉[他们]把门前的玻璃碴子什么的捡干净,凯特琳也开始捡了。我不得不告诉她:"不是说你啊,凯特琳!"

[21] 从家访一开始,实地调研员就没见孩子们吃过一次绿色或黄色的蔬菜。有罐装菠菜和山药的晚餐都是在这次体检之后出现的。

[22] Carol Heiner and Lisa Staffen, For the Sake of the Children.

[23] 理论上,协作培养,尤其是对说理的强调,还是有可能培养一种强烈的家庭责任感的。但此中也存在相互抵消的力量。协作培养强调个性化的选择和课外活动,这些都把人们带出家门进入更广阔多元的场所。这就减少了一家人"待在一起"的时间。日程安排上的冲突也会增加。在家庭所做的决定中,孩子们的意见也有价值,这也增加了发生冲突的次数,孩子们经常会因不得不坐等全家相聚而抱怨。他们更愿和自己的朋友共度时光。成就自然成长的策略则给孩子们以较少的个性化选择。

[24] Anderson, Code of the Street.

[25] 当麦卡利斯特女士别无选择,不得不让她有毒瘾的妹妹离开时,家庭的支持也是有限度的。尽管如此,麦卡利斯特女士的决定还是建立在其他家庭责任之上的。尤其是作为哈罗德和亚历克西斯的母亲,她有责任"给他们一个家,而不只是一所房子",这个责任取代了她对自己双胞胎妹妹的责任。在中产阶级家庭中,无论黑人和白人,都没有这么多的家庭责任,尤其是由于大家庭的成员都住得很远。可以参

看下一章关于中产阶级黑人女孩斯泰西的讨论，斯泰西与姐姐的关系很糟糕，和大家庭的关系也十分微弱。

第八章

[1] 关于家长参与学校事务的类似结果，see Elizabeth Useem, "Student Selection into Course Sequences in Mathematics", Annette Lareau, *Home Advantage*, U.S. Department of Education, *The Condition of Education, 2001*. See also John Diamond, "Beyond Social Class".

[2] 夏天的时候，两个女孩子上外祖母家住了一周，但没过几天她们就给家里打电话，吵着要父母把她们接回去。她们觉得和这些年长的亲戚住在一起，生活极其受限制。

[3] 实地调研人员感到很震惊。她写道，斯泰西的话"[是]很不中听，会让很多孩子被父母抽嘴巴的"。

[4] 当然，家长帮孩子们解决生活中的问题也有可能让他们学到无助感和依赖感。

[5] 如附录一所解释的，斯泰西不在斯旺小学就读，因此处在不同的学区。斯旺小学天才班的分数线是125（加勒特只差几分），斯泰西所在学校天才班的分数线则为130。

[6] 当我问马歇尔女士她会对教练说什么时，她解释说，她会间接应对这个问题：

> 我会说我很担心，我担心她午饭时感觉不是很自在。我很可能会问："都怎么样啊？"我会先说："一切都还好吗？"你知道，"你知道我女儿弗恩吗？我只是有点担心，因为她说，她，你知道，她自己一个人单独吃的饭。"或者，"我只是，我想让她拥有一段于身心都有益的经历，我只是想知道……"

[7] 用布迪厄的话来说就是，马歇尔一家在读取"场域"（对"场域"概念的讨论参见附录二）。

第九章

[1] 事实上，汉德隆女士报告说："第一个星期我不得不陪着她进班。如果不那样她就不下车。"她说，梅勒妮并没有哭，但"我看得出她很害怕，她问我：'你能陪我一起进去吗？'大概一周之后，她才有足够的信心让我只把她放在门外，她自己进去。"

[2] 我们秋天采访汉德隆女士时，她估计，前两个星期她和其他母亲有八次在闲谈中聊到学校的事务。这些谈话大都很简短，都在梅勒妮有组织活动的时间前后（例如，女童子军，聚会，教会活动）或上学前或放学后发生。

[3] 注意，这些是以前就有的关系网，汉德隆女士并不需要新建这些关系。她选择参与，并从她听到的信息中抽取所需。

[4] 汉德隆女士通常并不帮助自己两个较大的儿子。哈里基本上不做作业，他成绩很差。

他妈妈对此感到很沮丧，但她觉得应该让男孩子（尤其是哈里）自己吸取教训，懂得应该完成作业。

[5] 因为在家中的观察是保密的，我们没有把看到的情况告诉老师。

[6] 商议是常有的事，就像这个周六早上汤米想做点新鲜果汁，汉德隆女士说，他可以用榨汁机。

> 汤米说："我能用那个电动的吗？"汉德隆女士说："不行，用这个吧。"汤米说："为什么不让我用那个电动的呢？"汉德隆女士说："这个就在手边。"汤米说："我并不想争论，但是电动的那个已经拿出来了。"汉德隆女士说："嗯，那肯定是有人用了。那好吧，如果你答应用完后把它冲干净，你就能用那个了。"

这段对话结束后，汉德隆女士听起来有点沮丧。

[7] 注意，与马歇尔女士相比，汉德隆女士并没有那么多与经济地位相关的资源。她没有受过那么多的教育，而且作为一个秘书，她也没有与管理层人员相同的权威。她丈夫有更多的地位资源，但他却不参与管理梅勒妮的学业。因此，汉德隆女士无法有效激活地位资源的原因，有可能是因为她自己占有相对有限的资源。而且，有些家庭的地位资源很丰富，但是他们的孩子却有各种各样的障碍，例如，精神健康问题或滥用药品问题。我这里的观点是，阶级地位并不能确保优势得到传输。

第十章

[1] 访察开始时温迪9岁，在调研过程中她长到了10岁。

[2] 当我们刚开始在家中进行观察时，德赖弗女士和法伦先生及孩子们刚刚一起生活了不到一年。他们最终还是结婚了（那时瓦莱丽约有2岁）。

[3] 他们的父亲去世时，温迪和威利符合社会救济资格，现在他们正在接受救济。

[4] 对芝加哥地区类似社区的讨论，参见 Maria Kafalas, *Working-Class Heroes*。

[5] 实地调研人员说，在德赖弗家一次典型的两个小时的访问中，他们会听到一家人不下二十次谈到亲戚。

[6] 我们在所有家庭中都观察到，无论处在什么社会地位，人们对男孩子和女孩子关注的重点都会有所不同。一家人对温迪的外貌要比对威利的更关注。成年人，还有温迪自己，都一次又一次地把焦点放在她的衣着、发型和鞋子的号码上，他们都聚焦在把她创造成一个现在和未来都美丽的人上。

[7] 威利表达了自己对冰球队的兴趣，但是器材费和活动收费加在一起实在贵得惊人。德赖弗女士希望能有一种课外班"能让孩子们直接去参加而不收费"。

[8] 在调研结束时的一次访谈中，德赖弗女士抱怨说威利在我们来访时的表现与平时不一样，常会"挤对人"，还"非让人顺着他不可"。不过，她注意到，他也开始在其他场合考验大人的底线。

注 释

[9] 最后，老师们建议温迪重读四年级，校长也同意了他们的建议。但在学期最后一天，蒂尔先生听说学区一位高职官员不许她留级（蒂尔先生不清楚是什么原因）。相反，温迪在五年级时进入了下里士满小学一个强化特殊教育班，班里只有十三个学生。蒂尔先生的情绪也平复了，因为他觉得温迪"可以得到她需要的注意了"。

[10] 约翰逊先生的解释与此不同。他说："我们出了点小问题。我对她嚷了一次，她就不来了……我给她布置了一项作业，她来上课时告诉我说她妈妈不会做这项作业。"作业是为黑人历史月布置的，内容是把名字和职业相配对。约翰逊先生认为温迪只是在为自己没有完成作业找借口："我是说这简直毫无道理。所以我有点儿烦了，我告诉她：'你不能说，你妈妈完成了高中学业 [她] 却不会做这个。'我是说，你没做就说没做……如果你没有做，你就是没有做。比起告诉我是你妈妈的问题来，我更能接受你说你就是没做——所以这就让她生气了。"她的任课老师蒂尔先生（他与约翰逊先生关系不好）以为约翰逊先生的日程安排变了，并认为温迪在日后某一天还会再重新开始。

[11] 我在实地笔录中写道："我对此哑然失色。"尽管如此，由于调研的主要目的是尽量了解各个家庭是如何与组织机构进行互动的，我并没有纠正她。

[12] 法伦先生的家里有几个人相信打架可以解决问题。比如，一天下午，他的姐姐萨尔在从学校接回温迪时听温迪抱怨说班上有个孩子欺负她，就对温迪说："你应该学会怎么打架！"

[13] 这次我们没有去观察。总的来说，跟着别人去看医生是很难的，除非他们提早就跟医生有过预约，常规健康检查和夏令营的体检也是如此。

第十一章

[1] 他在"账外"工作了很多年，但最近又换了工作，工资被削减了，这样他就可以交税并可达到政府救济标准。

[2] 但是，急诊室里的一个职员告诉扬内利女士，有一个州政府办的项目可以给孩子提供医疗保险，因此小比利就得到了一张医疗保险卡。

[3] 这次家长会在秋季举行，在我采访了扬内利女士之后，但又在请她参加家庭观察之前。在这次家长会上，蒂尔先生很直率地告诉她，他认为小比利有心理问题。（蒂尔先生为人不够圆通，他还对小比利在一次外出中从泥泞的山坡上滚下来感到失望，并在会上说："就连那些又胖又蠢的孩子都能正常从坡上走下来。"）会后，扬内利女士很是沮丧。她从我给她的同意书上看到我的电话号码并在当晚给我打电话讨论这件事。她觉得小比利的成绩单很优秀。她不明白蒂尔先生为什么不和她讨论小比利的成绩，反而声称小比利有心理问题。这次谈话和很多其他谈话中很引人注目的一点就是，尽管扬内利女士清楚地察觉到老师的做法不恰当，但她却觉得自己无力影响这一局面。而且，她还责怪自己没有能力。就像她那天晚上说的："我在想，'你为什么让校方一次又一次地这样做呢？'"

[4] 鉴于中产阶级极力强调讲道理的方法，指出这种方法并非没有弊端是很重要的。当中产阶级家庭父母试图跟一个任性乖戾又大吵大闹的 5 岁孩子讲道理时，其结果可能并不成功。

[5] 其他研究表明，受教育程度较低的家长更有可能使用体罚，尤其是对他们的儿子。See Ronald L Simons et al., "Intergenerational Transmissions of Harsh Parenting"．

[6] 据我们所知，第二天下里士满小学没有一个人注意到。

[7] See Joyce Epstein's work as well as James Coleman's work on this point.

[8] See Jacques Donzelot, *The Policing of Families*.

第十二章

[1] See Sharon Hays, *The Cultural Contradictions of Motherhood*.

[2] 一些科研人员主张，快乐并不受年龄、性别、种族或富有程度影响。See David G. Meyers and Ed Diener, "Who is Happy？"

[3] 中产阶级家庭父母自己也意识到了他们的生活有多忙乱，他们经常说没时间。一些家长也说，他们小时候的生活十分不同，并没有像现在自己的孩子这样参加这么多有组织的活动。但是，中产阶级家庭父母看起来却没有特别意识到他们十分强调跟孩子讲道理，尤其没有意识到他们对组织机构的干预。再有，他们自身及工人阶级家庭和贫困家庭父母也没有特别意识到，处于不同社会地位的家长采取了截然不同的儿童教养方法。相反，家长们都认为自己教养孩子的方法来得很自然。

[4] Cornell West, *Race Matters*.

[5] See Jennifer Hochschild, *Facing Up to the American Dream*; Ellis Cose, *The Range of a Privileged Class*; Beverly Daniel Tatum, *Why Are the Black Kids Sitting Together in the Cafeteria？*; Elizabeth Higginbotham, *Too Much to Ask*.

[6] 在本项调研中的某些环境里也出现了社会语言学用语方面的差异（包括白人特有的词汇）。关于这一问题更广泛的讨论参见 Mary Patillo-McCoy, *Black Picket Fences*; Douglas Massey & Nancy Denton, *American Apartheid*。我也没有研究一个种族单一隔绝的学校。在对此众多的论述中，see Eric A. Hanushek et al., "New Evidence about Brown v. Board of Education"。

[7] See Ellis Cose, *The Range of a Privileged Class*; Mary Waters, *Black Identities*.

[8] Douglas Massey and Nancy Denton, *American Apartheid*.

[9] 本项调研的结果与其他研究相吻合，都显示了儿童在年龄相对较小时就意识到了种族的存在。事实上，女孩子们在操场上经常只与同种族的孩子一起玩（男孩子反而更容易与其他种族的孩子一起玩）。因此，本项调研提出，孩子们的生活中确实受到了种族力量的影响，但是这些（还）没有像他们所处的社会地位那样成为组织他们生活的重要特征。关于种族在学龄前儿童生活中的重要作用，参见 Debra Van Ausdale & Joe R. Feagan 的文章 "Using Racial and Ethnic Concepts"。

[10] 大多数中产阶级和工人阶级家长都报告说他们跟孩子讲道理。由于全社会都强调讲道理在更大的文化技能库中的重要作用，处于各种社会地位的家长都可能会说他们跟孩子讲道理，这一点也不足为怪。事实上，对很多工人阶级家庭和贫困家庭父母来说，体罚是再也没有其他办法时的"最后一招"。然而，研究表明，母亲受教育程度越高，就越容易强调讲道理。See Cheryl Blueston and Catherine S. Tamis-LeMonda, "Correlates of Parenting Styles in Predominantly Working- and Middle-Classs African American Mothers".

[11] 当然，有些中产阶级家庭父母在家长会上也显得略带焦虑。但总的来说，与工人阶级家庭和贫困家庭父母相比，中产阶级家庭父母讲话更多，并会对教育工作者提出更多问题，包括更多批评性的和尖锐的问题。

[12] 工人阶级家庭和贫困家庭父母经常违抗并测试学校的规章，但他们似乎并不会像我在中产阶级家庭父母中看到的那样去努力让教育工作者迁就迎合他们个人的偏好。工人阶级家庭和贫困家庭的孩子经常会对成年人的提议作出反应，或者有时还会央求教师们重复以前的经历，比如，读某个故事，看一场电影，或到机房去。在这些互动中，成年人与孩子之间的界限比在中产阶级孩子中的更加严格分明。

[13] Carol Heimer and Liza Staffen, *For the Sake of the Children*.

[14] 我在此处的讨论必须是推测性的。各个社会地位的家长都认为其儿童教养方式中的关键方面是理所当然的，因此让他们清楚地说出自己行为背后的理论基础还是有困难的。

[15] 在南方，1870—1900 年间，纺织作坊里有三分之一的工人是 10—13 岁的孩子。See Viviana Zelizer, *Pricing the Priceless Child*, especially chapter 2.

[16] Zelizer, *Pricing the Priceless Child*, p.78.

[17] 同上，第 67 页。

[18] 同上，第 59 页。

[19] 同上，第 97 页。

[20] See William Corsaro, *Sociology of Childhood*.

[21] 如 Dandall Collins 所说，韦伯给"合理化"赋予了多种意义。我此处指的意义是"在韦伯比较各种不同的组织机构时浮现出来的。官僚机构被描述成一种合理化的管理运作形式，而不是在世袭制度下看到的那种不合理的运作元素……这里的关键性 [条件] 似乎是可预见性和规律性……其中一种强大的含意就是，合理性建立在成文规定之上，并因此被记录在书面文件当中"。See Randall Collins, *Max Weber: A Skeleton Key*, pp.63-78.

[22] 瑞泽尔也讨论了效率的重要性。See George Ritzer, *The McDonaldization of Society*.

[23] Ritzer, *The McDonaldization of Society*, p.3.

[24] Hays, *The Cultural Contradictions of Motherhood*, p.11.

[25] 对安全问题的讨论，参见 Mark Warr & Christopher G. Ellison 的文章 "Rethinking Social Reactions to Crime"，Joel Best 的 *Threatened Children*。关于工作与家庭的关

系变化问题,参见 Rosanna Hertz & Nancy L. Marshall 的 *Working Families*,以及人口普查方面的调研。关于与孩子共度时光问题,参见 Suanne Bianchi 的文章"Maternal Employment and Time with Children"。关于城市化问题,参见 Kenneth T. Kackson,*Crabgrass Frontier*。

[26] Hays, *The Cultural Contradictions of Motherhood*.

[27] 2002 年,给孩子报名参加一项体育活动就会花费五千美元之多。冰球的预算包括一百美元的冰刀(通常每两年就要更换一次),六十美元的手套和每年两千七百美元的队费。See David M. Halbfinger, "Our Town: A Hockey Parent's Life".

[28] 对这一点的讨论参见 Urie Bronfenbrenner 的经典文章"Socialization and Social Class through Time and Space"。

[29] 参见 Melvin Kohn 在这一点上的全面论述,尤其是他(和 Carmi Schooler 合著)的 *Work and Personality*。

[30] 中产阶级家庭在生活中并非没有各种问题。此处的论点是:中产阶级家庭有更为多种多样的职业经历;他们受过更好的教育培训,这也使得他们能够找到报酬更丰厚的工作。

[31] Katherine Newman, *Declining Fortunes*; Donald L. Barlett and James B. Steel, *America: What Went Wrong?*

[32] Eric Olin Wright, *Class, Crisis, and the State*, chapter 1.

[33] 我们采访的中产阶级家庭父母也并不都赞同这里描述的情节。很多人都认为,如果孩子不喜欢弹钢琴,家长强迫孩子参加就是一种错。尽管如此,与工人阶级家庭和贫困家庭父母不同,他们很多人都强调让孩子"接触一下"的重要性。

[34] Michael Katz, *The Price of Citizenship*.

[35] See Lawrence Mishel et al., *The State of Working America*, p.289.

[36] David Karen 在 2002 年 6 月 7 日给作者的一封信。See Jody Heymann, *The Widening Gap*.

[37] Alvin Rosenfeld and Nicole Wise, *The Over-Scheduled Child*, pp.1-2.

[38] 同上。

[39] See Maria Newman, "Time Out!(for Overextended Families): A Town Takes a Rare Break from the Frenzy of Hyperscheduling".

[40] 例如:"就像在牢笼里长大的野生动物从未发展出自己捕猎的天性那样,孩子们若是在其发展创造力阶段失去自己创造游戏自娱自乐的机会,很可能就会变得要依靠别人才能找到令他们快乐的娱乐方式。"Dana Chidekel, *Parents in Charge*, pp.94-95.

[41] See Doris Entwistle and Karl Alexander's work, including Entwistle, Alexander, Olsen, *Children, Schools, and Inequality*.

[42] 对其中一个补习班的详细描述,参见 Dale Mezzacappa 在《费城调查报》上发表的系列文章,包括"Ten Years of Learning, Living, Loving"。总的来说,补习班对接受普通教育的学生最为有效(与接受特殊教育的学生相比),对年轻男生比对女生更有效。

[43] 例如，在以芝加哥为基地的"我有一个梦想"补习班中，与控制组 35% 的毕业率相比，补习组中有 72% 的学员从高中毕了业。在新泽西州的帕特森市，相比于控制组的 33% 来说，补习组 1993 年有 60% 的学生高中毕业。这些干预措施从小学三年级开始（与"说我能行"补习班的六年级相对比）。内部数据总结及独立调研员的评估调查，参见"我有一个梦想基金会"的网站 http：//www.ihad.org（信息取自 2002 年 12 月 12 日）。

[44] See Hugh Mehan et al., *Constructing School Success*, and an evaluation by Public/Private Ventures of the Big Brother/Big Sister Program, Joseph Tierney et al., "Making a Difference".

[45] 就像 Barrie Thorne 在 *Gender Play* 中所描述的，性别的重要性在各种不同环境中会有所不同。正如她所提出的，我们观察到孩子们把自己按性别分成了同性别的小组，就像哈罗德、泰雷克、温迪和杰茜卡·欧文在自己邻居的玩伴中按性别分成了非正式的小组。但若年龄相仿的孩子很少，那么像小比利和加勒特这样的男孩子也会和女孩子一起玩；卡蒂会既和女孩子一起玩，也和男孩子一起玩。此外，孩子们，尤其是卡尔·格里利，还会花很多时间和弟弟妹妹一起玩。对童年时期性别角色社会化养成的综述，参见 Eleanor Maccoby, *The Two Sexes*。

[46] See David Halle, *America's Working Man*.

[47] See Michael B. Katz, *The Underserving Poor*.

第四部分

[1] 附录 C 中新增了表格 C10，提供了我觉得会对读者有用的关于初始研究时十二个家庭的摘要信息。新增附录 D 中提供了进行追踪研究时十二位年轻人及其家庭的摘要信息。

第十三章

本章部分内容最初曾是与 Amanda Cox 合写的"Social Class and the Transition to Adulthood"（收入 *Changing Families in an Unequal Society*）论文草稿的一部分，并是与 Elliot Weininger 合写的"Concerted Cultivation Continues"（收入 *Social Class: How Does It Work?* 论文草稿的一部分。感谢 Amanda Cox 和 Elliot Weininger 对本部分内容的帮助。

[1] 关于失业极具可读性的解释，参见 Donald L. Barlett 与 James Steele 合著的 *America: What Went Wrong?* 在《社会学的想象力》中，赖特·米尔斯写到了社会结构、历史与传记的交互作用。许多强大的历史变化都影响了本项研究中家庭的生活，但却超出了这篇文章的范畴。不过，当今对全球化的关注有时掩盖了其他变化给美国日常家庭生活带来的重要影响。例如，1959 年 35% 的老人生活贫困，在许多因素的作用下，特别是社会保障和医疗保险（Social Security and Medicare）的出台，已

使这一比例降至 2009 年的 9%。儿童的情况就没有这般成功。人口普查数据显示，2009 年，所有 18 岁以下儿童中有 20.7% 的人生活贫困（但是白人儿童中的这一比例为 12%，黑人儿童中的这一比例则为 37%）。Economic Policy Institute, The State of Working America, "Poverty Higher for Children", www.stateofworkingamerica.org/charts/view/27(2011 年 3 月 30 日), as well as "Poverty Rates Higher Among Younger Children", www.stateof workingamerica.org/charts/view/180(accessed March 30, 2011). 关于评判绝对贫困和相对贫困的争论，以及测量贫困的有效标准，参见 John Iceland, *Poverty in America*。贫困仍与许多不利后果相连，尤其是对儿童而言。See Greg Duncan and Jeanne Brooks-Gunn, *Consequences of Growing Up Poor*.

[2] 1973 年之前，很多家庭都能靠一个人的收入过上相当舒服的生活。然而，几十年过去了，高中毕业生和肄业生的工资却急剧降低。在 1970 年之后，妇女，特别是带着孩子的妇女，大规模地进入劳动力市场。这一时期还出现了结婚年龄推迟、结婚率下降、未婚父母所生的孩子人数增多、儿童贫困率增多。See, among others, Andrew J. Cherlin, *The Marriage-Go-Round;* Frank Furstenberg Jr., "The Recent Transformation of the American Family". 在此期间的大部分时间里，不平等也在增加。See George Irvin, *The Super Rich;* Economic Policy Institute , *The State of Working America*.

[3] For discussion of this point, see Arne Kalleberg, Barbara Reskin, and Ken Hudson, "Bad Jobs in America".

[4] 美国人口普查局给出了关于 2009 年 25 岁至 34 岁所有种族全职工人按照受教育水平和性别划分的工资中位数的如下数据：

	男性	女性
总计	40,919美元	35,084美元
九年级以下	21,948美元	17,396美元
九一十二年级,无毕业证书	23,431美元	19,890美元
高中毕业(包括同等学力)	32,831美元	25,516美元
上过学院,无学位	39,193美元	29,779美元
副学士(大专文凭)	42,186美元	31,512美元
学士学位	55,490美元	41,405美元
硕士学位	66,637美元	51,729美元
专业学位	81,580美元	70,375美元
博士学位	75,716美元	66,267美元

Source：U.S. Census Bureau, "Educational Attainment—People 25 Years Old and Over and over, by Total Money Earnings in 2009, Work Experience in 2009, Age, Race, Hispanic Origin, and Sex". Current population Survey, Annual Social and Economic Supplement,2010, PINC-03. www.census.gov/hhes/www/cpstables/032010/perinc/new03_000.htm.

Accessed March 2, 2011. This tabulation combines information specifically from tables <ncw03_172.htm> and <new03_298.htm>, to be found in <new03_000htm>.

为了将本项研究中这些年轻人的经历放入宽广的国家背景下，除非另有说明，我选择的数据都与他们的生命历程相对应。初始研究中的年轻人大都生于 1984 年。因而，高中毕业的数据取自 2002 年，大学毕业的数据取自 2006 年，由此顺推。遇到对应年份没有可用数据时，我会提供时间上最为接近的数据。

[5] U.S. Census Bureau, "Educational Attainment". GED 是参加一系列相当于高中教育水平的测试后颁发的一种"普通教育发展"证书。关于同等学力对收入的影响,参见 John H. Tyler 的文章 "The Economic Benefits of a GED"。通过几乎所有关于收入差距的测量,包括年度工资、失业周数、接受政府救助的可能性、养老金的多少、休假的周数,在几乎所有关于收入差距的测量中,有大学本科学历的人都要比受教育程度较低的人表现更好。See Economic Policy Institute, *The State of Working America*.

[6] Samuel Bowles 和 Herbert Gintis 在 *Schooling in Capitalist America* 这本书中提出了这一论点。然而,关于某种程度上新经济中哪种工作技能应该为日益增加的接受更高教育的压力负责,也存在一些争论。一些人认为教育培训与工作效率之间存在联系。其他人则认为这种关系高度可变而且经常都很微弱。关于这方面的经典作品,参阅兰德尔·柯林斯的《文凭社会》。同时,高等教育也在日益分化。大多数学生都是在社区学院或州立学校上学,但只有极少数社区大学的学生取得学士学位。See James E. Rosenbaum, Regina Deil-Amen, and Ann E. Person, *After Admission*. 不足五分之一的大学入学人数进入选拔性高校,但对该群体而言,录取程序在学生和大学中都有很强的竞争性。See Mitchell L. Stevens, *Creating a Class*; Lloyd Thacker, ed., *College Unranked*.

[7] The phrase originated with Horace Mann. For classic works in educational history, see David Tyack, *The One Best System*; Micheal Katz, *Class, Bureaucracy, and Schools*.

[8] 不论是在初始研究还是在追踪研究中,性别的作用都不是重点。不过应注意,就像种族一样,性别也起着重要作用,就像其他研究揭示的那样。例如,卡蒂·布林德尔和温迪·德赖弗都对她们的意外怀孕承担很大责任,并要比作为她们孩子父亲的年轻男性更多地参与到养育孩子之中。See, among others, Kathryn Edin and Maria Kefalas, *Promises I Can Keep*; Julie Bettie, *Women without Class*. For a critical assessment of Unequal Childhoodson this issue see Hae Yeon Choo and Myra Marx Ferree, "Practicing Intersectionality in Sociological Research".

[9] Samuel Lucas 在 *Tracking Inequality* 中展示了,在当今高中,是学生而非学校工作人员负责课程的选择。想要成功地通过大学申请过程,需要丰富的知识。由于大学需要特殊而复杂的课程准备,有一个帮着监督高中课程选择的中产阶级家庭父母,是一个很大的优势。关于父母的教育水平如何影响其子女高中课程选择的证据,参见 U.S. Department of Education, "Academic Preparation for College"。关于申请大学过程的研究中也存在类似模式。申请者必须知道,该提出什么样的问题来判定一所学校是否很适合自身,列出一份可能感兴趣的学校名单,在潜在"合适"的院校中作出正确的选择,正确填写助学金申请表,并在新机构中学习不同的新制度(如注册、住宿、助学金和选课)。See U.S. Department of Education, "First-Generation College Students"; Patricia McDonough, *Choosing Colleges*; Janice Bloom, "(Mis)Reading Social Class in the Journey towards College"; Mitchell Stevens, *Creating a Class*.

[10] See especially p.244.

[11] See, among others, Michèle Lamout, *Dignity of Working Men and Money,Manners,and Morals*; Marianne Cooper, *Doing Security in Insecure Times*; Jay MacLeod, *Ain't No Making It*; Alfred Lubrano, *Limbo*; Jennifer A. Reich, *Fixing Families*; Lois Weis, *The Way Class Works*; David Grusky and Szonja Szelenyi, *The Inequality Reader*; Fiona Devine, *Class Practices*; Adam Howard and Ruben Gaztambide-Fernandez, *Educating Elites*; Erik Olin Wright, *Approaches to Class Analysis*; Annette Lareau and Dalton Conley, *Social Class*.

[12] 第一版只讨论了所研究的十二个家庭中的九个。格里利家和欧文家被选为"偏常个案"(参见附录 A 中招募家庭部分)。不过，就像附录 A 中指出的，这两个偏常个案的数据支持一般论点，并未提供额外显著的洞见，所以就算为这两个家庭再添章节，也不会显著提升本书。为了压缩本书篇幅，卡罗尔家那一章也在制作阶段被放弃了。(原本被放在第一部分的这一章，讲述了一个极具宗教信仰的非裔美国人家庭，他们生活在贫困中；它强调了，在成就自然成长过程中，成人与孩子处于不同的世界里。)

读者若是对这些家庭的孩子向青年期过渡时的细节感兴趣，可以在 Annette Lareau 和 Elliot B. Weininger 合写的文章"Concerted Cultivation Continues"中找到他们，这篇文章中广泛地讨论了卡罗尔的大学申请过程，描述了欧文和格里利的教育经历。简言之，卡罗尔为进入大学做出了积极的努力，但进入社区大学不久她就不再去上学了。欧文坚持得要更久一些；她进入当地一所四年制公立大学并获得全额奖学金。在这两个案例中，就像在温迪家一样，工人阶级家庭和贫困家庭的父母对高等教育了解有限，因此将大学申请过程的责任移交给了教育专业人士。因而，家庭与大学之间的关系，与早先的成就自然成长模式相呼应。

[13] See, for example, Richard A. Settersten Jr., Frank F. Furstenberg Jr., and Ruben G.. Rumbaut, *On the Frontier of Adulthood*.

[14] 参见第十四章对研究方法论的深入讨论，里面有对找寻、联系和再次采访初始研究参与者过程的详细描述。第十四章也仔细审视了这些家庭对本书的反应。

[15] 在引用话语时，我在不会改变说话者意思的情况下，去掉了一些不成功的开始和口头语，如"嗯""比如""你知道"。在一些例子中，在不改变说话者本意的情况下，为了话语的清晰度，我重新给所说的话语进行了排序。

[16] 我在卡蒂自己的公寓里采访的她，在梅勒妮妈妈工作的教堂里采访的梅勒妮，在哈罗德哥哥的公寓里(当时哈罗德住在那里)采访的哈罗德，在加勒特的大学宿舍里采访的加勒特。

[17] See Michael Burawoy, "Revisits"; Linda Burton, Diane Purvin, and Raymond Garrett Peters, "Longitudinal Ethnography"; Nancy Scheper-Hughes, "Ire in Ireland"; Jay Macleod, *Ain't No Making It*. See also the compelling series of British *Up*(7*Up*, 14*Up*, etc.) produced by Michael Apted, beginning in 1964, and discussed by Michael Burawoy, "Public Ethnography as Film", and others in the *Ethnography*.

[18] SAT 评分系统在 2005 年发生了改变。本章里的分数反映的是旧评分系统——当时这项研究中的孩子们参加测试时，满分最高为 1600 分，括号中的分值是近似相等的新分数。新测试由三部分组成，每部分最高分值为 800，共计 2400 分。

[19] 令人惊讶的是，斯泰西的分数比较低，与梅勒妮的分数相同。不过，回想一下，斯泰西从未在测试中取过好成绩；甚至在三年级时，这就是一个让人关注的问题。而且，梅勒妮的三年级老师从未确认她有学习障碍。尽管这样，汉德隆夫妇告诉我，梅勒妮被诊断出患有注意力缺陷障碍症。

[20] 关于监禁率上升的讨论，参见 Bruce Western 的 *Punishment and Inequality*。2008 年，约 23% 的黑人高中辍学生被关进监狱或青少年拘留所；白人高中辍学生的这一比例则是 7%。辍学者的失业率也更高：2008 年有 13% 的大学毕业生和 32% 的高中毕业生失业，而年龄在 16 岁到 24 岁之间的高中辍学者的失业率则为 54%。黑人高中辍学者的失业率为 64%。See Sam Dillon, "Study Finds High Rates of Imprisonment among Dropouts".

[21] See Robert Haveman and Timothy Smeeding, "The Role of Higher Education in Social Mobility"; U.S. Department of Education, "Academic Preparation for College"; U.S. Department of Education, "First Generation College Students"; Future of Children, *America's High Schools*.

[22] 除了 2006 年每个学生的支出数字，本节所有其他数据都来自 2001—2002 年学生们上高三的时候。就下里士满学校而言，核心数据显示，一个高年级班的注册生是大一新生入学人数的 58%。但一些"消失"的学生可能已经转移到其他高中，而且很难估计辍学的人数。参阅 John H. Tyler 和 Magnus Lofstrom 的"Finishing High School"; John H. Tyler 的"The Economic Benefits of a GED"。

[23] See Mitchell Stevens, *Creating a Class*, for a discussion of how differences in high school guidance systems have implications for college, particularly the recruitment of students by college admission officers.

[24] 就像社会学家和经济学家指出的，非正式的社交网络对找工作至关重要。See Mark Granovetter, "Strength of Weak Ties"; Matthew O. Jackson, *Social and Economic Networks*.

[25] 在访谈中问起这个问题时，加勒特和斯泰西都没提及他们的大学体育奖学金。我很惊讶，在我的研究中，有两名中产阶级青年最终获得了体育奖学金。当然，这引发出一个问题，即参与有组织活动的孩子们的样本代表性问题；第十五章谈到了这个问题。不过，有迹象表明，许多中产阶级青年都积极参加有组织的体育活动。事实上，James L. Shulman 和 William G. Bowen 在 *The Game of Life* 一书中发现，在他们的样本中，约有三分之一文理学院的学生参与过体育运动。这些学生绝大多数都来自中产阶级家庭。在塔林格家，最小的男孩也获得了体育奖学金（在一所相对较小的 Division I 学院），但是老二斯宾塞从未积极参加过体育运动。他上了一所军事学院。

[26] 一些优势可能尤其会"被视为理所当然",进而对调查对象来说也就是隐性的。For an assessment of the impact of organized activities on a variety of outcomes, see Katerina Bodovski and George Farkas, "'Concerted Cultivation' and Unequal Achievement in Elementary School"; Jacob Cheadle, "Educational Investment, Family Context, and Children's Math and Reading Growth"; Elizabeth Covay and William Carbonaro, "After the Bell"; Susan Dumais, "Elementary School Students' Extracurricular Activities"; Kimberly Maier, Timothy G. Ford and Barbara Schneider, "Are Middle-Class Families Advantaging Their Children?"; and Jeremy Redford, Jennifer A. Johnso and Julie Honnold, "Parenting Practices, Cultural Capital, and Educational Out-comes." 尽管参加这些活动的益处可能远超过年轻人所能讲出的,但也很难在没有更多观察数据、多重访谈,以及参与有组织活动中产阶级青年的更大样本的情况下去评估这个问题。因此,第二版主要研究家庭与机构之间的关系。

[27] Shulman 和 Bowen 在 *The Game of Life* 中,报告了运动员所具有的一个重要的录取优势;在一些大学,运动员在录取上的优势要高于来自种族或"家庭传统"地位(即亲属中有人为校友)的优势。他们报告说,1989 年在男女同校的文理学院,男学生中有 32% 是运动员(第 33 页)。

[28] See Lauren Rivera, "Ivies, Extracurriculars, and Exclusion"。

[29] 关于低收入青年引发暴力的可能性,以及引发暴力对其发展的有害影响这一问题,参见公共卫生研究:David Finkelhor et al., "The Victimization of Children and Youth"。卡蒂和哈罗德的妹妹亚历克西斯,报告了与她们的配偶之间重复出现的家暴模式。哈罗德姐姐洛里孩子们的父亲,因为一起与毒品有关的暴力事件而被"关押"。

[30] 很难评估这些说法。但在这座东北部城市一直都有关于警察骚扰和部分警察因腐败而被捕的证据。

[31] 讨论警察在社区所起的作用超出了本项研究的范围,但可以参见 Alice Goffman 的 *On the Run* 和 Bruce Western 的 *Punishment*。Western 概述了刑事司法系统中白人和黑人经历的让人信服的种族歧视证据。关于就业上的种族歧视证据,参见 Devah Pager 的 *Marked*;Pager 展现了被定罪的重罪犯找工作时遇到的种种困难。

[32] 社会心理学家认为这种情况很常见;处于低地位职位上的人往往会搜集处于高地位职位的人的信息,而后者通常都不会关注前者的行动。See Susan T. Fiske, *Interpersonal Stratification*。

[33] Richard Sennett 和 Jonathan Cobb 在他们的书中(*The Hidden Injuries of Class*)认为,即使是有钱的工薪族,也渴望得到中产阶级享有的尊重。See Lois Weis, *Class Reunion*。

[34] 反之,研究表明,工人阶级的年轻人们只会为他们的失败责备自己。我的研究中那些高中辍学的孩子,都明确地将这一结果"归于"他们自己厌恶学校、不是学习的料和缺少适宜的教育环境。因此,小比利的描述不同于他母亲的评价;他看上去并

未将这种情况视为不公。相反，他看上去像是将其视为几乎是不可避免的。关于小比利高中经历更详尽的讨论，详见 www.ucpress.edu 上《不平等的童年》页面中的描述。See also McLeod, *Ain't No Making It*.

[35] 在概念上和技术上，一个人可以将这些过程分解为一种问问题或搜集信息（这将是一种惯习）的倾向，一套知道如何询问和干预的技能，以及一套知道做什么才会让孩子们的教育经历获得回报（这将是文化资本的形式）的技能。这样的倾向与两套技能经常密切相关。理论上有可能，一个中产阶级的人具备自信地去控制过程中的每一步这一倾向，但却缺乏技巧去收到成效。同样，一个人也可能具备相应的技巧但却没有这一倾向。不过，在我的观察和访谈中，我极少发现这种分裂情况。

[36] 或者，就像 Katherine Mooney 所说："像温迪这样的孩子在成长过程中期望他们的父母能在某些方面而非**所有**方面提供帮助和支持。像斯泰西这样的孩子在成长过程中，则期望他们的父母在**每个方面**都进行干预，不论他们是否需要。"（2010 年 9 月 17 日私人通信，黑体为原文强调）我感谢她提出这一看法。

[37] See Stevens, *Creating a Class*, for a detailed account of how public schools differ in their preparation to receive admissions officers from a liberal arts college. See also Peter Cookson and Caroline Persell, *Preparing for Power*; Rubén Gaztambide-Fernández, *Best of the Best*; Jerome Karabel, *The Chosen*.

[38] See Lareau and Weininger, "*Concerted Cultivation Continues*".

[39] 采用参与观察法进行的研究，通常都会受限于小样本。由此也就限制了在经济资源、文化知识和干预措施如何影响人生机遇上得出强结论的可能性。尽管包括马歇尔家在内的一些中产阶级家庭感到经济紧张，但他们还是要比工人阶级家庭或贫困家庭拥有更多的资源。即便斯泰西没有获得全额奖学金，但却极有可能她会进入大学。斯泰西的父母都是大学毕业，她的成绩也很好，所以她有很强的动力去上大学。其他中产阶级家庭父母也在他们孩子的教育上花费了大量金钱。威廉斯家为亚历山大支付了常春藤学费、房租和伙食费。汉德隆家为梅勒妮十五个月的美容技术课支付了八千二百美元。现在梅勒妮在一家低成本连锁美发店工作，好的时候一天可以挣到八十美元小费（她也会得到微薄的薪水）。她希望有一天可以开一家属于自己的特许权经营店，而她的父母，若是负担得起，似乎很愿意帮她完成这一事业。工人阶级家庭也会给他们的孩子提供教育费用。就像在其他地方指出的那样，德赖弗夫人计划再找份工作好支付温迪的大学开销，泰雷克的父母也承担了他在学校的大部分花销。虽然经济因素和文化因素很难忽略，但有一个可能的思想实验，就是去设想一下，一个工人阶级家庭或贫困家庭突然中了大奖，会有什么变化发生。这一有可能发生在接下来几天或几周的变化，可以合理地与经济因素联系到一起。不过，工人阶级家庭和贫困家庭不太可能有能力获取像学校这样的机构内部运作的信息，或者是采纳中产阶级家庭的做法，去管教他们孩子在家庭之外的生活。因此，有迹象表明，经济因素与文化因素彼此之间有一些独立性。

[40] 参见 Thomas A. DiPrete 等人合写的文章 "Segregation in Social Networks Based on Acquaintanceship and Trust",有证据表明美国的社会网络分层极为明显,人们只跟与自己处于相似社会地位的人进行社会交往。因而,对许多工人阶级家庭来说,很难有机会获得那些中产阶级网络中关于教育制度广泛共享的非正式知识。

[41] 入学手续差异很大;一些高校,尤其是非选择性高校,有着远比名牌学校宽松的申请截止时间线。注意,温迪是在夏天的时候决定不上大学的。她的怀孕则发生在她若上大学就是大一那年12月,因此在她作出不上大学这一决定时并未考虑到怀孕这件事。

[42] 参见我所著的《家庭优势》一书中的第6章,里面分析了父母的教育、声望和收入在推动父母参与学校教育上如何起到重要作用。See also Diane Reay, Gill Crozier, and David James, *White Middle Class Identities and Urban Schooling.* Janice Bloom 发现,即使在明确致力于帮助工人阶级家庭年轻人申请大学的小学校里,也出现了许多挑战。工人阶级家庭的青年和他们的父母,有时缺少足够的知识和经济资源,去应对申请高校和接受高校教育过程中出现的问题。例如,一个工人阶级家庭的学生被一所名牌大学录取并获得大学助学金,但是八月底要缴纳的"技术费"(technology fee),几乎会让这名学生无法进入大学。为人父母者也倾向于不去区分大学里认为是选择性物品(如装修宿舍的用品)和必需品(如课本)。他们将校方列出的所有物品都视为必需品。(2010年10月15日与Bloom的私信交流。)

[43] See Lareau and Cox, "*Social Class and the Transition to Adulthood*".

[44] 许多因素造成工人阶级家庭和贫困家庭父母对教育工作者的依赖,包括父母缺少教育技能,在他们的非正式网络中缺少教育专业人士,经济资源有限无法雇用校外的咨询师。关于社会阶层如何影响父母参与学校教育的讨论,参见我所著的《家庭优势》。

[45] In *Producing Success*, Peter Demerath documents demands that parents place on teachers in an upper-middle-class community.

[46] Scott N. Brooks 在他关于青少年篮球的研究著作 *Black Men Can't Shoot* 中分析了导师制模式。他指出不同高中之间的转会很普遍。他也展示了年长的男教练如何帮助球员。他还额外提供了关于全市范围篮球天才排名的证据;这一排名支持了哈罗德的看法,即他本可以在不是高中校队的情况下被视为城市的杰出球员。不过,Brooks 也指出了球员们愿意听从年长教练的专业意见、遵守要求并表现出"值得一训"迹象的重要性。无法评估哈罗德对教练指导的回应。美国大学体育协会(NCAA)的"Estimated Probability of Competing in Athletics Beyond the High School Interscholastic Level"表明,有3%在高中打篮球的高年级学生会在进入大学后打球。高中高年级学生最终进入美国职业篮球队的比例为万分之三。关于体育与社会模式更广泛的讨论,参见 David Karen 和 Robert E. Washington 共同主编的 *The Sport and Society Reader*。

[47] 扬内利夫人的故事进展如下：

> 扬内利夫人：他 [校长] 对我说："请你和你的儿子出去。"他站起身，然后他打开门让我们离开，当时似乎还有另外五个被他叫来的人坐在那儿。他可以见他想见的人，我们却不能这样。他打开门，当我们走过他身边时，他对我说："我希望你和你的混蛋儿子去死（croak）"——或者死（die），或者是表示这个意思的一个词。他说那句话时，我的身体开始颤抖，我的膝盖也在发抖。我心说："我不信这个人会对我说这样的话。"在场的人都听到了。他们听到了。但他们并不在意。就像在那里办公的秘书一样。
>
> 安妮特：他们都抬头看见了吗？
>
> 扬内利夫人：是的，他们都抬头看了看，然后就看往别处。我们冲了出去。回到家我给学校打了电话，我说："我有一个录音机，我就是想让你知道校长对我说了什么，他所说的就在磁带上。"我真是太蠢了，因为……我试图吓唬他，但却忘了我经过了那个金属探测器。

[48] 这一学区的雇员也提到了小比利退学的可能性。扬内利夫人回忆说："她说：'你想让你的儿子退学吗？'那时他已快 16 岁，然后我说：'是的，是的。我宁愿他在那时候退学。'"参见 Michelle Fine 在 *Framing Dropouts* 一书中关于教育工作者如何"排挤"一些年轻人鼓励他们退学的描述。

[49] 定量研究无法区分可以说明这种模式的详细程度，但有证据表明，受教育程度较高的家长更有可能与学校进行接触，并会更为积极地参与学校事务。See Kathleen Hoover-Dempsey and Howard M. Sandler, *Why Do Parents Become Involved?* 民族志研究也显示，工人阶级家庭和贫困家庭父母的参与度要远低于中产阶级家庭父母。See Amanda Lewis and Tyrone Forman, *Contestation or Collaboration*? Annette Lareau, *Home Advantage*; Fiona Devine, *Class Practices*; Val Gillies, "Teaching and Learning Guide for *Childrearing, Class, and the New Politics of Parenting*". See also Gill Crozier and Jane Davies, "Hard to Reach Parents or Hard to Reach Schools?" 注意，除了父母行为上的阶级差异，教育工作者在什么样的父母是有权威的这一点上理解也有差异；教育工作者对学生父母的认知，会影响到教育工作者自身认为该如何对学生父母作出回应。感谢 Lisa Smulyan 提出这一看法。

[50] 泰勒先生怀疑泰雷克那时正在卖大麻。

[51] 换个角度说，阻碍泰勒夫人进行干预的不是她的愿望，而是她的阶级地位。如果她对下面这一情况了解更多，即如何在高中进行更多干预以便孩子升入大学，她很可能会这样做。Paul Attewell 和 David Lavin 在 *Passing the Torch* 中说明，家庭中第一个从大学毕业的女性的育儿方式发生了变化（尤其是与那些没上大学的女性相比）。他们展现了，大学毕业生更有可能给他们的孩子读东西听，并更愿参与到学校教育中。因而，大学学位似乎在某一程度上改变了母性的形象。在我的研究中，所有中

产阶级家庭的母亲即使在她们的孩子成年之后，仍在延续她们先前的大量参与到孩子生活中这一模式。关于在帮助孩子上对母亲无止境的要求，超出本书探讨范围，但可参见以下著述：Sharon Hays, *Cultural Contradictions of Motherhood*; Alison I. Griffith and Dorothy E. Smith, *Mothering for Schooling*; Margaret Nelson, *Parenting Out of Control*; Demie Kurz, "I Trust Them but I Don't Trust Them"; Diane Reay, "Doing the Dirty Work of Social Class?"; Margaret Nelson 和 Anita Ilta Garey, *Who's Watching*? 有越来越多的迹象表明，教育机构想让中产阶级家庭父母"放下"如此高的参与度。例如，一些大学试图限制家长参与高等教育进程。See Jennifer Jacobson, "*Help Not Wanted*"; Eric Wills, "*Parent Trap*"。

[52] 在自己孩子从高中退学或者是没有坚持念完大学的工人阶级家庭和贫困家庭父母中，只有布林德尔夫人在访谈中没有表现出伤心的样子。卡蒂有严重的毒品问题，岁数还小就有了一个孩子，而且很难与那个孩子建立起亲密关系。在这种情况下，高中辍学只是众多需要面对的非常紧迫的问题之一。而且在初始研究和追踪研究中，在访谈中，布林德尔夫人经常会讲到一些非常痛苦的经历，不过她的反应比其他父母要更淡定。即便如此，在追踪研究的访谈中，她明确表示非常希望卡蒂能回到学校取得 GED（同等学力证书）。

[53] 汉德隆女士和我的对谈是在八月份。访谈一开始，我说我打算在夏天采访学生。汉德隆夫人看上去有些尴尬地说道："赶在他们返回大学之前。"她似乎对梅勒妮没上大学而深感不安。孩子未上大学或未坚持上完大学可能会令所有父母失望，但这尤其会给住在中产阶级社区的父母带来巨大的压力，因为其所在社区的大学入学率很高，以至于没上大学的孩子们会被污名化。由于工人阶级家庭和贫困家庭的孩子们大学入学率仍然不高，所以这些家庭的父母也会感到失望，但与汉德隆夫人不同，他们似乎并未感到羞辱。一项全国调查发现，家庭收入不同，辍学率也不同：高中辍学者中，高收入家庭的学生占 2%，中等收入家庭的学生占 4%，低收入家庭的学生占 8%。U.S. Department of Education, "Event Dropout Rates"。

[54] 虽然汉德隆先生有硕士学位而汉德隆夫人则只上过两年大专，但却是她扮演着管理梅勒妮学校教育的角色。正如 Melissa Wilde 指出的那样（2010 年 10 月 25 日私人通信），汉德隆夫人可能是"所有中产阶级父母中处在最低阶层上的那一个"，缺少成功管理梅勒妮学业所必需的知识、气质及其他形式的文化资本。而且，不考虑社会阶层，就像研究母性的社会学文献所指出的，母亲们经常会因她们孩子的不当行为而受到指责。See Anita Garey and Terry Arendell, *Children, Work, and Family*.

[55] 例如，国家教育统计中心（NCES）的一份报告显示，在高中就渴望拿到大学文凭的年轻人中，在那些至少有一位父母有大学文凭的学生中，只有 1/3 的人被认为"极具"进入大学的资格；有很大一部分人最终都没能进入四年制大学。See U.S. Department of Education, "Access to Post-Secondary Education for 1992 High School Graduates"。一些评论家认为实际情况比这一比例要低得多。

[56] 这篇文献中满是对如下情况的辩论：基因遗传对智力的贡献，"先天和后天"在

孩子成长中所起的作用，智力的准确定义和评价标准，学校和家庭对孩子成长结果的贡献等。讨论这些因素超出了本章的范围。See Judith Rich Harris, *Nurture Assumption*.

[57] See Kathryn M. Neckerman, *Social Inequality*; Grusky and Szelényi, *The Inequality Reader*; Aaron M. Pallas and Jennifer L. Jennings, "Cumulative Knowledge about Cumulative Advantage"; Lareau and Conley, *Social Class*; Bill Keller and the *New York Times*, *Class Matters*; Future of Children, *Opportunity in America*.

[58] See, for example, the influential work of Michèle Lamont, *Money, Morals, and Manners*; *Dignity of Working Men*; Lamont and Marcel Fournier eds., *Cultivating Differences*; David J. Harding, Lamont, and Mario Luis Small eds., *Reconsidering Culture and Poverty*. See also Pierre Bourdieu, *Distinction*.

[59] See Pallas and Jennings, "Cumulative Knowledge about Cumulative Advantage".

[60] 斯泰西的成功也可能与她的家庭背景有关，但是否与她父母采取的行为有关仍不清楚。在研究中产阶级父母所采取干预的类型和时机掌握上，固定反馈研究存在方法论上的限制。这些限制解释了为什么社会科学家会如此经常地去尝试通过研究 GPA（平均积分点）、口语考试成绩、看电视时间、父母给孩子朗读的时间，以及父母出席家长教师会的情况来了解各种社会结果。不过，就像我们已经看到的，问题在于中产阶级父母所做的很多事情很难在调研中获取。

[61] See pictures of art work in Peter Demerath, *Producing Success*, which provide haunting images of alienation. Some elite high school have been shaken by suicides, including in Palo Alto, Calif., where five high-achieving students committed suicide in six monthes. See Christina Fan, "After Five Suicides, Palo Alto High School Students Change Culture", www.sfgate. com/cgi-bin/blogs/inthepeninsula/detail?entry80342; accessed March 22, 2011. *College Unranked*, edited by Lloyed Thacker, discusses the "arms race" of preparation for college applications. See also Nelson, *Parenting Out of Control*; Suniya Luthar, "The Culture of Affluence".

[62] See Wills, "Parent Trap"; Jacobson, "Help Not Wanted".

[63] 就像 Katherine McClelland 指出的："'协作培养'这一隐喻本身就是对中产阶级父母为其子女失败感到耻辱的一种解释：如果我们都在进行培养，那么如果你的花儿绽放我的却没开，那我就是一位可怜的园丁。"（2010 年 9 月 17 日私人通信。）中产阶级生活还有许多其他缺点，而学界对此给予的关注则极为有限。例如，包括塔林格家在内的中产阶级家庭，经常必须举家搬迁（有时还会搬到很远的地方），为的是满足父母中的一人或两人的职业需求。中产阶级家庭父母，包括威廉斯先生和威廉斯女士在内，为了事业，工作时间都很长，并要在机场和旅店花很多时间，远离家庭。花在工作上的时间得到众多研究的考察，但是关于家庭生活质量上阶层差异之影响的研究则始终难以展开（不过可以参见：Marianne Cooper, "Being the 'Go-To Guy'"; Pamela Stone, *Opening Out*; Mary Blair-Loy, *Competing Devotions*

for studies of middle-class families）. For discussions of the class divide in time spent at work, see Jerry A. Jacobs and Kathleen Gerson, *The Time Divide*.

[64] Bruce Tulgan's *Not Everyone Gets a Trophy* was published in 2009. There is an older popular literature on the downside of what I term concerted cultivation, including David Elkind's 1981 book *The Hurried Child*. See also Suniya Lurhar, "The Culture of Affluence".

[65] See chapter 8, "The Dark Side of Parent Involvement", in Lareau, *Home Advantage*.

[66] 中产阶级父母很可能会试着尽可能多地像准备外科手术的诸多因素一样去管理孩子，例如了解药物的名称和副作用，询问替代疗法，充分研究他们孩子的治疗状况以提出知情问题。但他们仍会把手术的责任交给外科医生，就像工人阶级家庭和贫困家庭父母会把教学的责任推给教师一样。

[67] Peggy C. Giordano, "Relationships in Adolescence"; Jennifer Lee and Frank D. Bean, "America's Changing Color Lines".

[68] For a review, see Kathleen V. Hoover-Dempsey and Howard M. Sandler, "Why Do Parents Become Involved in Their Children's Education?" See also John B. Diamond and Kimberly Williams Gomez, "African-American Parents' Educational Orientations".

[69] 我的样本较小。所有工人阶级家庭和贫困家庭父母都接受了访谈。但在中产阶级家庭中，亚历山大的父母拒绝接受采访。这限制了可以得出的结论。我仔细观察样本，找寻父母在机构中所采取干预措施的性质、频率和类型上存在种族差异的迹象。阶级差异十分显著，但种族差异则尚未出现。关于家庭生活中种族影响的讨论，参见Linda Burton 等人的文章 "Critical Race Theories, Colorism, and the Decade's Research on Families of Color"。关于种族和民族的研究自是数不胜数，但是关于非裔美国人在日常生活中持续受到的歧视也有令人信服的证据。关于种族与就业的讨论，参见 Pager 的 *Marked*。关于种族与监禁的讨论，参见 Western 的 *Punishment*。关于种族与居住隔离的综述，参见 Douglas Massey 的 *Categorically Unequal*。关于贫富差距，参见 Melvin L. Oliver 和 Thomas M. Shapiro 合著的 *Black Wealth/White Wealth*。关于种族与公共空间，参见 Joseph Feagin 和 Melvin R Sikes 合著的 *Living with Racism*。除此之外，还可参见 Michele Lamont、Elijah Anderson、Alford Young 和 Mica Pollock 的著作。

[70] See Emily Beller and Michael Hout, "Intergenerational Social Mobility".

[71] I an grateful to Katherine Mooney for suggesting this phrase.

第十四章

[1] See William Foote Whyte, *Street Corner Society*.

[2] See Annette Lareau, "Common Problems in Fieldwork: A Personal Essay", in *Home Advantage*. See also Annette Lareau and Jeffrey Shultz, eds., *Journeys through*

Ethnography, as well as Appendix A in this book.

[3] Michael Burawoy, "Revisits"; Linda M. Burton, Diane Purvin, and Raymond Garrett-Peters, "Longitudinal Ethnography"; Nancy Scheper-Hughes, "Ire in Ireland"; Jay MacLeod, *Ain't No Making It*. See also Michael Burawoy, "Public Ethnography as Film".

[4] See Norman K. Denzin and Yvonna S. Lincoln, *The SAGE Handbook of Qualitative Research*; Caroline Ramazanoglu and Joan Holland, *Feminist Methodology*; Diane L. Wolf, ed., *Feminist Dilemmas in Fieldwork*; Martyn Hammersley and Paul Atkinson, *Ethnography*; Dorothy Smith, *Institutional Ethnography*; Paul ten Have, *Understanding Qualitative Research and Ethnomethodology*; Joan Cassell, "Risks and Benefits to Subjects of Fieldwork". Luke Eric Lassiter 在 *The Chicago Guide to Collaborative Ethnography* 一书中对民族志者应该与研究参与者合作"共建"民族志这一立场进行了有力的辩护。

[5] Whyte, *Street Corner Society*; Scheper-Hughes, "Ire in Ireland"; Arthur J. Vidich and Joseph Bensman, *Small Town and Mass Society*; Carolyn Ellis, "Emotional and Ethical Quagmires in Returning to the Field"; Arlene Stein, "Sex, Truths, and Audiotape".

[6] 初始研究完成于1993—1995年间。在那之后的这些年间，一些家庭始终与我保持联系。例如，我参加了温迪的高中毕业派对，得到了泰雷克的舞会照片和毕业通知。我还得到告知：加勒特和斯泰西高中毕业升入了大学。

[7] 对威廉斯、马歇尔、汉德隆（母亲和梅勒妮）、欧文、格里利、卡罗尔、布林德尔、塔林格（加勒特）和小比利家庭成员的采访在他们收到赠书之前就已完成。对麦卡利斯特夫人和塔林格夫人的采访是在我赠送本书当天进行的。对德赖弗、泰勒和汉德隆（父亲）的采访是在他们读过赠书之后。一些访谈迟至2005年才完成。然后，在2009年和2010年，我开始联系这些家庭，分享我对他们所做回应的总结；就像我在其他地方所指出的，我邀请他们反馈他们的看法。2010年，在本书第二版将要出版之际，我确认了除亚历山大和哈罗德之外所有年轻人的就业状况。尽管我没有直接问过他们，但大多数人看上去都只读了关于自家的部分。不过，与塔林格夫妇、扬内利夫人和马歇尔夫人的对话表明，他们读完了全书。

[8] 事实上，追踪访谈并不符合Michael Burawoy给民族志重访所下的定义："民族志重访发生在人种志学者进行参与式观察，即在他人的空间和时间内研究他人，并将他或她的观点与先前研究得出的观点相对照，无论这一研究是由他或她或其他人所进行的。""Revisits", p.646.

[9] Mitchell Duneier, "Transparency in Ethnography".

[10] 当时我在天普大学教一个共有一百一十名学生的班，助教每周工作二十小时。我每周上一次讨论课，并要给三分之一的期中论文、小作业和期末测试打分。在宾夕法尼亚大学，我教的是同一门课，有两位助教（每人每周工作二十小时），班上人数相对少一些（一百名学生）。

[11] See Mario Luis Small, "How Many Cases Do I Need?", on the size of projects.

[12] 尽管超出本章讨论范围，但是一直有人呼吁在定性研究中采取"科学标准"。See

reports by the Sociology Program of the National Science Foundation: Charles Ragin, Joane Nagel and Patricia White, *Workshop on Scientific Foundations of Qualitative Research*; Michèle Lamont and Patricia White, *Workshop on Interdisciplinary Standards for Systematic Qualitative Research*; as well as the critical essay by Howard Becker, "How to Find Out How to Do Qualitative Research", on these NSF reports. 为了应对关于这一标准的压力，一些研究人员通过收集较大规模的定性采访研究（如三百个案例），在这些研究中项目负责人自身做的采访很少。另外，这些研究中有许多都不包括任何参与观察。通过采用这种方法，质性研究人员想要避开定性研究（即，小的、目标样本）的局限性。但事情经常是，这些大规模研究的结果无法令人满意；它们无法提供作为民族志作品标志的"深描"；参见 Clifford Geertz, *Interpretations of Cultures*. 它们也没有对事件的意义给予足够的重视。For a critical assessment of these issues, see Annette Lareau, *Doing Ethnography in the Real World*. 当然，还有很多不同类型的定性之作; see the review of various approaches in Denzin and Lincoln, *SAGE Handbook of Qualitative Research*, as well as discussions of ethnography in Smith, *Institutional Ethnography*; Shulamit Reinharz and Lynn Davidman, *Feminist Methods in Social Research*; Hammersly and Atkinson, *Ethnography;* Iddo Tavory and Stefan Timmermans, "Two Cases of Ethnography"; Michael Burawoy, *The Extended Case Method*. See also Elinor Ochs et al., "Video Ethnography and Ethnoarchaeological Tracking"; Stephen A. Matthews, Linda M. Burton, and James Detwiler, "Geo-ethnography".

[13] 在做民族志研究时，带点吃的、变相提供帮助，或在可能的情况下为参与研究者提供酬金，都会对与研究对象发展和维持关系有所帮助。如果成本是一个问题，也有一些花费较少的选择，如照片裱框、CD 刻盘或制作相册。

[14] 我对温迪、德赖弗先生、汉德隆先生和扬内利夫人的访谈进行了录音（这些访谈都是分别进行的），扬内利先生拒绝访谈被录音，尽管我在厨房与扬内利夫人访谈录音时他就在客厅里听着。

[15] 在我草拟了每个家庭对本书的反应的简要概述后，我给九个家庭中的四个家庭寄了一个包裹，里面装有我草拟的他们对本书回应的副本，并有一封邀请函，请他们或者是写下他们自己对本书的回应（我答应在本书第二版中会原封不动地收入），或者是在我写的版本上加以修改。作为一种友好的姿态，我也在包裹中夹寄了一盒巧克力。我有所有家庭的有效地址，除了德赖弗家和麦卡利斯特家。麦卡利斯特再次搬家，我手上的他家电话号码已经停用。我试着通过给他们一位亲戚的答录机上留言找到他们，但却未能成功。德赖弗一家也搬家了，我无法通过脸书、白页电话簿或谷歌找到他们。（后来温迪通过脸书联系到我。她告诉我了她家及工作的最新情况。不过当我提议聚一下时，她却拒绝了。）我没有给小比例家寄礼物，而是登门拜访（带着我草拟的总结、啤酒和巧克力）。扬内利先生说我的草稿"很对头"，准确地描述了"那时"他们的感情。我给布林德尔家打去电话并留了言，布林德尔夫

人立马回电。后来我通过邮件将草稿传给她的大女儿，她的大女儿在电话里念给她听。布林德尔夫人认同我的看法。我也给泰勒夫人发了邮件。在她的建议和允许下，我用她的回应代替了我的总结。为了便于说清楚，我增加了一个引导性的注释并编辑了她的回应信息，尤其是内容长度。剩余家庭的反应不尽相同。马歇尔家通过充满温情的邮件与我联系；马歇尔夫人和斯泰西分别给我发来邮件，说她们对书中对她们的描绘感到"很舒服"。塔林格家也回应了我。塔林格先生编辑了我草拟的概述；他的编辑使得描述变得更清晰和更精确。他的邮件友好而幽默（他说他们正在对我进行"协作培养"）。我与汉德隆女士在电话里进行了交谈。她很直爽。她说她收到包裹后就把它给了梅勒妮。我表示这封信既是给梅勒妮的，也是给她和她的丈夫的。她说她会抽空看一下。之后她就再没回信，威廉斯家一直没有回信。

[16] 2004年我与塔林格女士的联系中止。不过，2010年1月，她以一种友好的方式对我的追踪访谈邮件作出了回应，我在邮件中告知给他们寄了包裹（一盒巧克力和关于他们对本书反应的描述）。不过，关于塔林格家回应的通信联系却是由塔林格先生一手操控。

[17] 我没有直接从梅勒妮那里听到她对本书或书中关于她的描述的感受。不过，当我访谈她的父亲时，她正巧回家。当时我正坐在地板上，隔着咖啡桌与汉德隆先生交谈。当梅勒妮站在钢琴旁时，我起身告诉她我听说本书让她感到沮丧，对此我深感抱歉。她（面无表情地）点了点头但却并未多说什么。我想引她对话的努力没有成功。她消失在房后，我则继续采访她的父亲。

[18] 威廉斯家的反应要比其他人家的反应更模糊。我怀疑是第一版第六章注释18中所讲述的事情冒犯了他们。在那条注释中，一位调研人员对一个躲猫猫的游戏表示不舒服，认为在这个游戏中威廉斯夫妇对待亚历山大就像他是一个很小的小孩子一样。此外，威廉斯先生从一开始就对参与这项研究没有多少热情；他（正确地）认为这项研究是"对隐私的一种侵犯"。对他家的描画可能使他觉得受到了责难。在与威廉斯夫人互通邮件后，我为是否应该再与他们联系感到苦恼。最后，我觉得我需要给他们一个机会讲出他们的想法（如果他们愿意的话）。我给他们邮寄了与给其他家庭同样的包裹，请他们概述他们对本书的反应（或编辑我的草稿）。我在包裹里附上了一个带有我的草稿和他们邮件副本的CD。我没有收到任何回应。

[19] 几年后当斯泰西上大学时，她的室友正在为准备上某节课而读这本书。斯泰西透露说书中写到了她。

[20] 虽然温迪此时打开了本书，但录音带转录表明，她在大声朗读本书时做了一些小修改。因此，引述与原文并未完全对应。而且在最初的田野笔记中，这一引述要更长，并清楚地表明：她的母亲、继父和兄弟停下了他们正在做的事情，看着她，然后（在她说完之后）又转过头去看电视。温迪很苦恼，因为她觉得家人给她的关注在书中没有得到充分强调。

11 当时，《奥普拉脱口秀》节目的特色是，每月讨论一本奥普拉选出的书。扬内利夫人提到的书是《安娜·卡列尼娜》。与此稍有不同的是，一位同事告诉我，民族志不是"婚纱摄影"。回顾过去，我认为确有很多家庭觉得书中描述就像是一种文字版的婚纱摄影，应该尽力呈现家庭中最美好的一面。

[22] 例如，我在整个过程中都出现了处在压力情境下的典型症状，包括失眠。

[23] 几年后，我在一家商店遇到了扬内利一家。他们热情友好，看上去很开心。小比利现在有了自己的公寓。他的母亲惊喜地说："他甚至能在屋里保持干净。"他的工作很有规律。他干得很好。扬内利夫妇很高兴他们的大儿子及其女友很快就要生孩子了，他们非常期待与婴儿一起生活。

[24] Burawoy, "*Revisit*", p.672.

[25] 应该强调指出的是，并非所有研究参与者都有负面感受。一些人说真的很享受参与研究。他们的参与经历使他们感到自身很特别；他们对自己将会在书中得到讨论感到兴奋；他们从能与一个不加评判的听众谈论私人问题中得到安慰。相似地，尽管参与民族志研究会让个体付出非常真实而痛苦的代价，但这些代价肯定要少于其他领域的。在医学研究中，控制组里的贫困个体，在临床试验结束和药物最终获批之前都无法从试验药物中获益。近来有一案例，两位表亲参与同一项医学研究，其中一位在等待治疗得到批准的过程中死去。See Harmon, "*Target Cancer*".

[26] 我的经历使得我极力主张，在研究项目开始之前，就应明确告知参与者作为一名研究参与者在研究项目中要付出的代价。它们可以包括在知情同意书中，作出如下声明："研究可能会让你感到不舒服"或者是"研究报告得出的结论可能与你对你的生活的理解不相符"。

[27] See Vidich and Bensman, *Small Town in Mass Scociety*, particularly the Afterword with its description of the negative reaction of the community, including his being hung in effigy. Similarly, in the introduction to a special issue assessing *Street Corner Society*, Peter Adlerand the other editord report that "virtually all of Cornerville felt hurt by the publication of *Street Corner Society*" in 1943(p.5). William Lloyd Warner, who studied "Yankee City" (Newburyport, Mass) in 1949 was famously mocked by John Phillips Marquand through the character of Malcolm Bryant in Marquand's novel *Point of No Return*. Studies have also been critically assessed decades later; see W. A. Marianne Boelen, "Street Corner Society", and the vigorous defense of Whyte by Angelo Ralph Orlandella, "Boelen May Know Holland ..."

[28] See Ellis, "Emotional and Ethical Quagmire"; Stein, "Sex, Truths, and Audiotape"; Scheper-Hughes, "Ire in Ireland".

[29] 例如，可以参见关于行动研究（action research/advocacy research）的很多文献。这一传统在教育学领域要比社会学领域有着更为广泛的拥护者。See Jack Whitehead and Jean McNiff, *Action Research*. 包括 Nancy Scheper-Hughes 在内的一些研究者呼吁避免使用假名。

[30] 例如，Mitchell Duneier 在 *Sidewalk* 一书的附录中就滑稽地描述了他那徒劳的努力：

他大声朗读书稿中关于他的调研儿童（格林威治村街头小贩）的内容，想要引起他们的关注和欣赏。

[31] 一些研究人员寻求通过直接呈现调查对象的声音来解决这些问题。一种办法就是公开部分未经加工的采访记录。其他办法则是提供分析，但将文本的主要目的视为一个机会，用来讲述一个未被充分代表群体的故事。除了其他作品，也可参阅 Eddah Mutua Kombo 的文章 "Their Words, Actions, and Meanings"。然而，依然是研究者而非调查对象在设想研究、决定询问什么问题并编辑（大部分）文本予以出版。这也没有涉及研究者的职业发展问题。如果研究者真与调查对象共同写作，在同行评审的期刊中就很难遵守发表的标准。一些民族志者在对他们的研究中隐藏起自身，创造了自我民族志这一分支。参见 Carolyn Ellis 和 Arthur P. Bochner 的文章 "Analyzing Analytic Autoethnography"。其他人则进行基于群体之上的研究。例如，Alisa Lincoln 报道了一项研究，在该研究中，民族志者与十八位有重大精神疾病的参与者成为合著者。只有在每个合著者签名同意后，该作品才能发表。有时候，参与者拒绝认同出版可能会伤及年轻学者的职业生涯（2011 年 1 月 27 日私信交流）。See also Lassiter, *Collaborative Ethnography*.

[32] Hugh Mehan 评论说："我一直处在相似的情境中：一方面试图真实地描述事件，另一方面又想确保被调查人员的声音得到准确呈现。关于我们的书 [Mehan 等人合著的] *Constructing School Success*，我已答应 AVID 的人们可以在正式出版前看到手稿。AVID 的主任对书中一些观点极为反感，由此导致后来很多个周五下午都要开会讨论她觉得书里带有冒犯性的言论。我们进行了讨论。我们也进行了争辩。我们认同作出一些改变——不再显得那么过激，但也没有改变书中论点。我在引言中承认了这一情况。"（2009 年 8 月 31 日私信交流。）Tim Black 在 *When a Heart Turns Rock Solid* 一书中采用了相似的办法。在一次关于他对群体组织者（未用假名）所进行研究的访谈中，Mark Warren 突出强调了与他研究的群体建立合作关系的重要性。想要做到这一点并不总是很容易，有时招募群体组织接受研究的过程可被视为"诱惑"，而分享结果，尤其是当结果暴露出问题，则会被视为"背叛"。他将与该群体组织的互动描述为"无比激烈"，尽管与其他群体组织的互动要较少有争议。就像他所写的："即使在更有争议的情况下，团队依然会在什么是可接受的上面达成共识。"（2010 年 10 月 31 日私信交流。）See Warren, "A Collaborative Approach to Ethnographic Case Study Research"．

[33] See Rubén Gaztambide-Fernández, *Best of the Best*. 书中对一所精英寄宿学校里的特权体验进行了深入的思考和阐述。作者提供了关于学生经历的见解，但他的书里几乎不涉及该学校的缺点、失误或不足。他报告说这样做并非有意为之，而是"反映出这样一个事实：本书研究的不是学校本身，而是关于学生如何建构精英身份认同。我想了解学校是如何做到让学生信服他们就是'优中之优'。" 2010 年 10 月 17 日私信交流。

[34] 就像我已解释过的，扬内利一家和我确实修复了我们的关系。不过，如果我是在明

知他们反对后公开分析的要点，我怀疑那一关系修复是否可能。我依旧把节日贺卡寄给小比利，以及其他希望与我保持联系的年轻人和家庭（我有他们的地址）。我现在会给他们寄送食物或是在信中夹寄二十美元；如果年轻人有孩子，我会从 Target 等商店给他们寄礼物卡。

[35] The phrase of finfing a balance that is "right for them" is from Shana Maier and Brian Monahan, "How Close Is Too Close?"

[36] 一些出版机构现在要求知晓调查对象是否有同意访谈或田野笔记出版的书面许可，尤其是在读者能推断出调查对象身份的情况下。因此，知情同意书中应该包括一项明确声明：研究参与者许可研究内容出版，以及研究者会尽最大可能为信息保密，但研究参与者也应理解下面这一可能，即总是会有人在书中认出他们。

[37] 当然，报刊文章上描述的人物，或者是，就这一点而言，在电视真人秀上，经常都是对那些描述感到气愤。哥伦比亚新闻学院院长 Arlene N. Morgan 根据自己的记者生涯报告说："有一个很好的常识，就是与人见面，给他/她一个机会给编辑写信或与责任编辑会面。"她补充道："我建议……应主动告知故事中讲述的内容……如果不会破坏故事就要准备讲出更多内容，在你发表前要好好想想。"（2010年10月27日私信交流。）关于记者的伦理规范，参见 Gene Foreman 的 *Ethical Journalist*。关于一户人家对真人秀的反应的例证，参见 Jacques Steinberg, "One Show's Unexpected Lessons in Reality"。

[38] 参与式研究是一个例外。在参与式研究的传统中，研究参与者会参与每一个步骤。See Whitehead and McNiff, *Action Research*, as well as, in a somewhat defferent vein, Binaya Subedi and Jeong-eun Rhee, "Negotiating Collaborating across Differences". 关于研究者在进行研究和报告研究中所扮演的角色问题，除了其他人的著作，也可参见：Maier and Monahan, "How Close Is Too Close?"; Cassell, "Risks and Benefits to Subjects of Fieldwork"; Katherine Irwin, "Into the Dark Heart of Ethnography"; Jack Katz, "On the Rhetoric and Politics of Ethnographic Method"; John Van Maanen, *Tales of the Field*. 还有许多人创造新的形式来展现民族志，包括诗歌和行为艺术。See Michal M. McCall and Howard S. Becker, "Performance Science"; Carl Bagley, "Educational Ethnography as Performance Art".

[39] See Nancy Scheper-Hughes, *Saints, Scholars, and Schizophrenics*, 2nd ed., pp.xviii, xvi-xvii.

[40] 研究者有不同的方式来解决这一复杂的伦理两难。例如，Duneier 将 *Sidewalk* 一书的稿费分给书中描述的人。但是，实际数额非常少，经常每人每年不到二十五美元。而且，在研究结束后为先前的工作而付费，会改变研究者与参与者之间的关系。Timothy Black 在 *When a Heart Turns Rock Solid* 一书中直接将民族志研究视为一种剥削形式。在田野调查的方法论困境上，与社会学家相比，人类学家有着更为丰富的文献。See, for example, Paul Rabinow, *Reflections on Doing Fieldwork in Morocco*; Margery Wolf, *A Thrice-Told Tale*.

[41] 参见 Arlie Hochschild 的 *The Second Shift*。如果我继续进行我的研究，关注不平等的再生产，那么我是不会想把我自己的书送给潜在的参与者的，因为书中内容会让他们对这项研究中的研究问题知道太多。不过，考虑到无处不在的互联网渠道，很可能一些潜在的研究参与者可能会输入我的名字进行搜索；他们很可能会通过这种方式了解到我的研究兴趣。（尽管其他研究者可以将《不平等的童年》视为最终研究成果的一个例证。）

[42] 重要的是要记住，研究者与研究对象不仅对最终产品有不同兴趣，而且他们从事的是不同的工作：研究参与者在过他们的生活，研究者则在进行分析。

[43] 这种对话并不容易完成。它要求有意愿聆听人们极为严厉的和愤怒的话语。这里的关键是既不要去争论，也不要去辩解或者坚持陈述最初的想法。相反，目标是仔细倾听他人的陈述，清楚地传递出你不仅听到了他们所说的话，还听出了隐藏在他们话语背后的情感。一字不落地转述出这些调查对象的担忧，表明你听到并理解了他们的立场。然后，通过持续回访，你可以确认你是真诚地在关注他们和他们的情感。我把这叫作通过愤怒"与他们保持关系"。这一点很难做到。但也并非不可能。

[44] 事实上，当我登门拜访告诉他们我就他们对本书的反应所做的总结时，扬内利夫妇都留意到他们的观点发生了改变。扬内利先生说我的总结"很对头"，准确地描述了"那时"他们的感情。当我在电话里告诉扬内利夫人我起草了他们对本书的反应时，她问道："什么时候的？最初的还是现在的？"另外，扬内利夫人也意识到其他人会有不同看法。（扬内利夫人把本书送给一位亲戚，那位亲戚很喜欢书中的描述。）然而，书中对一家人的描述还是与扬内利夫人对她自己和对她的家庭的看法起了冲突，从而给他们带来了痛苦。在我们的拜访中，此时已是本书出版六年之后，扬内利女士谈起本书时依然泪流满面。

[45] William Foote Whyte, "On the Evolution of *Street Corner Society*", p.66. Paul ten Have 在 *Understanding Qualitative Research and Ethnomethodology* 中提出了类似的观点。他指出，"Doc"在 Whyte 的书出版之前就已读过书中"每一页"，但很难预测研究参与者后来的感受。就像 Paul ten Have 所写，"被研究者所'利用'这种感受可能很难避免"（第 116 页）。

第十五章

[1] See Daniel Kindlon, *Too Much of a Good Thing*; KidsHealth.org, "Is Your Child Too Busy?"; Madeline Levine, *The Price of Privilege*. For earlier works, see David Elkind, *The Hurried Child*; Alvin Rosenfeld and Nicole Wise, *The Over-Scheduled Child*. For a vigorous defense of the virtues of hectic schedules (as well as a defense of blending of parenting directives with the cultivation of children's talents), see Amy Chua, *Battle Hymn of the Tiger Mother*. [蔡美儿，《我在美国做妈妈：耶鲁法学院教授的育儿经》，张新

华译，中信出版社，2011 年版。] 尽管蔡美儿强调发号施令的重要性，但她的女儿的叛逆使她放弃了她的风格，将父母的指令与培养女儿的音乐才能相结合。最后，蔡美儿采用了更为传统的协作培养方式。关于儿童教养上所发生变化的历史叙述，参见 Steven Mintz, *Huck's Raft: A History of American Childhood*; Ann Hulbert, *Raising America*。

[2] I received a grant from the Spencer Foundation to conduct the follow-up study and to examine the results of Unequal Childhoods using a large, quantitative data set. As a result of that grant, Elliot Weininger collaborated with me; later Dalton Conley and Melissa Velez at New York University also were involved in a more limited fashion. See Lareau and Weininger, "Time, Work, and Family Life"; See also Weininger and Lareau, "Cultivating the Religious Child"; and Weininger, Lareau, Conley, and Velez, "Concerted Cultivation and Natural Growth among American Children".

[3] PSID（美国收入动态追踪调查）是一项具有全国代表性的纵向调查，始于 1968 年，主要关注与家庭财政和就业有关的问题。这项调查每年进行一次或两次，既追踪最初的样本家庭，也追踪由最初样本成员的孩子组成的"分支"家庭。研究者设计了一个加权体系，来解释采样的初始状态概率分布和随着时间发展的人员耗损（普遍较低）造成的影响。PSID 的每次调查，都会收集有关就业状况、收入、家庭成员的财务状况，以及像住房这样相关问题的详细信息。

CDS（儿童发展调查）的初次调查是在 1997 年，是关于 PSID 调查中有 0—12 岁孩子家庭的一个子样本。对两千三百八十个家庭中的三千五百六十三个孩子进行了数据收集。（因而，这些孩子中有三分之二是子样本中另一个孩子的兄弟姐妹，但在这项研究中，没有一个家庭有超过两个孩子。）为了使用这些数据，创建了一套儿童层级权重，通过调整 PSID 权重来解释每个孩子在家庭内被抽样的概率。我们的研究中用到了这些权重。为了尽可能确保与民族志具有较多的对比性，同时将可供分析的样本数最大化，我们将子样本限制在数据收集时年龄介于 6—12 岁之间的儿童。

PSID 和 CDS 数据由密歇根大学社会研究所里的调研中心收集和发布。

[4] 例如，Sandra L. Hofferth 在 "Response Bias in a Popular Indicator of Reading to Children" 一文中发现，在调查反馈分析中，与关于儿童阅读的时间日志模式相比，受教育程度更高的父母（而非受教育程度较低的父母）看上去夸大了他们的孩子花在阅读上的时间数量。

[5] 关于这些分析的完整结果，参见 www.ucpress.edu 上有关本书的页面。

[6] 这些分析包括对住在调研儿童家中及其所在社区亲属状况的掌握。

后记

[1] 虽然我跟这些年轻人中的大多数人都能联系上，但我却没能联系到他们所有人。关于哈罗德的信息基于我在 2005 年与他进行的最后一次联系。我没有试着去联系亚历

山大,而是通过网络确认了他的身份。至于对其进行了深入研究但未在书中出现的三个年轻人的情况,杰茜卡·欧文从学院毕业后嫁给一位警察,现在她要去一家学院当一名艺术治疗师。塔拉·卡罗尔仍想重返社区大学,但她正在一个残疾人之家做全职看护工作。我没能联系到卡尔·格里利,根据最新消息,他在一家杂货店上班。他希望有一天能得到 GED。

附录一

[1] 回想起来,调研时没有与孩子们作访谈是一个严重错误。不过,在家访观察阶段,我的确与孩子们进行了"撤离前的访谈"。

[2] 参见 Erik Olin Wright 的著作,尤其是他在 John Hall 编纂的合集 *Reworking Class* 中的文章;以及 Robert Erickson & John Goldthorpe 的著作,包括 *The Constant Flux*。在不认为缩减 Goldthorpe 和 Wright 之间差别的情况下(前者无疑坚持了后者要在其模型中保留资产阶级的想法),可以说,他们两人在区分不同类别的雇员时都使用了相似的标准(技能或证书和权威)。我感谢 Elliot Weininger 在这一讨论中的帮助。

[3] See Frances Foldscheider and Linda Waite, *New Families, No Families*?

[4] See Elliot Weininger and Annette Lareau, "Children's Participation in Organized Activities and the Gender Dynamics of the 'Time Bind'".

[5] Douglas Massey and Nancy Denton, *American Apartheid*.

[6] 虽然我仍然觉得这个选择是合理的,但它也有缺点。与住在贫困社区和工人阶级社区相比,如果贫困家庭和工人阶级家庭住在中产阶级社区,就很难了解到他们是否会采用中产阶级教养子女的文化逻辑。而这个问题又与深度实地调研所要求的少量取样复合在了一起。

[7] 此外,我还给学校捐了一百美元。在下里士满小学,这份捐款被拨给了格林女士;在斯旺小学,捐款拨给了家长协会。

[8] 我首先是从下里士满小学开始的,但我在两所学校使用的取样方法和招募访谈都是一样的。在两个调研场所中寄给家长的信件略有不同;例如,对下里士满小学的家长,我在书信中还夹了一张他们孩子在三年级时的照片(拍照人是我)。

[9] 十家贫困家庭是从救济办公室和其他社区项目中招募的。我每次采访这些参与者时都付给他们二十五美元,其他那些家庭我则没有付钱。

[10] 我们抵制住了诱惑,并未邀请那些在访谈阶段就与我们建立良好关系的家庭参加,虽然我们觉得他们很可能会同意。我们坚守自己的原则,优先招募了那些最有代表性的家庭。

[11] 接受救济的家庭中,一个白人工人阶级家庭和两个贫困黑人家庭拒绝了我们的邀请。那个白人家庭的母亲解释说:"我们家并不完美。"其中一个黑人家庭反对我查阅救济记录的要求并因此拒绝了参加调研。(之后我就放弃了这一要求。)另一个黑人家庭先是同意了,但两天后又决定退出。这户人家中母亲的日程安排经常变化,

并且家里还可能有人吸毒。

[12] 在某些方面，格里利一家并不是典型的贫困家庭。比如，他们有一辆轿车。不过，他们满足了我的基本标准（他们接受了各种形式的政府救济，包括医疗保障），所以就加入了调研。虽然他们也住在下里士满附近，但是他们住在学区界线的另一边，所以他们的儿子就上了另一所学校。

[13] 但是，结果发现这一决定很有问题。差一个年级就会有很大差别；斯泰西看起来更小，和我们观察的其他孩子相比，更不像一个十一二岁的孩子。

[14] 费用（现款）一次交齐，通常都是在最后，到三个星期的深度实地访察完成时付清的。除了弥补这些家庭带来的不便，这笔钱还包括补偿一些相关的开支，比如，给实地调研员吃的晚餐等。依其收入水平而定，这笔钱对不同家庭来说有着不同的意义。

[15] 我在课堂上与孩子们成为朋友的一个缺点就是，一些工人阶级家庭和贫困家庭父母以为我与学区有关系。我担心这会加重他们的不信任感。除了向家长担保所有信息都会严格保密，我还一次又一次地澄清事实，告诉他们我在大学教书，和学区之间毫无关系。

[16] 对采访父亲所遇问题的讨论，参见 Annette Lareau 的文章 "My Wife Can Tell Me Who I know"。

[17] 我父母的婚姻虽然恩爱但却是吵吵闹闹的，有很多高声叫嚷。他们还有其他一些怪癖。我父亲做了很多年家庭教师，但是有些年份他并没有工作。这就使得我做教师的母亲成了全家（有四个孩子）唯一的经济支柱。我们家还有其他地方也让人觉得很不一样：我父母都是无神论者，我母亲骂人时像水手般粗鲁，我父亲的车则总是不断坏掉，而他也总是想要修好它。

[18] 我在自己的日志里也记录下了类似的感觉："……一天去两个观察点真是太多了；让你疲惫不堪，你的笔录也翻了一番，面对 [缺乏] 安全保障的家庭和富庶家庭之间的反差，你的头都晕了……[但为保持调研的对比特性] 你不得不总是要一天去两个点（或者实际上是三个点）……"

[19] 我们没能观察每个孩子的每个这样的事件。对四家中产阶级家庭孩子（塔林格、亚历山大、马歇尔和汉德隆）中的每一个，我们都观察了一次看医生或牙医的过程。我们还观察了四个工人阶级家庭孩子中的三个（德赖弗、泰雷克和小比利，没有观察欧文），以及四个贫困家庭孩子中的两个（格里利和麦卡斯特，没有卡罗尔和布林德尔）。因此，在十二个孩子中我们有九个孩子的保健访察数据。所有这些都有录音记录。在十二个家庭中我们有九家的家长会实录（不包括格里利、马歇尔和威廉斯家）。这些也都有录音记录。在家过夜的记录，我们也有十二家中的九家（卡罗尔、泰雷克和威廉斯家除外）。

[20] 亚历山大·威廉斯是个例外。虽然他有上层中产阶级的社会地位，但可以看出，参加调研显然使他很兴奋，而且他也很乐意和实地调研员在一起。

[21] 除了其他作者，参见 Guadalupe Valdes, *Con Respeto*。

[22] 我相信，作为主要调研员，面对任何在研究生看来在感情上极难让人接受的情况，我都有责任挑起这个重担。

[23] 我在撰写本书时发现知识版权问题很棘手。我曾鼓励研究助理们在自己的工作中使用这些数据，而且我自己也在学术会议上介绍了用部分数据写的文章。但我发现写出一本书的手稿才是最困难的，让合作者参与写书看起来就是把自己推入了一场灾难。我还感到，虽然收集数据至关重要，但它只是研究的一部分而非全部。我做了在劳伦斯威尔的实地调研，写了基金申请，并协调掌管整个项目。最终，我决定（在本书的开头）公开认可研究助理的作用并在私下向他们再次表示感谢，而不是邀请他们一起合写这本书。

[24] 软件为 Open Market 公司的 Folio Views for Windows 4.2。

[25] See Arlie Hochschild, *The Second Shift*.

附录二

[1] 对此的精湛总结和分析，参见 David Swartz, *Culture and Power*。也见布迪厄的文章"文化再生产和社会再生产（Cultural Reproduction and Social Reproduction）"和著作《实践理论大纲》和《区隔》，以及布迪厄和华康德（Wacquant）合著的《反思社会学导引》。Marlis Buchmann 的著作 *The Script of Life* 也对布迪厄的模式有清晰的总结（见第 31—38 页）。

[2] 布迪厄，《实践理论大纲》。

[3] Rogers Brubaker, *Rethinking Classical Theory*; Craig Calhoun et al., *Bourdieu: Critical Perspectives*.

[4] 他写道：惯习"是一个概括的、可换位的意向，它超越了直接学到的东西的局限性，执行着一个系统性的、普遍适用的应用程序，这个应用程序在学习环境中有着固有的必要性"。引自布迪厄的《区隔》第 170 页。另见《区隔》第 172—173 页。

[5] 当布迪厄讨论惯习时，就像在《区隔》中，他经常把注意力集中在文化消费和品位上，而不仅仅是在儿童教养策略上。但他也很清楚地表明，他认为一种惯习中各种迥异的元素之间存在共有的普遍原则。因此，例如，对食品的选择和对儿童教养方式的选择就不会是毫无联系的。换言之，惯习是连接在各种范围内存在的这些意向的法则。此外，布迪厄还谈到了各个社会阶级之间存在着的不同惯习。每个个体的惯习通常都没有特别强大的独特性；相反，惯习是有阶级性的，但在这一阶级类别中又有变化。他写道：

> 同一阶级中每个成员个人的惯习都是以同族关系联合在一起的，也就是说，这种关系是在同质性之内的多元性，它反映了以社会生产状况为特质的同质性之中存在着多元性。每个个体的意向系统都是其他个体意向系统在结构上的变异，在其阶级和运动轨迹内表达自己地位的独特性。"个人"风格，那枚

给同一惯习的所有产物都打上特殊烙印的图章，无论在惯常行为上还是在工作中，都不过只是某个时期或阶级之风格的一个变差。[《实践感》(The Logic of Practice)，第60页]

[6] 社会科学家和其他学者都倾向于把焦点集中在布迪厄模式的某些元素上，尤其是"文化资本"这一概念。布迪厄提出的"场域"这一重要概念虽然捕捉到了这些标准，却一直被忽略掉了。因此，经验主义的研究中就常常缺少布迪厄模式提供的"双重视觉"——这种双重视觉同时聚焦在通过研究场域和个体惯行而获得的个人经历和社会结构上。

[7] Swarts, *Culture and Power*, p.120.

[8] 参见布迪厄的文章"婚姻策略作为社会再生产的策略（Marriage Strategies as Strategies of Social Reproduction）"和著作《实践理论大纲》。

[9] See Annette Lareau and Erin McNamara Horvat, "Moments of Social Inclusion and Exclusion".

参考文献

Adler, Patricia A., and Peter Adler. "Social Reproduction and the Corporate Other: The Institutionalization of Afterschool Activities." *The Sociological Quarterly* 35, 3(1994): 309--28.

Alwin, Duane F. 1984. "Trends in Parental Socialization Values." *American Journal of Sociology* 90 (2): 359–82.

Anderson, Elijah. 1990. *Streetwise*. University of Chicago Press.

——. 1999. *Code of the Street*. W. W. Norton.

Anyon, Jean. 1997. *Ghetto Schooling*. Teachers College Press.

Archer-Banks, Diane A., and Linda Behar-Horenstein. "African American Parental Involvement in Their Children's Middle School Experiences." *Journal of Negro Education* 77, 2(2008): 143-56.

Arendell, Terry, 2000. "Soccer Moms and the New Care Work." Working paper. Center for Working Families, University of California, Berkeley.

Aries, Philippe. 1962. *Centuries of Childhood*. Basic Books.

Attewell, Paul, and David E. Lavin. *Passing the Torch*. Russell Sage Foundation, 2007

Averill, Patricia M., and Thomas G. Power. 1995. "Parental Attitudes and Children's Experiences in Soccer." *International Journal of Behavioral Development* 18 (2): 263–76.

Barlett, Donald L., and James B. Steele. 1992. *America: What Went Wrong?* Andrews and McMeel.

Bellah, Robert N. et al. 1996. *Habits of the Heart*. University of California Press.

Belluck, Pam. 2000. "Parents Try to Reclaim Their Children's Time." In *New York Times*.

Berhau, Patricia. 2000. "Class and the Experiences of Consumers: A Study in the Practices of Acquisition." Ph.D. diss., Temple University.

Berlage, Gai Ingham. 1982. "Are Children's Competitive Team Sports Teaching Corporate Values?" *ARENA Review* 6 (1): 15–21.

Bernstein, Basil. 1971. *Class, Codes, and Control*. Schocken.

Best, Joel. 1993. *Threatened Children*. University of Chicago Press.

Bettie, Julie. 2003. *Women without Class*. University of California Press.

Bianchi, Suzanne M. 2000. "Maternal Employment and Time with Children." *Demography* 37 (4): 401–14.

Black, Timothy. 2009. *When a Heart Turns Rock Solid*. Pantheon.

Blair-Loy, Mary. 2003. *Competing Devotions*. Harvard University Press.

Bluestone, Cheryl, and Catherine S. Tamis-LeMonda. 1999. "Correlates of Parenting Styles in Predominantly Working-and Middle-Class African American Mothers." *Journal of Marriage and the Family* 61 (November): 881–93.

Bourdieu, Pierre. 1977. *Outline of the Theory of Practice*. Cambridge University Press.

———. 1984. *Distinction*. Harvard University Press.

———. 1990. *The Logic of Practice*. Stanford University Press.

Bourdieu, Pierre, and Jean-Claude Passeron. 1990 [1970]. *Reproduction in Education, Society, and Culture*. Trans. Richard Nice. Sage.

Bourdieu, Pierre, and Loic J. D. Wacquant. 1992. *An Invitation to Reflexive Sociology*. University of Chicago Press.

Bowen, William G., and Derek Bok. 1998. *The Shape of the River*. Princeton University Press.

Bowles, Samuel, and Herbert Gintis. 1977. *Schooling in Capitalist American*. Basic Books.

Brooks, Scott N. 2009. *Black Men Can't Shoot*. University of Chicago Press.

Buchmann, Marlis. 1989. *The Script of Life in Modern Society*. University of Chicago Press.

Burawoy, Michael. 2009. *The Extended Case Method*. University of California Press.

Calhoun, Craig et al., eds. 1993. *Bourdieu: Critical Perspectives*. University of Chicago Press.

Caplow, Theodore et al. 1982. *Middletown Families*. Bantam.

Carter, Prudence L.. 2005. *Keepin' It Real*. Oxford University Press.

Cherlin, Andrew J.. 2009. *The Marriage-Go-Round*. Random House.

Chidekel, Dana. 2002. *Parents in Charge*. Simon & Schuster.

Chua, Amy. 2011. *Battle Hymm of the Tiger* Mother. Penguin Press.

Cicourel, Aaron, and John Kitsuse. 1963. *The Educational Decision-Makers*. Bobbs-Merrill.

Cochran, Moncrieff et al. 1990. *Extending Families*. Cambridge University Press.

Collins, Randall. 1979. *The Credential Society*. Academic Press.

———. 1986. *Max Weber: A Skeleton Key*. Sage.

———. 2000. "Situational Stratification." *Sociological Theory* 18 (1): 17–43.

Conley, Dalton. 1999. *Being Black, Living in the Red*. University of California Press.

———. 2004. *The Pecking Order*. Pantheon Books.

Cookson, Peter W., Jr., and Caroline Hodges Persell. 1985. *Preparing for Power*. Perseus Books Group.

Corsaro, William A. 1997. *The Sociology of Childhood*. Pine Forge.

Cose, Ellis. 1993. *The Rage of a Privileged Class*. HarperCollins.

Daley, Kerry J., ed. 2001. *Minding the Time in Family Experience. Contemporary Perspectives in Family Research,* edited by Felix M. Berardo, vol. 3. JAI.

Demerath, Peter. 2009. *Producing Success*. University of California Press.

Denzin, Norman K., and Yvonna S. Lincoln. 2005. *The SAGE Handbook of Qualitative Research*. Sage.

Deparle, Jason. 2004. *American Dream*. Penguin Books.

DeVault, Marjorie L. 1991. *Feeding the Family*. University of Chicago Press.

Devine, Fiona. 2004. *Class Practices*. Cambridge University Press.

Doherty, William J., and Barbara Carlson. 2002. Putting Family First. Henry Holt and Company.

Donzelot, Jacques. 1979. *The Policing of Families*. Pantheon.

Duncan, Greg J., and Jeanne Brooks-Gunn, eds. 1997. *Consequences of Growing Up Poor*. Russell Sage Foundation.

Duneier, Mitchell. 1999. *Sidewalk*. Farrar, Straus and Giroux.

Edin, Kathryn, and Maria Kefalas. 2005. *Promises I Can Keep*. University of California Press.

Edin, Kathryn, and Laura Lein. 1997. *Making Ends Meet*. Russell Sage Foundation.

Elkind, David. 2001. *The Hurried Child*. Da Capo Press.

Entwisle, Doris R. et al. 1997. *Children, Schools, and Inequality*. Westview.

Erickson, Robert, and John H. Goldthorpe. 1993. *The Constant Flux*. Clarendon.

Etzioni, Amitai, ed. 1969. *The Semi-Professions and Their Organizations*. The Free Press.

Feagin, Joe, and Melvin P. Sikes. 1994. *Living with Racism*. Beacon.

Fine, Gary Alan. 1987. *With the Boys*. University of Chicago Press.

Fine, Michelle. 1991. *Framing Dropouts*. State University of New York Press.

Fischer, Claude S. 1982. *To Dwell among Friends*. University of Chicago Press.

Foreman, Gene. 2010. *The Ethical Journalist*. Wiley-Blackwell.

Freidson, Eliot. 1986. *Professional Powers*. University of Chicago Press.

Furstenberg, Frank F., and Andrew J. Cherlin. 1991. *Divided Families*. Harvard University Press.

Furstenberg, Frank F. et al. 1999. *Managing to Make It*. University of Chicago Press.

Future of Children. 2006. *Opportunity in America* 16(2). Princeton-Brookings.

———. 2009. *America's High Schools* 19(1). Princeton-Brookings.

Galinsky, Ellen. 1999. *Ask the Children*. William Morrow.

Garey, Anita Ilta. 1999. *Weaving Work and Motherhood*. Temple University Press.

Gaztambide-Fernandez, Ruben A. 2009. *The Best of the Best*. Harvard University Press.

Geertz, Clifford. 1973. *The Interpretation of Cultures*. Basic Books.

Glasmeier, Amy K. 2005. *An Atlas of Poverty in America*. Routledge.

Goldscheider, Frances K., and Linda J. Waite. 1991. *New Families, No Families?* University of California Press.

Gordon, Linda. 1989. *Heroes of Their Own Lives*. Penguin Books.

Gramunk, Sherri. 2005. *Protecting Home*. Rutgers University Press.

Griffith, AlisonI., and DorothyE.Smith.2005. *Mothering for Schooling*. Routledge.

Grusky, David B., and Szonja Szelenyi, eds. 2007. *The Inequality Reader*. Westview Press.

Gutman, Herbert G. 1976. *The Black Family in Slavery and Freedom, 1750–1925*. Vintage.

Hale-Benson, Janice E. 1982. *Black Children*. Johns Hopkins University Press.

Hall, John R., ed. 1997. *Reworking Class*. Cornell University Press.

Halle, David. 1984. *America's Working Man*. University of Chicago Press.

——.1993. *Inside Culture*. University of Chicago Press.

Hammersley, Martyn, and Paul Atkinson. 2007. *Ethnography*. Routledge.

Harding, David J. 2010. *Living the Drama*. University of Chicago Press.

Harris, Judith Rich. 1998. *The Nurture Assumption*. Free Press.

Hart, Betty, and Todd R. Risley. 1995. *Meaningful Differences in the Everyday Experiences of Young American Children*. Paul H. Brookes.

Hays, Sharon. 1996. *The Cultural Contradictions of Motherhood*. Yale University Press.

Heath, Shirley Brice. 1983. *Ways with Words*. Cambridge University Press.

Heimer, Carol A., and Lisa Staffen. 1998. *For the Sake of the Children*. University of Chicago Press.

Hertz, Rosanna, and Nancy Marshall, eds. 2001. *Working Families*. University of California Press.

Hess, Robert D., and Gerald Handel. 1974. *Family Worlds*. University of Chicago Press.

Heymann, Jody. 2001. *The Widening Gap*. Basic Books.

Higginbotham, Elizabeth. 2001. *Too Much to Ask*. University of North Carolina Press.

Hochschild, Arlie Russell. 1989. *The Second Shift*. Viking.

——. 1997. *The Time Bind*. Metropolitan Books.

Hochschild, Jennifer L. 1995. *Facing Up to the American Dream*. Princeton University Press.

Hoggart, Richard. 1957. *The Uses of Literacy*. Beacon.

Holloway, Susan D. et al. 1997. *Through My Own Eye*. Harvard University Press.

Howard, Adam, and Ruben A. Gaztambide-Fernandez. 2010. *Educating Elites*. Rowman and Littlefield.

Hubbard, Lea et al. 2006. *Reform as Learning*. Routledge.

Hulbert, Ann. 2003. *Raising America*. Alfred A. Knopf.

Iceland, John. 2006. *Poverty in America*. University of California Press.

Irvin, George. 2008. *The Super Rich*. Polity.

Jackson, Kenneth T. 1985. *Crabgrass Frontiers*. Oxford University Press.

Jackson, Mathew O. 2008. *Social and Economic Networks*. Princeton University Press.

Jacobs, Jerry A., and Kathleen Gerson. 2004. *The Time Divide*. Harvard University Press.

Jencks, Christopher et al. 1972. *Inequalit.* Basic Books.

Jencks, Christopher et al. 1979. *Who Gets Ahead?* Basic Books.

Jencks, Christopher, and Meredith Phillips, eds. 1998. *The Black-White Test Score Gap.* Brookings Institution.

Karabel, Jerome. 2005. *The Chosen.* Houghton Mifflin.\

Karen, David, and Robert E. Washington, eds. 2009. *The Sport and Society Reader.* Routledge.

Katz, Michael B. 1975. *Class, Bureaucracy, and Schools.* Praeger.

Katz, Michael B. 1989. *The Undeserving Poo.* Pantheon.

——.2001. *The Price of Citizenship.* Metropolitan Books.

Kefalas, Maria. 2003. *Working-Class Heroes.* University of California Press.

Keller, Bill, and the *New York Times*. 2005. *Class Matters.* Times Books.

Kindlon, Daniel J. 2001. *Too Much of a Good Thing.* Hyperion.

Kingston, Paul W. 2000. *The Classless Society.* Stanford University Press.

Kohn, Melvin L. 1977. *Class and Conformity.* University of Chicago Press.

Kohn, Melvin L., and Carmi Schooler, eds. 1983. *Work and Personality.* Ablex.

Kohn, Melvin L., and Kazimierz M. Slomczynski. 1990. *Social Structure and Self-Direction.* Basil Blackwell.

Kornblum, William. 1998. *Sociology.* International Thomson.

Kozol, Jonathon. 1992. *Savage Inequalities.* HarperCollins.

Kropp, Paul. 2001. *I'll Be the Parent, You Be the Child.* Fisher.

Lacy, Karyn R. 2007. *Blue-Chip Black.* University of California Press.

Lament, Michele. 1992. *Money, Morals, and Manners.* University of Chicago Press.

——. 2000. *The Dignity of Working Men.* Harvard University Press.

Lamont, Michele, and Marcel Fournier, eds. 1992. *Cultivating Differences.* University of Chicago Press.

Lareau, Annette. 2000a. *Home Advantage.* 2d ed. Rowman and Littlefield.

——. 2000b. "My Wife Can Tell Me Who I Know" *Qualitative Sociology* 23 (4): 407–33.

——. 2002. "Studying Families: A Realistic Account".

——. 2010. *Doing Ethnography in the Real World.*

Lareau, Annette, and Dalton Conley, eds. 2008. *Social Class.* Russell Sage Foundation.

Lareau, Annette, and Jeffrey Shultz, eds. 1996. *Journeys through Ethnography.* Westview.

Larson, Magali Sarfatti. 1977. *The Rise of Professionalism.* University of California Press.

Larson, Reed W., and Suman Verma. 1999. "How Children and Adolescents Spend Time across the World." *Psychological Bulletin* 125 (6): 701–36.

Lassiter, Luke Eric. 2005. *The Chicago Guide to Collaborative Ethnography.* University of Chicago Press.

Levey, Hilary. 2013. *Playing to Win.* University of California Press.

Levin, Madeline. 2006. *The Price of Privilege*. HarperCollins.

Louv, Richard. 1988. *Childhood's Future*. Doubleday.

Lubrano, Alfred. 2004. *Limbo*. John Wiley.

Lucas, Samuel Roundfield. 1999. *Tracking Inequality*. Teachers College Press.

Lynd, Robert S., and Helen Merrell Lynd. 1929. *Middletown*. Harcourt Brace Jovanovich.

——. 1965. *Middletown in Transition*. Harcourt Brace Jovanovich.

Maccoby, Eleanor E. 1998. *The Two Sexes*. Harvard University Press.

MacLeod, Jay. 2008. *Ain't No Making It*. Westview Press.

Marquand, John Phillips. 1949. *Point of No Return*. Little Brown.

Massey, Douglas S. 2007. *Categorically Unequal*. Russell Sage Foundation.

Massey, Douglas, and Nancy Denton. 1993. *American Apartheid*. Harvard University Press.

Mayer, Susan E. 1997. *What Money Can't Buy*. University of Chicago Press.

McLaughlin, Milbrey W. et al. 1994. *Urban Sanctuaries*. Jossey-Bass.

Medrich, Elliot et al. 1982. *The Serious Business of Growing Up*. University of California Press.

Mehan, Hugh et al. 1996. *Constructing School Success*. Cambridge University Press.

Mills, C. Wright. 1959. *The Sociological Imagination*. Oxford University Press.

Mintz, Steven. 2004. *Huck's Raft*. Belknap Press.

Mishel, Lawrence, et al. 1999. *The State of Working America 1998–99*. Cornell University Press.

Newman, Katherine S. 1993. *Declining Fortunes*. Basic Books.

Nelson, Margaret K. 2010. *Parenting Out of Control*. New York University Press.

Nelson, Margaret K., and Anita Ilta Garey, eds. 2009. *Who's Watching?* Vanderbit University Press.

Newman, Katherine S. 1993. *Declining Fortunes*. Basic Books.

Oliver, Melvin L., and Thomas M. Shapiro. 1997. *Black Wealth/White Wealth*. Routledge.

Pager, Devah. 2007. *Marked*. University of Chicago Press.

Pakulski, Jan, and Malcolm Waters. 1996. *The Death of Class*. Sage.

Patillo-McCoy, Mary. 2000. *Black Picket Fences*. University of Chicago Press.

Pollock, Linda A. 1983. *Forgotten Children*. Cambridge University Press.

Pollock, Mica. 2004. *Colormute*. Princeton University Press.

Putnam, Robert D. 2000. *Bowling Alone*. Simon & Schuster.

Rabinow, Paul. 2007. *Reflections on Fieldwork in Morocco*. University of California Press.

Rainwater, Lee, and Timothy M. Smeeding. 2003. *Poor Kids in a Rich Country*. Russell Sage Foundation.

Ramazanoglu, Caroline, and Janet Holland. 2002. *Feminist Methodology*. Sage.

Reay, Diane. 1998. *Class Work*. University College London Press.

Reay, Diane, Gill Crozier, and David James. 2011. *White Middle Class Identities and Urban*

Schooling. Palgrave Macmillan.

Reich, Jennifer A. 2005. *Fixing Families*. Routledge.

Reinharz, Shulamit, and Lynn Davidman. 1992. *Feminist Methods in Social Research*. Oxford University Press.

Risman, Barbara J. 2009. *Families as They Really Are*. W. W. Norton.

Ritzer, George. 2000. *The McDonaldization of Society*. Pine Forge Press.

Robinson, John P., and Geoff rey Godbey. 1997. *Time for Life*. Pennsylvania State University Press.

Rosenbaum, James E. 2001. *Beyond College for All*. Russell Sage Foundation.

Rosenfeld, Alvin, and Nicole Wise. 2000. *The Over-Scheduled Child*. St. Martin's.

Royster, Deirdre Alexia. 2003. *Race and the Invisible Hand*. University of California Press.

Rubin, Lillian B. 1976. *Worlds of Pain*. Basic Books.

Rubinowitz, Leonard S., and James E. Rosenbaum. 2000. *Crossing the Class and Color Lines*. University of Chicago Press.

Scheper-Hughes, Nancy. 1992. *Death without Weeping*. University of California Press.

——. 2001. *Saints, Scholars, and Schizophrenics*. University of California Press.

Sennett, Richard, and Jonathan Cobb.1972. *The Hidden Injuries of Class*. Norton.

Settersten, Richard A., Jr. et al. 2005. *On the Frontier of Adulthood*. University of Chicago Press.

Shehan, Constance L., ed. 1999. *Through the Eyes of the Child*. Vol. 1. JAI.

Shorter, Edward. 1977. *The Making of The Modern Family*. Basic Books.

Shulman, James L., and William G. Bowen. 2001. *The Game of Life*. Princeton University Press.

Skolnick, Arlene. 1991. *Embattled Paradise*. Basic Books.

Small, Mario Luis. 2009. *Unanticipated Gains*. Oxford University Press.

Smith, Dorothy E. 1987. *The Everyday World as Problematic: A Feminist Sociology*. Northeastern University Press.

——. 2005. *Institutional Ethnography*. AltaMira Press.

Stevens, Mitchell L. 2007. *Creating a Class*. Harvard University Press.

Stone, Pamela. 2007. *Opting out?* University of California Press.

Swartz, David. 1997. *Culture and Power*. University of Chicago Press.

Tatum, Beverly Daniel. 1997. *Why Are All the Black Kids Sitting Together in the Cafeteria?* Basic Books.

Ten Have, Paul. 2004. *Understanding Qualitative Research and Ethnomethodology*. Sage.

Thacker, Lloyd, ed. 2004. *College Unranked*. Harvard University Press.

Thompson, Shona M. 1999. *Mother's Taxi*. State University of New York Press.

Thorne, Barrie. 1993. *Gender Play*. Rutgers University Press.

Tierney, Joseph P. et al. 1995. *Making a Difference*. Public/Private Ventures.

Tulgan, Bruce. 2009. *Not everyone Gets a Trophy*. Jossey-Bass.

Tyack, David B. 1974. *The One Best System*. Harvard University Press.

Tyson, Karolyn. 2011. *Integration Interrupted*. Oxford University Press.

U. S. Department of Education. 2001. *The Condition of Education, 2001*. National Center for Educational Statistics.

Valdes, Guadalupe. 1996. *Con Respeto*. Teachers College Press.

Van Maanen, John. 1988. *Tales of the Field*. University of Chicago Press.

Vanneman, Reeve, and Lynn Weber Cannon. 1987. *The American Perception of Class*. Temple University Press.

Vidich, Arthur J., and Joseph Bensman. 2000. *Small Town in Mass Society*. University of Illinois Press.

Waksler, Frances. 1991. *Studying the Social Worlds of Children*. Falmer.

Warner, William Lloyd, et al. 1963. *Yankee City*. Yale University Press.

Waters, Mary C. 1999. *Black Identities*. Russell Sage Foundation.

Weininger, Elliot B. 2002. "Class and Causation in Bourdieu." pp. 49–114 in *Current Perspectives in Social Theory,* vol. 21., edited by Jennifer M. Lehmann. Elsevier.

Weininger, Elliot, and Annette Lareau. 2002. "Children's Participation in Organized Activities and the Gender Dynamics of the 'Time Bind'."

Weis, Lois. 2004. *Class Reunion*. Routledge.

——. 2008. ed. *The Way Class Works*. Routledge.

Wells, Amy Stuart, and Robert L. Crain. 1997. *Stepping over the Color Line*. Yale University Press.

West, Cornell. 1993. *Race Matters*. Beacon.

Western, Bruce. 2007. *Punishment and Inequality in America*. Russell Sage Foundation.

Whitehead, Jack, and Jean McNiff. 2006. *Action Research*. Sage.

Whyte, William Foote. 1993. *Street Corner Society*. University of Chicago Press.

Willis, Paul E. 1977. *Learning to Labour*. Saxon House.

Wolf, Diane L. ed. 1996. *Feminist Dilemmas in Fieldwork*. Westview Press.

Wolf, Margery. 1992. *A Thrice-Told Tale*. Stanford University Press.

Wright, Erik Olin. 2005. ed. *Approaches to Class Analysis*. Cambridge University Press.

Wrigley, Julia. 1995. *Other People's Children*. Basic Books.

Young, Alford A., Jr. 2004. *The Minds of Marginalized Black Men*. Princeton University Press.

Zelizer, Viviana A. 1985. *Pricing the Priceless Child*. Basic Books.